Progress
in
Research
on
Information
Management
and
Information
System

本书出版受教育部人文社会科学重点研究基地重大项目“数字信息资源的质量控制与管理研究”（12JJD82008）资助

信息管理与信息系统研究进展（第二辑）

马费成　主编

WUHAN UNIVERSITY PRESS
武汉大学出版社

图书在版编目(CIP)数据

信息管理与信息系统研究进展/马费成主编.—武汉:武汉大学出版社,2017.6
ISBN 978-7-307-18877-8

Ⅰ.信… Ⅱ.马… Ⅲ.①图书馆管理—信息管理—研究 ②图书馆管理—信息系统—研究 Ⅳ.G251

中国版本图书馆 CIP 数据核字(2016)第 288741 号

责任编辑:徐胡乡　　责任校对:汪欣怡　　版式设计:韩闻锦

出版发行:**武汉大学出版社**　(430072 武昌 珞珈山)
(电子邮件:cbs22@whu.edu.cn 网址:www.wdp.com.cn)
印刷:武汉中远印务有限公司
开本:720×1000 1/16　印张:33.5　字数:482 千字　插页:3
版次:2017 年 6 月第 1 版　2017 年 6 月第 1 次印刷
ISBN 978-7-307-18877-8　定价:88.00 元

编 委 会

主　编　方　卿　马费成　陈传夫

编　委（按姓氏笔画排序）

马费成　方　卿　邓胜利　付兴荣　司　莉

张晓娟　李　纲　肖秋会　陆　伟　陆　泉

陈传夫　吴　丹　吴　江　周耀林　查先进

胡昌平　徐丽芳　黄如花

前　言

由教育部人文社科重点研究基地武汉大学信息资源研究中心和武汉大学信息管理学院在2010年编撰的《信息管理与信息系统研究进展》出版至今已7年有余，当前的技术、经济和社会环境都发生了较大变化，涌现出很多新的热点问题，呈现出新的发展态势。为了系统反映信息管理与信息系统领域最新的研究进展，我们再次组织了《信息管理与信息系统研究进展》的编撰。应邀参加本专集撰写的有18位专家及合作者，其中校外专家12位，校内专家6位。

互联网+、互联网金融、大数据环境都是当今社会最关注的新兴概念，是未来引起社会变革的前沿，其中蕴含着大量的科学问题。李敏强等在《"互联网+"新经济形态下信息产品与服务管理研究》中对"互联网+"新经济形态下的信息产品与服务管理的主要科学问题进行了全面的梳理，总结归纳了信息产品与服务管理的主要研究方向，包括免费策略、产品差异化设计策略、捆绑策略、渠道选择与供应链协调策略以及双边市场策略等。深入系统地解释了信息消费、信息产业创新与发展所产生的新经济现象、新商业模式，并为信息产品与服务企业的产品战略和市场策略的优化设计提供理论基础与决策辅助工具。结合"互联网+"新经济形态的发展战略与实践，评述了信息产品与信息服务领域的未来研究方向和思路。叶强等在《互联网金融研究综述》中从互联网金融平台中的投融资行为、互联网金融中的模式创新与风险分析、基于互联网搜索数据的行为金融研究、基于互联网和大数据的交易理论与方法等四个方面对互联网金融的学术研究进行了总结与回顾，具体涵盖了网络环境下的金融创新、资产定价、风险计量、市场交易和投融资行为等热点学术问题。卢小宾等在《大数据环境下信息分析研究进展》中总结了大数据分析与传统信息分析的差异，论述了大数据分析理论、大数据分析方法、大数据分析技术等信息分析重点领域的研究进展，探讨了大数据环境下信息分析研究将越来越侧重于定量分析、实时分析、协同分析以及用户参与分析等发展趋势。

通信和互联网技术的高速发展与深度应用，为商务模式的创新与变革带来了全新的机遇，新兴电子商务中的购物决策问题、社会化商务行为、移动购物等成为了当前的研究热点。陈国青等在《新兴电子商务背景下的网络购物决策支持方法研究》中从对消费者信息搜索进行决策支持的视角，分别考虑根据消费者对商品的考虑概率设计合理的商品排序方式以降低消费者信息搜索的成本，以及尽可能准确地估计消费者信息搜索收益以帮助其制定合理的信息搜索停止策略问题。提出两阶段预测方法（TEA）、个性化概率分布模型的预测方法（PDM）以及考虑置信度的个性化概率分布模型的预测方法（CPDM），经检验，具有良好的预测效果。鲁耀斌等在《从社交活跃行为到商务行为》中概述了社会化商务环境中的社交活跃行为的概念、分类和价值研究进展，分析了社会化商务中的商务行为（包括购买行为和价值共创行为）的研究主题和进展，介绍了社交活跃行为到商务行为的演化机制，展望了社会化商务用户行为模式的未来研究方向。王军等在《移动购物应用信息架构研究》中梳理了信息架构的研究现状，基于移动应用的特点，将移动信息架构的构成成分更新为组织系统、导航系统与交互系统。在此基础上，选择移动购物应用为分析对象，通过对广泛使用的 21 个购物 Apps 的用户界面和操作方式的全面解构，详细列举了移动购物应用的信息架构构成要素。

信息系统的研究近年取得了重要进展，本专集对 IT 外包、应急情报系统、企业知识网、信息系统成功模型、社会网络视角下的信息系统研究、云存储服务等方面的研究现状进行了梳理和总结。IT 外包是信息系统领域最重要和经典的研究方向之一，毛基业等在《供应商视角的 IT 外包研究现状》中回顾了 2003—2015 年发表在信息系统领域的 8 本最高质量的国际期刊、以 IT 外包供应商为研究视角的22篇文献，从知识管理、关系管理和风险管控三个方面总结了影响IT外包项目成功的供应商因素和关系因素，并归纳了IT外包项目的成功因素模型。总结了供应商能力构建和升级、战略制定、跨组织关系管理等组织层面的研究成果。结合项目层面和组织层面的研究，提出了影响供应商绩效的整体模型框架，并指出了可能的研究机会和未来方向。苏新宁等根据构建应急情报系统研究的需要，在《面向突发事件应急情报系统研究进展》中首先综述了突发事件相关理论、突发事件相关模型及平台和食品安全突发事件的相应研究，其次回顾了在企业、文献、区域或国家三个领域存在的企业竞争情报系统、高校图书馆情报系统和区域或国家竞争情报系统三种情报系统的研究情况，最后从应急情报系统计算性能的角度简述了大数据和深度学习的相关研究。夏火松在《基于24HrKF的知识管理研究进展与企业知识网模型》中提出了从24小时知识工厂的视角构建企业知识网模型，该模型部分解决了在大数据情景下的分布、异步和跨时空的企业知识需求问题。论文分析了企业在大数据情景和全球化下，对知识管理的需求变化，提出了企业知识细分与合成问题，并构建基于24HrKF企业知识网模型和企业知识网服务支持系统。查先进等在《国外信息系统成功模型应用研究现状及进展》中分析了引用信息系统成功模型经典论文"The DeLone and McLean model of information systems success: A ten-year update"的SSCI期刊论文，结合论文发表年代、发文作者、发文作者机构、发文国家/地区、发文领域和ESI论文等进行了统计分析。同时，结合关键词词频统计，总结出近三年来信息系统成功模型应用研究热点主要包括电子商务、企业资源计划、社会化媒体、医疗健康、知识管理等。最后，通过对施引文献的内容分析，发现信息系统成功模型的应用领域越来越广，并被越来越多地应用到移动互联网环境。吴江在《基于社会网络视角的信息系统研究综述》中将信息系统按业务类型划分成：企业网络、社交网络以及公共服务网络。在企业网络中，从企业产品研发和推荐系统、员工管理系统、企业绩效和内部关系管理，以及从用户的角度探讨在社会网络的理论和分析方法下企业的运作思路和效率变化；在社交网络中，总结了社交网络数据、平台危害性和以 Facebook 为重点的文献核心观点，以及从社交平台用户的活跃程度对于用户行为的预测问题。在公共服务网络中，整理归纳了教育系统以及医疗系统的研究情况。邓胜利等在《国内外云存储服务研究进展》中指出：个人云存储服务的研究较少，但将成为未来一个重要的研究主题，应加强对个人层面的云存储服务的研究；单一的问卷调查和访谈调查的方法样本选取不得当将影响最终的研究结论，应寻求调查方法的多样性和严谨性；需要构建符合云存储技术特征的实证模型；云存储服务供应商应选择特定群体加强对云存储服务的宣传，在云存储服务带来方便的同时，必须加强对云存储服务安全隐患的重视。

信息和知识的组织与检索历来是信息管理和图书情报学科研究的核心领域，是应对信息爆炸、提高信息利用效率、促进知识信息再生成的重要保证。朱庆华等在《移动视觉搜索在数字图书馆中的应用研究》中从数字图书馆研究的相关问题，移动视觉搜索概念、关键技术及应用案例，以及数字图书馆移动视觉搜索三个研究领域，对移动视觉搜索在数字图书馆中的应用研究进展进行了梳理与述评。曹树金等在《人对信息单元的认知与交互研究》中从语篇体裁的相关理论出发，在介绍语篇体裁概念、体裁与修辞结构的关系以及人对语篇的认知规律的基础上，对人与语篇体裁交互的研究进行介绍，包括数字和网络文档信息单元的划分与交互研究、基于篇章结构的信息空间导航研究和网络体裁交互中的用户差异研究等，最后对数字和网络环境下的体裁分析与自动识别相关研究进行梳理，为基于体裁理论的聚合单元划分与识别研究搭建统一的理论基础。作者指出，随着信息单元自动识别精确度的提高，基于信息单元的交互可为信息资源细粒度组织与聚合研究提供理论和方法基础，有望成为日后信息组织与检索领域的发展方向之一。唐晓波等在《知识融合国内外研究综述》中从概念与内涵、方法与实现路径、系统研究、应用研究四个方面系统梳理了国内外知识融合相关研究。在概念与内涵方面，该论文将知识融合的功能概括为针对多源、结构复杂、层次不一的知识，采用转换、集成、提取与合并等方法，建立统一的知识模式，并获取新知识，以提供高质量的知识服务。在方法与实践路径方面，分为元知识集和本体库构建、融合算法、融合结果的控制与评价反馈三个部分进行介绍。在系统方面，主要介绍了 KRAFT 模型及其他相关研究。在应用方面，从产品设计、决策支持、知识服务三个方面进行了综述。马费成等在《知识组织与知识服务研究进展》中从知识序化、知识描述、知识整合、知识组织系统四个方面描述了知识组织的研究进展，基于此，阐述了基于知识组织的知识服务研究进展。作者指出，知识组织的研究呈现出语义化、细粒度、关联化、强调互操作性和可视化等特征。在未来的研究中，知识组织将继续以序化为目的，通过语义标注等方式、关联数据等技术进行知识描述和揭示，借助新兴技术提升知识单元抽取及关联计算的效果和效率，依托知识组织系统及相关实践项目，最终实现深层次、个性化知识服务的提供。

上述 18 篇文章大部分是综述和述评，也有少部分学术论文，这些文章从不同的角度和侧面反映了信息管理与信息系统及其相关领域近年取得的成果和研究进展，有的更指出了研究热点和前沿，凝练出该领域当前的核心科学问题。无论是哪一种题材形式的文章，都是作者在大量研读和探索基础上写成的，具有较高的学术价值，必将丰富和促进本学科及相关领域的研究进展。在此特别感谢各位专家拨冗为专集撰文。

武汉大学出版社积极支持本书的出版，责任编辑同志为本书的编辑出版付出了艰苦劳动，在此一并表示感谢。

马费成

2017 年 1 月于珞珈山

目　录

新兴电子商务背景下的网络购物决策支持方法研究①

陈国青　王　聪

（教育部人文社会科学重点研究基地清华大学现代管理研究中心、清华大学经济管理学院）

【摘　要】 随着通信技术和互联网技术的飞速发展和应用，新兴电子商务呈现出移动性、虚拟性、个性化、社会性、极端数据等鲜明特征，给消费者网络购物决策过程带来一系列崭新的挑战。面对海量的商品信息和评论信息，消费者网络购物过程中面临严重的信息过载问题，消费者在商品搜索、待选商品评估等网络购物的关键步骤中需花费更多的时间、精力，从而可能影响消费者网络购物体验。这些挑战催生着新兴电子商务背景下消费者网络购物决策支持新方法的研究。本文重点讨论我们在消费者信息搜索过程中的决策支持、消费者评论阅读过程中的决策支持等两个方面的若干研究工作，阐述面临的新问题，并提出有效的解决方法和管理策略。

【关键词】 新兴电子商务　网络购物　信息搜索　评论阅读　决策支持

---

① 相关研究工作得到教育部人文社会科学重点研究基地基金（12JJD630001）和国家自然科学基金（71110107027/71490720）支持。

Online Shopping Decision Support Methods in the Context of Newly-emerging E-commerce

Guoqing Chen　Cong Wang
(Research Center for Contemporary Management, Key Research Institute of Humanities and Social Sciences at Universities, School of Economics and Management, Tsinghua University)

【**Abstract**】With the rapid development and application of telecommunication and web technologies, the newly-emerging e-commerce shows distinctive characteristics such as mobility, virtuality, personalization, socialization, extreme data etc., giving rise to a series of new challenges for consumers online shopping processes. Facing a huge volume of product information and reviews contents online, consumers may often suffer from a serious problem of information overload, where they have to spend more time and energy in information search and product evaluation, which affects their shopping experiences. In this context, recent years have witnessed an increasing amount of explorations for new decision support methods. Concretely, this chapter describes our research efforts from two perspectives: one is decision support in the consumer information search process; the other is decision support in the consumer reviews reading process, highlighting related research issues and corresponding methods and managerial strategies.

【**Keywords**】newly-emerging e-commerce　online shopping　information search　review reading　decision support

1 引　言

近年来，电子商务在我国取得了巨大的发展。根据中国电子商务研究中心最新的监测报告显示，2015 年上半年，中国电子商务交易额 7.63 万亿元，同比增长 30.4%，呈高度增长的态势。其中移动网购交易规模达到 8421 亿元，依然保持快速增长的趋势[1]。随着互联网、移动通信技术、云计算、大数据等新型计算模式，社会化网络应用的迅猛发展，新兴电子商务与传统电子商务相比，呈现出移动性（如泛在互联、移动商务）、虚拟性（如虚拟体验、赛博空间）、个性化（如精准营销、推荐服务）、社会性（如社交媒体、社会商务）、极端数据（如富媒体、大数据）等鲜明的新特征。这些新特征是技术进步和应用创新两者交错融合、螺旋式演化的结果[2]。新兴电子商务在让用户可以随时随地享受网络购物便捷性的同时，也对用户网络购物中的许多环节提出了新的挑战。电子商务情景中，消费者的网络购物决策过程包含了需求识别、信息搜寻、待选商品评估、购买和购买后评价等阶段[3][4]。在新兴电子商务背景下，规模巨大的商品信息、商品评论信息等都给消费者的信息搜寻、待选商品评估阶段带来了严重的信息过载问题[5][6]。如何能够帮助消费者在面对海量信息时迅速而准确地挑选出所需商品，是新兴电子商务背景下消费者决策支持研究中的重要课题。本文将围绕我们研究团队近年的若干相关工作进行阐述，重点研究内容以及对应的消费者网上购物决策过程环节如图 1 所示。

信息搜寻是消费者购物决策过程中的一个关键环节，面对海量商品时，用户难以逐一考察所有商品，而会选择通过信息搜索来对商品进行有选择性地筛选查看。研究指出，消费者在进行商品搜索时经常倾向于采用顺序搜索的方式，即按照给定的顺序每次考察一个商品，经过比较后最终选择最满意商品[7]。这种顺序搜索过程会给消费者带来成本和收益。从成本收益的角度来看，消费者希望增加信息搜索的净收益，即消费者信息搜索收益减去相应的信息搜索成本[8]。但由于消费者面临严重的信息过载问题，在实际搜索过程中，消费者难以估计考察商品的效用或者收益增量[9][10]，从而难以制定合理的搜索策略。为了给消费者提供更好的服务，使消费者获得更好的搜索体验，许多网商（如 Amazon、Netflix、淘宝等）开发了各种各样的消费者决策支持系统（Consumer Decision Support System，CDSS），包括价格比较引擎、搜索引擎、推荐系统等，用来帮助消费者提高信息搜索效率[11][12]。然而，这些决策支

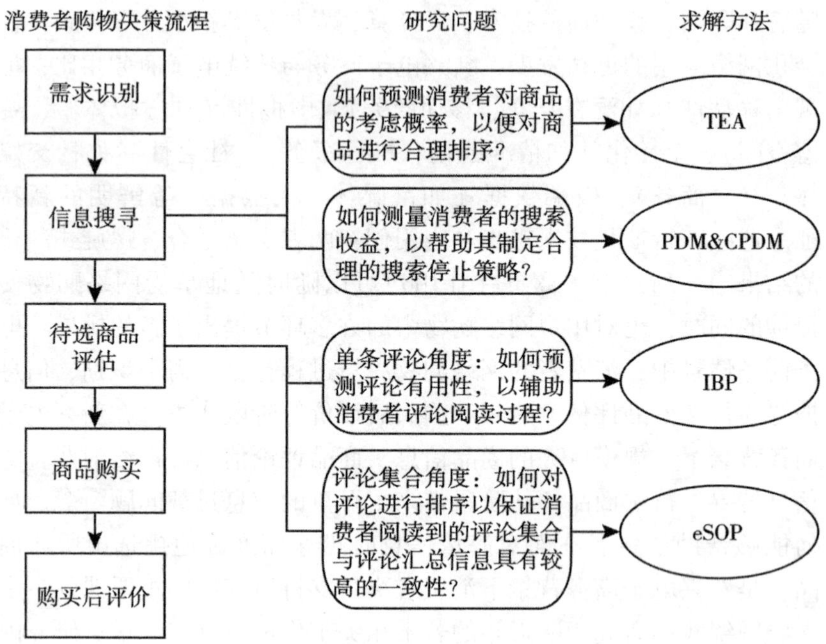

图 1　研究框架及主要研究内容

持系统能在一定程度上起到辅助消费者决策的作用，但通常难以帮助消费者预测搜索收益、制定合理的搜索停止策略。有研究表明，即便在决策支持系统的帮助下，实际中消费者也往往存在浏览“过多”或“过少”的现象[9][10]。故设计合理的商品排序方式以帮助消费者降低信息搜索中的成本、准确地估计消费者的信息搜索收益以帮助其制定合理的搜索停止策略，从而最大化消费者在信息搜寻过程中的搜索净收益，在新兴电子商务环境下具有重要的理论和现实意义。

此外，待选商品评估同样也是消费者购物决策中的重要一环，消费者在进行初步信息搜索、筛选后，将部分商品加入考虑集合中（如购物车、收藏夹等）进行进一步的筛选。在进行进一步筛选过程中，消费者除会依据商品自身信息对商品进行比较外，还可以依靠其他用户产生的内容（user generated content，UGC）来进行辅助决策。在线评论作为用户产生内容的一种重要形式，为潜在消费者判断商品质量提供了宝贵的信息[13][14]，消费者倾向于在购物决策过程中通过阅读在线评论来辅助其购物决策[4]。在面对海量商品评论信息时，受时间、精力所限，消费者难以阅读全部评论信息进而对商品进行选择。为帮助消费者迅速获取有用的评论信息并获取评论整体意见倾向，许多电商平台推出评论有用性投票机制并提供评论汇总信息。但目前存在的主要问题主要包括以下两个方面：①由于存在胜利者循环和早期优势偏差[15][16]，平台上大多数评论无法获得足够的有用性评论；②由于评论排序不够合理，通常将表达正面观点的评论排在前面[10][17]，导致消费者阅读到的评论信息与平台提供的评论汇总信息常常存在不一致性。因此，从单条评论角度研究评论有用性预测方法，对未获得足够有用性投票的评论预测其有用性；从评论集合的角度，研究评论排序方法，保证消费者阅读到的评论信息与评论汇总信息的一致性等方向在新兴电子商务背景下具有重要的研究价值。

据上所述，本文将具体讨论下列内容：围绕消费者信息搜索过程中的决策支持方法，重点介绍消费者商品考虑概率的预测方法及消费者信息搜索收益的预测方法；围绕消费者评论阅读中的决策支持方法，重点介绍单条评论角度的评论有用性预测方法及评论集合角度的评论一致性排序方法。

2 消费者信息搜索过程中的决策支持

Simon 指出，几乎所有的问题解决和决策行为都依赖于信息搜索[18]。消费者网上购物活动作为一种决策行为同样离不开信息搜索。消费者信息搜索（consumer information search，CIS）是指消费者在购物过程中为了作出满意的决定而收集相关信息，获取有用资料的过程[19]。从成本收益角度来看，消费者希望增加信息搜索的净收益（即消费者信息搜索收益减去相应的信息搜索成本）[8]。从决策支持的角度来看，消费者在信息搜索中的决策支持方法设计应考虑两个方面：①应尽可能地设计合理的商品排序方式，降低消费者的搜索成本；②准确地估计消费者的信息搜索收益，制定合理的信息搜索停止策略，帮助消费者获得尽可能大的净搜索收益。

2.1 消费者商品考虑概率预测

在新兴电子商务背景下，商品数目非常巨大，消费者在进行商品信息搜寻最终作出购买决策时，很难考察全部的商品[20]。消费者通常会先将一部分商品放入考虑集合（consideration set，CS）中，随后再对考虑集合中的商品进行比较，最终作出购买决策[21][22]。已有研究表明，消费者在面临众多商品信息时，消费者倾向于根据排序结果从前往后进行顺序阅读[23]。虽然浏览越多的商品可能使消费者获得较高的收益，但也会增加其成本，故合理地设计商品的排序，可以降低消费者搜索商品时的成本，为消费者购物过程提供更好地决策支持。已有的关于这一问题的研究中一个很重要的方向为根据消费者对商品的考虑概率（consideration probability，CP）对商品进行排序[24][25]。伴随着信息技术的发展，消费者购买商品过程中的点击、收藏和比较行为已经可以被电商平台所记录。利用购物平台积累的用户历史记录，可以对用户关于商品的考虑概率进行预测，从而依据预测出的考虑概率，为消费者提供个性化的商品推荐排序。

商品考虑概率预测问题可以形式化表示如下：对购物平台上的某一位消费者 c（$c \in C$，C 为平台上消费者集合）而言，平台为其推荐的商品集合为 S。根据消费者 c 的点击浏览等行为，可以判断该消费者已浏览的商品集合 S_c 及尚未浏览的商品集合 $\overline{S}_c$。用 a_{cs} 表示消费者 c 对商品 s 的考虑概率，则对消费者已浏览的商品而言，可以通过其对该商品的操作记录（如加入购物车或收藏夹等）进行判断。若消费者将商品加入考虑集合，则 $a_{cs}=1$，否则 $a_{cs}=0$。从而消费者商品考虑概率预测目标即为，根据平台记录的消费者行为，预测消费者 c 对其未浏览过的商品 $s \in \overline{S}_c$ 的考虑概率 $\Pr(a_{cs}=1)$。

由上述形式化表述可以看出，商品考虑概率的预测是一个典型的概率分布估计问题。传统的解决这一问题的方法为潜在类别模型（latent class model，LCM）[26]。其模型推导所基于的基本假设包括以下三个方面：①根据消费者将商品选入考虑集合情况的不同，可将其归入不同的消费者群体中，即潜在类别；②同一类别中的消费者具有相似的偏好，即对同一商品的考虑概率服从相同的概率分布；③给定消费者的潜在类别，其对于未被浏览商品的考虑概率属于独立变量。因此利用 LCM 进行考虑概率的预测，可以通过判断消费者所属的潜在类别并分析该潜在类别内其他消费者对于该商品的考虑概率来进行。可以看出，潜在类别模型存在明显的锋利边界的问题，这使得这一模型未将同一潜在类别中消费者间的差异性和不同类别间消费者的相似性加以考虑，从而可能影响消费者商品考虑概率预测的准确度[25]。

为克服潜在类别模型的这一局限，Wang 等[25]提出了基于模糊数学理论和信号理论的两阶段预测方法（two-step estimation approach，TEA），解决了 LCM 的边界硬划分问题。下面概述 TEA 方法的基本思想。

在第一阶段，设计了一个增强的潜在类别模型（enhanced latent class model，ELCM），用于估计消费者 c 对商品 s 的偏好程度，用d_{cs}（$d_{cs} \in [0,\ 1]$）表示。在第二阶段，根据估计出的偏好程度，建立一个生成函数来推测用户对该商品的考虑概率，即 $\Pr^{\text{TEA}}(a_{cs} = 1) = h(d_{cs})$。

具体而言，在第一阶段的 ELCM 中，为解决锋利边界问题，假设同一消费者可以属于不同的潜在类别，对于每种潜在类别，每个消费者都存在一个隶属程度。给定潜在类别集合 G，以及其中的一个潜在类别 g，消费者 c 属于类别 g 的隶属程度用 $m_g(c)$（$m_g(c) \in [0,\ 1]$）来表示。因此，消费者 c 对于商品 s 的偏好程度可以计算为[25]：

$$d_{cs} = \frac{\sum_{g \in G} m_g(c) \times d_{csg}}{\sum_{g \in G} m_g(c)}$$

其中，d_{csg} 为通过类别 g 对偏好 d_{cs} 的预测。

在 ELCM 中，可以用每一位消费者 c 来代表一类消费者 g_c，组成消费者类别集合 $G=\{g_c \mid c \in C\}$。其中，消费者对其本身代表类别的隶属度为 1，即 $m_{g_c}(c)=1$，因此消费者 c 对于商品 s 偏好程度的计算可进一步转化为[25]：

$$d_{cs}=\frac{\sum_{y \in C} m_{g_y}(c) \times d_{csg_y}}{\sum_{y \in C} m_{g_y}(c)}$$

为应对现实数据中可用信息矩阵的稀疏性问题，研究中定义了对偶消费者的概念。对消费者 c 而言，其对偶消费者 c^* 为在将推荐集合中商品选入考虑集合时具有与其完全相反情况的消费者即在引入对偶消费者的基础上，可以同时考虑具有相同和相反偏好的消费者将商品选入考虑集合的情况信息，增加了可利用的信息量，从而实现更精准的预测。引入对偶消费者概念后，可将对 $m_{g_y}(c)$ 和 d_{csg_y} 的估计表示为[25]：

$$m_{g_y}(c)=\begin{cases}0, & a_{ys} \text{ 未知} \\ |\varphi(c, y)-\varphi(c^*, y)|, & \text{其他}\end{cases}$$

$$d_{csg_y}=\begin{cases}a_{ys}, & |\varphi(c, y)|>|\varphi(c^*, y)| \\ 1-a_{ys}, & \text{其他}\end{cases}$$

式中，$\varphi(c, y)$ 为消费者 c 与消费者 y 的相似程度，研究中采用的相似性程度计算公式为[25]：

$$\varphi(c, y)=\begin{cases}\dfrac{\sum_{i=0}^{1}|S_c^i \cap S_y^i|}{|S_c \cap S_y|}, & |S_c \cap S_y| \neq 0 \\ 0, & \text{其他}\end{cases}$$

式中 $S_c^i=\{s \mid s \in S_c \text{ 且} a_{cs}=i\}$，$|S_c \cap S_y|$ 为消费者 c 和 y 均浏览过的商品集合，$\sum_{i=0}^{1}|S_c^i \cap S_y^i|$ 为均被两位消费者选入或排除考虑集合的商品数目之和，反映了消费者 c 和 y 的共同偏好。

第二阶段中，在已有研究的基础上，最终商品的考虑概率预测公式为[25]：

$$\Pr^{\mathrm{TEA}}(a_{cs}=1)=\Pr(a=1 \mid d=d_{cs})$$

$$=\frac{\Pr(d=d_{cs}\mid a=1)}{\Pr(d=d_{cs}\mid a=0)\frac{\Pr(a=0)}{\Pr(a=1)}+\Pr(d=d_{cs}\mid a=1)}$$

其中 $\Pr(d\mid a=1)$ 和 $\Pr(d\mid a=0)$，可根据已有研究中常用的分布形式及平台积累的消费者历史数据获得。据此可以对消费者最终的商品考虑概率进行预测。

为比较 TEA 与传统方法的预测准确度，研究基于国际 Netflix 大赛（http：//www. netflixprize. com）中提供的消费者购物行为的真实历史数据，借助市场营销领域中的位置图和选择模型理论进行场景仿真，以用均方根误差（RMSE）作为测度比较了 TEA 与 LCM 对消费者考虑概率的预测精度。实验结果表明，TEA 在预测精度上较传统的 LCM 有明显提升，且统计检验显著。

由此可见，引入不确定信息表达的两阶段预测法（TEA），可以更好地刻画消费者所属类别，从而可以更有效地预测消费者商品考虑概率。应用这一方法，可将海量商品以个性化的顺序推荐给消费者，降低其信息搜索成本，辅助其网上购物中的信息搜索决策。

2.2 消费者信息搜索价值增益预测

消费者信息搜索决策支持中另一个重要方面便是帮助消费者制定浏览停止策略。虽然浏览越多的商品可能使消费者获得较高的收益，但也会增加其成本。最理想的情况是消费者在净收益最大时停止浏览商品，从而使得网上商品选择过程效用最大化。因此需要提供相应的浏览停止策略，帮助消费者判断是否已经获得最大的收益，从而判断是否需要继续浏览推荐集合。预测继续浏览商品的收益增益是设计停止策略的重要环节，也是消费者网上商品选择过程中的重要问题。一般来说，消费者信息搜索收益和收益增量难以定义和测量[10][27]。在实际搜索场景中，面对大量待考察的商品，通常情况下消费者会采取“考虑-选择”两阶段决策法[9][28]。这一过程包括两个部分：消费者考察商品后挑选出比较满意的一部分，形成候选集合；接着经过仔细比较，从候选集合中选出最终购买的商品。从这一过程来看，考察更多的商品可能使消费者获得效用更高的商品，因此消费者信息搜索收益可以用最终购买商品的效用来衡量[29]。

基于此，可以将消费者信息搜索收益增益问题形式化表示如下：假设消费者集合为 C，商品集合为 S，消费者 $c \in C$ 按照给定的顺序考察商品获得收益并产生成本，其浏览了商品集合 S 中的一个子集 $S_1 \subset S$ 后选择了其中的某一商品 s_1^*，则认为消费者浏览商品集合 S_1 的收益为最终选择商品 s_1^* 对于该消费者的效用 $u_{cs_1}^*$，即 $B(c, S_1) = u_{cs_1}^*$。若该消费者在浏览了集合 S_1 后未选择任何商品，而是继续浏览了商品集合 S_2 并最终选择商品 s_2^*，此时消费者浏览商品集合 $S_1 \cup S_2$ 的收益为 $B(c, S_1 \cup S_2) = u_{cs_2}^*$。因此，消费者 c 在浏览了商品集合 S_1 后继续浏览商品集合 S_2 的收益增益可表示为：

$$B(c, S_2 \mid S_1) = B(c, S_1 \cup S_2) - B(c, S_1) = u_{cs_2}^* - u_{cs_1}^*$$

通常消费者在浏览商品后会选择对其效用最大的商品，即 $u_{cs_1}^* = \max_{s \in S_1}(u_{cs})$。故可进一步将收益增益表示为：

$$B(c, S_2 \mid S_1) = \max_{s \in S_1 \cup S_2}(u_{cs}) - \max_{s \in S_1}(u_{cs})$$

因此，对信息搜索收益增益的预测可以转化为对商品集合中商品最大效用的预测。通常，消费者的效用难以度量，但随着信息技术的发展，买家对商品的评分可以作为效用的一种评测标准[30][31]。即商品 s 对消费者 c 的效用可以通过消费者对该商品的评分 r_{cs} 来衡量。如在观看完电影后，消费者会对所观看的电影给出 1~10 分（IMDb）或者 1~5 分（Netflix 或者 MovieLens）的评分。这样的评分反映了商品对消费者的效用，进而可以用来测量收益增量。因此消费者继续浏览推荐集合的收益增益可以表示为：

$$B(c, S_2 \mid S_1) = \max_{s \in S_1 \cup S_2}(r_{cs}) - \max_{s \in S_1}(r_{cs})$$

由此，预测消费者继续浏览推荐集合收益增益的主要问题在于估计消费者在浏览商品集合中对效用最高的商品评分 $\max_{s \in S}(r_{cs})$。这一问题的主要难点在于，待估计的评分为个性化评分，而非商品的平均得分，即不同的消费者对同样的商品评分通常不同。且在现实中，消费者只有在选择并使用后才能对商品评分，故消费者对于商品的评分在搜索过程中是未知的。

传统的评分估计方法可以分为基于点估计的方法和基于分布估计的方法。基于点估计的预测方法（point estimation based prediction method，PM）首先估计不同消费者对不同商品的打分，然后用估计值预测收益增量。具体的，假设 r_{cs} 的估计值为 $\hat{r}_{cs}$，则给定估计值 $\hat{r}_{cs}$，基于点估计的预测方法对消费者考察商品效用最大值的预测值的期望为：

$$E^{PM}(\max_{s\in S}(u_{cs}))=\max_{s\in S}(\hat{r}_{cs})$$

从而消费者信息搜索收益增量可表示为：

$$E^{\mathrm{PM}}(B(c,\ S_2\mid S_1))=\max_{s\in S_1\cup S_2}(\hat{r}_{cs})-\max_{s\in S_1}(\hat{r}_{cs})$$

协同过滤方法是最主要的一类点估计方法，其基本假设为相似的消费者具有相似的偏好，从而可以利用消费者历史评分数据求得 $\hat{r}_{cs}$。该方法的问题在于，目前对商品评分进行预测的点估计方法的效果不太令人满意，即便是效果最好的协同过滤方法，其预测误差也较大[32]。

基于分布估计的预测方法（distribution estimation based predicted method，DM）诞生于经济学和市场营销学中，这一类方法的基本假设为同一商品对不同消费者的效用可以被看作是独立同分布的随机变量，不同商品对相同或者不同消费者的效用被看作是独立的随机变量[33][34]，即：

$$\Pr(r_{cs}<r\mid c,\ s)=\Pr(r_{cs}<r\mid s)$$

在这样的假设下，基于分布估计的预测方法 DM 预测商品评分最大值的期望可以表示为[30]：

$$E^{DM}(\max_{s\in S}(r_{cs}))=\int_0^{\infty}\left(1-\prod_{s\in S}\Pr(r_{cs}<r\mid s)\right)\mathrm{d}r$$

进而，信息搜索增益可以表示为：

$$E^{DM}(B(c,\ S_2\mid S_1))=\int_0^{\infty}\left(1-\prod_{s\in S_1\cup S_2}\Pr(r_{cs}<r\mid s)\right)\mathrm{d}r-\int_0^{\infty}\left(1-\prod_{s\in S_1}\Pr(r_{cs}<r\mid s)\right)\mathrm{d}r$$

由上式不难看出，基于分布估计的预测方法的主要局限在于其假设商品对消费者的效用只与商品有关，忽略了不同消费者的特性。即无论是哪个消费者，只要考察的商品相同，那么从这个消费者得到的商品效用的概率分布就相同。应用这一方法对消费者的信息搜索增益进行预测时，只要给定商品集合相同，预测出的信息搜索增益就完全相同。这一方法难以满足个性化预测的需求。

针对 PM 和 DM 的局限，我们提出了基于机器学习理论的个性化概率分布估计的预测方法（personalized distribution estimation based prediction method，PDM）。这一方法综合考虑了基于点估计和基于分布估计两种方法的优势，将个性化加入到概率分布估计中，形成个性概率分布估计，解决了分布估计方法（DM）中个性化考虑不足的问题以及点估计方法（PM）中不精确的问题，提高了预测准确率。

PDM 预测的收益增量可以表示为[30]：

$$
\begin{aligned}
&E^{PDM}(B(c,\ S_2 \mid S_1) \mid z_c,\ \{z_s \mid s \in S_1 \cup S_2\}) \\
&= \int_0^{\infty}\Big(1 - \prod_{s \in S_1 \cup S_2} \Pr(r_{cs} < r \mid E(r_{cs} \mid z_c,\ z_s))\Big)\,\mathrm{d}r \\
&\quad - \int_0^{\infty}\Big(1 - \prod_{s \in S_1} \Pr(r_{cs} < r \mid E(r_{cs} \mid z_c,\ z_s))\Big)\,\mathrm{d}r
\end{aligned}
$$

其中，z_c 和 z_s 分别为消费者 c、商品 s 的特征向量表示，$E(r_{cs} \mid z_c,\ z_s)$ 为消费者 c 对商品 s 评分的期望值。由于协同过滤（collaborative filtering，CF）方法被认为是一种有效的评分预测方法[35][36]，故可以采用协同过滤方法作为对 $E(r_{cs} \mid z_c,\ z_s)$ 的估计，即 $E(r_{cs} \mid z_c,\ z_s) = r_{cs}^{CF}$，这样 PDM 预测的信息搜索收益增量可以表示为：

$$
\begin{aligned}
&E^{PDM}(B(c,\ S_2 \mid S_1) \mid z_c,\ \{z_s \mid s \in S_1 \cup S_2\}) \\
&= \int_0^{\infty}\Big(1 - \prod_{s \in S_1 \cup S_2} \Pr(r_{cs} < r \mid r_{cs}^{CF})\Big)\,\mathrm{d}r - \int_0^{\infty}\Big(1 - \prod_{s \in S_1} \Pr(r_{cs} < r \mid r_{cs}^{CF})\Big)\,\mathrm{d}r
\end{aligned}
$$

可以验证，PDM 相对于 PM 和 DM 能带来更高的预测准确度。在实验过程中，以 Netflix 大赛提供的真实数据（http://www.netflixprize.com）为基础构造仿真场景，并在场景中比较 DM、

PM、PDM 三种方法。为使三种方法都达到最佳的表现效果，研究中采用 Netflix 大赛中 18 个最著名的评分预测方法作为 PM 和 PDM 方法中的评分预测方法。实验表明，在各种不同评分预测方法下，应用均方根误差（RMSE）作为预测准确度的测度，PDM 的表现都要优于 PM 和 DM。

进一步，尽管 PDM 方法结合了 PM 和 DM 的优势，取得了更好的预测效果，但仍存在着扩展提升的空间。在计算评分的后验概率分布时，评分预测值 r_{cs}^{CF} 是重要的输入数据，PDM 考虑了评分预测的具体数值，而没有考虑根据 CF 得到的评分预测值 r_{cs}^{CF} 不确定性的情形。为进一步探索此不确定性的影响，考虑引入置信度的概念以对 PDM 进行扩展。这就得到了一个新的预测消费者搜索收益增量的方法，即考虑置信度的个性化概率分布方法（confidence-based personalized distribution method，CPDM）[31]。CPDM 中，置信度被定义成一个标量，和每个预测值一一对应，即可以记作 $(r_{cs}^{CF},\ conf(r_{cs}^{CF}))$。从而，CPDM 预测信息搜索的收益可以表示为：

$$E^{CPDM}(B(c,\ S_2 \mid S_1) \mid z_c,\ \{z_s \mid s \in S_1 \cup S_2\})$$

$$= \int_0^{\infty} \Big(1 - \prod_{s \in S_1 \cup S_2} \Pr(r_{cs} < r \mid r_{cs}^{CF},\ conf(r_{cs}^{CF}))\Big)\, dr$$

$$- \int_0^{\infty} \Big(1 - \prod_{s \in S_1} \Pr(r_{cs} < r \mid r_{cs}^{CF},\ conf(r_{cs}^{CF}))\Big)\, dr$$

具体而言，在 CPDM 中将预测值 r_{cs}^{CF} 的“置信度”定义为商品 s 在历史数据中被评分的数量，即：

$$conf(r_{cs}^{CF}) = |I_s|$$

其中，I_s 表示包含商品 s 的评分构成的集合[31]。

为检验考虑评分预测值不确定性的 CPDM 是否能真正带来预测效果的提升，该研究中采用推荐领域的标杆数据集 MovieLens 电影评分数据（http：//grouplens. org/datasets/movielens/），设计实验对 CF、PDM、CPDM 三种预测搜索收益增量的方法的预测准确度进行验证。为检验三种方法在各种可能的搜索场景下的预测效果，研究中根据可能选择的各种参数组合情况，共构建了 288 个不同的搜索场景，尽可能反映消费者真实的搜索过程。实验中采用由均方根误差（RMSE）和改进率（IMPR）作为测度评价三种方法的预测准确度。实验结果表明，在各场景下 PDM、CPDM 方法的 RMSE 值都低于 CF，显示了更高的预测准确性；在各场景下 PDM、CPDM 相对于 CF 方法的平均改进率都为正，且 CPDM 对 CF 的改进率在所有情况下均大于 PDM 对 CF 的改进率，从而说明了 CPDM 方法相对于 PDM 方法预测效果有了进一步的提升，在考虑置信度信息后预测结果更加准确。

综上所述，PM、DM、PDM、CPDM 四种方法的关系如图 2 所示。PDM 结合了 PM 与 DM 的优势，CPDM 在 PDM 的基础上考虑了评分预测的不确定性，从而获得了更好的预测效果。

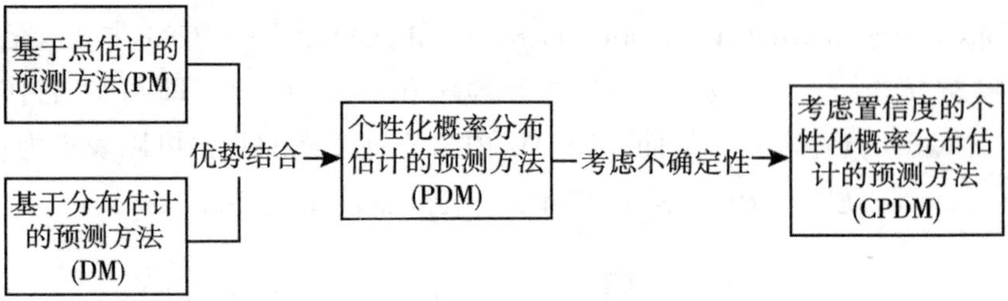

图 2　四种搜索收益估计方法关系示意图

在新兴电子商务环境下，可以利用购物平台积累的大量消费者评分记录，应用 PDM、CPDM 等新的预测方法对消费者购买使用商品的效用进行预测，从而估计消费者继续进行商品搜索的收益增益，进而为消费者设计个性化的商品浏览的停止策略。

3　消费者评论阅读过程中的决策支持

相比于传统的实体购物场景，电子商务环境下的网络购物场景使得消费者更加难以判断商品与其购物需求的吻合程度，因此许多用户在作出最终购买决策前会希望寻求已购买并使用过商品的其他用户对商品质量、使用体验等的描述。在线评论作为一种重要的用户产生内容（UGC），为消费者提供了以往购买并使用商品的消费者对该商品的评价，与传统的媒体报告和专家点评等信息相比，具有更加贴近消费者的特点[13]，为潜在消费者判断商品质量提供了宝贵的信息。因此，消费者倾向于在购物决策过程中通过阅读在线评论来辅助其购物决策[37]。具体而言，在信息搜寻的初始阶段，消费者可以通过阅读在线评论初步判断商品与其购物需求的吻合程度，从而决定是否将商品作为待选商品进一步考虑；而当确定待选商品后，消费者又需要通过阅读在线评论对商品作出更加细致的判断，从而为后续的待选商品评估和购买做准备[37]。而基于在线评论了解商品质量的能力也在很大程度上决定了网络购物环境中的消费者作出决策的效果以及对于购物体验的满意度[4]。因此，在消费者阅读评论过程中也应设计相应的决策支持方法，使消费者可以快速准确地获取在线评论中传达的商品质量信息，提升消费者网络购物满意度。现实生活中，海量的评论信息给消费者带来严重的信息过载问题[5]，为应对这一挑战，消费者评论阅读中的决策支持方法应着眼于帮助消费者缩小要阅读的在线评论信息[38][39]。具体而言，这一问题可以从单条评论和评论集合两个角度出发分别加以考虑。从单条评论角度考虑，可通过设计合理的评论有用性预测方法、有用性排序策略，以帮助消费者快速获取有用评论；从评论集合角度考虑，可考虑评论汇总问题，并重点考虑评论汇总信息与具体评论集合信息的一致性问题。以下将对这两个维度进行具体说明。

3.1 评论有用性预测问题

为帮助消费者在海量在线评论信息中快速识别有用的评论，许多电商平台推出了评论有用性投票机制，依据有用性对评论进行了一定的组织，从而支持消费者的购物决策。而采用该机制的电子商务平台也由于向消费者提供了更好的购物决策支持服务，更容易得到市场的认可从而有更大的盈利空间。据报道，国际著名的电子商务平台 Amazon 由于采用了这一机制，使其每年获得了至少 27 亿美元的额外收益[40]。然而，评论有用性投票机制存在着一些偏差现象，如“胜利者循环”偏差和“早期优势”偏差[15][16]。“胜利者循环”偏差是指：已获得较多投票且投票结果较好的评论，会在该商品的所有评论中被排在较靠前的位置，从而更容易得到后续消费者的关注，因此更容易收到新的有用性投票；而获得投票数较少甚至没有的评论，则会在该商品的所有评论中被排在中间或较靠后的位置，难以得到后续消费者的关注，从而难以收到新的有用性投票结果[15]。而“早期优势偏差”则是指：在商品刚上线时，由于商品总的评论数较少，此时发布的评论更容易获得消费者的关注，得到有用性投票，从而建立起早期优势，被排在较靠前的位置，从而在后续的过程中更容易得到消费者的关注并进一步积累有用性投票；而后期发布的评论，因为一开始没有任何有用性投票，会被排在中间或较靠后的位置，难以得到后续消费者的关注，从而难以积累起有用性投票[16]。由于这两种偏差的存在，使得绝大多数的投票仅集中在极少数的评论上，而绝大多数的评论都无法获得任何投票。由于评论有用性投票机制偏差，评论获得的投票数存在明显的长尾特征，绝大多数评论由于没有获得有用性投票而无从判断其有用性。因此，单纯依靠现有的评论有用性投票机制，消费者难以在短时间内对商品的所有评论进行有用性判断，这将增加消费者决策难度，影响消费者购物决策的效果。因此，关于评论有用性预测问题的研究的重要性便凸显出来。

目前评论有用性预测研究的一般框架如图 3 所示。评论特征提取模块，对评论的特征进行分析提取；评论有用性度量模块则针对已获得足够多投票的评论，根据投票结果度量其有用性，这两个模块的结果共同作为模型的输入进行训练，从而能够根据未获得足够投票的评论的特征，对这些评论的有用性进行预测。

以往关于评论有用性预测研究大多关注评论特征提取模块，开发了丰富的对评论有用性有预测作用的评论特征。而对于评论有用性度量模块，则往往简单地采用总投票中有用票的比例作为度量方法，即对一条评论而言，若投票者共有 n 人，其中 s 人认为评论有用，即将评论有用性记为 $\frac{s}{n}$。尽管该方法较为直观，但忽略了评

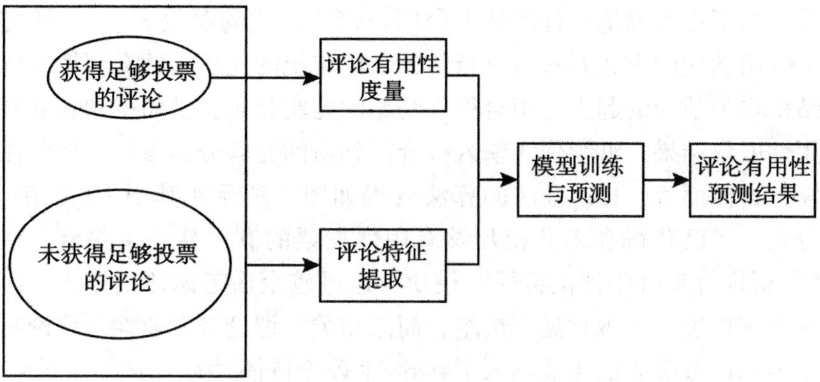

图 3　评论有用性研究一般框架

论的总投票数信息以及电子商务平台上消费者投票模式信息，可能会对评论有用性度量造成一定的误差。举例而言，“10 人中有 8 人认为该评论有用” 和 “100 人中有 80 人认为该评论有用” 得到的有用性标签均为 0.8，但这一相同的有用性标签并不能全面概括两者传递的评论有用性信息。若每条评论都能获得平台上全部用户的投票，则这种比例式的有用性度量方式是可行的，但在当前大多数评论难以得到大量用户投票的情况下，现有的有用性标签度量方法容易导致较大的偏差，直接以此作为训练标签学习评论有用性模型，将限制模型的预测精度。因此，评论有用性预测中的一个核心问题便是评论有用性度量问题。应将评论获得的总投票数和平台用户投票模式共同加以考虑，设计更为合理的评论有用性度量方法，进而对未获得足够投票的评论的有用性进行更精准的预测。

针对这一问题，张遵强[41] 提出了一种新型的基于迭代贝叶斯概率的评论有用性预测方法（IBP）。该方法假设对于一条有用性为 H 的评论，每位投票者会独立地以 H 的概率进行投票，从而对于一条有用性为 H 且已获得 n 个投票的评论，其获得有用票数目 X 会服从二项分布，与之共轭的先验分布为 Beta 分布（Beta（α, β)）。根据贝叶斯准则可以计算出评论有用性 H 的后验估计，$H \mid X \sim \mathrm{Beta}(x+\alpha,\ n-x+\beta)$ [41][42]。根据这一后验分布结果可以求得评论的有用性期望值 h，并将该期望值作为评论有用性度量结果。为了更准确地估计反映平台用户投票模式的参数 α 、β，研究中采用迭代的方式对参数进行估计。以传统的比例式的有用性度量结果作为估计的起点，拟合得到初始的先验分布，进而得到新的有用性度量结果，继续作为输入拟合得到新的先验分布参数，如此往复。具体而言，IBP 方法的算法流程如图 4 所示。其中 HS_a、HS_b 分别表示已获得和未获得足够有用性投票的有用性结果集合。在"分析训练集合中评论特征"模块，通过较全面考虑评论格式、内容丰富程度、主观意见、情绪、商品相关、评论者专业性、评论间差异和评分等方面集成纳入了共 66 个评论特征[41]。

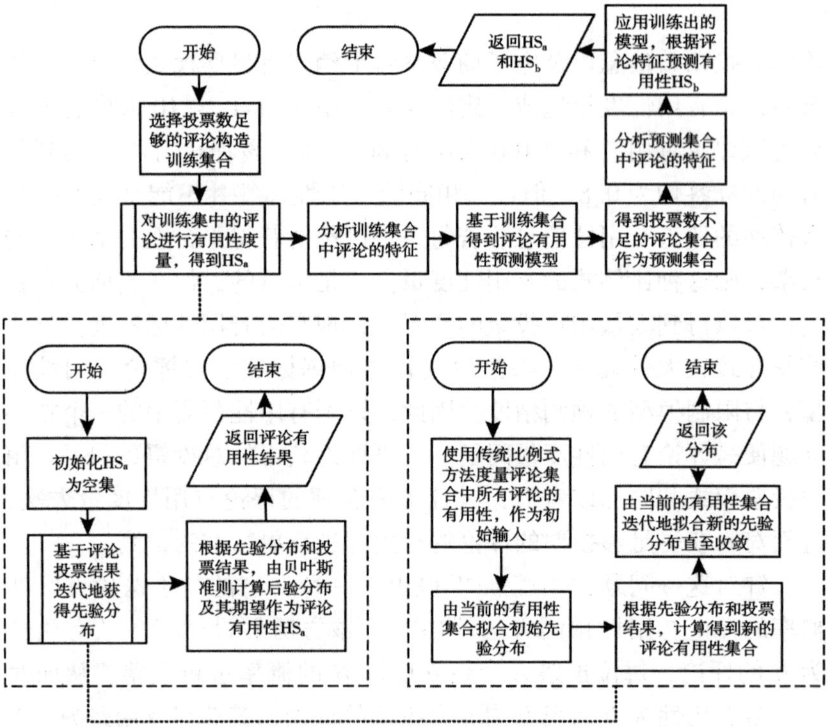

图 4　IBP 算法流程

为比较基于迭代贝叶斯概率的方法（IBP）与传统的基于有用票比例的方法（PER）在评论有用性预测方面的效果，研究中设计了丰富的实验，包括模拟数据实验、真实两期评论数据实验和用户实验。模拟实验中，考察了16种不同的评论有用性分布情况，用以比较两种方法在不同有用性分布特征平台上的预测精度。真实两期评论数据实验中，实验数据集为2012年6、8月间（T1）和2014年5、6月间（T2）从国际著名电子商务平台Amazon上抓取的所有商品的两期评论及其投票结果数据构成的真实数据集。实验中应用T1中已获得足够投票的评论训练评论有用性模型，并对所有评论的有用性进行预测；应用T2中已获得了足够投票的评论作为真值，比较这部分评论在T1时的有用性预测结果与T2中的实际投票结果，从而分析方法的预测精度。特别值得一提的是，还进一步进行了用户实验：从两期真实评论数据中随机选择了部分评论，实验在Amazon Mechanical Turk真实用户平台上展开，将T1时的评论有用性预测结果与用户实验中收集的评论有用性投票结果进行比较，从而分析方法的预测精度。研究采用了平均绝对误差（MAE）和均方根误差（RMSE）来衡量方法在评论有用性预测方面的误差。三项实验结果均表明，IBP相对于传统的PER具有更小评论有用性的预测误差，且两者的差异是显著的。

由此可见，从单条评论角度，基于迭代贝叶斯概率的评论有用性预测方法（IBP）可以更为准确地预测在线评论的有用性，从而可以在一定程度上解决目前电子商务平台商品评论中存在的“胜利者循环”和“早期优势偏差”问题。由此得出的有用性预测结果，可用于对评论信息进行合理的排序，降低用户评论阅读过程中的成本，为用户购物决策提供更好的支持。

3.2 评论一致性排序问题

如上所述，消费者在进行评论阅读时面临信息过载问题[5][6]。相应地，许多电子商务平台提供评论汇总功能，以便消费者快速获取评论集合中的意见倾向信息，减少消费者在评论阅读过程中时间、精力的消耗。评论汇总技术通过对商品评论信息进行意见挖掘，分析得到每条评论所评价的商品属性及对应的意见，并进一步汇总得到该商品所有评论中关于各商品属性持各种意见的评论数[43][44][45]。相比于具体的商品评论，评论汇总信息以清晰、简洁的方式向消费者提供了商品所有评论中所包含意见的全局视图[43][44][45][46]，对评论信息进行了有效整理和展示，缓解了海量在线评论带来的信息过载问题，支持了消费者的购物决策。但由于评论汇总信息过分简化了原始评论中包含的具体信息，仅仅阅读评论汇总信息消费者难以获得商品评论信息的全貌，故仅呈现评论汇总信息常常是不够的。有研究表明，消费者在关注评论汇总信息的同时，也会关注于具体的评论信息，从而了解评论背后的原因及其他包含在评论文本中的细节信息[17]。因此，在向消费者提供抽象、简化的评论汇总信息的同时，还需要向消费者提供具体的评论个例作为补充，以帮助消费者加深对于评论汇总信息的理解[47]，更好地支持消费者的购物决策。而当同时向消费者提供评论汇总信息和具体评论信息时，需要考虑两种视角所表达意见信息的一致性问题。由于电子商务平台往往以评论排序列表的方式组织商品的在线评论，所以需要对评论的一致性度量及排序问题进行研究，使得消费者通过评论排序结果看到的具体评论集合与评论汇总信息在意见分布信息上具有较高的一致性，以减少消费者可能产生的感知混淆和信息缺乏。

由于评论信息中包含消费者对商品属性的意见倾向信息，可以采用属性提取及意见极性分析方法将每条评论结构化表示为由一个或多个“商品属性-对应意见极性”元组构成的向量。进一步地，可以将评论集合意见汇总信息表示为该评论集合在一个商品属性上意见分布向量的集合。于是可将上述评论汇总信息与消费者阅读到评论集合信息的一致性度量问题转化计算为两个评论意见汇总集合的一致性问题。进而，评论一致性排序问题为制定合理的评论排序方案，使消费者阅读到的评论集合信息与评论意见汇总集合的一致性尽可能的大。这一问题可以形式化描述如下[49]：

给定某一商品及该商品所有评论集合 $R = \{r_1, r_2, \cdots, r_n\}$，评论中包含的商品属性集合为 $F_R = \{f_1, f_2, \cdots, f_m\}$，包含的意见

极性集合 $SO = \{so_1, so_2, \cdots\}$。经结构化处理后的每条评论可以表示为 $r = \{(f, so) \mid f \in F, so \in SO\}$[48][49]。进一步地，可以将评论集合R汇总信息表示为 $d(F_R, R) = \{d(f, R) \mid f \in F_R\}$，其中 $d(f, R)$ 为该评论集合在属性 f 上持有各种意见极性评论数量的向量。设消费者阅读到的评论集合为 $S(S \subset R)$，其中包含的商品属性集合为 F_S。则评论汇总信息与具体评论集合之间的一致性 $C(R, S)$ 可以表示为 $d(F_R, R)$ 与 $d(F_S, S)$ 之间的函数。即 $C(R, S) = Function(d(F_R, R), d(F_S, S))$。评论一致性排序问题为对评论全集 R 进行合理的排序，使消费者阅读到的评论集合 S 与 R 的一致性得分尽可能地高。

关于上述评论结构化表示和评论信息汇总方法可以用表1中的例子加以说明。如表1所示，三条评论可以分别进行结构化表示，并最终形成每个属性上的评论汇总信息 $d(\text{口味}, R) = (|R_{\text{口味}}^{\text{正面}}|, |R_{\text{口味}}^{\text{负面}}|) = (3, 0)$，$d(\text{价格}, R) = (|R_{\text{价格}}^{\text{正面}}|, |R_{\text{价格}}^{\text{负面}}|) = (1, 1)$，$d(\text{服务}, R) = (|R_{\text{服务}}^{\text{正面}}|, |R_{\text{服务}}^{\text{负面}}|) = (1, 1)$。由此可得该评论集合在口味、价格、服务三个属性上的评论意见分布汇总信息集合为 $d(F_R, R) = \{(3, 0), (1, 1), (1, 1)\}$。

表1　　**评论内容结构化表示示例**

评论	评论内容	结构化表示
r_1	口味不错，价格公道。	{（口味，正面），（价格，正面）}
r_2	这里的菜实在太好吃了，服务也不错！	{（口味，正面），（服务，正面）}
r_3	菜的味道不错，但是有些贵，而且服务不是很好。	{（口味，正面），（价格，负面），（服务，负面）}

将评论一致性问题进行形式化表述后可以看出，这一问题的主要研究难点包括两个方面：①消费者阅读评论集合 S 的确定，尽管消费者在阅读过程中通常采用顺序阅读的方式，但由于不同的消费者具有不同的阅读习惯，难以对其阅读的集合进行统一衡量；②一

致性计算方式及一致性的确定，即具体的 Function 函数形式的选取。目前关于一致性的研究中大多集中于第二个难点而回避第一个难点，即在假设消费者阅读评论集合中包含的评论数目为固定的（如前 k 条）情况下研究一致性度量方式[50][51]。但这类研究忽视了消费者评论阅读中的异质性，在实际购物环境中，消费者根据评论排序结果所阅读到的评论数量往往会因为消费者行为、购物任务和环境因素的差异而千差万别，故消费者阅读评论数量不能一概而论事先指定。

基于已有研究存在的不足，研究中需对消费者评论阅读过程进行更精细地刻画，从而得到更具有普适性的评论一致性排序问题解决方案，为消费者评论阅读过程提供更好的决策支持。Zhang 等[49]在研究评论一致性排序问题时，引入了消费者停止阅读位置的概率分布 $P=\{p_1, p_2, \cdots, p_n\}$，用于对消费者的阅读评论行为进行建模。该研究对评论一致性排序问题进行了系统分析，提出了评论汇总信息与评论子集的一致性测度目标，并通过对消费者阅读评论行为的建模，得到了形式化的评论一致性排序问题。且研究中针对该问题进行了计算复杂性分析，证明其为 NP-难问题。设计了相应近似算法进行求解，以较高的效率得到理想的较优解。

具体而言，在引入消费者阅读停止位置的概率分布后，评论一致性排序问题可以定义为给定某一商品的所有评论组成的集合 R，及消费者停止阅读概率分布 P，从所有可能的评论排序结果中选择一种提供给消费者，使得评论全集 R 与评论排序结果 L 的期望一致性得分 $\exp C(R, L)$ 最大。该研究在借鉴已有研究的基础上，将评论集合 R 与 S 在商品属性 f 上的一致性定义为[49]：

$$c_f(R, S)=\begin{cases}\dfrac{|R_f|}{|R|}\times\left(1-\left|\dfrac{|S_f^+|}{|S_f|}-\dfrac{|R_f^+|}{|R_f|}\right|\right), & |S_f|>0\\ 0, & |S_f|=0\end{cases}$$

其中，R_f^+，S_f^+ 分别为评论集合 R 与 S 在商品属性 f 上正面评论的数目。进而可以将考虑消费者阅读停止概率分布的评论一致性排序问题形式化描述为[49]：

$$maxexpC(R, L) = \sum_{i=1}^{n} p_i \sum_{f \in F_{S_i}} \frac{|R_f|}{|R|} \times \left(1 - \left|\frac{|S_{if}^+|}{|S_{if}|} - \frac{|R_f^+|}{|R_f|}\right|\right)$$

$$\text{s.t. } S_i = \{r_{l_1}, r_{l_2}, \cdots, r_{l_i}\}, \ i = 1, 2, \cdots, n$$

研究中对一致性排序问题的计算复杂性进行了分析，经证明这一问题可由经典的NP-难问题最大覆盖问题规约得到，故评论一致性排序问题也是NP-难问题。该研究对这一问题的两种精确解法——穷举法和动态规划法的复杂度进行了分析，给定评论数为n、属性数为m的商品评论集合，穷举法的计算复杂度为$O(n! \times n \times m)$，动态规划方法的计算复杂度为$O(2^{n-1} \times n \times m)$，均难以在可接受的时间（多项式时间）内求得评论一致性排序问题的最优解。因此，需转而寻求该问题的近似解法，该研究中首先提出了一种较为直观的基于贪婪思路的逐步寻优方法（stepwise optimization procedure，SOP），该方法逐步在评论排序列表结尾添加评论使当前排序列表的期望一致性得分最高。经分析，该方法的计算复杂度为$O(n^2 \times m)$，相对于穷举法等精确求解方法有明显的提升；但由于该方法每次仅保留期望一致性得分最高的排序列表，为局部寻优策略，可能会导致仅能找到局部最优解而不能达到全局最优解，从而影响评论一致性排序效果。因此该研究在综合穷举法效果优势和逐步寻优方法效率优势的基础上，提出了增强型逐步寻优方法（enhanced stepwise optimization procedure，eSOP），将评论排序结果的获得视为逐步往评论排序列表末尾添加新评论的过程，并在每一步保留期望一致性得分较高的结果，从而求得问题的近似解[49]。eSOP算法的主要流程可概括如图5所示。

由eSOP算法流程可以看出，相比于SOP在每步只保留期望一致性得分最高的排序列表，eSOP会在每一步保留一批期望一致性得分满足参数α要求的列表，并组成相应的备选列表集合以用于下一步列表的生成。在eSOP中，参数α要求发挥了权衡效率与效果的作用。当α值设置较小时，每一步会保留更多的排序列表，从而有较大的寻优范围，可能取得较好的效果，但会花费更多的时间；反之亦然。而当参数α设置为0时，eSOP会在每一步保留所有的结果，相当于穷举法；而当参数α设置为1时，eSOP在每一步仅

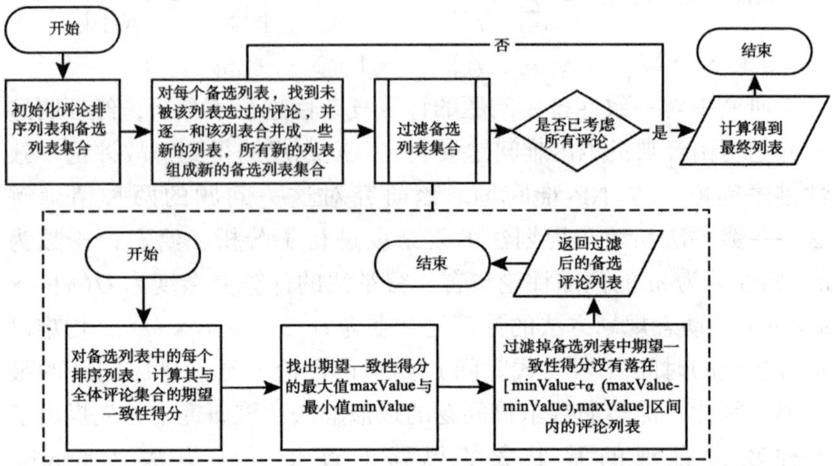

图 5　eSOP 算法流程

保留取得最大期望一致性值的排序列表，从而退化为 SOP。

为检验 eSOP 在求解评论一致性排序问题方面的表现并与其他方法进行比较，研究中进行了丰富的实验。实验中首先通过参数分析检验了 eSOP 在不同参数情况下效果和效率的变化，随后分别基于模拟评论数据，以及从国内外著名的电子商务平台天猫、Amazon 上分别抓取的中英文真实评论数据对 eSOP 与其他可能的启发式算法的算法效率、效果进行了对比。实验中以近似比率（approximation rate）、超越比例（superiority）为测度对几种方法的效果进行了对比。实验结果表明在所有数据集上，eSOP 都具有更高的求解效率，且其效果都显著优于其他所有方法。除采用客观性指标对各方法效果进行评估外，研究中还采用了用户实验对评论一致性排序进行评估，实验结果同样表明该研究中提出的评论汇总信息与具体评论集合间的一致性目标比其他相关的评论集合选取目标更加符合消费者购物决策过程中对评论信息的需求。

由此可见，增强型逐步寻优方法（eSOP）通过引入消费者评论阅读停止位置概率分布，对消费者评论阅读行为进行了更精细地刻画。同时，方法综合了穷举法和逐步寻优方法的优点，可以在保证算法效率可接受的前提下，以较高的精度求解评论一致性排序问题。应用该方法对电子商务平台上的评论进行合理排序，可以使消费者阅读到的评论集合与商品评论汇总信息集合有较高的一致性，从而可以提升消费者购物过程中的信心，更好地支持消费者网上购物决策。

4 结 语

本文首先从对消费者信息搜索进行决策支持视角，分别考虑根据消费者对商品的考虑概率设计合理的商品排序方式以降低消费者信息搜索的成本，以及尽可能准确地估计消费者信息搜索收益以帮助其制定合理的信息搜索停止策略问题。这里的关键步骤为对消费者商品考虑概率、消费者搜索效用进行预测。相应地，通过提出两阶段预测方法（TEA），个性化概率分布模型的预测方法（PDM）、考虑置信度的个性化概率分布模型的预测方法（CPDM）以分别用于解决上述问题，且具有良好的预测效果。接着，从消费者评论阅读进行决策支持视角，从单条评论角度和评论集合角度分别进行分析。从单条评论角度，提出基于迭代贝叶斯的评论有用性预测方法（IBP）并取得了良好的预测效果；从评论集合角度，为解决评论一致性排序问题，在考虑消费者异质性的基础上，设计了能够适应消费者不同的停止阅读位置的增强型逐步寻优算法（eSOP），并得到了满意的优化效果。

后续研究可以进一步结合新兴电子商务背景，考虑其他新型购物和销售模式及其消费者行为特征，如捆绑推荐（bundle recommendation）、概率销售（probabilistic selling）等对消费者在其他具体网络购物场景中可能遇到的问题进行研究，并提出具有针对性和新颖性的决策支持策略。

参考文献

[1] 中国电子商务研究中心. 2015 年（上）中国电子商务市场数据

监测报告（2015-09-21）［2015-09-26］. http：//www. 100ec. cn/zt/upload_data/down/2015sndbg. pdf.

［2］周宏仁，等．中国信息化形势分析与预测（2013）［M］. 北京：社会科学文献出版社，2013.

［3］Hawkins D I, Mothersbaugh D L. Consumer Behavior（11th edition）［M］. McGraw-Hill Companies, 2011.

［4］Mudambi S M, Schuff D. What makes a helpful review? A study of customer reviews on Amazon. com［J］. MIS quarterly, 2010, 34（1）：185-200.

［5］Bawden D, Robinson L. The dark side of information：Overload, anxiety and other paradoxes and pathologies［J］. Journal of Information Science, 2009, 35（2）：180-191.

［6］Brynjolfsson E, Hu Y, Simester D. Goodbye pareto principle, hello long tail：The effect of search costs on the concentration of product sales［J］. Management Science, 2011, 57（8）：1373-1386.

［7］Palley A B, Kremer M. Sequential search and learning from rank feedback：Theory and experimental evidence［J］. Management Science, 2014, 60（10）：2525-2542.

［8］Ratchford B T. Cost-benefit models for explaining consumer choice and information seeking behavior［J］. Management Science, 1982, 28（2）：197-212.

［9］Zwick R, Rapoport A, Lo A K C, et al. Consumer sequential search：Not enough or too much?［J］. Marketing Science, 2003, 22（4）：503-519.

［10］Diehl K. When two rights make a wrong：Searching too much in ordered environments［J］. Journal of Marketing Research, 2005, 42（3）：313-322.

［11］Wang W, Benbasat I. Interactive decision aids for consumer decision making in e-commerce：The influence of perceived strategy restrictiveness［J］. MIS Quarterly, 2009：293-320.

[12] Xiao B, Benbasat I. E-commerce product recommendation agents: Use, characteristics, and impact [J]. MIS Quarterly, 2007, 31 (1): 137-209.

[13] Chen Y, Xie J. Online consumer review: Word-of-mouth as a new element of Marketing communication mix [J]. Management Science, 2008, 54 (3): 477-491.

[14] Chevalier J A, Mayzlin D. The effect of word of mouth on sales: Online book reviews [J]. Journal of Marketing Research, 2006, 43 (3): 345-354.

[15] Liu Y, Huang X, An A, et al. Modeling and predicting the helpfulness of online reviews [C] //Data Mining, 2008. ICDM'08. Eighth IEEE International Conference on. IEEE, 2008: 443-452.

[16] Liu J, Cao Y, Lin C Y, et al. Low-quality product review detection in opinion summarization [C] //EMNLP-CoNLL. 2007: 334-342.

[17] Oulasvirta A, Hukkinen J P, Schwartz B. When more is less: the paradox of choice in search engine use [C] //Proceedings of the 32nd International ACM SIGIR Conference on Research and Development In Information Retrieval. ACM, 2009: 516-523.

[18] Simon H A. The sciences of the artificial [M]. MIT Press, 1996.

[19] Solomon M R, Dahl D W, White K, et al. Consumer behavior: buying, having, and being [M]. Upper Saddle River, NJ: Prentice Hall, 2014.

[20] Häubl G, Trifts V. Consumer decision making in online shopping environments: The effects of interactive decision aids [J]. Marketing Science, 2000, 19 (1): 4-21.

[21] Gu B, Konana P, Chen H W M. Identifying consumer consideration set at the purchase time from aggregate purchase data in online retailing [J]. Decision Support Systems, 2012, 53

(3): 625-633.

[22] Tan W K, Tan C H, Teo H H. Consumer-based decision aid that explains which to buy: Decision confirmation or overconfidence bias? [J]. Decision Support Systems, 2012, 53 (1): 127-141.

[23] Cutrell E, Guan Z. What are you looking for?: an eye-tracking study of information usage in web search [C] //Proceedings of the SIGCHI Conference on Human Factors in Computing Systems. ACM, 2007: 407-416.

[24] Fleder D, Hosanagar K. Blockbuster culture's next rise or fall: The impact of recommender systems on sales diversity [J]. Management Science, 2009, 55 (5): 697-712.

[25] Wang H, Wei Q, Chen GQ. From clicking to consideration: A business intelligence approach to estimating consumers' consideration probabilities [J]. Decision Support Systems, 2013 (56): 397-405.

[26] Hofmann T. Latent semantic models for collaborative filtering [J]. ACM Transactions on Information Systems (TOIS), 2004, 22 (1): 89-115.

[27] Reutskaja E, Nagel R, Camerer C F, et al. Search dynamics in consumer choice under time pressure: An eye-tracking study [J]. The American Economic Review, 2011: 900-926.

[28] Moe W W. An empirical two-stage choice model with varying decision rules applied to internet clickstream data [J]. Journal of Marketing Research, 2006, 43 (4): 680-692.

[29] Wang H, Guo XH, Wei Q, et al. Providing a Service for Interactive Online Decision Aids through Estimating Consumers' Incremental Search Benefit [C] //Proceedings of Thirty Second International Conference on Information Systems (ICIS). 2011: 10.

[30] Wang H, Guo XH, Zhang MY, Wei Q, Chen GQ. Predicting the incremental benefits of online information search for heterogeneous

consumers [J]. Decision Sciences, 2015 accepted.
[31] 陈国青, 张明月, 王昊. 面向在线购物决策的消费者信息搜索收益预测方法 [J]. 重大管理评论, 2015.
[32] Jahrer M, Töscher A, Legenstein R. Combining predictions for accurate recommender systems [C] //Proceedings of the 16th ACM SIGKDD International Conference on Knowledge Discovery and Data Mining. ACM, 2010: 693-702.
[33] Adam K. Learning while searching for the best alternative [J]. Journal of Economic Theory, 2001, 101 (1): 252-280.
[34] Nelson P. Information and consumer behavior [J]. The Journal of Political Economy, 1970: 311-329.
[35] Adomavicius G, Tuzhilin A. Toward the next generation of recommender systems: A survey of the state-of-the-art and possible extensions [J]. Knowledge and Data Engineering, IEEE Transactions on, 2005, 17 (6): 734-749.
[36] Adomavicius G, Tuzhilin A, Zheng R. REQUEST: A query language for customizing recommendations [J]. Information Systems Research, 2011, 22 (1): 99-117.
[37] Sun M. How does the variance of product ratings matter? [J]. Management Science, 2012, 58 (4): 696-707.
[38] Jacoby J. Perspectives on Information Overload [J]. Journal of Consumer Research, 1984 (10): 432-435.
[39] Kuksov D, Villas-Boas J M. When more alternatives lead to less choice [J]. Marketing Science, 2010, 29 (3): 507-524.
[40] Spool J M. The magic behind amazon's 2.7 billion dollar question. User Interface Engineering, 2009. http://www.uie.com/articles/magicbehindamazon/.
[41] 张遵强. 基于在线评论的网络购物决策支持方法研究 [D]. 清华大学, 2015.
[42] Rice J. Mathematical statistics and data analysis [M]. Cengage Learning, 2006.

[43] Hu M, Liu B. Mining and summarizing customer reviews [C] //Proceedings of the tenth ACM SIGKDD International Conference on Knowledge Discovery and Data Mining. ACM, 2004: 168-177.

[44] Liu B, Hu M, Cheng J. Opinion observer: analyzing and comparing opinions on the web [C] //Proceedings of the 14th International Conference on World Wide Web. ACM, 2005: 342-351.

[45] Zhuang L, Jing F, Zhu X Y. Movie review mining and summarization [C] //Proceedings of the 15th ACM International Conference on Information and Knowledge Management. ACM, 2006: 43-50.

[46] Lu Y, Zhai C X, Sundaresan N. Rated aspect summarization of short comments [C] //Proceedings of the 18th International Conference on World Wide Web. ACM, 2009: 131-140.

[47] Weinberg B D, Davis L. Exploring the WOW in online-auction feedback [J]. Journal of Business Research, 2005, 58 (11): 1609-1621.

[48] Archak N, Ghose A, Ipeirotis P G. Deriving the pricing power of product features by mining consumer reviews [J]. Management Science, 2011, 57 (8): 1485-1509.

[49] Zhang ZQ, Chen GQ, Zhang J, et al. Providing Consistent Opinions from Online Reviews: A Heuristic Stepwise Optimization Approach [J]. Informs Journal on Computing. 2015 accepted.

[50] Lappas T, Crovella M, Terzi E. Selecting a characteristic set of reviews [C] //Proceedings of the 18th ACM SIGKDD International Conference on Knowledge Discovery and Data Mining. ACM, 2012: 832-840.

[51] Tsaparas P, Ntoulas A, Terzi E. Selecting a comprehensive set of reviews [C] //Proceedings of the 17th ACM SIGKDD International Conference on Knowledge Discovery and Data

Mining. ACM, 2011: 168-176.

【作者简介】

陈国青， 清华大学经济管理学院EMC讲席教授。国际模糊系统学会（IFSA）副主席，国际信息系统协会中国分会（CNAIS）创始主席（2005—2013）。主要研究兴趣包括管理信息系统、商务智能与电子商务、模糊逻辑等。

王聪， 清华大学经济管理学院管理科学与工程专业博士研究生。主要研究兴趣包括商务智能与电子商务、网络搜索与信息检索等。

供应商视角的 IT 外包研究现状*

苏 芳[1] 王 冰[2] 毛基业[3,2]

(1. 广东工业大学；2. 中国人民大学；3. 清华大学现代管理研究中心)

【摘 要】 IT 外包是信息系统领域最重要和经典的研究方向之一，然而大多数文献聚焦于客户视角，回答 IT 外包的目的、方法和结果等。尽管近年来供应商视角的研究逐渐受到重视，但还没有针对供应商视角的研究综述。因此，为推动国内相关研究以及更好的了解目前供应商视角的研究现状，本文回顾了 2003—2015 年发表在信息系统领域的 8 本最高质量的国际期刊、以 IT 外包供应商为研究视角的 22 篇文献。本文根据研究层次和实践范围两个维度进行划分，研究层次包括项目层次和组织层次，实践范围则指研究内容是涉及供应商内部管理实践还是跨组织的关系管理。在此基础上，本研究首先从知识管理、关系管理和风险管控三个方面总结了影响 IT 外包项目成功的供应商因素和关系因素，并归纳了 IT 外包项目的成功因素模型。随后，我们总结了供应商能力构建和升级、战略制订、跨组织关系管理等组织层面的研究成果。结合项目层面和组织层面的研究，本文提出了影响供应商绩效的整体模型框架。最后，我们指出了可能的研究机会和未来方向。

【关键词】 IT 外包 供应商视角 知识管理 风险管控 关系管理

---

* 本研究受国家自然科学基金资助（项目批准号：71320107005），教育部人文社会科学重点研究基地基金资助（项目编号：10JJD630012）和广东省哲学社会科学规划项目资助（项目编号：GD15YGL04）。

The Literature Review of IT Outsourcing Studies from Vendors' Perspective

Fang Su　Bin Wang　Ji-ye Mao
(1. Guang Dong University of Technology; 2. Renmin University of China;
3. Research Center for Contemporary Management Tsinghua University)

【Abstract】 IT (Information Technology) outsourcing is one of the most important and classical research areas in Information Systems. Most studies focus on the purpose, ways and outcomes of IT outsourcing from clients' perspective about. However, there is no specific literature review from IT outsourcing vendors' perspective. For a better knowledge of thc research state of IT outsourcing vendors' perspective, this study reviews 22 papers published in the ' Senior Scholars' Basket of Journals' from 2003 to 2015. We divide those papers according to research unit (IT project or organization) and practice area (internal management practice or interorganizational management) into four quads. On the base of this classification, we first summarize the successful factors of IT projects from vendors' relationship management, knowledge management, and risk management. Then, we conclude the research findings about vendors' capabilities building, strategies making, and client management. And next, we provide a whole framework of vendors' performance based on these 22 papers. In the end, we propose some potential research opportunities.

【Keywords】 IT outsourcing　vendors' perspective　knowledge management　risk management　relationship management

1 引 言

IT（Information Technology）外包（Outsourcing）指企业在内

部 IT 资源有限的情况下，通过契约关系将全部或者部分 IT 工作委托给专业的 IT 服务公司，以关注自身的核心能力，获得更大的竞争优势[1]。企业进行 IT 外包的主要动机是降低成本、提高组织绩效以及达到战略目标[2]。IT 外包是信息系统（information systems，IS）领域最重要和经典的研究方向之一[3]，并随着技术进步、企业专业化的程度提升和企业间协作的增强而不断发展。然而，尽管 IT 外包项目的成功取决于客户、供应商以及双方的合作关系三方面的因素[4]，已有研究大多采纳客户视角[5]，试图支持客户方 CEO 和 CIO 决策。因此，基于供应商视角的 IT 外包研究是个重要但研究不足的领域，存在不少有趣的研究问题和重要的研究机会。为推动国内相关研究，本文选择近年来发表在 IS 领域最高质量国际期刊的相关论文进行综述。

第一起成功的且具有划时代意义的 IT 外包来自于 1989 年美国柯达公司与 IBM、EDS 签署的高达 2.5 亿美元的外包合同[3]。柯达公司将自己的信息系统职能全部外包给 IBM 和 EDS 公司，由它们两家共同负责柯达公司数据中心的运维工作，柯达公司数据中心全部 300 余名员工并入 IBM。通过这一举措，柯达公司减少了 90%的与 IT 有关的投资，降低了 20%的年运营成本。从此，在全球范围内掀起了以专业化为服务特征的 IT 外包浪潮，越来越多的企业通过将 IT 部门进行外包而降低运营成本，提高运作效率。IT 外包逐渐被企业广泛接受。根据 Gartner 的调查和预测，2012 年全球 IT 外包的市场份额达到了 3147 亿美元，预计到 2015 年，每年增长 4.4%[6]。

在 IT 外包不断发展的 20 余年里，产生了大量 IT 外包相关的研究，从这些研究中我们了解了企业（客户）为什么外包（如降低成本、关注核心竞争力、获得资源等），外包什么（通常是信息系统整体项目的一部分、非核心项目），如何外包（合同设计、控制机制、供应商选择等），外包结果（项目质量和成本、信息系统绩效），以及项目成功的影响因素（如客户和供应商的准备程度、能力、开发过程、良好的关系等）[4]。这些研究多数从客户视角出发，帮助客户更好地管理外包。

之前IT外包文献综述都聚焦于客户视角[7][8][9]，但随着供应商视角的研究受到越来越多的重视[7]，研究成果日益丰富，我们有必要了解目前IS领域关注供应商哪些方面的研究。因此，本文回顾了信息系统领域质量最高的8本国际期刊在2003—2015年关于供应商视角的研究（共22篇），这些研究从能力构建、客户关系管理、风险管理、知识管理等方面探讨了供应商促进项目成功和提高自身绩效的战略和管理实践。

本文结构安排如下：第二部分简要介绍研究方法；第三部分介绍2003—2015年期间IS领域8本顶级期刊刊登的供应商视角的文献；第四部分指出未来研究机会。

2 研究方法

借鉴Li等人[10]的方法，我们的文献综述分为以下几个步骤：

第一步，根据研究主题，确定筛选文献的关键词和检索条件。我们运用关键词，根据Web of Science的检索规则和通配符，采用（IT OR IS OR information system * OR information technology）AND（Outsourc * OR Offshor *）AND（Vendor * OR Supplier * OR Provider *）公式在WEB of Science的SCI/SSCI数据库进行检索。

第二，选择目标期刊。本研究旨在通过回顾当前IT外包供应商视角的研究现状，挖掘IT外包供应商视角的潜在研究机会。鉴于影响力大的期刊能在一定程度上引领研究方向，而高质量期刊上刊登的文章，其研究过程更严谨，研究结论也更可靠，我们选择信息系统领域被公认的8本最高质量的国际期刊：*European Journal of Information Systems*（EJIS），*Information Systems Journal*（ISJ），*Information Systems Research*（ISR），*Journal of the Association for Information Systems*（JAIS），*Journal of Information Technology*（JIT），*Journal of Management Information Systems*（JMIS），*Journal of Strategic Information Systems*（JSIS），*Management Information Systems Quarterly*（MISQ）。

第三步，确定时间范围。自 2003 年 Levina 和 Ross 在 *MIS Quarterly* 发表了 "*From the vendor's perspective: Exploring the value proposition in information technology outsourcing*"[5]以来，引起了关于供应商视角的研究热潮[9]。因此，本研究将文献搜索的时间区间设定为 2003—2015 年。本研究的检索时间截至 2015 年 9 月 1 号。

第四步，下载并确定文献。通过三个检索条件，我们共获得了 88 篇文献。随后，我们根据 88 篇文献的题目、摘要、关键字等进行筛选，剔除完全没有运用供应商的数据来源，以及虽然运用了供应商的数据来源但研究结论与供应商无关的研究，进一步确定了供应商视角的研究有 22 篇。供应商视角的研究指涉及供应商内部管理、战略、行为的研究文献，而诸如合同设计、离岸承包国和供应商选择、控制机制等主题的研究基于客户立场，这类文献不计入综述。

第五步，具体分析工作。我们首先对 22 篇文献按照期刊来源、发表年限、研究方法和研究情境进行初步统计（请见表 1，具体内容请见附录）。随后精读文献，根据不同的研究层次总结研究现状，并在此基础上构建整体模型。

表 1　**22 篇文献初步统计**

期刊来源(篇数)	发表年份(篇数)	研究方法[a](篇数)	研究情境(篇数)
EJIS（2）、ISJ（1）、ISR（4）、JAIS（1）、JIT（4）、JMIS（3）、JSIS（1）、MISQ（6）	2003(1)、2004(1)、2005(1)、2006(1)、2007(1)、2008(5)、2009(1)、2010(1)、2011(1)、2012(1)、2013(5)、2014(4)、2015(2)	大样本调研(9) 质性研究(11) 数学建模(2) 实验室研究(1)	离岸(14) 在岸(4) 无区别(4)

注：a：其中 Koh 等[13]采用了质性研究和大样本调研两种研究方法，因此研究方法分类上总计为 23。

需要说明的是，我们还归纳了这些文献所采用的理论视角，但除了心理契约理论出现了两次，其余如资源依赖理论（resource dependence theory）、组织学习（organizational learning）、跨边界理论（boundary spanning）等均出现一次，因此我们认为供应商视角的研究还没有呈现出主流的理论，这点区别于常常采用交易成本经济学理论和代理理论的客户视角研究。

3　供应商视角的研究现状

我们根据研究层次和实践范围将综述的 22 篇文献进行划分（见表 2）。研究层次分为项目层面和组织层面。实践范围包括供应商内部实践和跨组织合作两个方面，供应商内部实践指研究的管理活动是企业内部活动，例如构建运营能力、供应商的国际化战略等，而跨组织合作的活动则涉及供应商和客户的共同活动，例如管理客户关系等。

本部分首先介绍项目成功的供应商知识管理、关系管理和风险管理等实践，随后介绍供应商能力和战略制订等内部管理，以及跨组织关系。在此基础上，本文提出影响供应商绩效的模型。文献回顾以 22 篇为主，但不局限于此。

3.1　IT 外包项目成功的影响因素（供应商视角）

IT 外包项目的成功因素按照来源可以大致划分为与客户有关的因素、与供应商有关的因素和关系因素。大量文献研究客户的供应商管理能力、项目管理能力和外包经验、控制机制、风险管理能力对外包项目的影响[7]。然而供应商和客户对项目成功的定义不一样[7]。对于供应商而言，项目成功包含两个方面：在预算的成本内完成项目和客户满意[11]。本研究主要关注促进项目成功的供应商相关因素和关系因素，下面我们主要从供应商内部的知识管理和风险管控，以及组织间的（客户）关系管理三个方面介绍项目成功因素。

表 2　**22 篇文献归类**

研究单元	供应商内部实践	跨组织合作
项目层面 （文献有重复）	**知识管理** Mehta & Bharadwaj [12] Langer et al. [15] Rai et al. [11] Kotlarsky et al. [16] **风险管控** Gopal et al. [26] Park et al. [24] Sen et al. [27] Gopal & Koka [25]	**客户关系管理** Rai et al. [11] Williams et al. [21] Koh et al. [13] Kim et al. [17] Avison & Banks [19] Kelly & Noorman [22] Gregory et al. [18]
组织层面	**能力** Jarvenpaa & Mao [28] Levina & Ross [5] **战略** Ruckman et al. [34] Su [35]	**跨组织关系** Li [36] Abbott et al. [37] Su et al. [38] Ravishankar et al. [39]

注：同一篇文献可能涉及多个方面的内容。

3.1.1　知识管理

知识是供应商的重要资源。IT 外包项目，尤其是大型的系统开发项目，涉及多个领域的专门知识、经验、技能，有效地管理和整合这些知识，并将这些知识综合成团队成员共同的理解基础，能提高团队成员之间的合作效率，从而促进项目成功[12]。稳定的团队成员在一定程度上能促进知识的整合[13]，一旦有人离开团队，供应商应该马上配备更合格的员工，保证项目正常运转。项目成功与否也取决于供应商为该项目配备的特定员工的程度[14]，如从外界招聘有特定技能的员工，或者对内部员工进行专项培训等。

然而，项目团队与外界实体进行的信息交流活动可能影响项目团队内部的知识整合效果，例如毫无限制地接收外界的信息来源可能给团队成员造成困扰，而谨慎审视信息来源又影响团队获取重要知识的机会[12]，再者供应商对内部知识的管理也非常重要，决定哪些信息可以共享，哪些不能共享能够提升整合效率。因此供应商不能简单地通过最大化或者最小化信息流来实现项目成功，项目团队与外界之间进行中等程度的信息交流活动时，知识整合效果最好[12]。

作为项目直接负责人的项目经理对项目进展起着重要作用，成功的项目要求项目经理具备丰富的沟通和领导经验，以及相关的技术和领域知识，这是项目经理的基本条件，但仅有这些并不够[15]。项目经理根据长期目标和短期目标解决项目突发事件和困难问题的能力（实践智能，practical intelligence）同样重要[15]。尤其对于复杂的和不熟悉的项目，项目经理的实践智能显得更为重要[15]。而项目经理的文化价值观也会影响项目成功，如风险规避的、关注长期合作的、目标导向的项目经理，可能提升项目的成功率[11]。

将专门知识和知识拥有者进行编码（知识外显化）有助于供应商内部、供应商与客户之间知识的转移和存储[16]。编码指运用代码和模型将规则、行为、知识和经验等转换到程序、说明书和文档中。这种知识的外显化活动能够降低知识共享问题的发生[16]。Kotlarsky等人[16]以印度TATA公司的一个战略性项目为对象，深入剖析了供应商的知识编码与专家协调活动之间的动态关系。作者发现了两类专门知识的协调活动：基于角色、惯例和模型的结构化协调（structured coordination）以及基于临时寻找和发现专门知识的即兴协调（improvised coordination）；定义了两类不同的知识编码：针对知识的知识编码和针对知识拥有者个人特征的知识者编码。知识编码和协调活动相互补充，知识编码是专门知识协调的主要内容，主要集中在结构化协调活动，而知识者编码则主要发生在即兴协调活动中。供应商可以运用成熟的模板获取与客户应用有关知识及其相关性、利用数据库追踪和文档变更、获取资料变更人的信息等措施，将专门知识和知识人的相关信息外显化。

3.1.2 关系管理

供应商与客户的关系质量与项目成功之间的关系已经获得了大量文献的支持[7]，例如信任、有效的知识转移、有效的沟通、前期合作基础、关系质量和文化距离等。鉴于合作关系的重要性，越来越多的研究关注供应商如何在项目过程中管理与特定客户的关系，如何提升合作质量。

由于供应商和客户对相互责任持有不同的信念[13]，他们可能错误地认为这些责任已经很好地被双方理解，一旦对方没有实践相应的行为，就可能被认为违约[17]。双方共同遵守的规范、共享价值观和共同的理解基础[11][18]能够有效降低供应商和客户对对方违约的心理感知，即更愿意相信对方不会违约[17]。尤其对于离岸外包而言，由于文化差异的存在，双方的行为规范不同，例如中国人的“差不多”行为和日本人的谨慎精确在解决问题时就表现出很大的差异，而且由于文化差异导致的误解需要耗费很长时间才能消除[19]，因此建立共同的规则和理解基础就显得更为重要[11]。

供应商和客户的共同规则及理解基础能够提升双方的沟通质量，促进项目成功。而共同理解的缺乏，可能造成客户的项目参与程度低[19]。根据 Rai 等人[11]的定义，共同的规则体现在以下六个方面：①过程导向还是结果导向，不同的侧重点在需求分析、设计和测试方面都不同；②员工导向还是工作导向，即项目的进度管理是以任务为对象还是以员工为对象；③专业导向还是领域导向，不同的企业目标适用于不同的治理机制；④严格控制还是宽松控制；⑤企业是闭合系统还是开放系统，这些不同类型的沟通文化影响交流的效率；⑥实用导向还是规范导向。理解基础更具项目特点，Gregory 等人[18]从四个方面测量理解基础：①项目过程；②领域知识；③共同期望，即项目中各自的责任、角色和结果物；④社会实践，即沟通方式、工作经验等促进行为适应的基础。供应商和客户在项目过程中制订共同的沟通计划、实时沟通、行动-反应机制、反馈机制、相互拜访、共同测试等多种共同参与的活动，通过这些共同的活动，学习对方的做法和调整自身行为，构建供应商和客户的共同理解基础[18]。

供应商构建有效的跨组织团队能够加强双方之间的沟通，提高沟通效率[13]。尤其是离岸外包，由于文化和语言差异，供应商和客户之间存在多种边界[20]。此时，供应商需要配备合格的跨边界人员（桥梁工程师）常驻客户处，增强桥梁工程师对客户的理解[21][22]，一方面加强供应商和客户之间的沟通效率，另一方面也有助于构建供应商和客户的共同理解基础。

供应商和客户的互访、便利的信息交流渠道促进双方之间的信息与知识共享[11]，但客户的沟通、知识共享和共同解决问题的意愿建立在对供应商信任的基础之上[11]。因此，加强客户的信任对供应商而言非常重要[11][21]。那么，在合作中，供应商如何加强客户对自身的信任？Kelly 和 Noorman[22]深入分析某个正在进展中的爱尔兰-印度的离岸外包项目，发现在关系初期，为了建立信任感，供应商需要展示企业具备知识/实践方面的专家系统，而对客户保持关怀和周到（care and attentiveness）则能给供应商额外加分，例如为客户（个人）提供额外的服务满足他们的需求，让他们感受到作为客户的重要价值，这个阶段供应商处于主导地位。然而，尽管在前期建立了信任关系，但随着合作的深入开展，这种信任有可能因为项目的突发事件而削弱，此时双方之间应该加强沟通。作者强调，供应商初期建立的信任为接下来的稳定合作提供了坚实的基础，有助于减轻项目风险带来的不利影响。

3.1.3 风险管控

有效的控制项目风险也是项目成功的一个方面。Aundhe 和 Mathew[23]通过访谈多家离岸外包供应商的多位高层管理和项目经理，总结了离岸外包供应商可能面临的特定项目风险、特定关系风险和宏观经济风险。特定项目风险指影响项目交付的风险，包括需求不确定导致项目范围扩大、由于时间和资金不确定而引起的预算和时间管理问题、在项目过程中没有很好地管理客户期望、不能及时匹配人员、客户的知识转移意愿和效率等具体项目可能面临的风险。供应商面临的特定关系风险来自客户组织结构的变化、资产专属性、客户的期望、文化差异以及客户规模。客户组织结构的变化可能影响供应商与客户的长期关系，而供应商针对特定客户的投资有可能导致其锁定在该客户，也会带来风险；规模大的客户，供应商面临风险的可能性更大，因为大客户对小客户的权势更高；企业文化或者区域文化的差异有可能阻碍双方之间的沟通效率。宏观经济风险主要指离岸外包的风险，包括汇率波动和政府政策。Park 等人[24]则指出，供应商的团队员工有可能会因为过错责任和时间紧迫性而隐瞒不好的消息。这些来自供应商自身、客户和合作关系的风险，通过上述的知识管理和关系管理可以有效地降低风险发生的概率。

此外，明确的合同设计也能降低风险概率[7]，然而客户和供应商面临不同的风险因素，而且能从对方的风险中获得一些利益[25]。因此，仅从客户视角考虑合同设计，可能会损害供应商的利益。目前，越来越多的研究强调了供应商参与合同设计。例如Gopal 和 Sivaramakrishnan[26]从供应商角度分析了目前主流的 IT 外包项目的定价合同：固定价格合同（fixed price contracts，FP）和时料合同（time and materials contracts，T&M）。作者发现，在面临员工流失率高的项目，供应商更喜欢采用时料合同；而对于大型和长期项目，供应商则更倾向于固定价格订单[26]。Gopal 和 Koka[25]则指出关系管理要耗费大量成本，虽然能够带来更好的交易关系，但是这种利益只有在供应商能够承担风险的情况下才能显现出来。因此作者建议供应商将这部分成本纳入合同之中。而面对项目需求量变更和用户偏好变更的风险，Sen 等人[27]建议供应商在长期合同条款中要求周期性的共享（预测的）需求信息，供应商根据变化的需求进行资源的重新配置。

根据上述研究结论，本研究归纳总结了影响 IT 外包项目成功的供应商因素和关系因素（见图 1）。供应商内部知识管理和关系管理一方面直接促进项目成功，另一方面通过降低项目风险概率提高项目成功率。项目特点，如项目大小、复杂性、重要性、风险性等因素调节供应商知识管理、关系管理和风险管控对项目成功的影响。

3.2 组织内部管理

组织内部管理的研究主要集中在供应商能力和战略管理两个方面。下面我们分别介绍这两方面的研究进展。

3.2.1 供应商能力构建

Levina 和 Ross[5]首次详细分析了供应商能力的构建过程，Jarvenpaa 和 Mao[28]在此基础上，运用案例研究探讨了中国 IT 外包供应商如何构建运营能力。

能力泛指企业持续的进行生产性任务和创造价值的素质[29]。

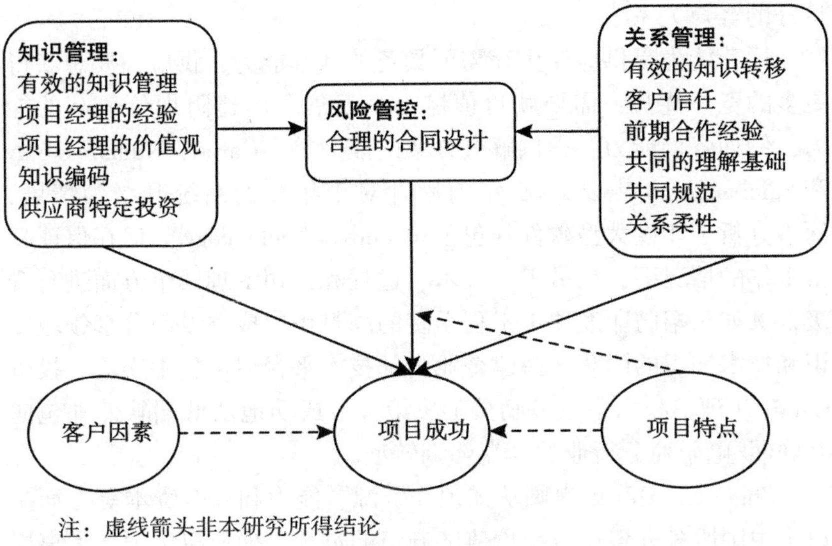

图1 IT外包项目成功因素

IT外包供应商的正常运营通常需要具备三方面的能力：人力资源能力、项目管理能力以及特定客户能力[5][28]。人力资源能力包括人力资源招聘、培训、合作、轮岗等机制。导师制和小组形式有助于经验在组织内转播[5]。项目管理能力反映了技术能力、系统资源以及软件开发过程[5][28]，涉及了解项目需求并进行设计的能力、成本和时间的估算及管理能力[30]。目前普遍使用的过程开发认证是由卡内基梅隆大学开发的CMMI系统。良好的过程能力包括过程标准化、文档标准化等，除了这些以外，提高过程成熟度还要求基础设施、系统、培训等方面的投资。特定客户能力体现了供应商与该客户的沟通交流和合作的情况。供应商可以通过不同的项目与某一特定客户进行重复交易[30]，从与该客户的重复交易中学习到的经验能够了解客户的业务情况以及业务范围、运营环境等，在此基础上构建一套有效的沟通方式以及交互模式，清楚了解客户的期望以及加强对客户业务的理解，有效地降低项目运作成本。供应商应该跟客户分享自己的专业知识，帮助客户降低成本，提高客户满意度[5]。同时，研究也认为供应商要想获得更多的项目，需要维持良好的客户关系[31]。

运营能力是供应商生存需要具备的基本能力，供应商要想获得更多的竞争优势，需要朝价值链上游发展，构建附加价值高的能力，例如咨询能力、提供解决方案的能力等。Garud，Kumaraswamy 和 Sambamurthy[32]以 2000 年前后针对千年虫的系统升级为情境，深入分析了印度大型软件外包公司 Infosys Technology 如何在保证日常工作的情况下，从员工、技术、过程和公司治理四个方面进行升级，例如只招聘印度顶尖工程学院的高材生、成立专门分享领域知识和技术知识的团队、搭建企业内部技术平台促进技术交流、投资 CMMI 认证、权力下放鼓励员工决策等，成功地从低端软件外包向互联网/电子商务行业的高端咨询转型。

Zheng 和 Abbott[33]则从知识、资源、能力和社会资本等方面探讨了中国服务外包供应商价值链升级的过程。他们以中国十大离岸外包企业之一的文思信息技术有限公司为研究对象，从组织学习的视角研究该企业如何向价值链上游转型，来实现在国际市场的快速成长和强劲表现。研究识别了三大过程：外部知识的探索和利用、内部知识的探索和利用、对资源和能力进行重新配置。文思强调学习外部知识，例如，通过整合从客户现场学习到的技术知识，用来提升内部效率；通过聘用外部专家、客户的技术或业务专家对组织内部员工进行不同层次和系列的培训等；利用从国外客户学习到的知识为国内客户做全套的软件咨询服务等多种实践，提升技术实力。同时，文思还特别关注产品/过程创新，例如通过成立和推广优化中心，鼓励公司内部进行技术交流和知识共享。有效的配置资源和能力能促使知识利用的最大化，例如，文思通过与客户建立紧密的合作关系，不仅从客户那里学习经验和知识，而且还能通过客户了解市场动态，识别市场机会；将客户品牌绑定在其定制软件中，提高软件的知名度和销量等。通过这些学习过程和资源配置过程，文思逐渐向价值链高端发展。

IT 外包是知识密集型行业，知识是供应商能力的一个重要部分。供应商构建特定客户能力需要具备客户的领域知识、熟悉客户的工作和沟通方式等，这些知识和经验来自于与特定客户重复和长期的合作；而项目管理能力来自于众多项目的实际经验，在项目中了解项目的风险点，提高预算的精准度等等。在这个过程中，供应商积累了丰富的领域知识、项目开发和管理经验，并将这些知识经验进行文档化而保存下来。能力升级同样离不开对知识和客户的管理，由此可以看出，供应商能力主要体现在客户关系管理和知识管理两个方面，是组织主动和被动的学习过程[30]。

3.2.2 战略管理

战略决策涉及企业服务的市场、客户以及提供的服务内容。在本文回顾的文献中，Ruckman 等人[34]以印度供应商为研究对象，探讨了供应商服务线的决策因素；Su[35]则探讨了中国供应商的国际化过程。

Ruckman 等人[34]研究了 IT 外包供应商如何通过模仿来增加或取消服务线。作者将服务业务分为技术服务线（如软件工程、安全/隐私服务）、领域服务线（如人力资源管理机构、财务会计等）和垂直行业服务线（税法、劳工法等）。研究发现，当供应商设计公司整体服务线，以及退出某条技术服务线或垂直行业服务线，企业会模仿直接竞争者的服务线，但不是完全一样，而是选择差异化；此外，供应商倾向于选择发展行业内受欢迎的领域服务线，不被领先供应商拥有的技术服务线将被剔除。

Su[35]探讨了供应商如何运用已有知识开拓新市场。Su 通过深入访谈 13 家中国离岸 IT 服务商的国际化实践和进程，发现供应商的国际化进程由以下三方面决定：第一，国际化战略，即对于进入哪个市场、哪个行业、什么时间进入以及以何种方式进入的深思熟虑的战略选择；第二，供应商为客户交付产品或服务的能力（运营能力），包括技术能力、过程能力和特定客户能力；第三，与客户的合作关系，包括客户类型（终端客户还是 IT 公司）、关系宽度和关系深度[35]。基于这三个因素，Su[35]识别了三种国际化战略的形成过程。第一种，由供应商明确的国际化战略指导的资源搜索过程，这个决策基于“我想去哪里”的问题。第二种，由运营能力驱动的拼凑（bricolage）过程，当遇到偶然机会时，供应商结合和利用已有的能力，如同创业一样拓展新市场，因而这个过程是基于"我能做什么"的问题。第三种由供应商已有的客户关系所驱动的拼凑过程，这是一个基于"我能为谁服务"的过程，供应商通过已有客户，开拓客户的新业务，或者不同客户的类似业务。这三者之间并不是互相排斥的，而是随着供应商内外环境的变化、供应商的国际化进程在三者之间摆动。

3.3 跨组织关系

以项目成功为目的的关系管理和以长期合作为目的的客户关系管理不同，前者是短期目标，后者是长期目标，两者之间存在冲突[18]。为了建立长期的合作关系，从客户那里获得战略性的大订单，供应商通常不考虑初始项目的绩效。因此，从某种意义上来说，供应商获得订单并不是终点，而是起点。供应商和客户在多次合作中，不断的学习和协调，构建更加紧密的合作关系[36]。

Abbott 等人[37]从全球、组织间、组织内、个人四个层面探讨了中国离岸外包供应商的跨边界活动（boundary spanning）和跨文化管理活动，这些活动分别是网络扩展（network expansion，网络延伸、关系构建等）、共同意义建构（mutual sensemaking，知识转移、构建信任、共建价值等）、文化融合（整合多种文化）、多重身份。这些跨边界活动相互交织，共同构建和维持成功的客户关系[37]。

良好的客户关系是供应商稳定的财务来源，但是过度依赖客户会给客户带来风险[38]。Su 等人[38]研究了中国对日 IT 外包供应商如何应对客户合作关系突然破裂的风险。作者借鉴资源依赖理论，发现供应商可以采取四种策略减少风险造成的影响：探索式桥接策略，即与该客户一同探索全新的合作方式，以增加订单，这种策略只有在双方权势都高的情况下才能实现；利用式桥接策略，即在原有知识和经验的基础上，加强与原有客户原业务的合作，例如定期拜访该客户，通过折扣等方式加强合作，这种方式常发生在客户权势高而供应商权势低的情况；当客户权势低时，供应商更可能采取探索式缓冲策略，开拓新市场、新客户，增加订单来源；几乎所有供应商都会采取利用式缓冲策略，即通过降低成本或者提高效率，减轻订单带来的成本压力。

Ravishankar 等人[39]以某对印度供应商-欧美客户关系为研究对象，探讨了供应商如何应对权势不对称的情况。作者发现，权势不对称深深嵌入在供应商的每个实践中。供应商通过学习欧美领先企业的管理模式和实践匹配自身的战略，并不断优化这些模型，将其作为有效的控制机制在企业内部实施。管理者们认为通过这种方式，可以得到客户的认可和尊重，从而减轻权势不对称的情况。此外，供应商的员工在与西方客户进行沟通时，去印度化和呈现欧美口音的行为方式等做法，更能得到客户的认可。

3.4 整体模型

从这 22 篇文献的分布来看，研究层次和研究对象比较均衡。在项目层面的研究中，研究主要涉及供应商如何更好地进行内部的知识管理和风险管控，以及如何管理好与客户的关系，良好的知识管理、风险管理和关系管理有助于项目的顺利开展。组织层面的研究相对分散，根据涉及的对象，划分为内部管理和跨组织关系管理，而内部管理中的能力构建离不开知识管理、风险管理和关系管理。本文根据 22 篇文献，提出了整体研究框架模型（见图 2）。

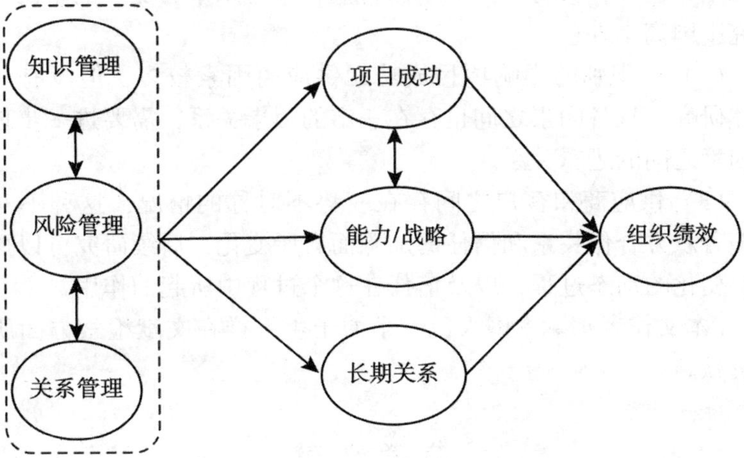

图 2 供应商组织绩效的影响因素

供应商在日常的项目活动中进行的知识管理、风险管理和关系管理等活动，三者之间相互影响（例如良好的知识管理和关系管理能够降低项目中的风险，而风险管控做得好，也能提升与客户的关系），共同作用于项目的成功、构建能力，是供应商制定战略和构建长期合作关系的基础。成功的项目和构建长期稳定的客户关系是组织绩效的一部分，此外供应商能力和正确的战略也能提高组织绩效。

4 未来研究方向

基于2003—2015年发表在信息系统领域8本最高质量的国际期刊的IT外包供应商视角的研究，本文归纳总结了这些文献的研究结论。尽管基于22篇文献难以全面总结研究进展，但“窥斑见豹”，我们从这些研究中可以了解目前IT外包供应商视角的研究主题，并从这些研究主题中发现未来的研究机会。

（1）离岸外包受到越来越多的关注，在我们回顾的文献中，有14篇（64%）文献的数据来源于离岸外包，其中仅4篇是来自中国供应商的数据。中国离岸外包与印度外包的发展模式和外包模式有很大差异，具有很强的中国特色，希望未来有更多的中国学者研究中国离岸外包。

（2）已识别的影响项目成功的供应商因素较多，但没有一个整体研究，且各因素之间也存在一定的因果关系，需要进一步理清各因素之间的逻辑关系。

（3）供应商和客户之间存在权势不对称的情况，这种不对称会随着双方合作关系和信任的加深而有所变化，后续研究可以探讨权势变化的动态过程，以及信任在这个过程中所起的作用。

（本文作者感谢中国人民大学博士生万祥在文献检索方面所做的贡献。）

参考文献

[1] Earl M J. The risks of outsourcing IT [J]. Sloan Management

Review, 1996, 37 (3): 26-32.
[2] Mehta N, Mehta A. Reducing client risks from offshore it vendors' HR challenges [J]. MIS Quarterly Executive, 2009, 8 (4): 191-201.
[3] Loh L, Venkatraman N. Determinants of information technology outsourcing: A cross-sectional analysis [J]. Journal of Management Information Systems, 1992, 9 (1): 7-24.
[4] Lacity M C, Khan S A, Willcocks L P. A review of the IT outsourcing literature: Insights for practice [J]. The Journal of Strategic Information Systems, 2009, 18 (3): 130-146.
[5] Levina N, Ross J W. From the vendor's perspective: exploring the value proposition in information technology outsourcing [J]. MIS Quarterly, 2003: 331-364.
[6] Chang Y B, Gurbaxani V. Information technology outsourcing, knowledge transfer, and firm productivity: An empirical analysis [J]. MIS Quarterly, 2012, 36 (4): 1043-1053.
[7] Lacity M C, Khan S, Yan A, Willcocks L P. A review of the IT outsourcing empirical literature and future research directions [J]. Journal of Information Technology, 2010, 25 (4): 395-433.
[8] Lacity M C, Willcocks L P, Khan S. Beyond Transaction Cost Economics: Towards an endogenous theory of Information Technology Outsourcing [J]. Journal of Strategic Information Systems, 2011 (20): 139-157.
[9] 王建军, 何平. IT服务外包研究进展及趋势分析 [J]. 管理工程学报, 2013, 27 (2): 44-53.
[10] Li L, Gao P, Mao J Y. Research on IT in China: A call for greater contextualization [J]. Journal of Information Technology, 2014, 29 (3): 208-222.
[11] Rai A, Maruping L M, Venkatesh V. Offshore information systems project success: The role of social embeddedness and cultural characteristics [J]. MIS Quarterly, 2009: 617-641.
[12] Mehta N, Bharadwaj A. Knowledge integration in outsourced

software development: The role of sentry and guard processes [J]. Journal of Management Information Systems, 2015, 32 (1): 82-115.

[13] Koh C, Ang S, Straub D W. IT outsourcing success: A psychological contract perspective [J]. Information Systems Research, 2004, 15 (4): 356-373.

[14] Poppo L, Zenger T. Do formal contracts and relational governance function as substitutes or complements? [J]. Strategic Management Journal, 2002, 23 (8): 707-725.

[15] Langer N, Slaughter S A, Mukhopadhyay T. Project managers' practical intelligence and project performance in software offshore outsourcing: A field study [J]. Information Systems Research, 2014, 25 (2): 364-384.

[16] Kotlarsky J, Scarbrough H, Oshri I. Coordinating expertise across knowledge boundaries in offshore-outsourcing projects: The role of codification [J]. MIS Quarterly, 2014, 38 (2): 607-627.

[17] Kim H J, Shin B, Lee H. The mediating role of psychological contract breach in IS outsourcing: Inter-firm governance perspective [J]. European Journal of Information Systems, 2013, 22 (5): 529-547.

[18] Gregory R W, Beck R, Keil M. Control balancing in information systems development offshoring projects [J]. MIS Quarterly, 2013, 37 (4): 1211-1232.

[19] Avison D, Banks P. Cross-cultural (mis) communication in IS offshoring: Understanding through conversation analysis [J]. Journal of Information Technology, 2008, 23 (4): 249-268.

[20] Levina N, Vaast E. Innovating or doing as told? Status differences and overlapping boundaries in offshore collaboration [J]. MIS Quarterly, 2008: 307-332.

[21] Williams C. Client-vendor knowledge transfer in IS offshore outsourcing: Insights from a survey of Indian software engineers

[J]. Information Systems Journal, 2011, 21 (4): 335-356.

[22] Kelly S, Noonan C. Anxiety and psychological security in offshoring relationships: The role and development of trust as emotional commitment [J]. Journal of Information Technology, 2008, 23 (4): 232-248.

[23] Aundhe M D, Mathew S K. Risks in offshore IT outsourcing: A service provider perspective [J]. European Management Journal, 2009, 27 (6): 418-428.

[24] Park C, Im G, Keil M. Overcoming the mum effect in IT project reporting: Impacts of fault responsibility and time urgency [J]. Journal of the Association for Information Systems, 2008, 9 (7): 17.

[25] Gopal A, Koka B R. The asymmetric benefits of relational flexibility: Evidence from software development outsourcing [J]. MIS Quarterly, 2012, 36 (2): 553-576.

[26] Gopal A, & Sivaramakrishnan K. On vendor preferences for contract types in offshore software projects: The case of fixed price vs. time and materials contracts [J]. Information Systems Research, 2008, 19 (2): 202-220.

[27] Sen S, Raghu T S, Vinze A. Demand information sharing in heterogeneous IT services environments [J]. Journal of Management Information Systems, 2010, 26 (4): 287-316.

[28] Jarvenpaa S L, Mao J Y. Operational capabilities development in mediated offshore software services models [J]. Journal of Information Technology, 2008, 23 (1): 3-17.

[29] Nelson D R, Adger W N, Brown K. Adaptation to environmental change: Contributions of a resilience framework [J]. Annual Review of Environment & Resources, 2007, 32 (1): 395.

[30] Ethiraj S K, Kale P, Krishnan M S, Singh J V. Where do capabilities come from and how do they matter? A study in the software services industry [J]. Strategic Management Journal,

2005, 26 (1): 25-45.

[31] Kern T. The gestalt of an information technology outsourcing relationship: An exploratory analysis [J]. 18th International Conference on Information Systems, Atlanta, GA, 1997: 37-58.

[32] Garud R, Kumaraswamy A, Sambamurthy V. Emergent by design: Performance and transformation at Infosys Technologies [J]. Organization Science, 2006, 17 (2): 277.

[33] Zheng Y, Abbott P. Moving up the value chain or reconfiguring the value network? An organizational learning perspective on born global outsourcing vendors [J]. ECIS 2013 Proceedings Paper 162. http://aisel.aisnet.org/ecis2013_cr/162.

[34] Ruckman K, Saraf N, Sambamurthy V. Market positioning by IT service vendors through imitation [J]. Information Systems Research, 2015, 26 (1): 100-126.

[35] Su N. Internationalization strategies of Chinese IT service suppliers [J]. MIS Quarterly, 2013, 37 (1): 175-200.

[36] Li X. Relational Contracts, Growth Options, and Heterogeneous Beliefs: A Game-Theoretic Perspective on Information Technology Outsourcing [J]. Journal of Management Information Systems, 2014, 31 (2): 319-350.

[37] Abbott P, Zheng Y, Du R, Willcocks L. From boundary spanning to creolization: A study of Chinese software and services outsourcing vendors [J]. The Journal of Strategic Information Systems, 2013, 22 (2): 121-136.

[38] Su F, Mao J Y, Jarvenpaa S L. How do IT outsourcing vendors respond to shocks in client demand: A resource dependence perspective [J]. Journal of Information Technology, 2014, 29 (3): 253-267.

[39] Ravishankar M N, Pan S L, Myers M D. Information technology offshoring in India: a postcolonial perspective [J]. European Journal of Information Systems, 2013, 22 (4): 387-402.

附录

本文回顾的22篇文献

文献；发表年份；期刊	研究问题	离岸/在岸	研究方法	数据来源	研究结论
Abbott 等[37]；2013；JSIS	跨个体、跨组织、跨国家、全球的跨边界活动	离岸	质性研究	西安软件园的13家公司	（1）全球的跨边界活动是网络扩张。网络扩张是利用跨文化理解、业务和个人关系的过程，其结果是构建满足客户所需的能力。这是一个相互的过程，如中国供应商帮助海外客户开拓中国市场。（2）跨国家的跨边界活动是共同意义构建，其突出的一点是构建信任。（3）跨组织是文化融合，将多种文化融合在一个组织中。（4）跨个体是多重身份，即桥梁工程师
Avison & Banks［19］；2008；JIT	利用会话分析技术（CA）深入了解IT离岸项目中的跨文化交流问题	离岸	质性研究	研究对象是一家领先的跨国医药公司，它和两家印度排名前十的外包商开展了外包业务	（1）在在岸-离岸供应商会议中存在明确的参与不对称。缺少对期望回应的共同理解导致了印度供应商和UK/US客户间的参与不对称。另一个导致参与不对称的原因是感知到的印度供应商和UK/US客户间的层级差异。（2）对话的修辞差异也被发现并记录了下来。冲突中的修辞组织转变在印度供应商和UK/US客户间存在明显的对比，许多印度供应商在修辞组织中的文化差异减少了和客户争论时的言外之意。（3）本文证明了如何将CA方法应用到IS离岸外包研究中，对文化交流提供了重要见解
Gopal & Koka［25］；2012；MISQ	正式控制和关系治理对供应商获利能力和服务质量的影响	无区分	大样本调研	某家供应商的105个项目	在供应商面临高风险的项目时，关系柔性仅能够提高固定价格合同中的供应商盈利能力；而在客户面临高风险时，关系柔性能够提高T&M合同中的服务质量。当需求不稳定、员工周转率高以及人员特殊性的情况下，供应商-客户之间的关系柔性高。 以往合作经验和客户的MIS经验都能提升供应商-客户之间的关系弹性，关系治理能够有效的克服项目风险

续表

文献；发表年份；期刊	研究问题	离岸/在岸	研究方法	数据来源	研究结论
Gopal 等[26]；2008；ISR	两种定价方法的特点？在两种定价方式中，供应商更喜欢哪种方式？	离岸	大样本调研	一家供应商的 93 个项目	供应商不能自主选择合同形式，但是有倾向性，T&M 计价方式更能把控风险，但是 FP 项目能够获得更多的利润。 大的长期的项目，供应商更喜欢固定价格；针对项目成员流失带来的高风险项目，供应商更愿意选择 T&M 计价方式。因为供应商具备管理大项目的能力和经验，可以获得更多的额外利润。 供应商通过合同来尽可能减轻项目风险
Gregory 等，[18]；2013；MISQ	供应商与客户之间的共同理解基础（shared understanding）	离岸	质性研究	一个来自德国客户-印度供应商的五年项目	区别了控制类型、控制程度、控制方式。控制类型与开发过程中，供应商-客户之间的共同理解程度有关
Jarvenpaa & Mao [28]；2008；JIT	在中介业务模型中离岸供应商如何发展运营能力？	离岸	质性研究	4 家中国 IT 外包供应商	本文进一步检验了之前文献中提出的三种能力以及他们在中介模型中的关系，识别了人力资源能力的核心角色，提出人力资源能力发展最具挑战，但它是发展其他能力的基础。 本文将三种能力和权变因素整合成了一个模型并检验了他们之间的双向关系

续表

文献；发表年份；期刊	研究问题	离岸/在岸	研究方法	数据来源	研究结论
Kelly & Noonan［22］；2008；JIT	探究在IS离岸外包关系中当环境风险高，并包含难以监控的发展过程时，心理安全是如何产生的？	离岸	质性研究	从2005年年底到2007年1月对某个离岸项目进行了18个月的跟踪观察	在关系初期，为了建立信任感，供应商应该保持关怀和周到（care and attentiveness）；随着关系的深入，重点转移到了建立稳定的合作订单，中间可采用三种微观政治策略（micro-political tactics）来加深相互交流合作，包括暗示、经纪人以及第三方公司（signaling，brokerage and the "third man"）。初期建立的信任为接下来的稳定合作提供了坚实的基础，并帮助控制了危机
Kim等［17］；2013；EJIS	心里契约违约在治理因素与绩效之间的中介作用。	无区分	大样本调研	来自韩国的供应商-客户配对数据	(1) 明确的法律合同和关系质量对外包结果的影响，受客户感知供应商违约的完全中介作用。(2) 正式控制和组织间关系给项目成功带来的好处通过个人层面的对对方违约的感知来解读的。(3) 双方都强调关系的重要性。(4) 详尽的法律合同能够有效地减少客户对供应商的违约感知，但却不能减少供应商对客户的违约感知；合作质量能够有效减轻供应商对客户的违约感知。(5) 关系治理对心理契约很重要，但是正式合同的作用也不能被忽视。(6) 详尽合同通过关系质量影响供应商对客户的违约感知

续表

文献；发表年份；期刊	研究问题	离岸/在岸	研究方法	数据来源	研究结论
Koh 等[13]；2004；ISR	在IT外包中，供应商和客户的关键义务（obligations）有哪些？实现这些义务对于IT外包成功有什么影响？	在岸	质性研究+大样本调研	第一阶段（定性分析）：从新加坡的供应商企业和客户方企业中各选取了其中4家最大的企业；第二阶段（大样本）：90个客户方企业的179个客户项目经理，68个供应商企业的191个供应商项目经理	客户感知到的供应商义务有：准确项目界定、清晰的权利结果、负责、有效的人力资源管理、有效的知识转移、有效的跨组织团队。供应商感知到的客户义务有：清晰的需求说明、快速支付、密切项目监控、敬业的项目员工、知识共享、项目归属权。在控制了项目类型、时间和项目大小后，实现义务和项目成功有积极的正相关关系

续表

文献；发表年份；期刊	研究问题	离岸/在岸	研究方法	数据来源	研究结论
Kotlarsky 等[16]；2014；MISQ	在离岸外包情境下，当存在知识边界时，知识编码化（Codification）在协调专业知识的过程中扮演的角色是怎样的？	离岸	质性研究	选择了印度领先的TATA公司（供应商）的一个核心项目进行深入研究	作者发现了两类专门知识的协调活动：基于角色、惯例和模型的结构化协调（structured coordination）和基于临时寻找和发现专门知识的即兴协调（improvised coordination）。定义了两类不同的知识编码：针对知识的知识编码和针对知识拥有者个人特征的知识者编码。知识编码和协调活动相互补充，知识编码是专门知识协调的主要内容，主要集中在结构化协调活动，而知识者编码则主要发生在即兴协调活动。供应商可以运用成熟的模版获取与客户应用有关知识及其相关性、利用数据库追踪和文档变更、获取资料变更人的信息等，将专门知识和知识人相关信息外显化
Langer 等[15]；2014；ISR	探究项目经理的PI（Practical Intelligence）对项目绩效的影响	离岸	大样本调研	深入实地研究了印度的一个领先的软件供应商。数据包括项目以及个人层面的209个PM完成的530个项目的档案数据	（1）介绍PI并将其概念化为PM的一种帮助解决嵌入在项目情境中的突发事件的重要能力。（2）对PM的PI提升项目绩效的有效性提供了实证证据。（3）项目特征会调节PM的PI和绩效之间的关系，即当项目复杂性高、熟悉度低时，PM的PI对项目绩效的贡献更大

续表

文献；发表年份；期刊	研究问题	离岸/在岸	研究方法	数据来源	研究结论
Levina & Ross [5]；2003；MISQ	供应商可以给客户提供经济和管理优势吗？外包中价值如何从供应商转移到客户？	在岸	质性研究	一个长期合作的项目	供应商发展了三种能力来应对顾客需求快速变化以及 IT 劳动力市场约束。包括 IT 人员发展能力、方法发展能力和客户关系管理能力。这三种能力相互补充和增强。ABC 对多个项目的控制保证了能力增长
Li[36]；2014；JMIS	一个潜在的关系扩张如何影响关系契约？信念的差异如何影响合作以及关系激励条款？	在岸	数学建模	无	提供了一个重复博弈框架，证明了潜在关系扩展的期望增益如何在扩张前促进关系激励条款。同时显示出即使是很小的信念差异也可以改变关系合同实施的方式

续表

文献；发表年份；期刊	研究问题	离岸/在岸	研究方法	数据来源	研究结论
Mehta & Bhar-adwaj [12]；2015；JMIS	放哨和守卫活动（sentry and guard activities）如何影响供应商开发团队的知识集成能力？在项目不确定的情况下，这种影响关系是如何变化的？（注：放哨是监管外部信息的流入，守卫是监管内部信息的流出）	离岸	大样本调研	来自于16个中型到大型的印度软件公司的139个供应商开发团队的项目经理	放哨和守卫活动以及知识集成之间存在着复杂的曲线关联，项目团队不能简单的最大化或者最小化信息流来实现项目成功。需求不确定起到了调节作用，也就是说在需求不确定情况下放哨和守卫活动的影响会更显著
Park 等[24]；2008；JAIS	项目过程中的沉默效应，即供应商可能隐瞒不好消息	无区别	实验室研究	192个大学生	时间紧迫性和过失责任有可能导致供应商隐瞒不好事件

续表

文献；发表年份；期刊	研究问题	离岸/在岸	研究方法	数据来源	研究结论
Rai 等[11]；2009；MISQ	关系因素为什么以及如何影响离岸 IS 项目的成功？	离岸	大样本调研	来自一家印度领先供应商的155个项目，其中的24个项目中客户代表曾和项目领导一同工作过，有53个项目没有客户代表	关系因素对项目成功有正向影响，具体来说，信息交换、共同解决问题以及信任会降低项目成本超支并提升客户满意度。此外，组织以及团队层面的文化差异与离岸 IS 外包成功也有关系。供应商和客户的实践差异对项目成功的影响仅得到了部分支持。当没有客户代表时，项目经理信奉的价值观会影响项目成功
Ravishankar 等[39]；2013；EJIS	印度 IT 服务供应商如何经历并回应和西方客户关系中的权利不对称？	离岸	质性研究	选取了印度 Indshore 公司（匿名）的7个事业部为研究对象，作者实地考察	IT 离岸外包的后殖民主义解释显示 IS 研究者应该对“postcolonial sensibility”维度保持意识。此外，数据显示权利不对称深深的嵌入在供应商组织的创造和发展过程中，他们只有通过深入的评估支持供应商不同举措的议程才能够被发掘，同时混合实践（Hybrid practice）和非对称权利并不是互斥的，这些结论能够帮助更全面的理解供应商组织实施的各种策略

续表

文献；发表年份；期刊	研究问题	离岸/在岸	研究方法	数据来源	研究 结 论
Ruckman 等[34]；2015；ISR	供应商如何通过模仿来进行市场定位？	无区别	大样本调研	116 个服务线选择	(1) 当作为整体考虑发展或者削减服务线时，企业受其直接竞争对手的影响，当削减某条技术或者垂直行业服务线时，受直接竞争对手的影响；(2) 供应商选择发展行业内受欢迎的功能服务线；(3) 不被 top 供应商拥有的技术服务线将被剔除；(4) 当构建新技术和垂直行业服务线时，供应商往往选择差异化
Sen 等[27]；2010；JMIS	探究需求信息共享作为一种降低 IT 服务外包组织间冲突的机制的有效性	在岸	数学建模	无	在需求量变动以及客户偏好改变的情境下，为了解决需求异质性问题，本文基于参与者的周期信息交换设计并且评估了一个动态资源适应机制（方案），该方案和客户对服务的估价相兼容，从而降低了供应商和客户之间的冲突。和之前的定价策略相比，启发式算法能为参与者提供更高的经济福利。同时，对于需求信息，即使是粗粒度，也对提供稳定的服务水平有显著作用
Su 等[38]；2014；JIT	应对环境变化	离岸	质性研究	来自两家中国对日外包供应商的 5 对合作关系	研究了中国对日 IT 外包供应商如何应对客户合作关系突然破裂的风险。作者借鉴资源依赖理论，发现供应商可以采取四种策略减少风险造成的影响：探索式桥接策略，即与该客户一同探索全新的合作方式，以增加订单，这种策略只有在双方权势都高的情况下才能实现；利用式桥接策略，即在原有知识和经验的基础上，加强与原有客户原业务的合作，例如定期拜访该客户，通过折扣等方式加强合作，这种方式常发生在客户权势高而供应商权势低的情况；当客户权势低时，供应商更可能采取探索式缓冲策略，指供应商开拓新市场、新客户，增加订单来源；几乎所有供应商都会采取利用式缓冲策略，即通过降低成本或者提高效率，减轻订单带来的成本压力

续表

文献；发表年份；期刊	研究问题	离岸/在岸	研究方法	数据来源	研究结论
Su [35]; 2013; MISQ	探索中国供应商的国际化战略，包括其行为、决策以及在多个市场进入和扩张的理由	离岸	质性研究	对 13 家中国的 IT 服务供应商进行了为期 6 年的 95 次访谈	供应商的国际化过程由三个核心决策因素决定：供应商对进入不同市场的时间和方法的战略性选择、供应商提供外包服务的能力、供应商和客户的合同关系总和。基于这三个因素，供应商接下来会选择三个战略形成过程：由国际化战略所引导的资源寻求过程、由供应商现有能力驱动的拼凑（bricolage）过程、由供应商现有的客户关系所驱动的拼装过程。当供应商的内外部环境发生改变时，供应商会动态的在这三种过程间摇摆选择，尤其是拼凑过程起到了核心作用
Williams 等 [21]; 2011; ISJ	构建并测试离岸工程师层面的客户供应商知识转移模型	离岸	大样本调研	问卷对象是 140 个印度软件工程师，他们都是面向欧美客户进行 IS 开发	离岸供应商工程师的客户-供应商的知识转移跟正式的培训以及客户嵌入具有正向相关关系。文中还测试了离岸供应商工程师在离岸地对非正式讨论的依赖是否会阻碍知识转移，最终结果是混合的。最后，文中还给出了拥有在岸经历和没有在岸经历的离岸工程师的差异。当离岸工程师有在岸经历时，客户嵌入就会成为知识转移的强有力的驱动因素，同时客户嵌入对那些没有在岸经验的工程师而言会降低对非正式讨论的不恰当的依赖

【作者简介】

苏芳，广东工业大学博士后。2009—2015年就读于中国人民大学，并获得管理学博士学位。在博士研究生期间，多篇研究成果发表在 *Journal of Information Technology*, *Journal of Information Technology Teaching Case*, *PACIS* 2013,《南开管理评论》《管理世界》等高质量期刊上。研究方向为IT外包、大数据、案例研究。

王冰，中国人民大学商学院博士研究生，硕士毕业于南开大学。关注IT领导力、IT能力等方面的研究领域。

毛基业，清华大学现代管理研究中心、中国人民大学商学院，教授、博士生导师。国际信息系统学会中国分会主席。2008年获国家杰出青年科学基金项目，2010年获全国百篇优秀博士论文提名奖导师，2011年入选教育部“长江学者”特聘教授。2010，2011，2013和2015年全国百篇优秀管理案例作者。先后主持国家自然科学基金杰出青年项目（已结项）、重大国际合作项目，在国际学术期刊及学术会议上发表论文40余篇，其中多篇发表在国内外顶级国际期刊上，如 *Journal of Management Information Systems*（*JMIS*），*Journal of Information Technology*，*Journal of AIS*，*Information & Management*，《管理世界》等。

预测市场：一种新兴的预测方法

陈伟运[1]　李　昕[2]　曾大军[3]

（1. 华东师范大学教育信息技术系；2. 香港城市大学信息系统系；
3. 中国科学院自动化研究所）

【摘　要】预测是政策制定以及科学决策的重要依据。尤其是在应对重大的组织问题和社会问题时，更需要事先尽可能及时准确地对可能发生的各种事件进行有效的预测。然而，与预测对象相关的信息往往以个体意见、知识等形式分散在群体之中。如何有效地组织和利用这些零散地分布在群体中的信息对科学的管理和决策有着决定性的作用。预测市场是一种通过市场交易产生的价格来反映分散在群体中的与未来事件相关信息的预测机制。在预测市场中，所有交易者就明确定义好的未来事件期货进行交易，事件相关合约的价格能及时准确地反映事件相关的信息。一些数据和研究工作表明，预测市场是一种非常有效的预测手段。本文主要从理论、设计和应用等三个层面对预测市场这一决策支持方法进行简单的介绍，内容主要包括：①预测市场的基本工作原理和历史沿革；②预测市场的特点；③设计预测市场需考虑的三个主要方面：市场合约设计、市场交易机制和激励机制；④预测市场理论基础；⑤与其他传统决策支持方法比较的优缺点；⑥发展并设计多样化的预测市场。

【关键词】决策支持　事件预测　预测市场　群体智慧

Prediction Markets: An Emerging Prediction Method

Weiyun Chen　Xin Li　Daniel Zeng

(1. Department of Educational Information Technology, East China Normal University;
2. Department of Information Systems, City University of Hong Kong;
3. Institute of Automation, Chinese Academy of Sciences)

【Abstract】 Predicting the probability of uncertain future events is critical in many decision scenarios, especially when we deal with complex organizational and social problems in a large scale involving a number of people. However, the information related to the event to be forecasted is typically dispersed in the group as individual opinions, knowledge and other forms. It is critically needed to aggregate these dispersed information to improve prediction accuracy. Prediction Market is a group information aggregation mechanism by providing a market place for individuals to trading on the event related contracts whose payoff are defined as dependent on the realization of the event. In prediction markets, all the participants trade on the clearly defined event futures. The event related information can be reflected in the contract price through the trading behavior of participant. Some experiments have witness the power of PMs as an efficient way of predicting future events. The present work gives a concise introduction of prediction market as a forecasting and decision support method from the perspective of its theory, design and application. Six main points are included in this paper: ① the principle of prediction market and its historical development; ② the characteristic of prediction market; ③ three basic aspects in designing an effective prediction market: the contract design, market mechanism and incentives; ④ theories of prediction market; ⑤ advantages and disadvantages of prediction market comparing with other typical group based decision support approaches; ⑥ a proposal for developing diverse prediction markets.

【**Keywords**】 decision support event prediction prediction market wisdom of crowds

1 引 言

预测未来不确定事件的结果对我们的生产和生活具有重要的意义。例如，近期天气和交通状况、房价的涨跌和各行业发展趋势等的预测莫不与我们每个人的日常生活息息相关。不同的预测对象和预测任务所需要的信息量不同，有些简单的预测我们一般人就可以胜任，但是对于比较复杂的事件，我们个人很难具有相对完备的信息。例如火山地震等自然灾害、社会态势和大规模群体事件、突发传染性疾病的传播[1][2][3]、世界区域政治形势等等的预测都涉及诸多不确定的已知或者未知因素，特别是近二十年来互联网和移动通信技术的不断发展和普及所带来的革命性的影响、虚拟空间和实际物理空间的频繁互动所导致的高度的社会动态性，更是对我们的预测和决策手段提出了新的要求和挑战。这些变化迫切要求我们能及时地就事态的发展做出准确的预测[4][5][6]。然而，这些高度复杂或者动态的事件往往涉及多方面的大量不确定因素，所有可利用的相关信息往往分布在群体之中，单靠个别专家很难迅速有效地收集到所有的事件相关信息[7][8]。我们需要寻找更高效准确的群体信息聚集机制以探求分散在群体中的“智慧”来辅助决策。

许多新颖有效的利用群体智慧的方法已经成功地被应用于一些相关领域。例如，维基百科通过提供简单的网络编辑功能汇聚群体智慧，成为世界上首屈一指的“人民百科全书”；百度知道、知乎等网络问答社区通过提供给用户简单的交互形式和激励机制，成为了我们日常生活中解疑答惑的好帮手；亚马逊的 Mechanical Turk、Elance 等众包平台将雇主需解决的实际问题通过网络平台悬赏出去，利用大众的参与产生低价有效的解决方案等。这些看似简单的应用在互联网和通信技术飞速发展的背景下完成了之前单凭我们个人之力很难完成的任务，大大提高了人们学习、交流和生产的效率。

图 1　亚马逊的 Mechanical Turk 其名字原是指 18 世纪一个土耳其人装束的会下棋的机器人，曾巡回欧洲各国打败不少西洋棋高手。群体智慧有时候被称为“人工的人工智能”，该图是群体智慧一个很好的隐喻。

长久以来，人们就知道市场价格能及时有效地汇聚分散在群体之中的信息。简单的市场交换原理实现着复杂模型或者计划方案无法替代的资源配置功能。市场价格的变动就像一只“看不见的手”反映并调控着人们的预期，各种与交易对象相关的信息都能通过人们的交易活动不断地反映在市场价格中。由于市场价格能反映群体对未来的预期，就像维基百科能反映大家都一致认可的那个“准确答案”一样能反映群体的“一致意见”，自由市场交易这一机制正在被应用于未来事件的预测。一种新型的在线虚拟交易市场，即预测市场（prediction markets，PMs）也受到越来越多的关注。

2　预测市场及其沿革

预测市场是一种专门用来预测未来不确定事件的交易市场，由于其合约的最终价格与所预测的事件结果相关，因此合约价格可直接解释为事件发生的概率。例如，在线预测市场 Intrade 于 2012 年推出的美国总统选举结果预测中，参与者注册后能在该平台上自由交易“奥巴马是否会连任美国总统?”这一事件的合约。如果最后实际的选举结果是奥巴马当选，那么该合约就以 10 美元的价格出清；如果最后实际的选举结果是奥巴马没有当选，那么该合约价格为 0。这样，如果当前市场上“奥巴马会继续连任”的合约价格是 6.06 美元，某个风险中立交易者Ⅰ认为奥巴马会继续当选的概率为 80%，该交易者就会愿意以高于 6.06 低于 8.0 美元的价格买入该合约以期获利；如果同时存在另外一个风险中立交易者Ⅱ认为奥巴马继续连任的概率为 70%，那么该交易者也愿意以高于 7.0 美元的价格出售他手头持有的“奥巴马会继续连任”的合约。如果市场上“奥巴马会继续连任”合约的买入价格高于卖出价格，交易双方就可以根据一定的规则，比如买卖双方喊价的均值作为成交价进行交易，该成交价格即为新的市场价格。在上述的例子中，交易者Ⅰ可能会以 7.5 美元的价格买入一定数量的“奥巴马会继续连任”合约，而交易者Ⅱ则有可能以 7.2 美元的价格出售手头一定数量的“奥巴马会继续连任”的合约，因此这两个交易者就可能成交，形成“奥巴马会继续连任”合约的新的市场价格，比如 7.35 美元/份。这样交易者Ⅰ和交易者Ⅱ对“奥巴马会继续连任”这一事件发生可能的预期就通过交易被反映到预测市场相应的合约价格中。本例中交易者Ⅰ和交易者Ⅱ对“奥巴马会继续连任”这一事件的预期分别为 80%和 70%，均高于当前市场价格，因此其成交价格所反映的“奥巴马会继续连任”这一事件的概率为 73.5%，介于这两个交易者主观预期的中间。因此，可以认为该价格本质上是通过拍卖交易的方式对两者的主观预期进行了某种“平均”。当市场中存在大量的交易者时，预测市场合约价格可认为代表了交易者群体对该事件预期的均值，Manski[9]，Wolfers 和 Zitzewitz[10] 以及 Gjerstad 和 Hall[11] 等从交易者风险偏好和市场均衡价格的角度对该问题进行了详细的探讨。图 2 为 Intrade 中奥巴马再次当选美国总统的合约交易界面，在该交易界面中，最近的市场成交价格为 6.06 美元，同时下面的绿色按钮还显示有 4 份以 6.06

美元出售的合约，而红色按钮则显示有 3 份以 6.04 美元买入的合约。这表示当前该预测市场中交易者群体对奥巴马 2012 年再次当选美国总统概率的估计大约为 60.6%。

由于预测市场中合约的价格与未来事件结果密切相关，能反映分散在群体之中的事件相关信息和主观信念，所以预测市场也叫做事件期货（event futures）、信息市场（information markets）和虚拟市场（virtual markets）等。

图 2　在线预测市场 Intrade 中关于奥巴马在 2012 年美国总统选举中获胜的预测结果。图例中当前的合约价格为 6.06 美元，表示奥巴马当选的概率大约为 60.6%。（图片来自 www.intrade.com）

预测市场价格不仅能反映群体对事件的集体预期，还能通过市场激励机制及时反映最新的事件相关信息。预测市场中的交易者与传统股票市场中交易者的行为动机并无二致。为了尽可能获得较大的预期收益，当出现影响所预测事件结果的事件时，预测市场中交易者往往能够及时获取这些最新消息，更新主观预期，在市场激励机制条件下这些信息就会通过交易者之间的交易及时反映到市场价格中，形成事件合约的新价格。图 3 为 Intrade 预测市场中 2011 年

1 月份至 2012 年 3 月期间奥巴马 2012 年美国总统选举获胜合约的价格变化趋势。从中我们可以清楚地看到，该合约在 2011 年 5 月 1 日突然由 6 美元猛涨到 7 美元，然后在短短两天之内就跌回到 6 美元附近。这是因为 2011 年 5 月 1 日这一天美国当局宣布了本·拉登的死亡消息，因而奥巴马的民意支持率空前提高，预测市场的价格变化反映了这一有利消息，因而迅速上涨。但是由于这一信息并不能长久影响奥巴马的获胜概率，因此不久之后预测市场价格回落到正常水平。

图 3　2011 年 1 月至 2012 年 3 月在线预测市场 Intrade 中关于奥巴马在 2012 年美国总统选举中获胜的合约的价格波动情况。2011 年 5 月 1 日该合约的价格从 6 美元猛涨到 7 美元反映了美国当局公布的本·拉登死亡消息。（图片来自 www.intrade.com）

预测市场的历史可以一直追溯到 19 世纪晚期。据统计，从 1884 年到 1940 年期间有 15 个预测市场预测了这一时期的美国总统选举结果，那个时期还没有较科学的民意调查方法，而预测市场的预测结果已经非常准确[12]。近年来，互联网和信息技术的不断发展普及为预测市场提供了更为便利的渠道，越来越多的在线应用关注于这一颇有潜力的预测方法。预测市场的组织形式也逐渐由线下转变为在线运行。在这一演变过程中，市场激励机制也由单一的现金交易变为现金、积分排名和奖品等混合的形式。比较著名的在线预测市场有位于美国爱荷华州的爱荷华电子市场（Iowa

Electronic Markets，IEM）和位于爱尔兰的在线预测市场 Intrade 等等。其中 IEM 自 1988 年到现在一直用于预测美国总统选举结果的预测[13]，其预测精度明显超过传统的民意调查方法，因而引起了很多相关研究领域学者们的注意。而 Intrade 成立于 1999 年，其发行的合约种类涉及政治、金融、气候、科技、社会、娱乐等各个方面，其预测数据被美国全国广播公司下的消费者新闻与商业频道（Consumer News and Business Channel）、美国有线电视新闻网（Cable News Network）、福克斯广播公司（FOX）、华尔街日报（The Wall Street Journal）、金融时报（Financial Times）、纽约时报（The New Yorker Times）和超过 50 所美国知名大学以及一些著名的金融研究机构所引用。一些知名的在线预测市场有：Betfair（网址为：www. betfair. com），Foresight Exchange（网址为：www. ideosphere. com），Inkling Markets（网址为：home. inklingmarkets. com）等。微软于 2014 年推出了自己的预测市场 Microsoft Prediction Lab，该预测市场集游戏、调查以及民调预测于一体，用户可以对诸多重大事件的结果进行投票或打赌，比如 2014 年美国大选、体育赛事结果、美国多少个州在特定日期前可实现同性婚姻合法化等。

一些实证研究的数据表明，预测市场的价格准确地反映所预测事件的实际概率，而且市场价格能及时反映事件相关信息。比如，假如我们把所有价格为 0. 3 的合约所对应的事件放在一起，其中最后的确发生的事件比例大约占总数的 3 成。而所有价格为 0. 8 的合约所对应的事件发生比例为 8 成，以此类推。这个发现已经被来自许多领域的实际和实验数据所证实。例如好莱坞股票交易市场（Hollywood Stock Exchange，HSK）预测奥斯卡奖得主，News Futures 预测足球联赛的结果等，观测到的实际数据都表明市场价格能反映事件发生的概率①。图 4 为 Schreiber 等报道利用预测市场预测足球比赛结果的例子，从图中可以看到预测市场价格比较准确地反映了事件发生的概率[14]。

---

① NewsFutures 现在更名为 Lumenogic。

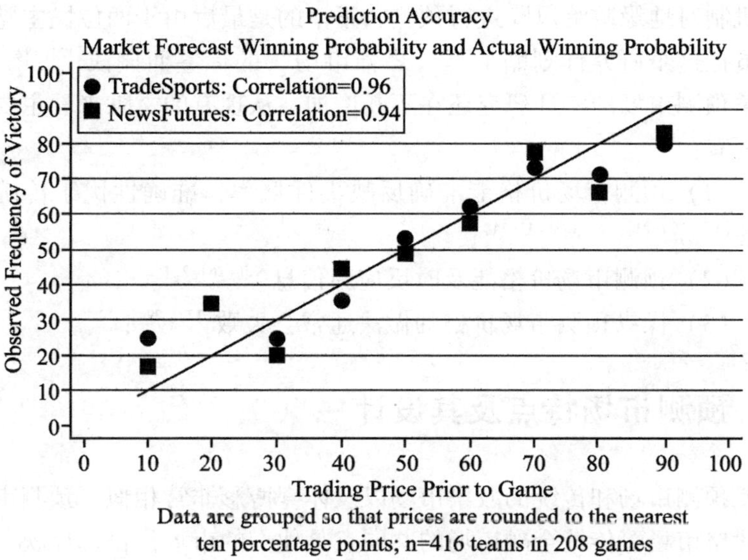

图 4　预测市场价格反映事件概率

预测市场引起了一些大企业和大学、研究机构实验室的关注。许多大企业（例如微软、雅虎、因特尔、诺基亚和惠普等）都在企业内部建立预测市场进行财务、销售额和公司策略方面的预测以提高公司内部的决策质量[15][16]。预测市场的特点和性能同时也吸引了大学和一些研究机构的注意。除了前面提到的爱荷华大学的IEM，在维吉尼亚大学的维康实验室（Vecon Lab）、麻省理工学院的的集体智慧研究中心（MIT Center for Collective Intelligence）、宾夕法尼亚州立大学的经济管理与拍卖实验室等都建立起了用于群体智慧科学研究的预测市场[17]。另外，美国爱荷华大学商学院和医学院在 2007 年合作建立了“爱荷华健康预测市场”（Iowa Health Prediction Market），该市场预测流行病疫情和疫苗效果的市场运作方式，参与者限定为他们所邀请的医疗专业人士。此外，若干新闻媒体也建立了公开的预测市场网站，例如 CNN 的政治市场（CNN Political Market）、《金融时报》（Finacial Times）的 FT PRED $ CT、《华尔街日报》（Wall Street Journal）的政治市场（WSJ Political

Market)[17]。在公共部门运作方面，美国国防部曾计划通过预测市场机制对地缘政治风险进行预测，不幸的是最后由于两位民主党参议员把这个研究计划贴上了“恐怖市场”的标签而搁浅[17][18][19]。有关预测市场的实证研究还在不断增加，从现有的文献来看主要的发现有：

（1）预测市场价格能准确反映事件概率，准确性优于传统的办法[15][20][21][22][23][24][24]；

（2）预测市场价格能及时反应新信息[25][26][27][28]；

（3）操纵预测市场价格的做法通常会失败[12][29]；

3 预测市场特点及其设计

预测市场和传统的股票市场以及体育博彩非常相似。预测市场和股票市场等传统金融市场的共同点是他们的市场价格都反映了群体的预期，也反映了事件相关信息。与这些传统市场不同的是，预测市场的合约价格是明确定义的，即只要合约规定的事件在规定的时间发生或者不发生，那么合约就能或者不能兑现预先约定好的现金，而股票市场中交易对象的到期价格是不确定的。预测市场与传统股票市场和金融市场的区别还在于它们的侧重点和目的有所不同。传统金融市场具有价格发现和规避风险的能力，股票市场则主要用来融资，而预测市场主要用于反映未来事件的相关信息。预测市场与体育博彩之间的联系在于，预测市场和体育博彩对事件的定义与合约的价格都非常明确，都是通过交易的形式就未来明确定义的事件进行预测。预测市场与体育博彩的区别在于，现有预测市场所采用的交易形式与金融市场类似，比如连续双向拍卖（continuous double auction，CDA）和类似于自动做市商（automatic market maker）的对数市场得分规则（logarithmic market scoring rule，LMSR）等，而体育博彩则往往采用按注分彩（pari-mutuel）和固定赔率（fixed odds betting）等特有的博彩机制。虽然 LMSR 是一种专门针对预测市场提出的交易机制而且已经被应用于实际的预测市场，例如 Inkling Markets，但是该交易机制的特征与自动做市商相近，而与体育博彩中所流行的交易机制差别较大。体育博彩中流行的交易机制有三种：按注分彩（pari-mutuel）、让分制（point spread）、固定赔率（fixed odds betting），这些交易机制有异于常规的动态定价交易而更像是“赌博”。比如，固定赔率博彩中设定的赔率相当于一般股票交易中做市商设定的买卖差价（bid-ask spread），只不过这个价差在博彩过程中保持不变，不像CDA交易机制中价差是随着交易的进行而不断动态变化的。因此现有预测市场的交易机制与传统金融市场的交易机制相似，而交易合约与未来事件结果相关且具有明确指定的价格这一点又与体育博彩非常相近，兼有娱乐和现金套利的特点，因此预测市场可以看作是金融市场和体育博彩的混合形式[30]。

表1　**预测市场与金融市场、体育博彩的比较**

	价格反映相关信息	事件与合约价格关系	常见交易机制
金融市场	是	不明确	连续双向拍卖
体育博彩	是	明确定义	按注分彩；让分制；固定赔率等
预测市场	是	明确定义	连续双向拍卖，动态按注分彩机制，对数市场得分规则等

与传统的金融市场或者体育博彩游戏一样，合理的市场设计是预测市场发挥作用的重要因素。预测市场的设计需要考虑多方面的因素，例如如何定义合约类型使之与真实的事件相联系、如何选择适当的交易机制以便于交易者理解和参与、市场激励机制是使用现金还是使用虚拟货币或者积分排名等形式、国家法律是否允许建立在线预测市场、预测市场是对所有人员开放还是只对选定的交易者开放、每次交易数量是否有上下限制以及是否收取交易手续费、预测市场的开市和闭市时间等等。其中比较重要的三方面是：合约类型、交易机制和市场激励机制。良好的市场设计能减少没有股票交

易经验的群体的认知负荷[31]，吸引更多的交易者参与，从而增加交易者的多样性和市场的流动性（market liquidity），而交易者的多样性对预测市场的性能具有重要的影响[32]。根据合约和报酬计算方式的不同，可将预测市场分为如下三类[15]：

（1）合约价格由事件是否发生决定（winner-take-all contract）。例如，如果候选人当选，那么对应的合约就以预先规定好的价格清算。

（2）合约价格由事件发生的量级决定（index contract）。例如，合约的最终价格以候选人最终的得票百分比进行清算。

（3）合约价格由事件是否以一定的量级发生决定（spread contract）。例如，如果候选人以超过80%的得票率当选，那么合约就以预先规定好的价格清算。

第一类合约的报酬由事件是否发生定义，事件结果揭晓后，以预先规定好的价格清算。根据Manski[9]，Wolfers和Zitzewitz[10]以及Gjerstad和Hall等人[11]的探讨，预测市场合约价格可被认为约等于群体信念均值，由于群体信念均值一般被认为等于事件概率，因此市场价格可以被看作事件发生概率的期望值。第二类合约的报酬由事件发生的具体值进行度量（例如产品销量等），该报酬计算机制使得市场价格向事件最有可能的实际值靠近，因此市场价格可作为事件实际发生均值的预测。比如某个预测市场对某种新产品的最终销量进行预测，由于销量是一个在一定范围内连续变化的随机值y，因此对于该事件预测结果的奖励机制可采取每份合约价格等于ay的形式，其中a是比例系数。第三类合约主要关注事件发生的程度是否超过了一定的阈值，该阈值往往是关注的重点，因此可以看作是介于第一类和第三类合约的某种组合。比如，在足球比赛中，我们已经知道某个队的实力远远超出其对手，这时候仅仅预测输赢已经没有意义，我们感兴趣的可能是这个强队能超过对手多少分，该种类合约可以用来预测事件的分位数。从这三类合约的特点中可以看出具体选用哪种合约与预测对象的特征有关。仍以选举为例，如果两个相互竞争的候选者实力相当，那么使用第三类合约预测他们的得票率是否超过某一个阈值就没有太多意义，阈值也不容易设定；而如果两个候选者实力悬殊，胜负判然，那么选票的差距就有更多的意义。第二类合约则比较适合于预测单个连续变量的取值，该变量一般不涉及竞争对手的输赢和胜负，例如预测公司销售量、产量等用第二类合约就比较适合。

由于合约形式会影响预测市场的预测性能，Chen 和 Kwasnica 设计了一个实验，对合约形式影响预测市场汇集信息能力进行了探讨[33]。该研究设计了两种不同的合约，一种与 Feiganbaum［34］等提出的预测市场逐步反映交易者私有信息过程的模型一致，另外一种合约则与该模型假设的不一致，结果发现前一种合约比后一种合约误差较小、更接近真实状态，但两个市场的实际价格都与模型所得到的价格有较大区别[33]。

交易机制是用来促成买卖双方达成交易的方式。一旦确定了预测市场中的合约形式，这些合约将以交易机制规定的形式在市场中进行买卖。常用的预测市场交易机制有三种：CDA[15]、LMSR 和 DPM。虽然博弈论中与 CDA 机制相关的研究相对复杂，但是 CDA 机制本身比较简单，即按照交易者提交的交易价格、数量和出价时间对交易者进行匹配，如果买家的出价高于卖家的喊价那么就可以成交。预测市场中，使用 CDA 的一个主要问题是由瘦市场（thin market）导致的市场流动性（liquidity）问题，即当市场中交易者较少、交易不够活跃导致买卖双方的出价没有重叠而没有交易产生时，新的信息无法被反映到价格中导致预测市场的失效。鉴于此，一些研究者提出了各种自动交易算法。

LMSR 是 Hanson 根据适当得分规则（proper scoring rules，PSR）发明的一种自动定价算法，该算法的主要目的是给预测市场提供一种自动定价机制，能够保证预测市场能在任何时刻接受交易者提出的交易请求[35]。该交易机制相当于一个自动做市商（automatic market maker），对于任何交易者提交的合约订单，该机制能自动计算其市场价值，在交易完成的同时，根据该合约订单将市场价格调整到相应的位置。LMSR 的价格调整算法如下：

$$p_i(\vec{q}) = \frac{e^{q_i/b}}{\sum_j e^{q_j/b}}$$

其中 $p_i(\vec{q})$ 为合约 i 的价格调整函数，$\vec{q} \in \Re^N$ 表示事件每个可能结果已经累积的合约数量，$b>0$ 是市场深度（market depth）的参数，表示一定数量的交易合约能够改变市场价格的程度。当某个交易者买卖数量为 $\vec{q} \in \Re^N$ 的合约时，其支付函数为：

$$C(\vec{q} + \vec{a}) - C(\vec{q}) = \int_{\vec{q}}^{\vec{q}+\vec{a}} p_i(\vec{q})\, d\vec{q}$$

经过推导可以得出：

$$C(\vec{q}) = b\log\left(\sum_j e^{q_j/b}\right)$$

而且 $\partial C/\partial q_i = p_i(\vec{q})$。LMSR 的价格函数说明价格只与当前每个可能结果上累积的合约数量有关，买卖一定数量合约的支付金额只与最后每个可能状态上的累积合约数量有关，而与每个合约的交易顺序无关。LMSR 的价格调整算法能保证：只有当交易者通过买卖合约所导致的市场价格等于他对每个可能结果的主观概率时，他的期望收益才会最大化，这一点能从上面的等式中证明，具体可参考 Hanson 的论文[35]。关于该机制的扩展详见 Agrawal 等的讨论[36]。

LMSR 有很多优点。首先，当某个可能结果对应的合约卖出的相对较少时，其价格就相对便宜；如果某个合约卖出较多，那么其价格就相对较高。其次，LMSR 相当于一个自动做市商，每个交易者在任何时候都可以与之交易，这保证了市场的流动性。最后，LMSR 能保证市场资助者的经济损失风险在有限的范围（loss bounded），这是因为任何一个交易者的交易活动都等价于将当前市场价格设置为他对事件可能结果的信念分布，而该变化导致的期望收益变化被适当得分法则所限定。

LMSR 的主要缺点有两个：其一，算法中的市场深度参数 b 决定了单位合约对价格的影响力。可以看出，如果该参数较小，那么很小的交易数量就能明显影响价格；反之，该参数较大时，即使很大的交易数量对价格几乎也没有影响。因此很难将该参数设置为适当的值，Othman 等针对该问题提出了一种对流动性敏感的自动定价算法，但是效果没有得到证实[37][38]。其二，该算法根据当前合约数量计算价格的方法导致市场价格的变化是非线性的，这增加了交易者的认知负担，不利于预测市场的大众化。一些启用 LMSR 作为交易机制的在线预测市场，例如 Hubdub 通过简化界面设计试图避免这一问题，Microsoft Prediction Lab 的预测市场中采用了 LMSR 作为交易机制，但是其界面则更像固定赔率机制。不过，研究表明非线性定价机制的确增加了预测市场使用的难度[39][40][41][42]。

DPM 则是 Pennock 根据体育博彩中的按注分彩机制设计的一种新的自动定价机制[43]。按注分彩[44]是体育运动博彩中常用的一种机制，其规则很容易理解：猜对结果的一方根据自己在这个结果上的下注金额按比例分享该游戏中奖池中所有的赌金。对猜对结果的每 1 单位赌金，其按注分彩可用下式计算：

$$1+\frac{M_{\text{lose}}}{M_{\text{win}}}=\frac{M_{\text{win}}+M_{\text{lose}}}{M_{\text{win}}}$$

传统的按注分彩机制（pari-mutuel mechanism）存在的问题是：同样的 1 单位货币，后来的交易者与新来的交易者购买力是一样的，而市场清算时对先来的和后来的交易者购买的合约没有分别，这导致先来的交易者不愿意参与交易，因为交易会将自己的偏好信息通过市场价格透露给后来的交易者。Pennock 改进了该机制提出了 DPM，即动态按注分彩机制。DPM 保证先购买的交易者能以较低价格购买合约，从而鼓励了交易者积极披露事件相关信息。与 LMSR 一样，DPM 机制中价格随交易数量的变化而变化，相对于后来的交易者而言先交易的交易者能以较低的价格购买相关合约，这就鼓励了交易者参与交易从而达到及时聚合群体信息的目的。以互斥二值事件 A 和 B 为例，假设初始时下注在 A 和 B 上的金额分别为 M_A 和 M_B，而 N_A 和 N_B 分别表示初始时合约 A 和 B 的购买数量，那么以后购买第 n 份合约 A 或者合约 B 时的价格 $p_A(n)$ 和 $p_B(n)$ 分别为：

$$p_A(n)=\frac{M_A}{N_B}e^{\frac{n}{N_B}}$$

$$p_B(n)=\frac{M_B}{N_A}e^{\frac{n}{N_A}}$$

M_A 和 M_B、N_A 和 N_B 为初始设置参数。从上式可以看出，越往后购买单位合约的价格越高，因此该算法保证了交易者积极参与交易，主动披露私有信息。相对于 LMSR，该算法的主要缺点是不能与适当得分规则兼容。

CDA 能直接应用于大多数的预测市场，如 IEM、Intrade 等都使用 CDA 机制进行交易，LMSR 由于具有较好的性质，其实际应用也比较多，如 Inkling Markets、Microsoft Prediction Lab 等[37]，DPM 则只在一些实验性的预测市场中有所报道[45]。Luckner 比较了这三种交易机制之间的异同[46]，如表 2：

表 2　**CDA、LMSR 和 DPM 三种交易机制的比较**

	CDA	DPM	LMSR
是否连续反映信息	是	是	是
是否保证流动性	否	对买者：是 对卖者：否	是
是否对市场资助者有风险	无	无	有限风险
应用实例	IEM，Foresight Exchange，Intrade，BetFair	Yahoo! Tech Buzz Game[45]	Inkling Markets

除市场交易机制外，市场的激励机制对参与者影响也比较大[47]。预测市场的激励机制分现金交易和虚拟货币交易两种方式。现有的文献对于这两种激励方式的预测效果存在不同的看法，因此这是一个有待于继续研究的问题。一般认为，现金交易能使交易者更认真地对待输赢和结果，因此现金交易的准确性要高于虚拟货币交易。例如 Rosenbloom 和 Notz 发现使用现金交易的预测市场效果较好[48]。而来自实验经济学的一些证据则表明，现金交易容易歪曲人们参与预测市场的真实内在动机[49]，一些本来因为个人兴趣而参与预测的人可能因为现金的使用而退出。同时，现金交易受到一些国家反赌博法律的限制，因为使用现金交易的市场容易滋生赌

博行为[50]。而来自该领域的另外一些实证研究则表明，虚拟货币的激励机制并不逊于使用现金进行交易的性能。例如 Servan-Schreiber 等发现这两种报酬机制对预测精度没有大的差别[14]。Luckner 以德国大学生为对象研究市场激励机制对预测准确度的影响[51]。在他们的实验研究中，受试者被分为 3 组，每组总的期望收益相同，但是具体的激励机制有所差别。第 1 组的收益为固定的，与预测的准确性无关；第 2 组每个人的收益与预测的准确度成正比；第 3 组则只对排名靠前的几名进行奖励。结果发现，按照排名进行奖励的预测市场准确性高于其他两组。激励机制对预测精度影响的问题除了需要理论上的探索，更需要实证的研究。

4 预测市场理论基础

由于预测市场与传统的金融市场有着很大的关联，因此在已有的经济理论中可以找到一些用来解释预测市场工作原理的理论和模型。这些理论和模型主要集中在有效市场假设（efficient market hypothesis，EMH）[52]、理性预期均衡（rational expectation equilibrium，REE）[53][54]和公共知识模型（common knowledge）[55]三个方面。有效市场假设认为市场交易者足够理性，能够迅速对所有市场信息作出反应并能根据已有信息对未来可能作出合理预期，因此所有信息都能通过交易及时被反映到市场价格当中。理性预期均衡模型则是解释有效市场假设的主要理论模型，该模型强调理性的交易者能从历史统计资料、经济变量的因果关系等知识和市场价格中推断出整个市场中所有的信息，从而所有交易者达成一致的预期。如果此时所有市场交易者的风险状态也一致，那么市场达到“无交易”的均衡状态，此时市场价格反映了分布在所有交易者中的所有信息。同样，Aumann[55]通过对公共知识这个概念的形式化定义提出了“不一致的达成”这一定理，揭示了两个事先对世界状态拥有不同私有信息但对世界可能状态分布是相同的人是如何达成一致的，即：如果两个人对世界可能状态拥有相同的先验分布（prior），并且他们对于一个给定的事件 A 的后验分布（posterior）

是公共知识时，那么他们俩的后验分布就一定是相等的。Geanakoplos 和 Polemarchakis 进一步描述、论证了这一从“不一致到一致”的过程[56]，每次只需要每个人都告诉对方他们的后验分布，他们最终就可以达成一致。McKelvey 和 Page 等将这一结论扩展到多个交易者的情况，并且每次可以只需要公布所有交易者后验分布的一个统计量即可使得群体最后达成一致[57]。除了以上这些经典理论模型，Feigenbaum 等[34]和 Chen[58]具体针对预测市场将交易者通过市场价格交换信息的过程建模为一个分布式计算过程，具体研究了预测市场中的信息聚集过程。她们证明了在一定的条件下，市场价格在有限步内收敛至群体“达成一致”的状态，即所有交易者的私有信息都被反映到市场价格中。

值得注意的是，理性预期模型、共同知识模型及其衍生模型均侧重于考虑市场价格对群体私有信息的反映过程的建模和解释，却没有考虑群体私有信息是否真实地反映了事件。群体私有信息是否准确反映了真实的情形？这是一个有待于持续证实的问题。如果群体私有信息总体偏离于真实情况，即使存在一种完美的机制能够保证价格能汇总并反映群体的全部私有信息，该价格也不能作为事件结果的合理预测[59]。在许多情况下，即使每个个体单独的预测结果与真实情况相去甚远，个体预测结果的简单加权平均却能与真实情况非常接近[60][61]。正是基于这个原因，预测市场工作原理的相关研究基本上都沿承了经济学中关于价格与分布式信息（对应着个体的信念）的关系，而较少探讨在何种情况下群体信念均值能尽可能准确地反映真实世界状态。

综上所述，预测市场相关的理论主要探讨市场价格、群体信念和事件概率等三个核心概念之间的理论建构和实证关系，可以用下图大致表示[62]，涉及经济学、数学、计算机和心理学等四个学科领域。

预测市场相关研究可用图 5 所示的框架表示。基于该框架，沿着该领域主要相关研究论文的脉络我们不难发现这些研究背后的假设。例如，Manski[9] 和 Wolfers[63] 基于期望效用理论（expected utility theory，EUT）对预测市场的有效性进行了理论分析。他们回避了群体信念与真实事件概率之间关系的问题，一开始就假定群体信念均值就是事件概率。在这个前提下，他们通过利用不同的效用函数模型来验证市场价格是否能反映群体信念均值来间接证明预测市场的有效性。

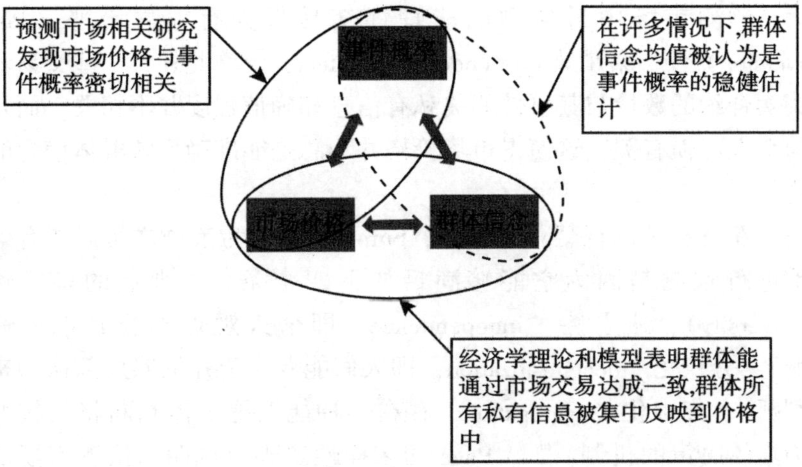

图 5　预测市场理论研究的核心概念及其关系

不管是理性预期、公共知识模型，还是 Manski 和 Wolfers 等基于期望效用理论得出的结论，其交易者行为的模型都是基于新古典经济学中的理性人假设。现在我们已经知道，理性人假设以及期望效用模型并不能真实刻画实际不确定环境下人们的心理和行为，因此上述理论和模型存在一定的局限性。

鉴于此，Forsythe 等提出边际交易者假设试图对观察到的预测市场有效性进行解释[64]。该假设认为市场中的交易者可以分为两类，边际交易者（marginal trader）和非边际交易者。边际交易者的行为比较理性，不存在行为偏差，能根据当前已有的信息主动设定最合理的价格。当市场价格偏离预期时，边际交易者会主动交易修正该价格，并且能根据最新事件的相关信息及时修正自己的主观预期进而更新市场价格。非边际交易者则是价格接受者，一般不会主动设定市场价格，而是根据市场价格和自己的偏好（存在偏差）

决定买卖哪个合约，而且对事件相关的新信息不敏感。也正是基于该假设，Hanson 通过数学模型证明操纵预测市场价格不仅无效，而且还能提高预测市场的预测精度[65]。

预测市场中非理性行为的存在使得使用单一的数学模型刻画价格形成过程变得困难，而实际运行的预测市场存在大量的非理性行为。预测市场中最典型的非理性交易行为有损失厌恶（loss aversion）[66]、禀赋效应（endowment effect）[67]。此外，一些交易者买卖合约的数量与其事件相关私有信息和确信程度并不相关，而是与个人习惯有关，这使得市场价格并不总是能准确反映群体信念的均值[32]。

在《群体的智慧》一书中，Surowiecki 认为市场之所以能有效地进行预测是因为它能够满足如下四个条件：观点的多样性（diversity）、独立性（independence，即个人观点不受其他人影响）、分权化（decentralization，即人们能专注于并依照局部认知来判断）、集中化（aggregation，存在一种能汇聚个体判断将其转变为集体决策的机制）[68]。Page 的多样性定理也说明，预测市场的有效性依赖于市场中交易者的观点要足够丰富多元[69]。同时，不管是虚拟货币、游戏排名还是现金交易，都提供了不同于传统民意调查和咨询权威意见的激励机制，该机制保证了交易者能够根据自己的切身利益来行动（即所谓“put their money where their mouth is”）[70]。

5 预测市场与其他传统决策支持方法比较

相对于一些传统的群体决策支持方法，例如民意调查、专家座谈和 Delphi 方法等，预测市场需要参与者先将对事件的预期翻译为数字形式的价格，这造成了参与者的认知负担，同时市场价格传递给参与者的信号也不如语言文字那样直接，因此预测市场的机理并不像传统的群体决策支持方法那样直观。同时，由于单个参与者能够通过大量的交易暂时影响市场价格，因此潜在的市场操纵也会降低决策者对该方法的信心。加上传统的组织决策环境中我们一般倾向于听取专家的意见，使用专家座谈、Delphi 等方法形成比较科学的决策，所以虽然预测市场具有一些传统群体决策手段难以比拟的优势，但仍然很难获得大规模的应用成为一种常规的决策支持手段。

童振源等通过总结现有的预测市场研究，详细比较了预测市场和民意调查、专家意见或者座谈等常见的传统预测方法[17]，如表 3。

表 3　**预测市场与民意调查、专家座谈等群体决策支持方法的比较**

	预测市场	民意调查	专家意见或座谈
参与对象	主动参与	随机抽样	遴选或推荐
意见表示时间	连续参与直到事件结束	一次性	一次性或周期性
意见表示方式	互动式	独立式	独立式或互动式
意见表示内容	事件发生几率 例如：谁将当选	个人偏好 例如：您支持谁	个人偏好或者事件发生几率
参与者权重	不平等 权重为投资比重	平等	不一定
参与诱因	经济报酬	一般没有	声望或者一次性报酬
说实话诱因	经济诱因	缺乏奖惩机制	声望 缺乏奖惩机制
意见整理结果	以价格信号反映参与者共识的变动 连续性趋势变化	静态一次性分析 结果只能反映“过去”的民意	一次性分析
预测准确度	准确	普通	略好
执行方式	电子市场	大规模访谈或问卷调查	慎重选择参与专家

Green、Armstrong 和 Graefe 针对预测市场与 Delphi 方法进行了

比较[71][17]，他们认为预测市场的优势在于能够连续定量地不断反映事件相关的最新消息，可以避免面对面座谈造成的团体压力等，而 Delphi 方法等则是一次性的意见，很难持续不断地反映最新的信息。相对于预测市场，Delphi 等方法的优势在于不需要将意见翻译成价格，专家有机会在每一回合用文字表达自己的意见，群体内部信息的交换过程比预测市场的价格更有效和透明，也不用担心潜在的市场价格操纵。由于这些传统方法与我们的日常交流方式更加接近，因而适用的范围也更加广泛。

6 发展设计多样化的预测市场

一般意义上的预测市场是预测可验证的事件的虚拟市场，根据事件结果是否可表达为连续变量，这一类预测市场又可以分为预测离散事件的预测市场和预测连续变量的预测市场。例如，预测奥巴马是否能重新当选美国总统的市场只有当选或者不当选两个可验证的结果，因此该预测市场为预测离散事件的预测市场。而预测奥巴马得票率的预测市场则属于连续事件，可以设计适当的合约预测最有可能的得票率，如合约的最后价格与奥巴马最后的得票率成正比，这在本文第 3 节已经讨论过。除了预测真实的可验证的事件之外，通过人为定义“事件结果”，预测市场还能用于政策结果分析和创意选择，这两种预测市场分别叫做决策市场（decision markets）和创意市场（idea markets）。Hanson 于 1999 年提出将预测市场的信息聚集机制用于政策分析[70]，他认为预测市场能有效地在群体中共享信息因而能更好地预测某一政策的效果。例如，为了分析持枪法案（hidden-gun bill）对犯罪率的影响可以建立两个不同的预测市场，一个市场预测持枪法案通过条件下的犯罪率，另外一个预测持枪法案没有通过条件下的犯罪率，通过比较这两个预测市场的预测结果就能知道持枪法案对犯罪率的影响程度，从而能够起到决策支持的作用。创意市场则主要用于评估新创意或者产品设计的受欢迎程度。在创意市场中，通过定义适当的事件结果，例如定义价格最高的合约对应的创意或者产品设计就是最后被选择的创意或者产品设计，市场价格一样能聚集反映分散在群体中的偏好信息。这几种市场的关系如图6所示。

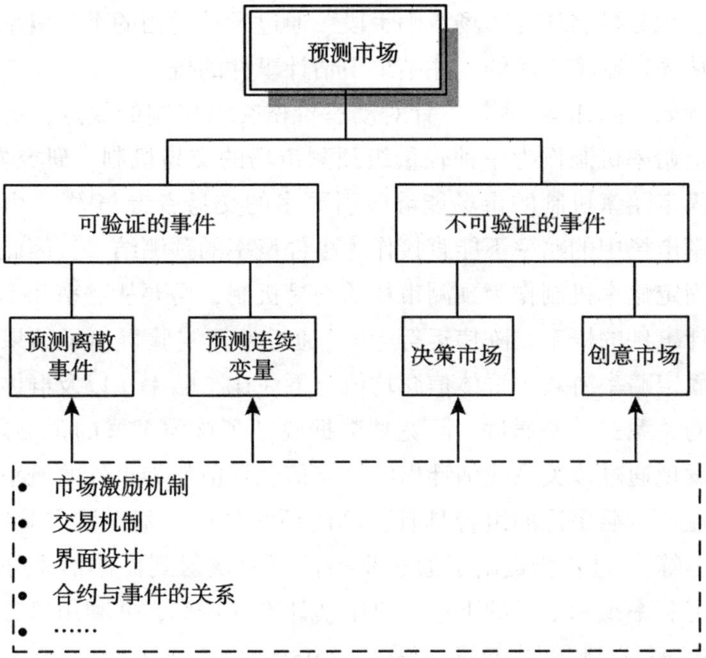

图6　预测市场的几种形式

这四种预测市场的具体实现和运作都涉及市场激励机制、交易机制、合约类型选择和人机交互界面等市场设计方面的问题。在实际的预测市场设计过程中，需要根据用户知识背景、决策者偏好以及实际问题对影响参与者认知和交易的各种因素进行综合考虑，通过良好的市场设计吸引更广泛的群体参与，提升预测市场的流动性以及对信息的揭示和聚合能力。例如，现有的标准预测市场一般都采用CDA机制或者LMSR等作为交易机制，这些交易机制需要交易者明确的给出价格，给预测市场参与者造成了认知上的困难[72]；单个交易者能通过交易暂时影响市场价格使得市场价格存在被操纵的可能，这降低了决策者对预测结果的信心，因而在某些情况下可考虑使用比较简单的按注分彩、让分制或者固定赔率等机制作为预测市场的交易机制。特别是当预测市场参与者大部分都是一般的交易者、没有太多的主动定价经验时，可选择固定赔率机制作为交易机制、积分排名作为市场激励手段，通过设计适当的事件概率估计方法从固定赔率市场的下注结果中估计事件的概率[72]。

例如，陈伟运等[73][74]针对动态价格交易机制的缺点，提出使用固定赔率机制作为一种轻量级预测市场的交易机制。研究发现，使用固定赔率机制的市场能够吸引更多的交易者参与[74]。由于固定赔率市场中的赔率不能直接作为事件概率的预测结果，因此如果使用固定赔率机制作为预测市场的交易机制，需要从赔率和下注结果估计事件的概率。陈伟运等[62][73]通过计算实验得出了结果为二值的固定赔率游戏中群体信念均值与下注比、赔率比以及群体信念方差的关系式，并通过实际竞猜数据验证了该关系式的预测效果。实验发现通过该关系式估计出的群体信念均值作为事件的概率比其他下注比、赔率比的组合具有更高的预测精度。基于该实验结果，陈伟运等[74]进一步提出了通过将事件概率映射到群体信念分布来从固定赔率预测市场的下注结果中估计事件概率，并利用该方法对固定赔率机制预测市场与采用 LMSR 机制的预测市场 Inkling Markets 的效果进行了比较。实验结果发现，在 26 个共同事件的结果预测中，固定赔率机制的预测精度高于 Inkling Markets 的预测，而且固定赔率机制的预测市场中参与人数要远远多于采用 LMSR 机制的 Inkling Markets。

7 小 结

预测市场能及时聚集和反映分散在群体中的信息，是一种现代网络技术条件下先进的社会计算方法，其市场价格可用来预测未来不确定事件的可能性，有利于公共政策的制定和决策支持。同时，预测市场普及应用的社会意义在于它能唤起人们以更理性、更积极的态度关心和参与社会公共事务[75]。因而，预测市场的良性发展和普及具有积极而重大的社会效用。

本文详细介绍了预测市场的基本概念、预测市场设计中需要考虑的几个主要方面、预测市场的理论基础以及与其他传统预测手段相比所具有的优点和缺点。在此基础上，我们还简单介绍了我们使用固定赔率机制作为预测市场交易机制的初衷和初步结果。我们相信，在线预测市场这种崭新的群体智慧方法将在网络和通信技术日益普及的今天发挥越来越重要的作用。

参考文献

[1] 曾大军，曹志冬．突发事件态势感知与决策支持的大数据解决方案［J］．中国应急管理，2013（11）：15-23.

[2] 王飞跃，曾大军，曹志冬．网络虚拟社会中非常规安全问题与社会计算方法［J］．科技导报，2011（12）：15-22.

[3] 曾大军，戴汝为，王飞跃，等．传染病信息学和症状监测［J］．科技导报，2007（21）：17-22.

[4] 曾大军，王飞跃，曹志冬．开源信息在突发事件应急管理中的应用［J］．科技导报，2008，26（16）：27-33.

[5] 王飞跃，邱晓刚，曾大军，等．基于平行系统的非常规突发事件计算实验平台研究［J］．复杂系统与复杂性科学，2010，7（4）.

[6] 王飞跃，曾大军，曹志冬．网络虚拟社会中非常规安全问题与社会计算方法［J］．科技导报，2011，29（12）：15-22.

[7] Zeng D, Wang F Y, Carley K M. Guest editors' introduction: social computing [J]. IEEE Intelligent Systems, 2007, 22 (5): 20-22.

[8] Zeng D, Chen H, Lusch R, et al. Social media analytics and intelligence [J]. Intelligent Systems, IEEE, 2010, 25 (6): 13-16.

[9] Manski C F. Interpreting the predictions of prediction markets [J].

Economic Letters, 2004, 91 (3): 425-429.

[10] Wolfers J, Zitzewitz E. Prediction markets in theory and practice [R]. National Bureau of Economic Research, 2006.

[11] Gjerstad S, Hall M. Risk aversion, beliefs, and prediction market equilibrium [J]. Economic Science Laboratory, University of Arizona, 2005.

[12] Rhode P W, Strumpf K S. Manipulating political stock markets: A field experiment and a century of observational data [J]. University of Arizona, Mimeo, 2006.

[13] Berg J E, Rietz T A. The Iowa Electronic Markets: Stylized Facts and Open Issues [M] //Hahn R W, Tetlock P C. Information Markets: A New Way of Making Decisions. Washington D. C.: AEI Press, 2006: 142-169.

[14] Servan-Schreiber E, Wolfers J, Pennock D M, et al. Prediction markets: Does money matter? [J]. Electronic Markets, 2004, 14 (3): 243-251.

[15] Wolfers J, Zitzewitz E. Prediction markets [J]. Journal of Economic Perspectives, 2004, 18 (2): 107-126.

[16] Berg J E, Rietz T A. Prediction markets as decision support systems [J]. Information Systems Frontiers, 2003, 5 (1): 79-93.

[17] 童振源，林馨怡，林继文，等．台湾选举预测：预测市场的运用与实证分析 [J]. 选举研究，2009，16 (2)：131-166.

[18] Hanson R. Designing real terrorism futures [M]. Department of Economics, George Mason University, 2005.

[19] Hanson R. Impolite innovation: The technology and politics of 'terrorism futures' and other decision markets [M] // PATASHNIK E, GERBER A. Promoting the General Welfare: American Democracy and the Political Economy of Government Performance. Washington D. C.: Brookings Institution Press,

2006.
[20] Pennock D M, Lawrence S, Giles C L, et al. The real power of artificial markets [J]. Science, 2001, 291 (5506): 987-988.
[21] Chen Y, Chu C-H, Mullen T, et al. Information markets vs. opinion pools: an empirical comparison [C]. Proceedings of the 6th ACM Conference on Electronic Commerce, Vancouver BC, Canada, ACM Press, 2005.
[22] Polgreen P M, Nelson F D, Neumann G R, et al. Use of prediction markets to forecast infectious disease activity [J]. Clinical Infectious Diseases, 2007, 44 (2): 272-9.
[23] Schmidt C, Werwatz A. How accurate do markets predict the outcome of an event? The Euro 2000 soccer championships experiment [M]. Max Planck Institute for Research into Economic Systems, 2002.
[24] Snowberg E, Wolfers J, Zitzewitz E. Prediction markets for economic forecasting [R]. National Bureau of Economic Research, 2012.
[25] Snowberg E, Wolfers J, Zitzewitz E. Information (in) efficiency in prediction markets [M] //Williams L V. Information Efficiency in Financial and Betting Markets. Cambridge, UK: Cambridge University Press, 2005.
[26] Pennock D M, Debnath S, Glover E J, et al. Modeling information incorporation in markets with application to detecting and explaining events [C]. Proceedings of the 18th Conference on Uncertainty in Artificial Intelligence (UAI-2002), Alberta, Canada, Morgan Kaufmann, 2002: 405-413.
[27] Lee D S, Moretti E. Bayesian learning and the pricing of new information: Evidence from prediction markets [J]. The American Economic Review, 2009: 330-336.
[28] Snowberg E, Wolfers J, Zitzewitz E. How Prediction Markets Can

Save Event studeies [R]. National Bureau of Economic Research, 2011.

[29] Hanson R, Oprea R, Porter D. Information aggregation and manipulation in an experimental market [J]. Journal of Economic Behavior and Organization, 2006, 60 (4): 449-459.

[30] Othman A. Zero-intelligence agents in prediction markets [M]. Proceedings of the 7th international joint conference on Autonomous agents and multiagent systems-Volume 2. Estoril, Portugal: International Foundation for Autonomous Agents and Multiagent Systems, 2008: 879-886.

[31] Blohm I, Riedl C, Leimeister J M, et al. Idea Evaluation mechanisms for collective intelligence in open innovation communities: Do traders outperform raters? [C]. Proceedings of the ICIS 2011 Proceedings, 2011.

[32] Schreiber E S. Prediction markets: Trading uncertainty for collective wisdom [J]. New York Marriott Marquis, New York City, NY, USA, 2009.

[33] Chen Y, Kwasnica A M. secarity design and information aggregation in markets. Working Paper, 2006.

[34] Feigenbaum J, Fortnow L, Pennock D M, et al. Computation in a distributed information market [J]. Theoretical Computer Science, 2005, 343 (1-2): 114-132.

[35] Hanson R. Logarithmic market scoring rules for modular combinatorial information aggregation [J]. The Journal of Prediction Markets, 2002, 1 (1): 3-15.

[36] Agrawal S, Delage E, Peters M, et al. A unified framework for dynamic prediction market design [J]. Operations Research, 2011, 59 (3): 550-568.

[37] Othman A, Pennock D M, Reeves D M, et al. A practical liquidity-sensitive automated market maker [J]. ACM Trans Econ Comput, 2013, 1 (3): 1-25.

[38] Slamka C, Skiera B, Spann M. Prediction market performance and market liquidity: A comparison of automated market makers [J]. Engineering Management, IEEE Transactions on, 2013, 60 (1): 169-185.

[39] Blohm I, Riedl C, Leimeister J M, et al. Idea evaluation mechanisms for collective intelligence in open innovation communities: Do traders outperform raters? [C]. Proceedings of the 32 International Conference on Information Systems, Shanghai, China, 2011: 1-24.

[40] Chen L, Goes P, Marsden J, et al. Design and use of preference markets for evaluation of early stage technologies [J]. Journal of Management Information Systems, 2009, 26 (3): 45-70.

[41] Karimi J, Somers T M, Gupta Y P. Impact of environmental uncertainty and task characteristics on user satisfaction with data [J]. Information Systems Research, 2004, 15 (2): 175-193.

[42] Jian L, Sami R. Aggregation and manipulation in prediction markets: Effects of trading mechanism and information distribution [J]. Management Science, 2012, 58 (1): 123-140.

[43] Pennock D M. A dynamic pari-mutuel market for hedging, wagering, and information aggregation [C]. Proceedings of the 5th ACM Conference on Electronic Commerce, New York, USA, ACM Press, 2004: 170-179.

[44] Raymond D S. The economics of wagering markets [J]. Journal of Economic Literature, 1998, 36 (4): 2021-2064.

[45] Chen Y, Pennock D M, Kasturi T. An empirical study of dynamic pari-mutuel markets: Evidence from the Tech Buzz Game [J]. The Workshop on Web Mining and Web Usage Analysis (WebKDD' 08), 2008.

[46] Luckner S. Prediction markets: Fundamentals, key design elements, and applications [M]. Kranj: Univ Maribor, 2008.

[47] Decker C, Welpe I M, Ankenbrand B H. How to motivate people

to put their money where their mouth is: What makes employees participate in electronic prediction markets? [J]. Technological Forecasting and Social Change, 2011, 78 (6): 1002-1015.

[48] Rosenbloom E S, Notz W. Statistical tests of real-money versus play-money prediction markets [J]. Electronic Markets, 2006, 16 (1): 63-69.

[49] Gneezy U, Rustichini A. Pay enough or don't pay at all [J]. The Quarterly Journal of Economics, 2000, 115 (3): 791-810.

[50] Arrow K, Sunder S, Forsythe R, et al. Statement on prediction markets [J]. AEI-Brookings Joint Center Related Publication, 2007, 7 (11).

[51] Luckner S. Prediction markets: How do incentive schemes affect prediction accuracy? [M]. Schloss Dagstuhl - Leibniz-Zentrum für Informatik, 2007.

[52] Fama E F. Efficient capital markets: A review of theory and empirical work [J]. Journal of Finance, 1970, 25 (2): 383-417.

[53] Muth J A. Rational expectations and the theory of price movements [J]. Econometrica, 1961, 29 (6): 315-335.

[54] Radner R. Rational expectations equilibrium: Generic existence and the information revealed by prices [J]. Econometrica, 1979, 47 (3): 655-678.

[55] Aumann R. Agreeing to disagree [J]. The Annals of Statistics, 1976, 4 (6): 1236-1239.

[56] Geanakoplos J D, Polemarchakis H M. We can't disagree forever [J]. Journal of Economic Theory, 1982, 28 (1): 192-200.

[57] McKelvey R D, Page T. Common knowledge, consensus, and aggregate information [J]. Econometrica, 1986, 54 (1): 109-127.

[58] Chen Y, Mullen T, Chu C-H. An in-depth analysis of information markets with aggregate uncertainty [J]. Electronic

Commerce Research, 2006, 6 (2): 201-221.
[59] Koriat A. When are two heads better than one and why? [J]. Science, 2012, 336 (6079): 360-362.
[60] Armstrong J S. Principles of forecasting: A handbook for researchers and practitioners [M]. Springer Science & Business Media, 2001.
[61] Clemen R T. Combining forecasts: A review and annotated bibliography [J]. International Journal of Forecasting, 1989, 5 (4): 559-583.
[62] 陈伟运．基于固定赔率机制的预测市场研究 [D]. 中国科学院研究生院, 2012.
[63] Justin W, Eric Z. Institute for the Study of Labor (IZA), 2006.
[64] Forsythe R, Nelson F, Neumann G R, et al. Anatomy of an experimental political stock market [J]. American Economic Review, 1992, 82 (5): 1142-1161.
[65] Hanson R, Oprea R. Manipulators increase information market accuracy [M]. George Mason University, 2004.
[66] Kahneman D, Tversky A. Prospect theory: An analysis of decision under risk [J]. Econometrica, 1979, 47 (2): 263-291.
[67] Kahneman D, Knetsch J L, Thaler R H. Anomalies: The endowment effect, loss aversion, and status quo bias [J]. The Journal of Economic Perspectives, 1991: 193-206.
[68] Surowiecki J. The wisdom of crowds: Why the many are smarter than the few and how collective wisdom shapes business, economies, societies and nations [M]. New York: Doubleday, 2004.
[69] Page S E. The difference: How the power of diversity creates better groups, firms, schools, and societies [M]. Princeton, NJ: Princeton University Press, 2008.
[70] Hanson R. Decision markets [J]. IEEE Intelligent Systems, 1999, 14 (3): 16-19.

[71] Green K C, Armstrong J S, Graefe A. Methods to elicit forecasts from groups: Delphi and prediction markets compared [J]. Foresight: The International Journal of Applied Forecasting, 2007 (8): 17-20.

[72] Chen W, Li X, Zeng D D. Simple is beautiful: Toward light prediction markets [J]. Intelligent Systems, IEEE, 2015, 30 (3): 76-80.

[73] Chen W, Li X, Zeng D D. Estimating collective belief in fixed odds betting [M]. Proceedings of the 6th Pacific Asia Conference on Intelligence and Security Informatics. Beijing, China: Springer-Verlag, 2011: 54-63.

[74] Chen W, Li X, Zeng D D. Modelling fixed odds betting for future event prediction [J]. Available at SSRN 2552447, 2015.

[75] Graefe A, Orwat C. Prediction Markets as a Mechanism for Public Engagement? A First Classification and Open Questions [J]. International Journal of Technology, Knowledge and Society, 2007.

【作者简介】

陈伟运，华东师范大学教育信息技术系讲师，2012年博士毕业于中国科学院自动化研究所，研究方向为预测市场。作为主要参与人参与国家自然科学基金重大项目、中国科学院知识创新工程重要方向项目、中国科学院创新团队国际合作伙伴计划项目、上海市教育科学重点项目等多个项目的研究。在 *IEEE Intelligent Systems*, WITS, PAISI 等多个国际学术期刊和国际会议上发表论文9篇，目前研究方向为教育数据挖掘和预测市场。

李昕，香港城市大学助理教授，IEEE，ACM和AIS会员，研究方向为电子商务、社会媒体、社会网络分析、计量经济学。发表论文70多篇，其中SCI期刊论文30篇，多篇论文发表在INFORMS JOC，JMIS，DSS，IJEC，*IEEE/ACM Transactions*，JASIST，*Nature Nanotechnology*，*Bioinformatics*等国际期刊。作为项目主持人主持20个项目的研究。

曾大军，中国科学院自动化研究所研究员，海外归国终身教授，复杂系统管理与控制国家重点实验室副主任，博士生导师。本科就读于中国科学技术大学少年班、经济管理与系统科学系和计算机系，1998年于卡内基梅隆大学工业管理学院和机器人研究所获博士学位。毕业后任职于美国亚利桑那大学管理学院任助理教授、副教授并获终身教授。2007年入选中国科学院百人计划，2010年获国家杰出青年科学基金资助，2012年“百人计划”终评获得优秀评价。2013年起任国际顶级的人工智能和智能系统领域的SCI杂志 *IEEE Intelligent Systems* 主编。2014年当选IEEE智能交通学会主席。

“互联网+”新经济形态下信息产品与服务管理研究

李敏强　冯海洋　冯　楠　南国芳
（天津大学管理与经济学部）

【摘　要】本文对“互联网+”新经济形态下的信息产品与服务管理的主要科学问题进行了比较全面的梳理，总结归纳了信息产品与服务管理的主要研究方向，包括免费策略、产品差异化设计策略、捆绑策略、渠道选择与供应链协调策略以及双边市场策略等。从管理科学、应用经济学、行为科学、市场营销学、计算机科学等多学科角度，论述了相关科学问题的多层面、多角度的理论研究和实证研究，深入系统地解释了信息消费、信息产业创新与发展所产生的新经济现象、新商业模式，并为信息产品与服务企业的产品战略和市场策略的优化设计提供理论基础与决策辅助工具。结合“互联网+”新经济形态的发展战略与实践，评述了信息产品与信息服务领域的未来研究方向和思路。

【关键词】“互联网+”新经济形态　信息产品与服务　免费策略　差异化设计策略　捆绑策略　渠道选择策略　双边市场策略

A Reviewon on Information Product and Service Management under New Economic Formation of "Internet +"

Minqiang Li　Haiyang Feng　Nan Feng　Guofang Nan
(College of Management and Economics, Tianjin University)

【Abstract】 This article provides a comprehensive review on the studies of information product and service management, and summarizes the main issues and primary research directions under the new economic formation of "Internet +", including free trial strategy, production differentiation design strategy, bundling strategy, channel selection and coordination of supply chain, and two-sided market strategy, etc. Employing theories and methods of management science, applied economics, behavior science, marketing, computer science, and so forth, multi-level and multi-view analyses are conducted to assess the theoretical and empirical studies on key scientific problems. We try to offer systematic and in-depth explanations for novel economic phenomena and business models emerged in the innovation and development of information consumption and information industry, and further provide information product and service vendors with theoretical guidelines and decision support tools for designing optimal product lines and marketing strategies. Based on the new development strategies and practices in the new economic formation of "Internet +", this article discusses future research directions in the field of information product and service management.

【Keywords】 new economic formation of "Internet +" information product and service management　free trial strategy differentiation strategy　bundling strategy　channel selection strategy two-sided market strategy.

1 信息产品与服务管理的研究背景及科学价值

1.1 研究背景

信息技术与传统行业的深度融合不断创造出新的经济形态和发展模式，信息化正在成为我国经济转型升级的驱动力。信息化与制造业的融合使得传统制造业所注重的规模经济转化为个性化、服务化、低碳化、网络化、智能化和创新驱动，同时也创造出一个新兴产业分支——生产性信息服务业。比如，2014 年华为运营商服务收入达到 105 亿美元，占运营商 BG 收入的 33%，近五年复合增长率为 19%①。同时，互联网技术在社会生活各个领域的应用推动了移动智能终端、电子商务、在线服务、数字医疗、远程教育等消费需求的快速增长。近年来，互联网也正在成为大众创业、万众创新的新平台。因此，从某种意义上来讲，“互联网+”代表了一种新的经济形态②。

据麦肯锡全球研究院发布的《中国的数字化转型：互联网对生产力与增长的影响》报告（*China's digital transformation*：*The*

---

① http：//www. huawei. com/cn/about-huawei/corporate-info/annual-report/2014/index. htm.

② “互联网+”新经济形态具有深刻的产业背景和未来前景。党的十八大报告中明确提出“走中国特色新型工业化、信息化、城镇化和农业现代化道路”。其中关于“新型工业化和信息化”的内涵之一，实质上仍然是“信息化与工业化的深度融合”，但是应当突破传统意义上的信息技术采用模式，强调信息技术在战略层面对产业的“变革、重塑或颠覆”作用。因此，“互联网+”更加强调企业信息技术的本体化，即将信息技术与企业运营融为一体，创新商业模式并将其转化为企业核心能力的一部分，从而实现服务引领的新型制造业，以及传统服务业向 O2O 的转变。这也是“新经济形态”的核心内涵之一。其中，除了创新传统消费市场、促进信息消费发展之外，也包含了面向企业需求的生产性信息服务，即支持企业运营的信息产品与服务，包括云计算、物联网、B2B 电子商务、大数据分析等。

Internet's Impact on Productivity and Growth)①，2013 年中国的互联网经济占 GDP 的比重已经升至 4.4%，达到全球领先国家的水平，并且超过了美国、法国、德国等发达国家。到 2025 年，互联网应用可以贡献 7%~22%的 GDP 增加额。因此，在中国及全球经济系统中，信息消费已经成为一种新型的消费形式和新的经济增长点。2013 年 8 月 8 日国务院发布的《关于促进信息消费扩大内需的若干意见》(国发〔2013〕32 号) 中明确指出："全球范围内信息技术创新不断加快，信息领域新产品、新服务、新业态大量涌现，不断激发新的消费需求，成为日益活跃的消费热点。"这充分表明了信息产品与信息服务产业发展的宏观背景和战略机遇，也构成了对信息产品与信息服务领域的理论研究和产业创新的迫切需求。

据 2010 年工信部统计数据，当年我国软件与信息服务业的市场销售额达到 1.3 万亿元，同比增长 31%，从业人员超过 200 万人。在全球软件与信息服务业市场中所占份额超过 15%（2001 年仅为 5%)。据工信部最新统计数据②，2014 年软件和信息技术服务业实现收入 3.7 万亿元，同比增长 20.2%，5 年间增长了 1.8 倍。同时，2014 年全年信息消费规模达到 2.8 万亿元，同比增长 18%，信息消费占 GDP 的比重超过 4%，带动相关产业收入 1.2 万亿元，对 GDP 增长贡献约 0.8 个百分点，成为新常态经济增长的重要引擎。面向信息消费的互联网经济与信息化建设在拉动经济增长方面的潜力正在逐步释放，发展前景非常之大以至于超出传统产业思维下的预测。同时，在经济转型升级方面，信息消费有力推动了传统产业的转型升级进程，甚至产生了革命性影响，对于我国创新型经济发展有着极大的促进作用。这表明面向信息消费的信息产品与信息服务产业已经成为国民经济的支柱产业之一。

从国家科技和经济发展战略层面来看，《国家中长期科学和技术发展规划纲要（2006—2020 年）》明确指出"优先发展信息产业及现代服务业……"（第 3 章，第 7 节)。《国民经济和社会发展第十二个五年规划纲要》也明确部署"全面提高信息化水平"(第十三章)，"加快发展生产性服务业(含软件和信息服务)"(第十五

① http：//www.mckinsey.com/ insights/ high_tech_telecoms_internet/.

② http：//www.miit.gov.cn/.

章)。党的十八大提出“走中国特色新型工业化、信息化、城镇化和农业现代化道路”。其中,在“新四化”中信息化对“新型工业化、城镇化和农业现代化”有着很好的支撑效应和巨大的拉动作用。

综上所述,“互联网+”新经济形态下信息产品与服务管理领域的研究,符合我国新形势下经济改革与发展的迫切需要和重大科技战略规划的要求,具有重大的实践意义和显著的应用前景。

1.2 科学价值

广义的信息产品与服务[1]指可以数字化存储、传输和使用的软件、信息内容产品①与信息服务②,包括软件、著作、游戏、视

---

① 关于“信息产品与服务”这一概念,既参考了国际同行的学术观点,也结合了对国内外信息产业实践的观察。在学术界和产业界,信息产品指采用计算机和通信技术(ICT)研发的软件产品和各种类型的数字化信息内容。软件既包括各种应用层次的软件产品,如操作系统、工具软件、安全软件、企业管理软件、嵌入式软件等基于计算机设备安装和使用的软件,也包括目前迅速发展中的各类电子终端(智能手机、平板等)平台上的系统软件和应用软件(各类 Apps)。数字化内容产品则包括电子版的著作、期刊、报告、游戏、视听、网页等产品。针对以上定义需要特别说明的是,电子装置类产品不包含在信息产品之中(按照美国信息产业分类标准,电子器件与装置制造划入传统制造业范畴)。

② 从狭义上讲,信息服务主要从厂商提供方式上与信息产品进行区分。信息产品独立安装于用户电子平台且独立使用(使用过程中不需要厂商参与,亦称为离线应用)。比如:现在主流应用形式的操作系统、企业管理软件、办公软件、安全软件、可下载的数字化文献和视听产品等,一般采用一次性购买获得永久或长期使用权。而需要用户通过互联网方式使用和消费,运行或存储于厂商服务器(或第三方服务器平台)的特定软件功能和信息内容(亦称为在线应用或在线消费),传统上称为信息服务。比如:SaaS 及云计算、ICT 服务(硬件及软件售后服务)、数字图书期刊、数字影视等,厂商往往采用订阅式收费策略。另外,宽带及移动电信服务商所提供的管道式通信服务,也是一种典型的基于话音时长和数据流计量的信息服务,并普遍采用两部定价策略。此外,传统的软件产品厂商提供方式和顾客应用模式也在发生变化。比较典型的变化包括微软公司的 Office 办公套件已从传统的软件销售模式(用户购买、安装和独立使用),扩展为 Office 365 在线软件服务模式(用户付费订阅在线应用)。基于云计算平台,企业 SaaS 应用也在快速扩张,比如:云存储、云会计、云 ERP 等,则提供基于云平台的多种企业应用服务。我国三网融合所形成的宽带网络电视(IPTV)既包括传统的订阅式信息服务,也创新了视频点播(Video on Demand, VOD)形式的产品提供及消费模式。正是基于以上考虑,本文将“信息产品”和“信息服务”统一考虑。

听和其他各种类型的数字化内容产品，也包括软件即服务(SaaS)、云计算服务、ICT服务、大数据分析等新型业态的生产性服务，以及在电子商务活动中为厂商和消费者提供的各种信息服务。另外，研发密集型产品、金融产品等也具有信息产品与服务的性质。由于信息产品与服务有着独特的使用和消费模式，以及高研发投入与低边际成本的生产模式，使得信息产品与服务企业必须采用不同于传统物质产品的研发、生产和市场策略。信息产品与服务的研发和生产广泛采用纵向差异化（版本化）、横向差异化（模块捆绑）、时间差异化等设计策略[2][3]，并从产品的生命周期规划、顾客需求变化、市场规模预期、知识产权和网络效应等多个角度考虑，制定多阶段信息产品升级、更新以及相应的研发规划、生产和竞争策略，并创立了一种崭新的商业模式[4]。

因此，关于信息产品与服务相关问题的科学研究，跨越了管理科学、应用经济学、行为科学、市场营销学、计算机科学等多个学科领域，融合了多学科的理论与方法，并结合信息产品与服务企业（包括软件与服务、电信服务业、云计算企业、互联网企业等）的具体特征和典型行为进行了理论创新和应用研究。该领域的研究丰富和拓展了与信息产品和服务相关的管理科学、应用经济学等学科的理论体系及策略设计方法，并深入系统地解释了信息消费与信息产业创新发展所产生的新经济现象、新商业模式，同时为信息产品与服务企业的产品战略和市场策略优化设计提供了理论基础与决策辅助工具。

2 信息产品与服务管理研究概况

国际上关于信息产品与服务的学术研究最早可以追溯到Fritz Machlup（1902.12—1983.3）在20世纪50年代对知识和知识产业的研究（The Production and Distribution of Knowledge in the United States）[5]。Machlup正式提出了"知识产业"（knowledge industry）的新概念，并构建了美国知识生产与分配的测度体系（马克卢普的信息经济测度范式），认为美国进入了信息时代（beginning of the information age)。machlup 将知识（和信息）分为五种类型，并从宏观上研究了知识的生产和分配及在国民生产总值范畴内的测量与核算（Knowledge：Its Creation，Distribution，and Economic Significance）[6]。

1998 年，Carl Shapiro 和 Hal Varian 出版了“信息规则：网络经济的战略指导”（*Information Rules：A Strategic Guide to the Network Economy*）[7]，可以说是信息产品与服务研究的标志性著作。他们详细阐述了传统经济学概念和理论在信息时代的适用性，并强调指出网络经济环境下信息企业制定有效的竞争战略，需要深入了解信息技术的经济学特征和原理，了解各种信息产品（或数字产品）的设计与营销策略的效果。其中，详细阐述了信息产品的内涵与类型、研发与生产成本特性、消费者需求特性、市场特性及产权保护等，深刻分析了信息产品设计与营销策略制定中需要考虑的产品版本化、消费者锁定与转移、产品技术兼容性、系统竞争、网络效应等问题，以及电子商务下的消费者隐私保护、知识产权保护、反垄断等法律环境。国内外关于信息产品与服务的学术研究可以归纳为如下几个方面：(1) 信息产品与服务的免费策略；(2) 信息产品与服务的差异化设计策略；(3) 信息产品与服务的捆绑策略，(4) 信息产品与服务的渠道选择与供应链协调策略；(5) 信息产品与服务的双边市场分析与发展策略。

2.1　关于信息产品与服务免费策略的研究

与物质产品生产企业不同，信息产品与服务企业在市场开拓和竞争中普遍采用了免费策略。从互联网上获取的时事新闻，经常使用的搜索引擎、电子邮箱、社交网站等，都是厂商免费提供的。甚至许多软件产品都可以免费使用，比如 Adobe 公司提供的 Adobe Reader 等可以永久免费使用。

Shapiro 和 Varian[7]分析了信息产品市场中普遍存在的网络外部性（或网络效应）及企业的产品设计与营销策略，讨论了免费产品的多种市场效应。Haruvy 和 Prasad[8][9]指出网络外部性是厂商愿意免费提供信息产品的重要原因，并采用进化博弈方法研究了存在网络效应时免费软件质量的最佳选择，以及免费软件对竞争厂商的遏制作用[10]。Cheng 和 Tang[4] 在考虑顾客使用软件所付出的总成本的情形下，研究了垄断厂商提供免费软件的条件。August 等人[11]研究了开源软件（open source software）的经济属性和基于软件服务的盈利模式，分析了软件服务对开源模式和专有模式的影响与选择，以及其中开源软件发起人和参与者的投资与定价行为。Feng 等人[12]采用动力学系统方法研究了存在网络外部性的软件市场中的混沌现象，证明了低质量免费版本的提供可能会导致市场中出现混沌现象。

除了使用时间不受限制但仅包含部分功能的免费产品（如 Adobe Reader），一些厂商也往往会推出使用时间受限制的全功能免费产品。比如，微软公司提供的 Office 套件可以免费试用 1 个月，游戏或者杀毒软件通常都可以在免费试用后再决定是否购买。Cheng 和 Liu[13]分析了网络外部性以及顾客不确定性对于时间限制型和功能限制型两类免费信息产品策略的影响，给出了时间限制型免费产品优于功能限制型免费产品的条件。Niculescu 和 Wu[14] 探讨了软件免费与永久授权的经济学性质，其中针对有限功能免费和基于均匀分布的随机选择部分顾客的全功能免费两种策略，在考虑顾客有限理性、信息不对称、口碑效应、体验学习等情境下，与传统的收费策略进行了比较分析。

信息产品作为一种典型的体验性产品[7]，消费者使用免费产品可以更好地获得第一手使用体验，并且企业通过免费策略可以有效地抵制盗版。Faugère 和 Tayi[15] 从免费软件帮助消费者了解产品复杂性与新颖性等角度提出了新的软件分类方式，并采用纵向差异化博弈模型研究了不存在网络外部性的市场中，不同类型软件产品的最优免费策略。Hui 等人[16] 考察了消费者对产品质量不确定性的规避，以及盗版对于最优共享软件功能与价格设计的影响。此外，Jiang 和 Sarkar[17] 采用 Bass 扩散模型模拟免费试用产品对市场演化的影响，并求解出免费试用产品的最优质量和价格以及发布数量。Lahiri 和 Dey[18] 针对信息产品盗版与厂商研发投入激励之间的关系进行了探讨，其中设计了一个信息产品垄断厂商的质量决策模型，分析了当存在盗版行为和顾客需求异质性的情境下，厂商的产品质量决策和版本化策略选择。

上述研究为信息产品与服务的免费策略提供了很好的理论分析和策略设计方法，对信息产品与服务市场中采用免费策略厂商的行为进行了深刻剖析。目前存在的主要不足包括：

（1）网络效应的存在极大地影响了信息产品生产商的免费策略，但是尚缺少利用动态模型对网络效应进行研究，从而无法揭示某一信息产品市场中网络效应发生、扩散的完整过程，也不能考察厂商的策略选择、演进和动态调节作用。网络效应作为一种典型的正反馈现象，无论是在垄断市场还是竞争市场中，造成的市场不稳定性可能超出厂商预期，这些是静态模型所无法揭示的。

（2）在已有研究中，将网络效应定义为已购买产品的消费者数量的线性函数也主要是基于解析分析的可行性，没有准确反映出网络效应和市场规模之间的复杂联系，但现实中边际网络效应一般是非线性变化的，也存在着临界市场规模和饱和现象。

（3）已有研究主要集中于单一信息产品与服务市场，并与信息产品的版本化策略或服务的差异化策略相结合。而现实中单一厂商或多个厂商的各种信息产品与服务存在着显著的相关性，形成了多个市场、多个企业合作与竞争的生态链。已有文献关于跨市场的网络效用对信息产品与服务的设计和营销策略的影响尚缺乏深入研究。

（4）在“互联网+”的新经济形态中，信息产品与服务的商业模式创新层出不穷，极大地激发了经济增长的活力。微软公司2014年推出了9英寸以下平板电脑OEM厂商Windows系统的授权免费策略①，以及iOS和Android系统上的免费Office套件②。在云计算服务领域，云计算服务商往往免费提供特定配置的IaaS，而

① http：//www.windowscentral.com/windows-drops-royalty-fee-devices-screens-under-nine-inches.

② https：//products.office.com/en-us/mobile/office/Get-the-free-Office-apps.

当用户转向 PaaS 和 SaaS 部分时则可为厂商带来可观的收益。这些实践可以统称为信息产品与服务领域独特的"免费+增值"商业模式，亟待学术界开展系统深入研究和剖析，以便更好地支持信息产品与服务厂商的战略规划与实践。

2.2 关于信息产品与服务差异化设计策略的研究

信息产品（尤其是软件产品）的差异化设计策略具体表现为多版本设计方式（即版本化策略，versioning）。版本化策略作为价格歧视的手段，厂商可以向顾客提供某个产品的质量和价格各不相同的多个版本，若干个不同质量的版本也称为产品线。信息产品的"质量"指的是能够满足消费者需求的产品特性，比如：软件功能的多少、性能和适用性的高低、信息内容的多寡和时效性等。相对于传统物质产品而言，信息产品的纵向差异化在技术上更为简便。例如，对于软件产品而言，通过屏蔽或者删除某些功能，即可以获得一系列不同质量的版本产品，因此信息产品的版本化策略在实践中被广泛采用。

信息产品的版本化是一种典型的产品纵向差异化策略，最早可以追溯到 Mussa 和 Rosen[19] 对完全垄断市场中的产品纵向差异化策略的研究，包括消费者"自我选择"（self-selection）模型。Moorthy[20] 研究了纵向差异化带来的产品线内部竞争以及"侵蚀效应"（cannibalization effects）（即低质量版本产品会侵蚀高质量版本产品市场份额的现象并可能会导致总利润的降低）。Bhargava 和 Choudhary[21] 证明了由于侵蚀效应的存在，在不考虑信息产品边际成本和消费者连续均匀分布的条件下，发布多个版本并非最优策略，而仅发布最高质量版本产品能够带来最大利润。

Chen 和 Seshadri[2] 研究了信息产品两阶段开发过程中异质顾客外部选择的影响，并且通过解析和数值方法证明当顾客有多个外部选择时，对厂商而言版本化策略是最优的。Hui 等人[22] 分析了版本化策略设计中菜单成本和顾客认知成本对最优版本数目的影响。张宇和唐小我[23] 将在线信息产品区分为在线信息服务和在线信息商品，结合在线信息产品的技术经济特征和定价原则，介绍了已有的各种定价方法。随后，张宇和唐小我[24]考虑了信息产品生产商面向消费者个性化需求的定制生产模式，分析了信息产品定制过程中的误差所造成的交易不确定性及厂商风险规避策略。Bhargava 和 Choudhary[3]在一般化的顾客评价函数和偏好分布下研究了信息产品最优版本化策略，证明了当单独提供低质量版本时的最优市场份额超过单独提供高质量版本时的最优市场份额时，多版本策略优于单版本策略。Calzada 和 Valletti[25]研究了电影的版本化策略，假设电影生产商会发布两个版本：电影院版和录像带版，证明了当部分顾客会同时购买两个版本时，版本化策略是最优策略。

Li 等人[26]首先研究了存在顾客共同评价（或保留价格）的条件下的信息产品最优版本化策略，并且证明了两版本策略优于单版本策略。随后基于顾客的行为特征建立了新的非线性效用函数，进一步研究了垄断厂商信息产品版本化策略的最优性及最优决策[27]。Feng 等人[28]基于两维质量模型研究了不同顾客偏好分布下的信息产品最优版本化策略，当顾客偏好服从高斯分布或负指数分布时，厂商更应该采取版本化策略，发布两个或三个版本的产品。周木生和张玉林[29]基于非线性边际支付意愿假设，设计了理想消费量是偏好参数的严格递增函数，分析了针对不同类型顾客的信息产品定价策略。

已有研究还分析了直接网络外部性对于信息产品版本化的影响，表明在存在网络外部性的市场中，厂商将会发布两个版本的信息产品。在存在两个或多个细分市场的条件下，版本化策略都能有效地对抗盗版[30]。Borgs 等人[31]研究了能力可变的云服务多阶段定价策略，其中顾客均为战略顾客且其服务需求均为异质的情形下，采用动态规划模型获得了服务质量保障下的厂商利润最大化的动态价格。

Shapiro 和 Varian[1]通过大量产业实践的成功事例阐释了为什么信息产品的版本化策略是销售信息产品的一种高效方式，随后各种基于定量方法的研究都证明了在一定条件下信息产品版本化策略的最优性。已有研究存在的主要不足包括：

（1）在几乎所有关于信息产品版本化策略的定量研究中，都采用了 Mussa 和 Rosen[19] 提出的顾客支付意愿/评价函数，即顾客对信息产品或某个版本的支付意愿等于顾客类型和产品质量的乘积。该定义的提出是针对一般产品或传统的物质产品，未考虑信息产品特点、经济属性和消费者选择特性，对完全垄断市场中的产品纵向差异化情形，高估了侵蚀效应的作用，因此影响了有关结论的适用性。据典型信息产品的产业调查，现实中消费者对于复杂信息产品（比如：操作系统、数据库工具、大型商业软件、安全软件等）的评价不符合 Mussa 和 Rosen[19] 的假设，从而已有研究结论对厂商的决策支持受到限制。

（2）已有研究大多考虑信息产品的一维质量，在定量建模和解析分析中比较直接，但是实践中信息产品的质量属性往往是多维的，厂商的版本化策略也是在多维质量空间上设计和实施的。同时，在多维质量空间上研究产品版本化策略，可以同时考虑纵向差异化和横向差异化问题，更为准确地描述异质消费者的选择行为，并拓展厂商的策略选择空间。

（3）已有研究基本上没有从时间维度考虑信息产品的版本化策略，但是时间维度是企业产品研发与营销策略的一个重要因素。一些厂商在市场上往往并不会同时推出多个版本的产品，而是按照特定的时间阶段分别发布不同质量的产品。特别是对于快速变化的竞争市场或当消费者需求存在不确定性的情形下，信息产品与服务企业应更加重视版本化策略多阶段实施的控制措施与实际效果。

2.3 关于信息产品与服务捆绑策略的研究

信息产品与服务的捆绑（bundling）已经成为一种广泛采用的营销策略。比如，数字化音乐往往以捆绑的形式通过光盘或在线销售，数字期刊也普遍采用捆绑式订阅方案（如 Elsevier 等）。微软 Office 套件是包含多个应用程序的一个捆绑，企业资源计划（ERP）的生产商（包括 SAP、Oracle 和 Kingdee 等）都提供面向不同规模企业需求的模块捆绑。

文献研究一般集中讨论三种典型捆绑策略（独立销售、完全捆绑及混合捆绑）的选择条件。Stigler[32] 以销售电影票为例揭示了完全捆绑策略可以获取更多的消费者剩余。McAfee 等人[33]推导了两个产品捆绑策略的最优性条件。彭赓、寇纪淞、李敏强等人[34]从歧视性定价的角度分析了信息商品的捆绑销售问题，建立了多个信息产品捆绑模型并给出了厂商实施捆绑销售的条件。Jedidi 等人[35]使用顾客保留价格分布的变异系数表达连续异质性，并且对捆绑价格进行了建模和解析分析。

Bakos 和 Brynjolfsson[36]针对大量信息产品的捆绑策略（低价值信息产品，如：新闻、歌曲和小型软件）的可行性和最优性进行了研究。Crawford 和 Cullen[37]采用数值计算分析了捆绑对于有线电视服务的产品选择、垄断厂商定价以及消费者剩余的影响。Hitt 和 Chen[38]研究了顾客定制化捆绑决策，即顾客支付固定的价格 p 购买 N 个信息产品中的 M 个。

张宇等人[39]研究了网络接入商与信息产品生产商关于在线信息产品的价格决策问题，分析了两者的决策先后顺序对信息产品厂商采用捆绑销售策略的影响。Ferrer 等人[40]分析了产品与所需服务组成的捆绑定价问题。Goh 和 Bockstedt[41]应用行为经济学理论研究了信息产品的顾客定制捆绑问题，在假设消费者对一组信息产品有着异质评价的情形下，通过一组行为实验分析了对于顾客定制捆绑实施多部定价方式（捆绑数量与价格）的关键影响因素。Li 等人[42]定义了顾客保留价格分别为均匀分布、高斯分布和指数分布等情形下的顾客异质性度量公式，提出了信息产品混合部分捆绑策略，并且证明了多信息产品的混合部分捆绑策略应用于显著异质顾客群体，可以降低传统三种捆绑策略的无谓损失（deadweight loss），可以更为有效地获取异质消费者的剩余。

Danaher 等人[43]用面板数据实证研究了数字音乐的捆绑销售问题，分析了捆绑销售决策的主要影响因素，并比较了多种捆绑策略下的定价及消费者福利。Etzion 和 Pang[44]研究了信息技术产品和售后服务的捆绑问题，以及双寡头竞争下的策略选择，其中重点考虑了互联网环境下产品售后服务用户形成的网络效用，及对竞争企业捆绑策略选择和最优服务质量、价格的影响。

已有研究对于信息产品与服务的捆绑设计及定价问题奠定了很

好的理论基础，对于一些厂商的信息产品与服务的捆绑策略提供了比较深刻的解释。目前存在的主要不足包括以下方面：

（1）以往研究比较注重相同顾客评价、低价值、低边际成本的信息产品的捆绑情景，相关的研究思路并不适用于复杂功能的、高价值的、边际成本不可忽略的信息产品的捆绑问题。当信息产品数量比较多，且消费者为显著异质时，传统的混合捆绑策略就不再具有最优性。

（2）由于信息产品与服务是一种典型的体验式产品，且具有很强的锁定效应，厂商往往采用跨多个时段的产品捆绑策略提高顾客的黏性、扩大销售额和市场占有率，这就形成了典型的基于时间维的捆绑策略或称为跨时段捆绑策略（比如企业应用软件、网络安全类软件等）。目前尚没有文献研究这类问题。

（3）在大量ICT创新的推动下，新的信息产品与服务市场逐渐形成。比如：基于Apple iOS、Google Android、Microsoft Windows等的App Stores以及各种信息服务，这些基于智能终端的应用覆盖了人们日常生活、社会活动、产业经济等领域。在对不同的消费群体进行细分的基础上，App Stores平台也逐渐采用了各种新颖的捆绑销售策略（大量小捆绑构成的捆绑策略而不是传统的完全捆绑）。对于这些新的经济现象，传统的捆绑策略或定制捆绑研究成果尚不能给出很好的解释。

2.4 关于信息产品与服务的渠道选择和供应链协调策略的研究

社会进入21世纪之后，互联网已成为信息产品与服务消费的主要渠道。借助于传统的PC设备或当前流行的各种移动电子终端，消费者可以很方便地获取各类信息产品与服务。据统计，目前大部分消费者通过互联网获取新闻及数字化音乐、书籍和影视产品。2011年5月全球最大的在线书籍零售商亚马逊宣布，旗下Kindle电子书销量首次全面超过纸质图书（包括精装书和平装书），2012年Kindle电子书下载或借阅总次数已超过1亿次。2014年Apple App Store中App应用的保有量超过150万个，每天下载超过800万次，总收入超过150亿美元。

对于信息产品与服务厂商而言，可以采用直销渠道、零售渠道和双重渠道等多种方式提供产品和服务。其中零售渠道是指依赖于销售平台厂商提供产品或服务（比如：各种音乐影视网站和 App Store 等），并需要考虑产品质量、销售价格以及消费者对渠道的接受程度等因素的影响。这就形成了非常复杂的渠道选择和供应链协调问题。

传统上关于渠道选择的研究大部分还是针对物质产品的营销。Cai[45]考虑了供应商面临 4 种渠道形式时的选择问题，即供应商-零售商、供应商-消费者、供应商-零售商与供应商-消费者、供应商-零售商 1 和供应商-零售商 2，并指出渠道选择由产品需求、渠道运作成本及渠道的可替代性等因素决定。

Dewan 等人[46]研究了数据库等信息服务可以经互联网服务商和自行面向客户销售的两种模式，在竞争市场下两种模式相结合的方式才是最优的。郑惠莉和达庆利[47]以移动“彩信”业务为对象，分析了移动网络运营商与服务提供商关于网络建设规模、产品销售价格等的决策与协调。林家宝等人[48]研究了移动商务价值链上企业的利润分享机制，建立了移动运营商和内容/服务提供商的二级供应链优化模型并对其进行了分析。Feng 等人[49]考虑了信息内容产品的 B2C 和 C2C 两种模式，其研究表明双重渠道是最优的，此时销售商设定更高的销售价格，并提供更高水平的服务。

Khouja 和 Wang[50]考虑了某一音乐产品制造商可以通过传统零售渠道销售音乐 CD，也可以通过在线网络下载的方式直接提供给消费者，进而分析了各种销售方式下的定价、捆绑以及渠道选择策略。Hua 等人[51]研究了纸质图书和电子图书销售的渠道选择方式，表明纸质图书的批发价格、读者对电子书的接受认可程度、出版商相对于零售商的讨价还价能力决定了销售渠道的选择。Calzada 和 Valletti[25]探讨了当一部电影可以采取影院和传统 DVD 方式发行，且消费者对两种方式均有需求时，如何确定合适的多阶段时间差异化发行策略。刘志勇、李敏强、寇纪淞等人[52]研究了信息产品供应商存在在线直销和零售渠道两种方式下的价格协议选择问题（fixed-fee 或 per-copy 协议），建立了两种渠道下的收益最优化模型，比较了供应商和零售商的策略偏好与选择[53]。

华中生[54]讨论了网络环境下的平台服务与平台经济的内涵与特点，分析了信息通信技术对服务资源集成过程和服务参与者行为的影响，构建了平台服务管理学研究体系。Anderson 等人[55]分析了完全垄断市场或双寡头垄断市场中一个视频游戏平台厂商的投资策略，尤其是考虑双边市场网络效应时厂商的平台性能改进投资和支持第三方内容开发的策略选择。Lim 和 Kim[56]考虑了所谓的信息密集型服务（information-intensive service，IIS），比如：物联网系统、大数据分析、社交网络等，构建了 IIS 所需的基本框架。尽管该框架是一个技术性模板，但也为分析信息服务的流程和多厂商的供应链协调关系提供了很好的参考。

已有研究主要是考虑了在传统零售模式中引进网络销售渠道的影响以及是否选择零售商渠道，在各种不同渠道或供应链模式下的信息产品或服务的价格和质量决策。存在的主要不足：

（1）已有研究大多假设信息产品可以以实物形态和数字形态存在，其中实物形态采用零售渠道，数字形态采用直销渠道。随着互联网经济和电子商务的发展，当信息产品与服务全部可以网络提供时，那么网络零售渠道与直销网络渠道如何选择呢？当存在多个零售渠道/平台时如何确定最佳的质量、价格和授权策略？

（2）信息产品与服务的销售渠道选择和版本化往往是密切相关的，除了关于电影发行的两渠道和两版本时间差异化的研究之外[25]，关于一般信息产品与服务的销售渠道选择策略和版本化策略的协同优化问题还没有深入研究，而现实中信息产品或服务的时间差异化和销售渠道需要更好的协调。比如：如何利用零售渠道/平台的特点和消费者认同差异，最大程度地挖掘高端消费者的剩余。对于企业 ERP 产品来讲，低端版本往往是通过大量的独立软件服务商提供给中小企业安装使用，而高端版本则由 ERP 产品研发企业的专业团队直接负责咨询、安装和服务。当消费者需求存在着不确定性，或者信息产品与服务有着明显的超前性时，多种策略的有机融合显得更为必要。

（3）目前已有大量的信息产品与服务的网络营销平台，比如

iTunes、Apple App Store、Google Play、Microsoft Store、乐视网、爱奇艺等，以及各种云计算服务平台。这些平台服务商对信息产品与服务的研发和营销产生了显著影响，形成了新的产业生态链和商业模式。关于渠道选择和供应链协调的已有研究成果，还不能全面深刻地解释这些新现象，有关结论也不能很好地支持供应商和平台服务商的决策活动。

2.5 关于信息产品与服务的双边市场策略的研究

近年来，关于渠道选择的研究逐渐将目光从产品销售商转移到了渠道提供商即平台商，从而形成了双边市场的相关理论。2000年以后，双边市场（two-sided market）已经成为了信息产品与服务市场中的重要经济形态，并且引起了学术界的广泛重视和研究。双边市场指两组或多组参与者通过中介或平台进行交易，其中一组加入平台的收益取决于该平台的另一组参与者的数量[57]。在信息产品与服务市场中，双边市场（即一般意义下的多边市场）极为常见，例如，B2B或B2C交易平台、苹果公司的App Store、视频播放平台、支付平台和众筹平台等。

Rochet和Tirole[58]在完全垄断或竞争条件下研究了双边市场中平台商的最优商业模式的决策。双边市场中由于双边网络外部性（two-sided network externalities）的存在，使得厂商的决策行为产生了很大地变化，因此基于双边市场的免费策略、版本化策略以及捆绑策略等得到了广泛的关注。Parker和Van Alstyne[59]用双边市场理论解释了完全垄断市场中厂商为何愿意免费提供产品或服务给消费者。免费产品销量的增加将会提升其互补产品的销量，而企业也将因此获得高额的利润回报。Bhargava和Choudhary[60]研究了信息媒介平台的版本化问题，其研究表明与仅存在单边市场的信息产品相比，同时为双边市场提供服务的信息媒介平台提供商由于聚合收益（aggregation benefits）的存在，有着更大的可能性从多版本策略中获利。Chao和Derdenger[61]结合了双边市场和捆绑策略，研究了存在已有顾客群体（installed base）效应的完全垄断双边市场中的混合捆绑策略。

纪汉霖[62]研究了双边市场中不同定价方式对垄断或竞争平台的利润和福利的影响，分析了平台差异化策略和双边网络外部性对平台利润及社会福利的影响。程贵孙等人[63]从双边市场的角度研究了电视传媒平台兼并的福利效应，对比了单边市场和双边市场企业兼并的不同之处。Anderson 等人[55]研究了双边市场中对平台的最优投入问题，并且证明当存在强烈的双边网络外部性时，对于平台核心性能的大量投资并不一定会带来更高的利润。

此外，有关学者还对双边市场中专有平台和开源平台的竞争[64]、不同平台间的竞争与合作[65]、第一方内容（first-party content）的提供[66]以及用户忠诚度[67]等问题进行了一系列的研究。

关于信息产品与服务的双边市场问题的已有文献，对于信息产品与服务双边市场中出现的新现象和新策略也进行了比较深刻的研究。目前存在的主要不足包括：

（1）现有研究多站在平台商的角度来寻找平台商的最优决策，忽略了市场参与者尤其是信息产品或服务提供商的最优决策问题。作为信息产品或服务提供商，当面对多个平台时，需要综合考量加入不同平台所需要付出的成本和带来的收益。而现有研究多数将这一复杂的决策过程高度抽象化，忽略了信息产品或服务提供商的最优决策。

（2）已有研究多基于静态模型，忽略了双边市场的动态特征，采用动态模型可以更加深入地研究产品最优发布时间以及产品扩散等特性。静态模型固然可以揭示双边市场的许多性质，然而现实中的信息产品与服务的双边市场在不断演化的过程中涌现出了许多新的现象，这就需要研究者采用动态模型进行研究。

（3）竞争环境下的信息产品与服务双边市场的折扣和补贴策略尚未得到充分研究。由于双边网络外部性的影响，在不同的竞争环境中，平台商往往会对某一方用户进行折扣或补贴以迅速扩大用户数量，从而在另一边市场中吸引更多的用户。此时，平台商面临着应向哪一方市场提供折扣或补贴的策略选择问题，而且必须考虑平台的结构与属性、产品或服务的特性、消费者偏好及供应商策略等多方面的因素。

3 总 结

本文综述了“互联网+”新经济形态下信息产品与服务管理的研究热点与方向，主要包括：（1）信息产品与服务的免费策略；（2）信息产品与服务的差异化设计策略；（3）信息产品与服务的捆绑策略；（4）信息产品与服务的渠道选择和供应链协调策略；（5）信息产品与服务的双边市场策略等。在国内尽管信息消费、信息产品、信息服务等概念已成为产业界和学术界的共识，可以说具备了一定的研究基础，但相关问题的学术研究还有待于深入展开。特别是结合我国信息消费者的属性、信息产业的特点、“互联网+”经济发展的新思维，关注信息产品与服务的新业态和新模式，适时对信息产品与服务管理开展前瞻性的学术研究，不仅有着很好的实践背景和应用前景，也是相应领域理论创新的新机遇。

参 考 文 献

[1] Shapiro C, Varian H R. Versioning: The smart way to sell information [J]. Harvard Business Review, 1998a, 76 (6): 106-114.

[2] Chen Y-J, Seshadri S. Product development and pricing strategy for information goods under heterogeneous outside opportunities [J]. Information Systems Research, 2007, 18 (2): 150-172.

[3] Bhargava H K, Choudhary V. Research Note—When is versioning optimal for information goods? [J]. Management Science, 2008, 54 (5): 1029-1035.

[4] Cheng H K, Tang Q C. Free trial or no free trial: Optimal software product design with network effects [J]. European Journal of Operational Research, 2010, 205 (2): 437-447.

[5] Machlup F. The production and distribution of knowledge in the

United States [M]. NJ: Princeton University Press, 1962.

[6] Machlup F. Knowledge: Its creation, distribution, and economic significance [M]. NJ: Princeton University Press, 1980.

[7] Shapiro C, Varian H R. Information rules: A strategic guide to the network economy [M]. Cambridge, MA: Harvard Business School Press, 1998b.

[8] Haruvy E Prasad A. Optimal product strategies in the presence of network externalities [J]. Information Economics and Policy, 1998, 10 (4): 489-499.

[9] Haruvy E, Prasad A. Optimal freeware quality in the presence of network externalities: An evolutionary game theoretical approach [J]. Journal of Evolutionary Economics, 2001, 11 (2): 231-248.

[10] Haruvy E, Prasad A. Freeware as a competitive deterrent [J]. Information Economics and Policy, 2005, 17 (4): 513-534.

[11] August T, Shin H, Tunca T I. Licensing and competition for services in open source software [J]. Information Systems Research, 2013, 24 (4): 1068-1086.

[12] Feng H, Li M, Chen F. Chaotic dynamics in the software market with network externalities [J]. Soft Computing, 2014, 18 (3): 509-519.

[13] Cheng H K, Liu Y. Optimal software free trial strategy: The impact of network externalities and consumer uncertainty [J]. Information Systems Research, 2012, 23 (2): 488-504.

[14] Niculescu M F, Wu D J. Economics of free under perpetual licensing implications for the software industry [J]. Information Systems Research, 2014, 25 (1): 173-199.

[15] Faugère C, Tayi G K. Designing free software samples: A game theoretic approach [J]. Information Technology and Management, 2007, 8 (4): 263-278.

[16] Hui W, Yoo B, Tam K Y. Economics of shareware: How do uncertainty and piracy affect shareware quality and brand premium? [J]. Decision Support Systems, 2008, 44 (3): 580-594.

[17] Jiang Z, Sarkar S. Speed matters: The role of free software offer in software diffusion [J]. Journal of Management Information Systems, 2009, 26 (3): 207-240.

[18] Lahiri A, Dey D. Effects of piracy on quality of information goods [J]. Management Science, 2013, 59 (1): 245-264.

[19] Mussa M, Rosen S. Monopoly and product quality [J]. Journal of Economic Theory, 1978, 18 (2): 301-317.

[20] Moorthy K S. Market segmentation, self-Selection, and product line design [J]. Marketing Science, 1984, 3 (4): 288-307.

[21] Bhargava H K, Choudhary V. Information goods and vertical differentiation [J]. Journal of Management Information Systems, 2001, 18 (2): 89-106.

[22] Hui W, Yoo B, Tam K Y. The optimal number of versions: Why does goldilocks pricing work for information goods? [J]. Journal of Management Information Systems, 2007, 24 (3): 167-191.

[23] 张宇, 唐小我. 在线信息产品定价策略综述 [J]. 管理学报, 2006, 3 (2): 239-246.

[24] 张宇, 唐小我. 信息产品垄断厂商定制策略研究 [J]. 系统工程理论与实践, 2008, 28 (7): 49-55, 67.

[25] Calzada J, Valletti T M. Intertemporal movie distribution: Versioning when customers can buy both versions [J]. Marketing Science, 2012, 31 (4): 649-667.

[26] Li M, Feng H, Chen F. Optimal versioning and pricing of information products with considering or not common valuation of customers [J]. Computers & Industrial Engineering, 2012, 63 (1): 173-183.

[27] Li M, Feng H, Chen F, Kou J. Optimal versioning strategy for information products with behavior-based utility function of heterogeneous customers [J]. Computers & Operations Research, 2013a, 40 (10): 2374-2386.

[28] Feng H, Li M, Chen F. Optimal versioning in two-dimensional information product differentiation under different customer distributions [J]. Computers & Industrial Engineering, 2013, 66 (4): 962-975.

[29] 周木生，张玉林．基于非线性边际支付意愿的信息产品定价策略研究［J］．系统工程理论与实践，2014，34（3）：710-716.

[30] Wu S-Y, Chen P-Y. Versioning and piracy control for digital information goods [J]. Operations Research, 2008, 56 (1): 157-172.

[31] Borgs C, Candogan O, Chayes J, Lobel I, Nazerzadeh H. Optimal multiperiod pricing with service guarantees [J]. Management Science, 2014, 60 (7): 1792-1811.

[32] Stigler G J. United States v. Loew's Inc.: A note on block-booking [J]. Supreme Court Review, 1963: 152-157.

[33] McAfee R P, McMillan J, Whinston M D. Multiproduct monopoly, commodity bundling, and correlation of values [J]. The Quarterly Journal of Economics, 1989, 104 (2): 371-383.

[34] 彭赓，寇纪淞，李敏强．信息商品捆绑销售与歧视定价分析［J］．系统工程学报，2001，16（1）：1-6.

[35] Jedidi K, Jagpal S, Manchanda P. Measuring heterogeneous reservation prices for product bundles [J]. Marketing Science, 2003, 22 (1): 107-130.

[36] Bakos Y, Brynjolfsson E. Bundling information goods: Pricing, profits, and efficiency [J]. Management Science, 1999, 45 (12): 1613-1630.

[37] Crawford G S, Cullen J. Bundling, product choice, and efficiency: Should cable television networks be offered à la carte? [J]. Information Economics and Policy, 2007, 19 (3): 379-404.

[38] Hitt L M, Chen P-Y. Bundling with customer self-selection: A simple approach to bundling low-marginal-cost goods [J]. Management Science, 2005, 51 (10): 1481-1493.

[39] 张宇, 唐小我, 钟林. 在线信息产品捆绑定价研究 [J]. 系统工程学报, 2008, 23 (3): 331-337.

[40] Ferrer J-C, Mora H, Olivares F. On pricing of multiple bundles of products and services [J]. European Journal of Operational Research, 2010, 206 (1): 197-208.

[41] Goh K H, Bockstedt J C. The Framing effects of multipart pricing on consumer purchasing behavior of customized information good bundles [J]. Information Systems Research, 2013, 24 (2): 334-351.

[42] Li M, Feng H, Chen F, Kou J. Numerical investigation on mixed bundling and pricing of information products [J]. International Journal of Production Economics, 2013b, 144 (2): 560-571.

[43] Danaher B, Huang Y, Smith M D, Telang R. An empirical analysis of digital music bundling strategies [J]. Management Science, 2014, 60 (6): 1413-1433.

[44] Etzion H, Pang M-S. Complementary online services in competitive markets: Maintaining profitability in the presence of network effects [J]. MIS Quarterly, 2014, 38 (1): 231-248.

[45] Cai G S. Channel selection and coordination in dual-channel supply chains [J]. Journal of Retailing, 2010, 86 (1): 22-36.

[46] Dewan S, Freimer M, Seidmann A. Organizing distribution channels for information goods on the internet [J]. Management Science, 2000, 46 (4): 483-495.

[47] 郑惠莉，达庆利．移动互联网供应链协调机制研究［J］. 管理科学学报，2008，8（5）：31-37.

[48] 林家宝，鲁耀斌，张龙．移动服务供应链的收益分配机制研究［J］. 管理学报，2009，6（7）：906-909.

[49] Feng Y, Guo Z, Chiang W K. Optimal digital content distribution strategy in the presence of the consumer-to-consumer channel [J]. Journal of Management Information Systems, 2009, 25 (4): 241-270.

[50] Khouja M, Wang Y. The impact of digital channel distribution on the experience goods industry [J]. European Journal of Operational Research, 2010, 207 (1): 481-491.

[51] Hua G, Cheng T C E, Wang S. Electronic books: To "E" or not to "E"? A strategic analysis of distribution channel choices of publishers [J]. International Journal of Production Economics, 2011, 129 (2): 338-346.

[52] 刘志勇，李敏强，寇纪淞．信息产品销售渠道模式选择研究［J］. 系统工程学报，2013，28（1）：109-118.

[53] Liu Z, Li M, Kou J. Selling information products: Sale channel selection and versioning strategy with network externality [J]. International Journal of Production Economics, 2015 (166): 1-10.

[54] 华中生．网络环境下的平台服务及其管理问题［J］. 管理科学学报，2013，16（12）：1-12.

[55] Anderson E G, Parker G G, Tan B. Platform performance investment in the presence of network externalities [J]. Information Systems Research, 2013, 25 (1): 152-172.

[56] Lim C-H, Kim K-J. Information service blueprint: A service blueprinting framework for information-intensive services [J]. Service Science, 2014, 6 (4): 296-312.

[57] Armstrong M. Competition in two - sided markets [J]. The RAND Journal of Economics, 2006, 37 (3), 668-691.

[58] Rochet J-C, Tirole J. Platform competition in two-sided markets [J]. Journal of the European Economic Association, 2003, 1 (4): 990-1029.

[59] Parker G G, Van Alstyne M W. Two-sided network effects: A theory of information product design [J]. Management Science, 2005, 51 (10): 1494-1504.

[60] Bhargava H K, Choudhary V. Economics of an information intermediary with aggregation benefits [J]. Information Systems Research, 2004, 15 (1): 22-36.

[61] Chao Y, Derdenger T. Mixed bundling in two-sided markets in the presence of installed base effects [J]. Management Science, 2013, 59 (8): 1904-1926.

[62] 纪汉霖. 双边市场定价方式的模型研究 [J]. 产业经济研究, 2006, (4): 11-20.

[63] 程贵孙, 陈宏民, 孙武军. 双边市场下电视传媒平台兼并的福利效应分析 [J]. 管理科学学报, 2009, 12 (2): 9-18.

[64] Economides N, Katsamakas E. Two-sided competition of proprietary vs. open source technology platforms and the implications for the software industry [J]. Management Science, 2006, 52 (7): 1057-1071.

[65] Mantena R, Saha R L. Co-opetition between differentiated platforms in two-sided markets [J]. Journal of Management Information Systems, 2012, 29 (2): 109-140.

[66] Hagiu A, Spulber D. First-party content and coordination in two-sided markets [J]. Management Science, 2013, 59 (4): 933-949.

[67] Chen Y, Xie J. Cross-market network effect with asymmetric customer loyalty: Implications for competitive advantage [J]. Marketing Science, 2007, 26 (1): 52-66

【作者简介】

李敏强，天津大学管理与经济学部教授，博士生导师，学部副主任。近年来在国内外重要学术期刊和会议上发表论文共计 90 余篇，其中 SCI/SSCI 检索 50 余篇；撰写中文著作 3 部，英文著作 1 章。先后获国家科技进步奖二等奖 1 项，国家教育部科技进步奖 4 项，中国高等学校科技进步奖一等奖（自然科学类）1 项。主要研究领域包括信息管理与电子商务、信息产品与信息服务、数据挖掘与商务智能、进化计算理论与应用。

冯海洋，天津大学管理与经济学部讲师，管理学博士。主要研究方向为信息产品与服务管理、信息系统经济学、电子商务与互联网金融。在高水平学术期刊 *International Journal of Production Economics*，*Computers & Industrial Engineering*，*Computers & Operations Research*，*Soft Computing* 等及国际会议上发表 12 篇论文。

冯楠，天津大学管理与经济学部副教授，管理学博士。2013 年入选教育部"新世纪优秀人才"支持计划，2015 年天津市"131"创新型人才第二层次人选。主要研究领域为复杂信息系统风险管理、信息产品与服务管理以及信息安全经济学。基于上述研究领域，发表 SCI/SSCI/EI 论文 20 篇，中文核心期刊论文 10 余篇。先后承担多项国家自然科学基金项目，包括青年基金项目、面上项目和国际合作与交流项目。

南国芳，天津大学管理与经济学部教授，博士生导师。2004 年于天津大学管理学院获得博士学位。主要研究方向为信息系统与信息管理、信息经济、数据驱动的决策分析等，在 *Journal of Management Information Systems*, *Knowledge-based Systems*, *Soft Computing*, *IEEE Transactions on Multimedia*, *IEEE Systems Journal*, *IEEE Network Magazine*, *Computers & Industrial Engineering* 等国际期刊发表或录用学术论文 20 余篇。

互联网金融研究综述

刘先伟　叶　强

(哈尔滨工业大学管理学院)

【摘　要】 互联网的高速发展与深度普及，以及大数据时代的到来，为商务模式的创新与变革带来了全新的机遇。金融业因其资本与数据的密集性，走在了大数据时代的创新前沿，互联网金融、程序化交易以及基于社交媒体数据的新型事件套利等新兴金融模式不断涌现。新兴金融产品呈现出显著的网络化特征，在网络化数据与金融创新快速融合的大趋势下，金融创新及其风险分析面临许多新问题亟待解决。本文首先介绍了互联网金融的研究背景，包括实际发展情况以及理论研究现状。进而从互联网金融平台中的投融资行为、互联网金融中的模式创新与风险分析、基于互联网搜索数据的行为金融研究、基于互联网和大数据的交易理论与方法等四个方面对互联网金融的学术研究进行了总结与回顾，具体涵盖了网络环境下的金融创新、资产定价、风险计量、市场交易和投融资行为等热点学术问题。

【关键词】 互联网金融　大数据　行为金融　创新

A Literature Review on Internet Finance

Xianwei Liu　Qiang Ye

(School of Management, Harbin Institute of Technology)

【Abstract】 With the development of information technology, the world has stepped into the big data era. Under the push of popularized internet, especially mobile internet, big data technologies bring about new challenges to business modes. During this period, financial industry is witnessed to lead the big data innovation because this industry combines mass data and intensive capital. A lot of new financial business modes have boomed, such as internet finance, program trading and arbitrage based on social media dataset. The overlapping of big data and financial innovation impels us to update financial modes and risk management both in theories and methods. This study firstly introduces the background of Internet Finance from industry and theory, then reviews the literatures from four aspects: the investing and financing behavior of the internet financial platforms, the innovation and risk analysis of Internet Finance, the behavioral finance based on internet searching, the trading theory and method based on big data, including hot academic issues like financial innovation under internet environment, capital pricing, risk assessment, financial trading and capital financing.

【**Keywords**】 Internet Finance big data behavioral finance innovation

1 互联网金融的研究背景

1.1 现实背景

在我国，由于金融投资市场的特殊发展环境，社会的金融投资需求没有很好地被满足，不仅部分地导致了房地产市场的畸形发展，也在近期加速促进了互联网技术与金融产业的融合，激发了长期被压抑的金融投资需求。2013 年以来，阿里贷、余额宝和理财通等以大数据和互联网为基础的互联网金融在极短的时间内超乎寻常地高速发展，给金融产业带来了冲击。2013 年 8 月 16 日，光大银行爆出的“乌龙指”事件，使中国股市受到震撼，基于量化数据分析的“程序化交易”开始被世人关注，同时也暴露了新的金融风险。移动支付、社交网络和云计算等为代表的新兴技术的快速发展和应用，正在引发金融业务模式的重大变革。

大数据和互联网金融以极快的发展速度，将各种各样的低成本、高效率的创新业务模式推向实践，如微众银行、P2P 网贷、众筹以及由此延伸出的其他金融模式创新（如 P2P 等）。这些新兴金融模式以储蓄数据、贷款数据、信用卡数据等传统数据和微信、QQ、微博等社交数据为信用评定基础，作为一种利用网络实现个体和个体之间直接借贷的互联网金融模式，在债权债务属性关系中脱离传统的金融媒介，实现一种新的金融信息交流方式。在国内中小微企业融资难的大背景下，P2P 网贷平台为众多中小企业，尤其是小微企业融资提供了新渠道。零壹数据根据其纳入统计的 1843 家平台的数据估计，国内 P2P 网贷 2014 年全年的交易规模约为 2500 亿~3000 亿元，是 2013 年 1100 亿元的 2~3 倍。众筹背靠集体评估和大众资金，已成为支持企业创新和创业企业启动的重要资本来源，并因其巨大的潜在经济价值，正变得越来越繁荣。众筹爆炸式的增长已引起媒体和政府的高度重视，2011 年美国总统奥巴马签署的《美国就业法案》就对众筹给予特别关注。据世界银行预测，2025 年全球众筹市场规模将达到 3000 亿美元，中国市场将占到 500 亿美元。借助互联网的翅膀，金融业务创新一直在持续向前，火球网和分红网等 P2P 网贷平台也开始浮现。而随着众筹模式的不断发展与完善，任何行业、任何企业都可以运用众筹思维来思考，股权式众筹、会籍式众筹和产品式众筹等创新将众筹推向更加广阔的发展空间。

然而网络大数据环境下的新金融业务模式是一个完全新生的事物，实践界和理论界都在摸索。像任何金融创新一样，互联网金融带来的不仅有机遇还有挑战。P2P 网贷对借款者的资格审核不如传统金融机构严格，部分业务甚至不用抵押也不用通过征信系统查询征信记录，加之 P2P 行业快速发展仅两三年，本身数据积累和审贷经验非常有限，违约风险是 P2P 网贷的重大挑战之一，尤其在经济增速放缓的环境下。外加平台道德风险和网络技术风险，注定

P2P 网贷的发展需要深入的理论探索。众筹模式特别是股权众筹，不少天使投资人和职业投资人对赛手的把握远超对赛道的把握，而众筹平台提供的更多的却是项目信息，造成投资者只关注项目或商业模式而缺乏投资推进的执行力。虽然股权众筹是一种趋势，但在我国还有很长的一段路要走。应对上述挑战，业界已经在努力，继小额信用借款、担保借款之后，越来越多的 P2P 网贷平台开始把触角伸向风险较低的票据、保理、租赁等金融资产，积极尝试多元化的投资标的。互联网金融除横向延伸外，进行纵深发展亦是一种非常重要的战略，网络大数据挖掘将能为互联网金融及传统金融的纵深发展保驾护航。

"促进互联网金融健康发展"作为 2014 年国务院政府工作报告的重点内容之一，意味着互联网金融正式进入决策层视野，加入到中国经济金融发展序列，成为中国经济金融发展中一股潜力巨大的金融创新力量，正在为我国金融业的发展推开一扇新的大门。但与政府和业界对互联网金融倾注的精力相比，现有理论与方法的滞后正成为互联网金融发展的巨大束缚。网络大数据环境下金融创新挑战与机遇并存，面对网络大数据环境下的金融创新及风险，迫切需要一套理论和方法来理解其中的机制和规律，为金融业提供创新发展的动力，促进实体经济稳定快速发展。

1.2 理论背景

网络大数据与金融创新的快速融合，在为新兴金融业提供发展机遇的同时，对现有金融理论也提出了挑战。现有的金融业务理论与方法不能满足互联网金融创新发展的理论需求。互联网金融最大的特征之一是投融资双方通过网络平台直接接触，融资方与传统金融市场上的上市企业和金融机构相比信息非常有限，而作为个体的投资者又无法像传统金融市场参与者（如银行等大型机构）掌握大量可用的信息和资源，仅仅根据网络平台提供的信息难以判断融资方的信用以及潜在的投资风险[1]。虽然传统金融业已有一些成熟的理论和方法评估借款者的信用和违约风险，预测投资者的投资行为规律，但在互联网金融领域，各种创新都独具一格，评估依据与传统金融相差较大甚至已完全改变，导致传统的理论和方法应用到互联网金融领域可能得不到正确的结论。因此，互联网金融模式创新与风险分析的理论和方法亟待探究。

随着互联网的迅速发展，大量社会化媒体、用户创造内容平台使得投资者信息集成方式发生巨大改变。互联网媒体为投资者提供了大量的股票相关信息，互联网技术为投资者提供了便捷的信息搜索方式，互联网环境推动了投资者关注度与股市之间关系的深入研究。在线搜索对股票收益的影响作为新兴的金融研究领域，现有研究未能充分考虑搜索的异质性（attention heterogeneity）问题。尚需从时间异质性、空间异质性、动机异质性、平台异质性等维度，探索在线搜索的异质性对股票市场表现影响的复杂机制，并深入揭示在线搜索数据这一新兴信息来源，如何影响分析师预测和新闻媒体报道等传统信息源与股票市场表现的关系。

大数据时代的到来使信息分享的方式发生了根本性的变化，这种变化正改变着投资者的实际决策行为。首先，金融业是产生海量数据的行业，大数据正在改变着金融业务模式，特别是在理解和洞察市场与客户方面正产生深远的影响。例如，金融市场价格走势很大程度上受市场情绪的左右，社交网络提供的情绪大数据为金融交易带来巨大机会[2]。一些研究表明，利用互联网新闻和微博数据等可以预测政治和经济方面的变化对金融市场的影响，并将其作为股市投资的信号[3][4]。其次，信用管理是长期困扰金融业的难题，大数据准确和有价值的信息可为金融业信用评估与决策提供一个新的视角和工具。包括微信、微博在内的社交网站以及搜索引擎、物联网和电子商务等平台，将个体之间的人脉关系、兴趣爱好、购物习惯等生活模式及经历一网打尽，这些丰富的大数据可为金融业在信用分析和客户评级方面作出正确判断和决策提供支持，让信用评估不再仅仅凭借滞后的数据和束缚手脚的条条框框，而是从被动转变为主动，从信用分析发展到行为分析，为金融业发展带来全新的思维。例如，一些公司正研究开发以社交图谱为依据的 FICO 信用评分系统，利用社交网络变量预测单个借贷者的违约风险。最后，大数据可为金融业提供客户全方位的信息，通过分析和挖掘客户的交易和消费信息掌握客户消费习惯，准确预测客户行为，针对性地推出产品和服务，满足金融业对潜在客户量身定制服务的需求。

社会化媒体将以往媒体一对多的传播方式改变为参与用户之间多对多的“对话”。随着社会媒体的深入发展和用户的不断参与，用户在互联网上产生的数据呈爆发式增长。这些信息正以前所未有的速度在金融活动者中进行着传递，其中既包含生活中实际发生的事件，也蕴含着越来越多的情绪信息。在信息分享过程中，事件信息和情绪信息均影响金融参与者的决策。同时，投资者行为模式与大数据的结合也可能影响程序化交易策略以及金融市场的流动性和波动性。目前相关研究还比较少见，因而研究社会媒体大数据对股票市场的影响机制，以及基于大数据的程序化交易策略及其对市场流动性的影响，具有重要的理论意义。

2　互联网金融平台中的投融资行为

大数据背景下的互联网金融，正在逐步创新和发展。但不管是哪种互联网金融形态，相关的理论研究都远远滞后于实践需求，下面主要综述众筹、P2P 借贷和互联网理财产品等市场上投融资行为相关的研究现状。

2.1　众筹投融资行为研究

2012 年美国众筹市场规模达 27 亿美元，相比 2011 年增加 80%以上。然而尽管众筹在实践界的发展异常迅速，但目前学术界对其的理解和研究刚刚迈出第一步[5]。一些研究旨在区分众筹与其他类似现象的不同之处[6]，包括与众包[7]、在线慈善捐赠、个人借贷[1]等。一些研究根据支持者获得的收益种类提出众筹的分类标准[8]，包括股权众筹[9]、产品众筹[10]、固定收益众筹[1]等。

众筹项目筹资重点在消除不确定性，特别是筹资的最初阶段。众筹项目的不确定性主要与项目质量及其最终的成功机会相关[11]，潜在的支持者通常不确定创始人的能力、不知道创始人是否值得信任。例如在点名时间平台上获得支持的项目，大约 75%在相当长的拖延之后才启动，大约4%的项目根本没有启动。信息不对称在创新项目融资是普遍存在的，已经在创新金融的很多文献中得到广泛证实[12]。然而在众筹背景下，一个独特的不确定性是在项目开始运作的阶段，不仅仅需要支持者提供资金支持，还需要支持者的管理经验和建议[13]。在项目筹资阶段，支持者的反馈是逐渐增加的，项目的不确定性逐渐降低，当到达筹资截止日期的时候，项目的确定性部分才能更贴合支持的需求。

最初的参与者多，将引发更多的参与者，而最初的参与者少，不管项目质量如何，都将是越来越少的参与者参与。这种现象已经在真实世界和网络社区中得到证实，比如亚马逊图书销售[14]、软件下载[15]、个人借贷[1]和开源软件发展[16]等。众筹亦不例外，一些研究注意到众筹项目公布之后，是否能够迅速得到投资者的支持，将标示着项目的筹资成功与否[11]，这些发现与个人借贷[1]和网络拍卖[17]等领域的研究相一致。但目前文献尚无法对一些问题给出解释，包括什么能为众筹项目带来第一批支持者、第一批支持者在项目筹资过程中起到什么作用、第一批支持者精神支持和资金支持的影响是否显著不同等。

2.2 P2P借贷投融资行为研究

歧视在劳动市场上非常普遍[18]，在金融市场上相对少见，但仍有一些文献表明在传统借贷市场上借款者的个人特征对借款成功和借款条款具有显著影响[19]。传统的银行借贷研究发现对女性借款者存在负面歧视[20]。Alesina等[21]发现，在意大利即使女性企业主与男性企业主的风险、信用历史及其相关信息不存在差异的情况下，女性企业主只有支付更高的利息才能借到款项，在与银行维持良好关系后，女性从降低的借贷成本中获得的收益亦显著低于男性。Dorfleitner等[22]的研究指出即使是在微金融贷款中，女性仍然被要求支付更高的利率。Agier和Szafarz[23]发现，借贷市场上的性别歧视还随借贷规模不成比例的增加。

Klafft[24]使用Prosper平台数据的研究表明，与传统商业银行一样，决定借款者能否借款成功的最主要影响因素是借款者的信用评级，其次才是借款利率。但一些研究发现 P2P 借贷市场上存在与传统借贷市场上非常不同的投融资行为规律。Pope 和 Sydnor[25] 使用美国互联网借贷平台 Proper. com 的数据，发现借出者歧视黑人借款者，但女性借款者比男性借款者更容易借到款项，这一发现与很多传统借贷市场上已经发现的女性借款者受歧视的结论相矛盾，表明传统借贷市场上的一些结论在在线开放融资市场上将不成立。Barasinska 和 Schafer[19] 使用德国互联网个人借贷数据，发现在线开发融资环境下借出者对借款者没有性别歧视，将女性不再受到歧视的原因归结为集体借贷智慧。

Ravina[26] 研究 Prosper. com 上借款者的容貌对借款成功与否的影响，在控制社会经济等特征后，发现中等以上容貌的借款者更可能借到款项，而且支付的成本更少。但是美貌借款者的违约概率是普通容貌借款者的 3 倍。Duarte 等[27] 使用个人借贷平台上潜在借款者的照片测试借款者可信赖外表的影响，证实 Pope 和 Sydnor[25] 以及 Ravina[26] 的结论，结果表明外表看起来更值得信赖的借款者借到款项的可能性更高，而需要支付的利率更低，并发现外表更值得信赖的借款者违约更少，但更低的利率并不会显著降低违约率。所以目前关于在线开放投融资市场上是否存在容貌和性别歧视，相关的研究结论并不一致，表明 P2P 借贷市场上的投融资行为仍有待进一步研究。

2.3 互联网金融产品投融资行为研究

与普遍具有的银行存款安全、股票市场有风险的投资理念不同，金融机构发行的互联网理财产品可能会弱化投资者的风险意识，但并不是真正消除风险。所以，有部分学者将研究重点放在金融机构互联网理财产品的风险决策方面。理财产品风险决策是指以改善自身的福利为目的，在收益（损失）不确定性的情况下，对理财产品作出选择[28]。理财产品风险决策源于个人的特点、知识和习惯的重复模式或累积效应，会受营销、咨询和其他外部信息的影响[29][30]。对上述风险决策的研究发现了一些个体金融决策的模式和规律，如情感和认知的作用[31][32][33]、框架效应[32]、时变性取舍[34]。

基于互联网的个体金融风险决策研究还处于起步阶段[35]。Zhu等[28]发现在线社区的参与者更能够接受高风险的P2P项目。Hadar等[30]发现，投资者的主观性知识越多，越倾向于购买高风险（高收益）的理财产品。上述研究展示出个体金融风险决策的一些现象和规律，但都是基于决策主体的异质性（投资者是否参与在线社区、拥有主观性知识的多少）和决策客体（投资对象和金融产品）的同质性。从整合营销的观点来看，投资者对产品的感知不仅来源于产品本身的价值，产品信息传递的渠道和方式也会影响投资者的感知。面对互联网理财产品丰富的推广和销售渠道，产品提供者如何选择和优化营销组合，在保障投资者利益的同时，更有效地促进产品的销售，还需加强研究营销要素对个体互联网金融风险决策的影响。

3 互联网金融中的模式创新与风险分析

3.1 新兴互联网金融平台参与者行为研究

互联网金融参与者往往是个人，他们无法像传统的金融市场中的参与者如银行等大型机构掌握大量可利用的数据和资源，仅仅根据平台提供的信息难以判断融资人的信用以及潜在的投资风险[1]。而融资人对于投资回报的确定也无法做到金融机构的专业性。因此这些个人参与投融资的行为机制就成为很多学者关注的焦点。

从投资者行为理性的角度出发，Herzenstein[35]和Lee[36]分别证实了在互联网融资平台中存在羊群效应，即先期吸引较多投资者的标的更容易吸引后续投资者。Zhang和Liu[1]的研究则进一步表明这种跟随行为很大程度上是理性的，而不只是非理性的消极跟随。投资者会通过积极的观察性学习，根据他人的借款决定来建立对借款人的信用评价，从而作出自己的投资决策。除此之外，地理和文化因素也在投资者的投资决策中扮演重要角色[37][38]。投资者往往倾向于投资与自己文化相似、地理位置相近的人。这些研究从“借与不借”和“借多少”的角度，利用回归模型在一定程度上揭示了投资人的行为机理。然而，对于互联网金融业务同一项目拥有众多投资人、每个投资人投资数额都有所不同这一特征，相比于传统金融业务，研究方法上并没有改进。

对于融资人融资利率影响因素方面，根据传统的风险收益理论，具有较高风险的融资业务需要提供更高的利率补偿。为了使广大的个人投资者更好地了解一笔融资业务的风险，很多平台提供对融资人的第三方信用评估等级供投资人参考。然而，投资人似乎更倾向于综合所有的信息作出自己的判断。Iyer 等[39]的研究结果显示投资人会使用“非传统信息”来检验融资人的信用程度。另有一部分学者研究了“非传统信息”如何影响融资利率。Michels[40]发现融资人增加自我揭露可降低借款利率并增加投标活动。Gao 和 Lin[41]则指出在线朋友数量和借款成功率呈正向关系、和借款利率呈反向关系，且事后违约率较低。然而，这些研究仅仅针对某一特征对融资利率的影响，无法回答哪些特征以及如何影响利率的问题。

3.2 基于钱包份额的互联网金融参与者跨平台行为研究

互联网金融行业不断增加的竞争使得认识竞争环境变得格外重要。对于一个投资平台，如果它提供的产品在某顾客同类产品消费总支出中所占的比重大，则说明它占据了该顾客较多的钱包份额，该顾客的钱包份额较高；反之，则说明该顾客的钱包份额较低。投资平台可以通过维持并强化与高钱包份额顾客的关系，来进一步提升他们的钱包份额；而对于低钱包份额顾客，则需要制定有针对性的营销策略，来提高他们与本平台的交易量，进而增加他们的钱包份额并获取他们的潜在价值。类似的营销实践表明，钱包份额战略能给企业带来更强的盈利能力和更大的竞争优势。

现有相关文献大多利用顾客自我报告、第三方机构或是企业内部数据库信息并采用恰当的数学理论来建立预测模型，从而推断顾客的钱包份额。例如，Du 等[42]采用增大数据库（database augmentation）的方法来解决无法获取大量顾客与竞争对手交易信息的问题。他们以一个公司为案例开展研究，期望估计出它的每位顾客的钱包份额。最初该公司只能观测到自己顾客的购买，然后通过问卷调查方法获得一组样本在竞争对手活动的详细数据，进而使用获得的数据推算那些未被调查的顾客的价值。但 Zheng 和 Padmanabhan[43]的研究表明，为使模型预测效果较好，列表扩增方法可能要求非常广泛的完全数据，因为需要调查的样本的数量往往是预测的未知样本数量的两倍以上，操作起来非常困难。Chen 和 Steckel[44]基于顾客在不同企业间交叉购买的时间分布系数公式，发现了决定顾客在特定情境下选择哪个供应商的随机过程原理。他们之所以聚焦于顾客在企业间交叉购买的时间分布，是因为顾客的交叉购买行为及其时间分布的不确定性正是造成企业无法获得顾客完全购买信息的核心原因。他们基于时间分布系数公式建立了预测模型，并将其应用于信用卡行业。该模型依据顾客在一段时期内使用特定公司发行的信用卡的情况，来推断顾客使用竞争对手发行的信用卡的情况，进而计算顾客信用卡的钱包份额。最近 Zheng 等[45]使用比较容易获得的聚合数据，而不是跨公司的详细数据，推断有关顾客活动的关键竞争指标。方法是采用来自 comScore 的以网站为中心的数据推测在线企业顾客活动的关键指标，结果显示可以比较准确地推断出各在线零售商的渗透率、市场份额、顾客的钱包份额等。

3.3 互联网金融的风险分析与防范

互联网金融参与者的大众性，为学者研究个人投资者的投资行为提供了机会和平台，也对个人投资者如何防范互联网金融的风险提出了挑战。有研究表明，互联网金融参与者的风险偏好可能导致他们在实践中仅获得次优（suboptimal lending）的投资回报[46]。如何有效地识别和防范互联网金融业务中的潜在风险对于互联网金融平台的可持续发展至关重要。目前已有的关于识别和防范互联网金融业务风险的研究大致集中在三个方面：①信用评分的重要性。信用评分高的借款人往往有比较低的违约率[27]；信用评级越低和贷款时间越长越容易违约[47]。②信息披露的重要性[37][48]。信息披露所产生的信号效应（signaling effect）对于资金筹集的成功起到重要作用。Gao 和 Lin[41]等运用多种文本分析技术抽取文本的可读性、情感、主观性以及欺骗线索等特征，构建了理论解释模型和贷款违约率预测模型。研究结果表明，文本特征能够揭示借款人的违约情况，为投资者提供重要信息。③非标准化指标的重要性。Iyer 等[39]的研究发现，在传统金融信用报告硬性指标的基础上，加入非标准化指标如性别、年龄、国籍等，能够有效提高对融资人违约预测的准确度。

4　基于互联网搜索数据的行为金融研究

互联网迅速发展之前，一些学者采用股票异常收益或股票交易量度量投资者关注度[49][50][51]，Barber 和 Odean[49]和 Yuan[52]采用与上市公司相关的新闻内容或新闻数量度量投资者关注度，Grullon 等[53]采用上市公司投入的广告费用度量投资者关注度。然而，这些代理变量对投资者关注度的度量均存在较大偏差，影响了相关研究的准确性[51][54]。互联网的迅速发展为该领域研究提供了更准确地直接度量投资者关注度的方法。一些最新研究开始利用谷歌搜索引擎采集投资者关注度数据，研究投资者关注度与股票收益之间的关系[55][56][57]。而在中国的股票市场，同样有研究表明股票交易活动具有信息效用，对于同期股票交易存在显著影响[58]。互联网媒体为投资者提供了大量的股票相关信息，互联网技术为投资者提供了便捷的信息搜索方式，互联网环境推动了投资者关注度与股市之间关系的深入研究。

用户搜索量的增加能够引起股票未来收益的增加[54]，这一发现引起了一系列的后续研究，这些研究都证实了投资者的关注会产生股票价格上涨的压力，继而产生超额收益。Da 等[54]使用谷歌趋势（google trends）提供的搜索指数（search volume index）作为新的测量投资者关注的代理变量，获得了学术界的广泛认可，并且被广泛应用于金融领域、信息系统领域的学术研究中。凌爱凡和杨晓光[59]利用 Google Trends 搜索数据研究了投资者注意力对金融市场之间传染效应的影响。Liu and Ye[60]基于百度指数中股票代码搜索量变化对股票收益的影响，发现与工作日产生的搜索相比，周末产生的搜索对股票收益的影响更大。另外，刘锋等[61]的研究表明在线搜索与媒体关注的交互作用对当期股票收益具有显著正向影响，媒体对特定股票的关注可以放大投资者关注对股票收益的影响程度。

近期，在线搜索对股票收益的影响受到了国内外学者的关注，[54]然而现有研究均未能充分考虑关注的异质性（attention heterogeneity）问题。搜索对股票收益的研究从 Da 等[54]开始受到越来越多学者的关注，他们的研究结果都确定了这样一个结论：搜索引擎上对股票的搜索，可以代表投资者对股票的关注，从而对股票价格产生关注度压力。如果一周内搜索引擎对某只股票的搜索量增加，这只股票在接下来的 1~2 周将会有收益增加的倾向。之后有更多的研究相继验证了搜索对股票未来收益的正向影响[55][56][57]。然而，目前该领域的研究仍处于起步阶段：现有研究均潜在假设在线搜索对股票市场的影响是同质的，对股票的影响主要体现在量的差异上。然而心理学研究表明，人们在周末拥有比在工作日更好的心情和工作胜任能力[62][63][64]。工作日为交易日，周末为非交易日。交易日时，人们的时间更加紧张，与周末相比（非交易日），没有更多的时间去对信息进行深入思考和挖掘[65]。周末是休息时间，如果有人放弃休息的时间而去做一项工作，这种人对这项工作应该是更专业和痴迷[62]。基于在线搜索引擎数据的新兴金融研究表明，对股票的搜索代表着投资者对股票市场的关注[54]，然而这种关注背后具有复杂的关注动因和关注方式的差异。

随着互联网的迅速发展，大量社会化媒体、用户创造内容平台使得投资者信息集成方式发生巨大改变，在线搜索已成为投资者信息集成的重要手段之一。传统的投资者信息集成主要通过两种途径，一是通过财务分析师预测报告，另一种主要是通过媒体报道。

大量理论与实证分析表明分析师预测对股票市场有显著影响。Dither 等[66]指出，财务分析师预测分歧对股票预期收益有显著负向影响，分析师意见分歧越大，预期股票收益率越低，反之分析师意见分歧越小，预期股票收益率越大，但这种财务分析师意见分歧效应只显著影响小规模公司。Johnson[67]的研究进一步证实了这一结论，所不同的是，Dither 等[66]认为预期收益率降低是由于市场定价被高估造成，由于短卖约束的限制，阻止了市场悲观者进行交易，此时价格只反应了乐观交易者的态度，市场定价被高估。而 Johnson[67]认为预期收益率降低是由于不确定性增加了公司的选择价值，预期收益率降低并不是由于不确定性增加，而是由于信息不对称性增加造成的，那么随着互联网的迅速发展，财务分析师意见分歧效应是否存在？投资者关注度是否影响财务分析师预测效应？影响过程与原因如何？这一系列问题的研究对投资者、管理者以及市场监管者有着重要的现实意义。

5 基于互联网和大数据的交易理论与方法

随着诸多市场异象的不断涌现和金融危机的频繁爆发，人们动摇了对“有效市场假说”的坚定信念[68]。在现实金融市场中，投资者的决策行为受到很多条件的限制，投资者的判断与选择并不总是理性的。DeBondt 和 Thaler[69]的《股票市场过度反应了吗？》正式掀开了行为金融学迅速发展的序幕。行为金融学发展至今，关于社会化媒体与投资者决策行为方面的研究已经开展得较为深入，Bollen 等[70]和黄润鹏等[71]分别利用 Twitter 和新浪微博数据，生成情绪倾向时间序列，发现由社会化媒体数据构建的股票预测模型对投资决策具有较好的指导作用。投资者在进行决策时，容易受到社会化情绪因素的影响[72]。文凤华[73]等使用上证市场数据构建社会化媒体下的投资者情绪指数，将投资者情绪分为积极情绪和消极情绪，探讨积极和消极两种不同情绪特征下的投资者行为特点，发现将积极与消极情绪分开考虑的模型对收益有更好的拟合，正面情绪和情绪的向上变动都对股票收益有显著的正向影响，投资者情绪波动对股票收益率的波动有显著的冲击。张宗新和王海亮[74]构建了主观信念变量，对主观信念调整引致的市场异常波动路径进行刻画，建立了“信念调整投资者情绪、市场波动”的逻辑分析框架，发现不同信息偏好将导致不同的情绪波动频率，对基本面信息的偏好往往更有助于情绪稳定。刘维奇和刘新新[75]发现投资者关注度越高的股票，其收益对投资者情绪变化的敏感度越高，而机构投资者和个人投资者的情绪之间也会相互影响。

由于股票市场存在交易不活跃、涨跌停和停牌等现象，原本高度关联的期现市场会出现非同步交易的现象。它们之间的基差也会偏离持有成本模型所描述的正常范围。Harris[76]最早对美国市场进行了分析。他指出在成分股交易不活跃时，股票的最新价格不能反应其真实的价格水平，从而导致股票指数出现了偏差。他基于对历史数据的回归，建立了股票真实价格的估计模型来修正股票指数的偏差。他发现，修正后的基差更为稳定，但是非同步交易只能解释部分基差偏离。大宗交易的冲击和监管政策的变动也是导致基差偏离的原因。Lo 和 MacKinlay[77]发现非同步交易是现货市场不符合有效市场检验的主要原因。Yadav 和 Pope[78]指出股指期货的非活跃合约也存在非同步交易的现象。因此非活跃合约和现货之间的基差也会出现较大的偏离。Zhang 等[79]发现了 ETF 与现货市场之间的非同步交易现象。当 ETF 成分股涨跌停时，ETF 的标的指数也会被扭曲。这时指数和 ETF 的价格间的基差也会出现偏离。这种偏离会对统计套利者产生虚假的交易信号，可能会让交易者遭受损失，需要加以识别。这个发现对于套利交易的改进有重要的意义。由于中国股指期货推出时间较晚，目前针对两者间非同步交易的文献还不多。仅有一些针对两者交易时间长度不一致的非同步现象的研究[80][81]。

虽然自 20 世纪 90 年代以来，程序化交易在海外市场广泛普及，但直接针对程序化交易的研究并不多。Domowit 和 Yegerman[82]对比分析了不同程序化交易策略中买方交易者的执行成本；Engle 等[83]根据摩根斯坦利算法的交易数据实证检验了算法侵略性变化对交易成本的影响；Chaboud 等[84]研究了外汇交易市场中的程序化交易对市场波动性的影响，但没有得到明确的结论；Hendershott 和 Riordan[85]以德国证券交易所为对象，实证检验了算法交易对价格发现功能的影响。Hendershott 等[86]以纽约证券交易所为对象，实证检验了程序化交易对市场流动性的影响，发现对于大多数股票而言，程序化交易可以减小买卖价差，降低逆向选择风险，同时削弱了交易相关的价格发现功能。Hendershott 和 Riordan[87]以德国证券交易所的 DAX30 的成分股为交易对象，实证分析了程序化交易对市场流动性的影响，发现程序化交易比人工交易更活跃，当内生性交易成本（买卖价差）较小时，程序化交易倾向消耗流动性；反之，程序化交易则倾向提供流动性。Chaboud 等[88]以外汇交易市场为对象的实证结果表明，程序化交易增加的市场流动性提高了市场价格发现效率的同时也增加了人工交易者的逆向选择风险，降低了资产日内收益率的序列自相关性。现有研究大部分在程序化交易算法已知的前提下分析程序化交易对交易成本的影响。在面向现实市场的实证研究中，研究数据多基于可识别的程序化交易数据，对于无法区分程序化交易和人工交易的数据样本研究非常困难。

参考文献

[1] Zhang J, Liu P. Rational herding in microloan markets [J]. Management Science, 2012, 58 (5): 892-912.

[2] Das S R, Chen M Y. Yahoo! for Amazon: Sentiment extraction from small talk on the web [J]. Management Science, 2007, 53 (9): 1375-1388.

[3] Luss R, Daspremont A. Predicting abnormal returns from news using text classification [J]. Quantitative Finance, 2012, 15 (6): 999-1012.

[4] Schumaker R P, Chen H. Textual analysis of stock market prediction using breaking financial news: The AZFin text system [J]. ACM Transactions on Information Systems, 2009, 27 (2):

1-19.

[5] Colombo M G, Franzoni C, Rossi-Lamastra C. Internal social capital and the attraction of early contributions in crowdfunding [J]. Entrepreneurship Theory and Practice, 2015, 39 (1): 75-100.

[6] Hildebrand T, Puri M, Rocholl J. Adverse incentives in crowdfunding [J]. Management Science, 2014.

[7] Afuah A, Tucci C. Crowdsourcing as a solution to distant search [J]. Academy of Management Review, 2012, 37 (3): 355-375.

[8] Griffin Z. Crowdfunding: Fleecing the American masses [J]. Ssrn Electronic Journal, 2012.

[9] Ahlers G K, Cumming D J, Guenther C, et al. Signaling in equity crowdfunding [J]. Entrepreneurship Theory and Practice, 2012, 39 (4): 955-980.

[10] Belleflamme P, Lambert T, Schwienbacher A. Crowdfunding: Tapping the right crowd [J]. Journal of Business Venturing, 2014, 29 (5): 585-609.

[11] Agrawal A, Goldfarb A. Some simple economics of crowdfunding [J]. Innovation Policy and the Economy, 2014, 14 (1): 63-97.

[12] Hall B H. The financing of research and development [J]. Oxford Review of Economic Policy, 2002, 18 (1): 35-51.

[13] Gerber E M, Hui J S, Kuo P Y. Crowdfunding: Why people are motivated to post and Fund Projects on Crowdfunding Platforms. [C] // Computer Supported Cooperative Work, 2012.

[14] Cheng Y Q, Wang Q, Xie J. Online social interactions: A natural experiment on word of mouth versus observational learning [J]. Journal Marketing Research, 2011, 48 (2): 238-254.

[15] Duan W, Gu B, Whinston H B. Information cascades and software adoption on the Internet: An empirical investigation [J]. MIS Quarterly, 2009, 33 (1): 23-48.

[16] Oh W, Jeon S. Membership herding and network stability in the open source community: The using perspective [J]. Management Science, 2007, 53 (7): 1086-1101.

[17] Kauffman R J, Lai H, Lin H. Consumer adoption of group-buying auctions: An experimental study [J]. Information Technology and Management, 2011, 11 (4): 191-211.

[18] Kaas L, Manger C. Ethnic discrimination in Germany' s labour market: A field experiment [J]. German Economic Review, 2012 (13): 1-20.

[19] Barasinska N, Schafer D. Is crowdfunding different? Evidence on the relation between gender and funding success from a German peer-to-peer lending platform [J]. German Economic Review, 2014, 15 (4): 436-452.

[20] Blanchflower D G, Levine P B, Zimmerman D J. Discrimination in the small-business credit market [J]. Review of Economics and Statistics, 2003 (85): 930-943.

[21] Alesina A F, Lotti F, Mistrulli P E. Do women pay more for credit? Evidence from Italy [J]. Journal of the European Economic Association, 2013 (11): 45-66.

[22] Dorfleitner G, Leidl M, Priberny C, et al. What determines microcredit interest rates? [J] Applied Financial Economics, 2013, 23 (20): 1579-1597.

[23] Agier I, Szafarz A. Microfinance and gender: Is there a glass ceiling on loan size? [J]. World Development, 2013 (42): 165-181.

[24] Klafft M. Peer to peer lending: Auctioning microcredits over the Internet [J]. Social Science Electronic Publishing, 2008.

[25] Pope D G, Sydnor J R. What is in a picture? Evidence of discrimination from Prosper. com [J]. Journal of Human Resources, 2011 (46): 53-92.

[26] Ravina E. Love & loans: The effect of beauty and personal

characteristics in credit markets [J]. Ssrn Electronic Journal, 2012.

[27] Duarte J, Siegel S, Young L. Trust and credit: The role of appearance in peer-to-peer lending [J]. Review of Financial Studies, 2012 (25): 2455-2484.

[28] Zhu R, Dholakia U M, Chen X, Algesheimer R. Does online community participation foster risky financial behavior? [J] Journal of Marketing Research, 2012, 49 (3): 394-414.

[29] Lynch J G, Netemeyer R G, Spiller S A, et al. A generalizable scale of propensity to plan: The long and the short of planning for time and money [J]. Journal of Consumer Research, 2010, 37 (2): 108-128.

[30] Hadar L, Sood S, Fox C. Subjective knowledge in consumer financial decisions [J]. Journal of Marketing Research, 2013, 50 (2): 303-316.

[31] Sussman A B, Olivola C Y. Axe the tax: Taxes are disliked more than equivalent costs [J]. Journal of Marketing Research, 2011, 48 (4): 91-101.

[32] Strahilevitz M A, Odean T, Barber B M. Once burned twice shy: How naïve learning, counterfactuals, and regret affect the repurchase of stocks previously sold [J]. Journal of Marketing Research, 2011 (48): 102-120.

[33] Lee C J, Andrade E B. Fear, social projection, and financial decision making [J]. Journal of Marketing Research, 2011, 48 (4): 121-129.

[34] Hershfield H E, Goldstein D G, Sharpe W F, et al. Increasing saving behavior through age-progressed renderings of the future self [J]. Journal of Marketing Research, 2011, 48 (4): 23-27.

[35] Herzenstein M, Dholakia U M, Andrews R. Strategic herding behavior in peer-to-peer online loan auctions [J]. Journal of Interactive Marketing, 2011, 25 (1): 27-36.

[36] Lee E, Lee B. Herding behavior in online P2P lending: An empirical investigation [J]. Electronic Commerce Research and Applications, 2012, 11 (5): 495-503.

[37] Burtch G, Ghose A, Wattal S, et al. Cultural differences and geography as determinants of online pro-social lending [J]. MIS Quarterly, 2014, 38 (3): 773-794.

[38] Lin M, Viswanathan S. Home bias in online investments: An empirical studfy of an online crowdfunding market [J]. Ssrn Electronic Journal, 2014 (62).

[39] Iyer R, Khwaja A I, Luttmer E F P, et al. Screening peers softly: Inferring the quality of small borrowers [J]. Management Science, 2009, 62 (6): 1554-1577.

[40] Michels J. Do unverifiable disclosures matter? Evidence from peer-to-peer lending [J]. The Accounting Review, 2012, 87 (4): 1385-1413.

[41] Gao Q, Lin M. Linguistic features and peer-to-peer loan quality: A machine learning Approach [J]. Social Science Electronic Publishing, 2013.

[42] Du R, Kamakura W, Mena C. Size and share of customer wallet [J]. Journal of Marketing, 2007, 71 (4): 94-113.

[43] Zheng Z, Padmanabhan B. Selectively acquiring customer information: A new data acquisition problem and an active learning based solution [J]. Management Science, 2006, 52 (5): 697-712.

[44] Chen Y, Steckel J H. Modeling credit card share of wallet: Solving the incomplete information problem [J]. Journal of Marketing Research, 2012, 49 (5): 655-669.

[45] Zheng Z, Fader P, Padmanabhan B. From business intelligence to competitive intelligence: Inferring competitive measures using augmented site-centric data [J]. Information Systems Research, 2011 (23): 698-720.

[46] Krumme K A, Herrero S. Lending behavior and community structure in an online peer-to-peer economic network [C] // International Conference on Computational Science and Engineering. IEEE, 2009: 613-618.

[47] Emekter R, Tu Y, Jirasakuldech B, et al. Evaluating credit risk and loan performance in online peer-to-peer (P2P) lending [J]. Applied Economics, 2014, 47 (1): 54-70.

[48] Parker S C. Crowdfunding, cascades and informed investors [J]. Economics Letters, 2014, 125 (3): 432-435.

[49] Barber B M, Odean T. All that glitters: The effect of attention and news on the buying behavior of individual and institutional investors [J]. Review of Financial Studies, 2008, 21 (2): 785-818.

[50] Gervais S, Kaniel R, Mingelgrin D H. The high-volume return premium [J]. The Journal of Finance, 2001, 56 (3): 877-919.

[51] Hou K, Xiong W, Peng L. A tale of two anomalies: The implications of investor attention for price and earnings momentum [J]. Social Science Electronic Publishing, 2009 (45): 416-418.

[52] Yuan Y. Attention and trading. Unpublished Working Paper. University of Pennsylvania, 2008.

[53] Grullon G, Kanatas G, Weston J P. Advertising, breadth of ownership, and liquidity [J]. Review of Financial Studies, 2004, 17 (2): 439-461.

[54] Da Z, Engelberg J, Gao P. In search of attention [J]. The Journal of Finance, 2011, 66 (5), 1461-1499.

[55] Drake M S, Roulston, D T, Thornock J R. Investor information demand: Evidence from Google searches around earnings announcements [J]. Journal of Accounting Research, 2012, 50 (4): 1001-1040.

[56] Joseph K, Babajide M, Zhang Z. Forecasting abnormal stock returns and trading volume using investor sentiment: Evidence

from online search. International [J]. Journal of Forecasting, 2011, 27 (4): 1116-1127.

[57] Vlastakis N, Markellos R N. Information demand and stock market volatility [J]. Journal of Banking & Finance, 2012, 36 (6), 1808-1821.

[58] Zhou C, Wu C, Yang L. The informational role of stock and warrant trades: Empirical evidence from China [J]. Emerging Markets Finance and Trade, 2014, 47 (sup1): 78-93.

[59] 凌爱凡, 杨晓光. 基于 Google Trends 注意力配置的金融传染渠道 [J]. 管理科学学报, 2012, 15 (11): 104-116.

[60] Liu X W, Ye Q. Weekend effects on stock searching: Evidence from Baidu index in China [C] // International Conference on Management Science & Engineering. IEEE, 2014: 1195-1200.

[61] 刘锋, 叶强, 李一军. 媒体关注与投资者关注对股票收益的交互作用: 基于中国金融股的实证研究 [J]. 管理科学学报, 2014, 17 (1): 72-85.

[62] Ryan R M, Bernstein J H, Brown K W. Weekends, work, and well-being: Psychological need satisfactions and day of the week effects on mood, vitality, and physical symptoms [J]. Journal of social and clinical psychology, 2010, 29 (1): 95-122.

[63] Alliger G M, Williams K J. Using signal-contingent experience sampling methodology to study work in the field: A discussion and illustration examining task perceptions and mood [J]. Personnel Psychology, 1993, 46 (3): 525-549.

[64] Geurts S A, Kompier M A, Roxburgh S, et al. Does work-home interference mediate the relationship between workload and well-being? [J] Journal of Vocational Behavior, 2003, 63 (3): 532-559.

[65] DellaVigna S, Pollet J M. Investor inattention and Friday earnings announcements [J]. The Journal of Finance, 2009, 64 (2): 709-749.

[66] Diether K B, Malloy C J, Scherbina A. Differences of opinion and the cross section of stock returns [J]. The Journal of Finance, 2002, 57 (5): 2113-2141.

[67] Johnson T C. Forecast dispersion and the cross section of expected returns [J]. The Journal of Finance, 2004, 59 (5): 1957-1978.

[68] Shiller E. From efficient markets theory to behavioral finance [J]. The Journal of Economic Perspectives, 2003 (17): 83-104.

[69] Debondt W, Richard T. Does the stock market overreact? [J] Journal of Finance, 1985, 40 (3): 793-805.

[70] Bollen J, Mao H, Zeng X. Twitter mood predicts the stock market [J]. Journal of Computer Science, 2010, 2 (1): 1-8.

[71] 黄润鹏, 左文明, 毕凌燕. 基于微博情绪信息的股票市场预测 [J]. 管理工程学报, 2015, 29 (1): 47-52.

[72] 池丽旭, 张广胜, 庄新田, 等. 投资者情绪指标与股票市场——基于扩展卡尔曼滤波方法的研究 [J]. 管理工程学报, 2012, 26 (3): 122-128.

[73] 文凤华, 肖金利, 黄创霞, 等. 投资者情绪特征对股票价格行为的影响研究 [J]. 管理科学学报, 2014, 17 (3): 60-69.

[74] 张宗新, 王海亮. 投资者情绪、主观信念调整与市场波动 [J]. 金融研究, 2013 (4): 142-155.

[75] 刘维奇, 刘新新. 个人和机构投资者情绪与股票收益——基于上证 A 股市场的研究 [J]. 管理科学学报, 2014, 17 (3): 70-87.

[76] Harris L. The October 1987 S&P 500 Stock-Futures Basis [J]. The Journal of Finance, 1989, 44 (1): 77-99.

[77] Lo A W, MacKinlay A C. An econometric analysis of nonsynchronous trading [J]. Journal of Econometrics, 1990 (45): 181-211.

[78] Yadav P K, Pope P F. Stock index futures mispricing: profit opportunities or risk premia? [J]. Journal of Banking and

Finance, 1994, 18 (5): 921-953.

[79] Zhang Z, Shang Q, Cheng Y. Stock' s suspension, daily price limit and ETF pricingEiEciency—An Empirical Research on SSE 50ETF [J]. Journal of Financial Research, 2012 (1): 167-179.

[80] 张一锋, 常清. 非同步交易时段我国股指期现货动态关系分析 [J]. 价格理论与实践, 2011 (7): 65-66.

[81] 刘晓雪, 董翠萍. 非同步交易下股指期货与股票市场开收盘收益率间引导关系的实证研究 [J]. 技术经济, 2012 (1): 125-131.

[82] Domowitz I, Yegerman H. The cost of algorithmic trading: A first look at comparative performance [J]. Journal of Trading, 2006, 1 (1): 33-42.

[83] Engle R F, Ferstenberg R, Russell J R. Measuring and Modeling Execution Cost and Risk (July 1, 2008). Chicago GSB Research Paper No. 08-09. Available at SSRN: https: //ssrn. com/abstract = 1211162 or http: //dx. doi. org/10. 2139/ssrn. 1211162.

[84] Chaboud A P, Chiquoine B, Hjalmarsson E, Vega C. Rise of the machines: algorithmic trading in the foreign exchange market, Working Paper, Federal Reserve Board. 2009.

[85] Hendershott T, Riordan R. Algorithmic trading and information, working paper, University of California, Berkeley, 2009.

[86] Hendershott T, Jones C M, Menkveld A J. Does algorithmic trading improve liquidity? [J]. The Journal of Finance, 2011, 66 (1): 1-33.

[87] Hendershott T, Riordan R. Algorithmic trading and the market for liquidity [J]. Journal of Financial and Quantitative Analysis, 2013, 48 (4): 1001-1024.

[88] Chaboud A P, Chiquoine B, Hjalmarsson E, et al. Rise of the machines: algorithmic trading in the foreign exchange market. FRB International Finance Discussion Paper No. 980. 2014, 69

(5): 2045-2084.

【作者简介】

叶强，教授、博士生导师、哈尔滨工业大学管理学院院长。2008年获教育部新世纪优秀人才，2012年获国家杰出青年科学基金。近年来曾先后在美国德克萨斯大学奥斯汀分校、加利福尼亚大学圣地亚哥分校和香港理工大学做研究和教学工作，兼任香港理工大学博士研究课程教授及博士生指导团队成员。近年来先后在POM，IJHM及DSS等国际主流学术期刊发表20余篇学术论文。2008年获亚太信息系统学术会议（PACIS）最优论文奖。2011年任中国夏季信息系统学术会议（CSWIM）合作主席。2011年、2012年先后担任国际信息系统学术会议（ICIS）副编辑（AE）。目前任国际期刊MISQ客座编委、JECR地区主编、ECRA领域主编。

从社交活跃行为到商务行为*

——社会化商务环境中的用户行为模式研究进展

陈爱辉[1]　鲁耀斌[2]

（1. 天津大学管理与经济学部；2. 华中科技大学管理学院）

【摘　要】社会化商务是基于社会化媒体进行商务活动的新兴商业模式，近年来随着社会化媒体的普及和互联网思维的推动，社会化商务商业模式创新愈演愈烈，影响日增，而对社会化商务中用户行为模式的探究是社会化商务商业模式创新和发展的基础。用户在社会化商务环境中的活跃行为可以划分为两大类：社交活跃行为和商务行为。本文首先概述了社会化商务环境中的社交活跃行为的概念、分类和价值研究进展，然后分析了社会化商务中的商务行为（包括购买行为和价值共创行为）的研究主题和进展，最后介绍了社交活跃行为到商务行为的演化机制，展望了社会化商务用户行为模式的未来研究方向。

【关键词】社会化商务　社交活跃行为　商务行为　社会化媒体　价值共创

＊ 本文工作得到国家自然科学基金重点项目（NO. 71332001）和国家自然科学基金青年科学基金项目（71502126）的支持。

From Active Social Behavior to Commercial Behavior: The Research Advances on User Behavior Pattern in Social Commerce Context

Aihui Chen Yaobin Lu

(1. College of Management and Economics, Tianjin University;
2. School of Management, Huazhong University of Science and Technology)

【Abstract】Social commerce is an emerging business model which carry through business activities based on social media. In recent years, with the popularity of social media and Internet thinking, the innovation of business model in social commerce context has been intensified and is becoming more and more influential. Specifically, the investigation on user behavior pattern in social commerce is the foundation of the innovation and development of the business model. Users' active behavior in social commerce can be classified into two types, that are active social behavior and commercial behavior. In this paper, firstly, we set forth the research advances on the conceptualization, classification and value of users' active social behavior in social commerce. And then we present the research topics and advances on users' commercial behavior (e. g., purchase behavior and value co-creation behavior) in social commerce. Finally, we introduce the evolvement mechanism from active social behavior to commercial behavior, which indicate the future research directions in the user behavior pattern in social commerce context.

【Keywords】social commerce active social behavior commercial behavior social media value co-creation

1 引 言

在数字技术时代，线上社交类应用（社会化媒体）呈现爆炸式增长，影响着越来越多的人，并在人们的生活中起着越来越重要的作用，庞大的用户群体构成了复杂的线上社交网络。这些用户群体及其丰富的社交活跃行为如何创造价值、企业如何将社会化媒体用户融入到价值创造活动中，是学术界和企业界关心的重要问题之一，关系到社会化商务商业模式的发展。社会化商务是基于社会化媒体（主要包括社会化网络和 Web2.0 技术）来进行商务活动的新兴商业模式，它是社会化媒体和传统商务（电子商务和线下传统商务）的结合，强调基于社会化媒体技术所形成的社会网络和社区[1]。用户在社会化商务环境中的活跃行为可以划分为两大类：社交活跃行为和商务行为。

1.1 社会化商务中的社交活跃行为

社会化媒体是一种提供社会交互和沟通的线上社交平台，可以用来构建社交网络、扩展社会关系、分享个人兴趣等，现实中的社会化媒体包括 Facebook，Twitter，Myspace[2]，以及中国的微信、微博、QQ、人人网、开心网等。在社会化媒体中，丰富的内容和关系资源改变了人们的社交模式，而社会化商务的发展让社会化媒体纷纷在其网站上加入商务应用或与电子商务网站结合，使用户越来越多的发生商务行为。目前，中国社会化媒体的发展面临两个主要问题：一是用户的社交行为活跃水平低，制约了社会化媒体的营销资本和盈利能力；二是在设计商务应用中无章可循，限制了社会化媒体由社交服务向社会化商务商业模式的转变。

具体来说，在过去的十年里，社会化媒体已经发展成为世界上最强有力的信息资源更新和传播平台[2]，表现在其庞大的用户群体与较高活跃水平。就国际市场来说，Facebook 一家独大，已经占据了 10 亿的月活跃用户，其中 81%是非美国用户，用 70 多种语言创造和传播着世界各地的新闻和信息[3]。Facebook 产生的流量已经位居世界第二，仅次于 Google，而用户在 Facebook 上停留的时间远远超过 Google[3]。而在中国，据《2015 中国社交媒体发展报告》，2015 年中国用户所有媒体每天总用时为 6 小时 08 分，微信的用户量达到 4.68 亿。同时，中国的社会化媒体用户活跃度普遍较低：7.9%的用户会每天更新签名或状态，而接近一半用户没有这一行为；只有15%的用户平均每周发表一次网络日志；57%的用户有过上传照片的经历，其中37.5%的用户是平均每月不到一次的偶然行为[4]。

社会化媒体中主要有两种用户：一是潜水用户，这类用户占了网上社区总用户数的90%，他们虽然注册了账号，但很少为网站贡献内容和流量，对社区成长的价值比较微小[5]；二是活跃用户，这类用户经常为网站贡献内容和流量，比如发表日志、传照片等，他们决定了社会化媒体的成功甚至生存[6][7]。一个成功的社会化媒体需要具有持续增长的社会关系、用户创造内容（UGC）的积累以及持续增加的访问流量[8]，这些都决定着社会化媒体的营销资本和盈利能力。具体来说，①用户的活跃行为产生社会交互，比如互相评论、转发朋友日志、对共同话题的探讨等，社会交互最终导致社会化媒体中社会化关系的增长[8][9]；②社会化媒体中的活跃用户可以创造内容，比如照片、日志、视频等，用户创造内容是网上社区的宝贵财富并且可以吸引新成员的加入，这种不断增加的网络外部性使社会化媒体获得更大的成功；③用户的活跃行为增加网站的流量，较高的访问量可以吸引更多广告投放，从而使社会化媒体获利[8]。所以，更好地理解社会化媒体中用户活跃行为模式，分析用户在社会化媒体中具体做了哪些社交活跃行为，社交活跃行为的本质是什么，并探究社会化媒体用户社交活跃行为的激励因素，可以使社会化媒体运营商获得更高的营销资本和盈利能力，使其在竞争中具有持续的优势。

1.2 社会化商务中的商务行为

近年来，社会化商务商业模式蓬勃发展，各大社会化媒体纷纷在其网站上加入商务应用或与电子商务网站结合。比如，Facebook允许零售商在其网站开设店铺，并与Amazon合作，用户可以用户通过facebook connenct登录Amazon，Amazon通过该用户的facebook主页上的信息如兴趣爱好等，为其推荐更为个性化的商品，这种模式被成为F-commerce[10]。在中国，社会化商务网站也纷纷崛起，如美丽说、蘑菇姐等，人人网也推出了人人逛街、糯米网等商务应用。但社会化媒体开展商务活动也是以用户社交活跃行为作为根基[11]。社会化商务是通过支持社交功能来提高消费者的在线购物体验[10]，社交平台在社交行为和商务行为之间起中介作用，用户通过参与在线环境中的协作进行购买或者购买前进行信息搜索的活动[12]。社会化媒体用户参与社会化商务的行为是通过基本的社交行为来实现。例如，Liang，Ho 等[13]通过检测用户在社会化媒体中推荐和接收商品信息来测量用户参与社会化商务的意向，而这一商务行为的实现是通过分享好友的日志、图片等和浏览好友的主页、新鲜事等社交活动实现的。社会化媒体中的社交元素改变了人们的决策过程。根据谷歌对社会化商务实施现状的调查[14]，有 73%的用户认为在作购买食品的决定之前通过社会化媒体阅读用户产生的内容（UGC）很重要，40%的用户在购买汽车之前会听取社会化媒体中其他人的意见。社会化媒体中的社交元素在促进购买决策中起着越来越重要的作用。37%的用户发现社会化媒体中的社交元素是他们作决策的重要驱动力，而这一数字在 2010 年仅为 19%。相较传统的企业发布的广告和信息，消费者更愿意相信诸如闺蜜网（http://www.kimiss.com）、人人网（http://www.renren.com）、QQ 朋友网（http://www.pengyou.com）等社区中好友或其他消费者的真实评价。但目前中国的社会化商务还在起步阶段，企业如何利用社会化媒体中的社交元素进行商务活动还没有标准的守则可以遵循。许多企业还是将传统的营销方法应用于社会化媒体环境，导致微博和社交网站中大批僵尸粉丝的出现，不仅没有达到预期的效果，反而引起了消费者的反感。不恰当的社会化商务设计很可能会给企业带来负面的影响，使得品牌成为社会化媒体中“不受欢迎的闯入者”，违背了社会化媒体是用来连接人际关系，而非品牌关系的宗旨。所以，研究社会化媒体中的社交活跃行为对商务行为的促进和演化机制，对指导社会化商务中社交元素和商务应用的设计以及社会化商务的整体发展具有重要意义。

本文将概述社会化商务环境中的社交活跃行为的概念、分类和价值研究，分析社会化商务中商务行为的研究主题和进展，介绍社交活跃行为到商务行为的演化机制，展望社会化商务用户行为模式的未来研究方向。笔者认为，社会化商务中用户行为模式是社会化商务商业模式创新和发展的基础。

2 社交活跃行为与商务行为相关研究

在各研究领域，社会化商务用户的社交活跃行为模式及其商务行为模式均得到研究者的重视。

第一，社会心理学领域的研究强调社交活跃行为会对人的心理状态和日常生活有很大影响。其中，社会身份（social identity）观点的研究分析了社区中用户自我概念的形成过程[15]。自我概念的形成包含了一系列相互关联的元素，比如社会比较、群体之间的关系、自我提升、社会分类等，所有这些过程都需要依赖于用户的社交活跃行为[16]。在社会化媒体中，用户通过与好友的交互，发现自己与他人的异同，找到自己感兴趣的群体，并融入相应的群体，通过构建社会关系和发表内容提升自身形象和声誉，最终形成自己的社会身份[16]。而目前已有的研究对用户社交活跃行为的界定比较模糊，使社会身份的形成与具体的活跃行为无法直接联系起来。所以，探究用户具体有哪些活跃行为可以更深刻地分析社区中社会身份的形成过程。另外，学者在研究社会化媒体对人们的生活质量的影响中得到了相冲突的结论。一些学者认为，社会化媒体中的活跃行为扩大了社会资本，使用户得到更多的社会支持，减少了对压力和孤独的感知，最终导致更高的心理幸福感甚至是身体健康[15][17][18][19]；另外一些学者指出，社交活跃行为对用户的社会资本和社会支持的贡献微乎其微，并且会导致更大的孤独感，因为活跃用户在网络上投入了过多精力而忽略了现实世界[20][21]。产生这种冲突结论的原因是不同类型的社交活跃行为会导致不同的结果[19]。比如，经常在社会化媒体中发表内容会受到更多人的关注，得到更多的社会支持和社会资本[22]，而通过社会化媒体建立的社交关系虽然可以增加社会资本，但对提高社会支持和减少孤独感的影响甚小[20]。所以，对用户社交活跃行为进行解剖、分类，可以为研究社交活跃行为与人们的生活质量的关系提供支持。Boyd[23]在对社会化媒体相关研究的综述与展望中也指出学者应该关注社会化媒体是如何被用户具体使用的。

第二，用户社交活跃行为是一种情境化的价值共创（Co-creation）形式。价值共创是一种发生于企业和顾客之间、顾客和顾客之间共同创造价值的演进过程[24]。社会化媒体中的社交活跃行为为社区贡献了内容和关系资源[8][13]。通过用户之间的交互，这些内容和关系资源可以发挥经济价值和社会价值。因此，活跃用户扮演着社会和媒体企业“半个员工”的角色，他们是为其他用户提供服务、提高社区流量，进而与企业共创价值的主要人力资源，能够提升企业的绩效。所以，社交活跃行为具体为社会化媒体平台贡献了哪些资源，这些价值共创过程是如何发生的，值得深入探究。Zwass[25]也强调对价值共创的研究需要更多分析“情景化”的价值共创模式，探究各种各样的价值共创模式是如何发生的。要分析社会化媒体中的价值共创模式，我们需要首先探究社会化媒体用户具体有哪些社交活跃行为，发现这些行为对社区贡献了哪些资源，以及什么因素驱动用户的活跃行为。

第三，对社会化商务的研究是以用户社交活跃行为的探究作为基础。社会化商务是基于社会化网络和 Web2.0 技术来进行商务活动的新兴商业模式，它是社会化媒体和传统商务（电子商务和线下传统商务）的结合，强调基于社会化媒体技术所形成的社会网络和社区[1][11][26]。社会化商务支持线上的社会交互和用户创造内容，来辅助和推动商业行为（比如购买行为和价值共创行为等）[11]。以往研究已经发现，用户更倾向于信任来自朋友的信息而非商家的信息，社交活跃行为形成社会交互，使用户获得他人的知识和体验，从而在商务活动中作出更加精确和合理的决策[27]。基于对社交活跃行为模式的分析，我们一方面可以探究用户从社交活跃行为到商务行为的转化机制。另一方面，社会化媒体为其他企业提供了营销工具，其他企业可以在他们的主页或者品牌社区中发起营销或推广活动[28]。用户通过发表内容、传播内容、与企业或其他好友交互等行为参与企业的营销活动。使用社会化媒体做营销的一个显著特点就是信息传播速度很快，如病毒传播一样，信息迅速扩散至大量的读者[28]，这一过程需要用户的分享行为来实现。而用户的内容发表行为可以使企业的营销活动更加丰富，关系构建行为可以增加企业主页或社区的粉丝数量。因此，不同类型的活跃行为对企业的营销活动有不同的作用。Heinonen[29]指出未来的研究需要分析每一种行为的效果，以便于企业认识到什么行为是其需要的，什么行为是其不需要的。所以，对社会化媒体用户社交活跃行为进行分类的研究可以作为社会化商务研究的基础。

第四，用户的商务行为模式的研究可以为社会化商务网站设计的研究提供基础。在现有的电子商务网站中加入社交元素或在社会化媒体中加入商务元素是实施社会化商务的最快速有效的途径[30]。顾客依赖社交行为实现与获得他人对于购物的知识和体验，激发他们对于此次购物的认知觉醒和情感觉醒，促进购买意向。通过社会交互，用户减少了购物过程中的不确定性（需求不确定性、产品质量不确定性、卖家质量不确定性），进而使购物决策更加合理、明智，增加顾客满意度[31]。这些知识和体验的来源就是社交平台中社会化商务元素（比如论坛和社区、评分和评论、用户推荐等）[32]，用户通过在社会化商务元素中的学习行为获得它们，从而来辅助决策。以往的研究分析了单个的社会化商务元素如何影响用户的商务行为。比如 Park，Lee 等[33]检验了线上的评论对用户购买意向的影响；Li，Wu 等[34]提出一个可以产生个性化推荐的社会推荐系统来辅助用户决策；Animesh，Pinsonneault 等[35]发现虚拟社区中的空间环境会影响用户的购买行为。但是社会化媒体企业的资源是有限的，网站的版面是有限的，用户的眼球也是有限的，在设计社会化商务应用时，需要针对不同的社会化商务元素有针对性地投入资源，以达到效益最优。所以，分析用户的商务行为模式，探究用户在各种社会化商务元素中的学习行为对他们最终的商务行为（购买意向和决策质量）的不同影响，可以推动社会化商务网站的商务应用设计，更快速有效的实施社会化商务商业模式创新。

3 社交活跃行为的研究进展

3.1 社交活跃行为的概念界定与分类

社会化媒体用户社交活跃行为包含很多具体行为，具有复杂性并难以测量，很难将其作为单一变量来研究[36]。前人对用户社交活跃行为及用户类别进行了划分，分类框架的提出从简单到具体，从表面到深入，逐步反映了社会化媒体用户活跃行为的具体内容及其创造共创价值的本质。具体分类框架总结见表1。

表1 用户社交活跃行为分类框架的综述

<table>
<tr><th>分类依据</th><th>分类框架</th><th>代表参考文献</th><th>评价</th></tr>
<tr><td rowspan="2">对用户分类：二分法</td><td>活跃用户</td><td rowspan="2">Nonnecke，Preece 等(2004)[39]</td><td rowspan="2">二分法是用户活跃行为的两个极端，不能描述潜水行为到活跃行为的之间的渐进层次</td></tr>
<tr><td>潜水用户</td></tr>
<tr><td rowspan="4">依据在社区中扮演的角色分类</td><td>参观者</td><td rowspan="4">Kim（2000）[40]</td><td rowspan="8">反映了用户活跃行为的层次，但将社交活跃行为界定为内容发表行为，没有关注用户社交活跃行为的社交作用</td></tr>
<tr><td>初学者</td></tr>
<tr><td>正式成员</td></tr>
<tr><td>领导者</td></tr>
<tr><td rowspan="4">依据用户的需求和价值分类</td><td>阅读者</td><td rowspan="4">Preece，Shneiderman(2009)[42]</td></tr>
<tr><td>贡献</td></tr>
<tr><td>协作者</td></tr>
<tr><td>领导者</td></tr>
</table>

续表

分类依据	分类框架	代表参考文献	评价
依据用户动机分类	信息处理	Heinonen（2011）[29]	描述了用户活跃行为的层次，也表达了用户活跃行为的社交性质，但没有揭示这些行为的具体内容及这些行为对社区的价值，即价值共创模式
	娱乐		
	社会联系		
依据用户行为的结果分类	消费信息和娱乐	Shao（2009）[43]	
	参与社会化交互和社区发展		
	产生自我表达和自我实现		
依据用户行为和共创价值分类 1	内容创造行为	Chen，Lu 等（2014）[36]	描述了用户在社会化媒体中的具体活跃行为，及用户活跃行为对社区的贡献：内容和关系。反映了用户与社区之间的价值共创模式
	内容传播行为		
	关系构建行为		
	关系维持行为		
依据用户行为和共创价值分类 2	内容创造行为	Chen，Lu 等（2014）[36]	
	内容传播行为		
	个人关系贡献		
	群体关系贡献		

在传统网上社区中，用户社交活跃行为被定义为发表行为（posting behavior）[37][38]。Nonnecke，Preece 等[39]指出发表行为是一种外向型行为，用户主动发表问题或回答问题，而潜水行为是内心型行为，用户只浏览网页、看别人的信息，而不贡献任何内容。但是，用发表者-潜水者这种二分法来描述用户活跃行为，是用户行为模式中的两个极端，它不能刻画出用户行为模式中活跃水平的不同层次。比如说，一个发表者，他可以很活跃，每天发表很多信息，也可以有一点点活跃，偶尔发表一点信息。这种差异不能用二分法体现出来。

区别于二分法，Kim[40]依据不同用户扮演的角色，提出一个更加精细的框架来描述用户在网上社区中的活跃行为。此框架区分了不同网上社区参与程度的用户：（1）参观者，对网上社区非正式的参与；（2）初学者，在网上社区中投入时间和努力，想要成为一个活跃成员；（3）正式成员，对网上社区拥有很高的承诺；（4）领导者，保持网上社区中的持续参与并引领其他成员进行交互[41]。Preece 和 Shneiderman[42]针对用户不同的需求及价值提出一个用户活跃行为分类框架：（1）阅读者，只消费内容；（2）贡献者，为社区贡献一些内容；（3）协作者，参与社区中的团体活动；（4）领导者，引领社区活跃行为并组织一些讨论。这些研究将用户活跃行为界定为内容贡献行为，而潜水行为是内容消费行为。这些分类框架局限于传统网络社区，在一定程度上反映了用户活跃行为的层次，但他们没有关注用户活跃行为的社交作用。

新兴的社会化媒体是一种为用户提供社交圈内和圈外联系的线上社区，它与传统网上社区有以下不同。

第一，传统网上社区中的用户在一个分层的群体中互相连接，而社会化媒体用户在较大网络中互联。用户可以以自己为中心，构建自己的网络。传统网上社区是自上而下构建、以社区为中心、由论坛版主控制、话题驱动、集中式管理的社区，而社会化媒体是自下而上构建、以人为中心、情境驱动、由用户自我控制、自我管理的社区[44][45]。社会化媒体比传统网上社区更精确地映射现实生活中的关系网络。

第二，社会化媒体专门为帮助用户网上展现自己及构建社交网络而设计，而大部分传统网上社区是为了增加人们对于一些话题的理解而设计[6][23]。社会化媒体允许用户构建自己的个人主页、分享图片、日志、视频等，并链接到社区中的其他用户和群体[23]。用户在传统网上社区中潜水，是因为他们对信息的需求在不发表内容的情况下也可以得到满足[37]，但用户参与社会化媒体主要是为了满足其社交和情感需求[6]。

第三，社会化媒体明确地展现用户的社交关系，通常这些关系是熟人关系。相对于传统网上社区，社会化媒体中的关系网络更加直接、密切，并且可视化。在社会化媒体中，关系先于内容产生，而在传统网上社区中，内容先于关系产生[44]。大部分社会化媒体提供了各种工具来方便用户构建关系和维持关系，比如，自我展现(图片、日志等)、管理链接（好友列表)、查看好友更新、建立新关系等。因此，与传统网上社区不同，很多社会化媒体用户是实名制设计，关系更加真实有意义。

虽然有少量研究将以上用户活跃行为的概念直接引入到新兴社会化媒体环境中，比如，Rau，Gao 等[6]在研究社交网络服务(SNS）用户间关系时，依据用户发表信息的频率，将用户分为发表者和潜水者，但是，SNS 在功能上和组织结构上都不同于传统网上社区，所以，用户在新兴社会化媒体组成的社交网络中的行为模式也会不同于传统网上社区，它是一种包含内容连接和社交连接的双元网络[46]，因此，用户社交活跃行为应该包含内容导向行为和关系导向行为。针对此特征，Shao[43]提出用户在社会化媒体中社交活跃行为的分类框架：（1）信息的消费和娱乐；（2）参与社会化交互和社区发展；（3）自我表达和自我实现。Heinonen[29]依据用户行为的发生动机，将社会化媒体中的用户活跃行为分为三类：(1) 信息处理活动；(2) 娱乐活动；(3) 社会联系活动。这些研究将社会化媒体用户社交活跃行为定义为使用社会化媒体的各种功能满足自身各种需求的行为。但是，这些框架仅仅简单描述了用户活跃行为的内容和动机，而没有揭示这些行为的本质及这些行为对社区的贡献，即价值共创模式。

针对以上分类框架的优缺点，Chen，Lu 等[36]通过一系列研究对社会化媒体中用户社交活跃行为进行了维度划分和测量模型开发。首先用 Delphi 法，对社会化媒体用户社交活跃行为的具体内容进行了解析，将 25 个具体活跃行为划分四个类别：内容创造行为、内容传播行为、关系构建行为和关系维持行为。其次，基于大样本数据构建了社会化媒体用户活跃行为的测量模型，将社会化媒体中用户社交活跃行为通过四个维度进行测量：内容创造行为、内容传播行为、个人关系贡献和群体关系贡献。Chen，Lu 等[36]将社会化媒体中用户社交活跃行为定义为用户使用社会化媒体的各种功能来贡献内容和关系资源，并产生共创价值的一系列活动。这两个分类框架描述了用户在社会化媒体中社交活跃行为的具体内容，反映了用户社交活跃行为对社区的贡献：内容和关系资源，揭示了用户与社区之间的价值共创模式。

3.2 社交活跃行为的价值研究

前人对社会化媒体中用户社交活跃行为的研究主要聚焦于社交活跃行为的驱动因素的探究[6][13][23]，包括用户创造内容的驱动因素[47][48]、用户内容传播行为（日志、图片、视频等内容的分享/转载）的驱动因素[49]、关系构建和扩散机制[50]、外部环境和内部动机对关系维持的影响等[51][52]。仅少量学者探究了各种社交活跃行为的价值。

社会化媒体中用户社交活跃行为的价值包括经济价值、社会价值及个人价值等。对内容创造行为来说，Ghose 和 Ipeirotis[53]论证了 UGC 在各个领域都有巨大的经济价值，Park，Lee 等[33]验证了用户产生的评论会影响顾客的购买意向。Nov，Ye 等[47]指出内容创造行为是反映用户参与到社会化媒体中的活跃水平的重要元素之一，并且用户创造的内容是对社区的重要贡献之一。对内容传播行为来说，用户的内容传播行为对网络营销（比如线上口碑）的绩效至关重要[49]。通过内容传播行为，可以使用户创造的内容产生更大的经济价值[53]。社会化媒体中的关系构建行为和关系维持行为可以帮助用户提升他们的线上社会资本[20]，并且加速内容的传播，进而产生更大的社会和经济价值[54][55]。Vergeer 和 Pelzer[20][56]也检验了线上关系构建行为对线下社会资本和线上社会资本以及人的主观幸福感的影响。Pagani 和 Mirabello[11]指出社会化媒体中的内容产生和社会交互可以被理解为价值贡献活动；Agnihotri，Kothandaraman 等[57]指出人们通过使用社会化媒体参与到社交网络中，创造与分享内容、与他人沟通和建立关系，提供了丰富的社会化交互，而社会化交互是社会化商务实现价值的基础。

3.3 社交活跃行为驱动因素研究

前人对用户具体社交活跃行为的研究主要聚焦于探究其驱动因

素或发生机制。具体来说：（1）用户参与贡献内容的行为可以分为内容的创造行为和内容的传播行为[23][57]。一方面活跃用户会主动创造内容，如信息披露、发表日志、传照片、改状态等；另一方面活跃用户会将他们看到感兴趣的内容分享，使其传播给好友[23]。现有对这两种活跃行为的研究集中于探究用户内容创造和传播的动机。用户动机包含内部动机[58]和外部动机[47]。内部动机指用户在创造内容或传播内容行为中可以享受到快乐，获得内心满足[58]；外部动机指用户在创造内容或传播内容行为中获得社会资本、提升个人形象、产生社会影响等[47][59]。还有少量研究研究了社会化媒体中的信息扩散机制，指出内容传播行为对社会化媒体的营销绩效至关重要，使用户创造的内容发挥更大的经济价值[53]。（2）用户参与贡献关系的行为可以分为个人关系贡献行为和群体关系贡献行为。一方面社会化媒体用户会根据他们的兴趣加入一些团队并且参与群体活动，另一方面社会化媒体中用户通过个人关系网络寻找社会支持、形成社会资本[23]。用户在这两种关系系统中的行为表现具有显著差异[60]。现有研究集中于探究用户在团队关系中关系形成[50]和维持[52]机制等，及个人在社交网络中关系的经济价值和社会价值[54]。现有研究仅从单一活跃行为着手，未能全面理解用户在这四个方面的行为模式。

以上研究对社交活跃行为的研究主要集中于探究用户对四种具体行为的参与动机，这些研究采用的理论有社会资本理论[61]、社会影响理论[62]、TAM 模型[63]、社会临场感[62]、沉浸体验[61]等，同时考虑了个人特征[63]和文化因素[64]对用户活跃行为的影响，但未能探究用户这四种活跃行为的心智模式，以及什么环境因素导致了用户心智模式。心智模式是根深蒂固于心中，是对于周围世界如何运作的既有认知，影响人们行为的思维模式。心智模式体现人们认识事物的方法和习惯，人们通常不易察觉自己的心智模式，但它是人们行为的重要驱动力[65]。因为用户在互联网上的行为具有自愿性而非强制性的[66]，用户可以自由的决定是活跃还是潜水[38]。因此，用户对活跃行为的承诺对网站运营至关重要。通过集成承诺理论、社会支持理论、沉没成本理论和社会影响理论构建模型，

Chen, Lu 等[67]实证研究了决定用户总体活跃行为的心智模式以及影响这些心智模式的环境因素。通过对1239位人人网用户的数据收集和分析，模型结果显示，情感承诺和持续承诺是决定用户总体社交活跃行为的主要心智模式，情感支持和信息支持构建情感承诺，声誉资本和关系资本构建持续承诺，社会规范和从众构建规范承诺。概括来说，人们需求和欲望的满足、感知投资损失及通过社交带来的互惠会分别形成人们的情感承诺、持续承诺和规范承诺。在社会化媒体中，用户通过社交活跃行为获得情感需求和信息需求，构成社会支持[13]；同时，投入时间和精力维持自己在社交平台中的关系和声誉，构成沉没成本[68]；社会化媒体是一个社会关系网络，用户社交活跃行为受到周围人的影响[69]。

4 社交网络中的商务行为研究进展

4.1 社交网络中的社会化商务元素

社会化商务将社交功能和购物过程融合，使社交体验和购物体验得到共同提升[34]。对于很多用户来说，购物也是一种社交体验，人们经常在作出购买决策时征求他人的意见。社会化商务网站的设计中引入了一系列的社会化商务元素（包括论坛和社区、评分和评论、社会化推荐、其他社会化媒体等），来增强用户体验及辅助用户决策[70]。社会化商务企业将这些社会化商务元素作为与用户沟通的平台，并可以让用户与用户之间沟通，成为一个新的客户关系管理的渠道[1][32]。社会化商务的实施让企业建立顾企信任、增加销售、减少营销成本，同时它对线上购物体验带来了挑战，促进了学者对社会化商务用户购买行为的研究[70]。Fisher[71]将社会化商务元素分为六种类型：论坛和社区、评分和评论、社会化推荐、社交购物、社会化媒体、社会化广告。现有大部分研究发现论坛和社区、评分和评论、社会化推荐是改变人的购物决策过程和决策质量的最关键的元素[26][27][32][70][72]。

第一，社会化商务嵌套在社会化媒体中，提供了论坛或社区作为共享平台，使用户间产生交互。在此社交平台中，用户可以找到与他们有共同兴趣、经历的人，并构建朋友关系。用户可以进一步分享他们的购物体验，作为其他用户的参考[27][73]。通过参与到论坛和社区中，与其他用户的沟通交流，用户可以获得更多的关于产品和卖家的社会化知识，了解自己的真实需求，帮助其作出更理性的决策[32]。另外，这些参与论坛和社区的行为影响用户在购物过程中的娱乐体验，并可以培养用户信任[72]和承诺[67]。

第二，社会化商务网站中产生了大量的用户创造的内容，包括对产品和卖家的评论，以及对交易从各个角度进行评分[74][75]。这类工具是电子口碑营销网络的基础[76]，被用来搜索信息、制定决策以及形成品牌形象感知。社会化商务的用户依赖他人分享的此类信息形成他们的态度，辅助购买决策，同时减少购买过程中的不确定性，提高决策质量[72][76]。

第三，将用户推荐功能和社交应用结合，社会化商务网站提供的社会化推荐功能可以帮助用户从众多产品和卖家中作出选择。在社会化商务网站中，社会化推荐是由其他具有真实购物经历的用户产生的。通过评估用户在偏好、社会化程度、社会关系等方面的相似性，网站为用户提供最合适的社会推荐信息[26][34]。例如，苹果公司 APP 商店中的“天才推荐”、Honk. com 中对用户购买汽车的个性化推荐、Stylefeeder 对时装的个性化推荐、Amazon 中的“专属为你”个性化推荐等。这些基于社会交互和用户偏好产生的个性化推荐信息，对买家和卖家都有巨大的价值。另外，社会化推荐可以被集成到社交网络中，使推荐信息在社交网络中被分享并广为传播[77]。例如，与传统企业推荐系统不同，Facebook 中的推荐盒子可以让更多的用户收到推荐信息。社会化推荐可以让大量的潜在用户学习到相关的产品或服务信息，这些可能是由自己熟知的人产生的信息具有更大的价值，使社会化推荐成为一个更有效的市场推广工具[77]。

4.2 社会化商务中的购买行为

基于互联网技术，社会化商务实现了电子商务与社会化媒体的结合，以促进商品和服务的交易，并提升用户体验[26][78]。社会化商务网站提供了各种社会化应用，包括：浏览论坛和社区、社会化推荐、评分和评论、社会化广告、社会化购物、社会化搜索等，所有这些都被称作社会化商务元素[79]。在此环境中，用户可以获得辅助决策的社会化知识，更好地了解自己的购物目的，制定更加准确合理的购买决策[27]。

在传统电子商务中，用户的购买决策制定过程是：刺激→网上货架→购物体验[30]。首先，用户会感觉到对某产品的需求，然后用户会登录他们喜欢的购物网站，在这里他们会比较不同产品的质量、价格和不同商家的信誉，并选择一个产品购买[80]。在收到产品以后，用户将评估此次购物体验，确定此购买决策是否正确[30]。在社会化商务中，决策制定阶段与货架阶段分离，用户通过参与到社会化商务元素中获得他们想要产品的社会化知识，并据此作出决策[27]。同时，社会化商务元素中的信息也会让用户获得购物刺激[72]。用户在有购物需求时会在社会化商务网站上浏览其他用户的推荐[74]，去微博或社交网站中争取好友的意见[30][81]。在用户到达网上货架前，他们已经做好了购买决策。

从企业的角度看，快速有效地实施社会化商务商业模式具有较大挑战。因为资源都是有限的，企业管理者也在寻找一种最经济和快速的商业模式创新途径。现有研究指出，在现有商务平台加入社会化商务元素是实施社会化商务最快速有效的方法[26][79]。因此，为了指导管理者在不同社会化商务元素间更合理的分配资源，我们急需理解不同社会化商务元素在用户购买决策过程中的不同作用。另外，大部分社会化商务网站依然依靠广告作为主要收入来源[82]，利用社会化商务元素促进用户购买决策，可以使社会化商务网站获得更广泛的收入来源。

现有对社会化商务的研究聚焦于探究用户参与社会化商务的动机。例如，Liang, Ho 等[13]研究了用户在社会化商务网站中的社会化分享和社会化购物行为的驱动因素，发现社会支持和关系质量会影响用户在社会化商务中的参与行为；Shin[81]通过分析社会化商务中的用户行为动机，验证了社会规范、信任、社会支持、态度和用户行为意向之间的关系。对社会化商务元素的作用研究主要探究了单一社会化商务元素对用户决策的作用。例如，Park，Lee 等[33]检验了线上用户评论对用户购买意向的影响；Animesh，Pinsonneault 等[35]发现虚拟社区中的技术和空间环境会影响用户的购买行为；Li，Wu 等[34]提出一个可以产生个性化的产品推荐以辅助用户决策的社会推荐系统。尽管如此，这些社会化商务元素在构建用户购买决策过程中有什么不同的作用依然没有被完全的理解。

4.3 社会化商务中的价值共创行为

4.3.1 价值共创概念界定的研究

在服务主导逻辑下，价值的创造活动由企业向顾客转移，顾客不仅仅是价值的接收者，也是价值的创造者，即价值是由企业和顾客共同创造的[83]。与由企业创造价值的传统市场不同，价值共创理论指出顾客与企业在价值创造活动中担任着同样重要的角色，通过顾客与顾客、顾客与企业之间的交互产生共创价值[84][85][86]。基于服务主导逻辑的思想，很多学者对价值共创的概念范围进行了界定。

价值共创强调顾客对价值创造活动的参与行为。Zwass[25]将价值共创定义为顾客跟随生产者参与到价值创造活动中的一种行为，这种活动可以由顾客发起，也可以由企业发起（见表2），共创价值就是顾客创造的价值。随着信息技术的发展，顾客可以参与的价值创造活动越来越多，如维基百科和开源软件等；互联网使更多的人参与价值创造活动，并提供了人们之间协作的平台，可以使共创价值聚合[25]。

价值共创强调企业与顾客、顾客与顾客之间的社会化交互。价值是通过社会化交互产生的，一方不能单独为另一方创造价值[84]。Grönroos[83]将价值共创定义为为了给多方贡献价值而产生的多方直接交互行为。基于此，Yi 和 Gong[87]将价值共创行为划分为两个维度：顾客参与行为和顾客公民行为（见表2）。顾客参与行为是顾客创造价值的基本行为，包括信息搜索、信息分享、责任行为和人际交互；顾客公民行为不是价值共创所必需的行为，但它为企业提供附加价值，包括反馈、拥护、帮助和宽容行为[87]。这些行为都蕴含了顾客与顾客间、顾客与企业间的交互行为，同时与社交活跃行为中的内容创造行为、内容传播行为、关系构建行为和关系维持行为的关系紧密[36][88]。

价值共创行为不是凭空产生的，是由社会化交互行为逐渐演变来的。社会化媒体为价值共创提供了大量的用户群体，可以使更广泛的用户共创价值，同时提供了社会化交互的平台，使用户间、用户和企业间的关系更紧密，基于社交关系产生的社交活跃行为是价值共创行为的前身。所以，在社会化商务环境中，价值共创行为即是由社交关系产生的社会化交互演变而成，使社会化媒体用户参与到价值创造活动的行为。

4.3.2 价值共创发生的环节

企业的价值共创策略可以发生在产品或服务推出市场之前和之后，即上游（upstream）价值和下游（downstream）价值共创[89]（见表2）。上游价值共创关注用户在产品或服务的开发阶段的创新能力，包括产品或服务的概念设想、产品测试，甚至是广告活动，例如Dell公司发起的“创意风暴”活动。企业将产品或服务上游开放给顾客，收集顾客的想法和需求，使推出的产品或服务更符合顾客需求，同时满足了顾客的个性化需要[90]。庞大的顾客群体和社会化交互使产品或服务的设计和生产质量更高[91]。

在产品或服务推出市场以后，企业更加关注用户的个人消费体验及品牌体验[92]。例如，星巴克公司发起的“分享你的故事”活动，既是下游价值共创[89]。在使用产品或服务后，顾客会评估他们获得的价值是否满足了他们需求，将顾客体验分享给其他用户或传达给企业，提供了顾客与顾客，企业与顾客间交互的机会。企业可以据此获得社会化知识改善自身产品或服务，发现顾客的个性化需求，预测未来消费趋势，提出更符合顾客需求的价值主张。另外，顾客分享的使用体验可以为其他用户提供售后服务，并解决他们的问题[93]。

表2　价值共创模式的分类

视角	分类/维度	解　释	参考文献
价值共创的发起方	企业发起	由企业发起，鼓励顾客参与	Zwass（2010）[25]
	顾客发起	由顾客从自身需求出发，发起价值共创活动	
顾客价值共创行为的内容	顾客参与行为	包括：信息搜索、信息共享、责任行为和人际交互行为	Yi，Gong（2013）[87]
	顾客公民行为	包括：反馈、拥护、帮助和宽容行为	
价值共创行为发生的环节	上游	产品/服务推出市场之前的顾客参与（用户为产品/服务的设计提供思路、建议，或提供生产资料）	Vernette，Hamdi-Kidar（2013）[89]
	下游	产品/服务推出市场之后的体验分享（用户购买后分享体验或为其他用户提供售后服务）	

4.3.3　上游和下游价值共创行为发生机制的研究

前人已经从多种视角去解析价值共创的发生机制，例如动机理论（包括内部动机和外部动机）[94]、信任和承诺[24]、社会影响理论（顺从、内化和认同）[84]等。但对于具体到上游和下游环节的价值共创行为，其发生机制会有不同。

在产品或服务的售前（上游）环节，用户贡献自己的创意、知识和技能，需要付出较多的时间和精力，必须有一定的利益激励，使用户获得更好的共创体验，并且用户要有完成任务的能力[89]。Nambisan 和 Nambisan[95]指出价值共创环境提供的四种利益（认知、社会整合、个人整合和娱乐）可以促进用户的参与行为；

同时价值共创需要关注用户四个维度的共创体验（实用性、社交性、可用性和娱乐性）来满足用户的需求。实用性是指在价值共创系统中获得产品或服务的相关信息及价值共创的目标；社交性指在交互过程获得社交关系和社交体验；可用性指用户交互的难易程度；最后娱乐性是指用户在交互过程中感受到快乐，获得享乐体验[95]。Kohler，Fueller 等[96]认为在价值共创系统中需要企业与用户、用户与用户间的协作，将以上四个维度扩展至五个，加入了协作性。另外，用户需要具有完成价值共创任务的能力[89]。在社会化媒体中，用户的社交活跃行为可以使用户获得共创体验，并通过社会化交互提升自己的能力，从而促进用户在上游环节的价值共创行为。

在售后（下游）环节，用户分享自己的消费体验或贡献知识为其他用户提供售后服务，需要用户拥有特定顾客体验价值[97]。Nysveen 和 Pedersen[98]证明了顾客体验价值与价值共创行为的正相关关系。顾客体验价值有正面的，也有负面的。较高的正面和负面的顾客体验价值都会让用户更倾向于在社会化媒体中分享其体验。顾客体验价值包括感官体验、情感体验、认知体验、行为体验和关系体验。社会化媒体用户的社交活跃水平越高，越愿意分享其消费体验[36]，这是由于用户的社交活跃行为使用户之间产生更多社会化交互，社会化交互使用户在视觉、听觉等方面了解到更多的信息（感官体验）、获得情感支持（情感体验）、对产品或服务有更深刻的理解（认知体验）、对产品或服务的融入更深（行为体验）及对产品或服务有更多的信任感（关系体验）。顾客体验价值越好越独特，用户越愿意与其他用户分享这一体验及贡献知识[97]。

5　社交网络中用户行为模式研究展望

5.1　从社交活跃行为到购买行为的演化

与线下购物过程中的橱窗浏览相似，网上购物过程中的信息搜索将卖家网站中的相关信息传递给用户[99]。在社会化商务中，用户通过浏览其他用户产生的内容，获得他们感兴趣的产品或购物体验的相关社会化知识[27]，这即是一种社会学习过程。

社会学习理论由心理学家 Bandura 和 McClelland[100] 首次提出，它着眼于观察学习和自我调节在引发人的行为中的作用，重视人的行为和环境的相互作用。以往的学习理论一般都忽视了社会因素对人类行为的制约作用。他们通常是用物理的方法对动物进行实验，并以此来建构他们的理论体系，这对研究生活于社会之中的人的行为来说，不具有科学的说服力。社会学习理论是探讨个人的认知、行为与环境因素三者及其交互作用对人类行为的影响，通过观察他人的行为而达到学习效果[101]。通过观察他人的成功行为，可以为自己树立模范，然后快速有效地模仿这一成功行为[102]；通过观察他人的失败行为，可以为自己敲响警钟，避免自己的失败。因此，模范作用可以被视为在社会环境中传播价值、态度和行为的方式，尤其是在这一模范行为可以很容易被复制时更加有效[103]。

支撑社会化商务的基本社会心理机制是社会学习：从用户已经认识或信任的人那里学习到相关的知识和体验[26]。社会化商务元素提供了用户观察他人行为的环境。通过在论坛和社区中与好友交互、观察他人的评分和评论、考虑他人的推荐，用户可以获得社会化知识及相关体验[27]。在此学习过程影响用户对产品和网站的态度，进一步决定他们的购买意向；同时在此学习过程中，用户逐渐弄清楚他们到底需要什么，此产品是否可以满足他们的需求，此卖家是否可信，此购物体验是否愉快等，改变他们在购买决策过程中的认知和情感[101]，及决策时的内心不确定性。

社会学习是两个不同过程的整合：一是外部交互，发生在学习和社会、文化、物理环境之间；二是内部心理过程，即对交互信息的获得和加工，形成自己的认识[104]。外部交互过程即是用户与社会化商务元素之间的交互学习行为；内部心理过程是指用户在外部交互过程中形成的态度（包括认知和情感两方面）和内心不确定性（包括需求不确定性、卖家质量不确定性和产品质量不确定性）。未来研究可探究用户在社会化商务环境中社会学习的外部交互过程对内部心理过程的影响机制，可以从态度评估和内心不确定性两个方面研究社会化媒体中用户社交活跃行为到购买行为的演变机制。

社交活跃行为中的不同类别的行为，会对购买行为有不同的影响[36]。Chen, Lu 等[36]将社交活跃划分为四种类别：内容创造行为、内容传播行为、个人关系贡献和群体关系贡献，并指出不同类型的社交活跃行为在影响用户的后续行为（包括日常生活中的行为、价值共创行为、购买行为等）中担任着不同的作用。未来研究可以分别检验四种类别的社交活跃行为在驱动用户购买行为中的不同作用。

5.2 社交活跃行为到价值共创行为的演化

（1）在上游环节，研究社会化媒体中用户社交活跃行为如何影响用户的共创体验和能力，及共创体验和能力如何影响用户的价值共创行为。

在上游环节，用户贡献自己的创意、知识和技能，需要付出较多的时间和精力。所以此环节的价值共创行为必须有一定的利益激励，除了经济利益外，用户所获得的共创体验是主要激励因素。共创体验包含五个维度：实用性、社交性、可用性、娱乐性和协作性。在社会化媒体中，用户的社交活跃行为可以使用户获得共创体验，社交活跃行为中的内容创造行为、内容传播行为、关系构建行为和关系维持行为可以使用户对共创环境有更深刻的理解，具有实用性；其他用户的反馈及社交关系满足了用户的社交需求，具有社交性；社会化交互使用户在价值共创系统中互相学习，付出更小的努力成本，具有可用性；用户通过社交活跃行为获得快乐，具有娱乐性；同时，社会化交互使用户之间、用户与企业间的协作更加便捷，合作产生更大的共创价值，具有协作性。所以，社会化媒体用户的社交活跃行为可以提升用户的共创体验，进而演变为用户的价值共创行为。

另外，由于此环节的价值共创行为具有复杂性和创新性，用户要具有完成任务的能力。通过社交活跃行为，用户创造内容、传播内容学习到更多的知识，对共创活动有了更深刻的认识，社交关系使社会化交互的范围更加广阔，这都会提升用户参与价值共创的能力。所以，社会化媒体用户的社交活跃行为可以提升用户参与价值共创的能力，进而演变为用户的价值共创行为。

综上，未来可以从共创体验和能力两个方面研究在上游环节社会化媒体用户社交活跃行为到价值共创行为的演变机制。

（2）在下游环节，研究社会化媒体中用户社交活跃行为如何影响用户的顾客体验价值，及顾客体验价值如何影响用户的价值共创行为。

在下游环节，用户的价值共创行为主要是分享自己的消费体验或贡献知识为其他用户提供售后服务，需要用户拥有特定（较高或较低）的顾客体验价值。用户获得的顾客体验价值越高，越愿意将自己的愉快体验分享给其他用户；用户获得的顾客体验越差，越愿意将自己的不满意分享给其他用户。不管是正面体验，还是负面体验，都需要较高的水平促进用户的分享行为，而社会化媒体用户社交活跃行为可以改变顾客体验价值。通过社交活跃行为，用户之间产生更多社会化交互，用户可以获得信息支持和情感支持，接触到更多的感官体验，对社区的融入程度更高，获得更多的社会资本。这些顾客体验价值都会增加用户的体验分享行为。另外，用户通过消费产品或服务积累了一定的知识和技能，可以在社区中分享这些知识和技能并为其他用户解决相关问题。所以，社会化媒体中用户的社交活跃水平可以改变用户的顾客体验价值，进一步演化为价值共创行为。未来研究可以探究顾客体验价值在从社交活跃行为到下游环节价值共创行为的演变过程中所起的作用。

同样，未来研究可以分别检验四种不同类别的社交活跃行为在驱动用户上游和下游环节中的价值共创行为中的作用[36]。

6 结 语

从传统电子商务到移动商务，再到社会化商务的演变，不仅仅是信息技术的变革，更是商业模式的创新。社会化商务商业模式创新必须以探究用户行为模式为基础，从社交活跃行为到商务行为，是社会化商务环境中用户行为发展的基本模式。本文从社交活跃行为和商务行为两个方面综述了社会化商务中用户的行为模式的研究进展，并阐述了二者之间的关系和演化机理，提出了未来可以研究的方向。但社会化商务中用户的行为模式不局限于此，社会化商务商业模式的创新也从未停止，新的商业模式和用户行为一直在演变中。基于大数据、云计算、物联网、共享经济、互联网+等信息技术和互联网思维的商业模式吸引了大批创业者和投资者，但无论商业模式如何演变，抓住用户、分析用户的行为模式才是商业模式创新成功的关键。

参考文献

[1] Liang T P, Turban E. Introduction to the special issue social commerce: A research framework for social commerce [J]. International Journal of Electronic Commerce, 2011, 16 (2): 5-14.

[2] Dong T P, Cheng N C, Wu Y C J, A study of the social networking website service in digital content industries: The Facebook case in Taiwan [J]. Computers in Human Behavior, 2014, 30 (1): 708-714.

[3] Choi J, Jung J, Lee S W, What causes users to switch from a local to a global social network site? The cultural, social, economic, and motivational factors of Facebook's globalization [J]. Computers in Human Behavior, 2013, 29 (6): 2665-2673.

[4] CNNIC. Report on social network applications of internet users in China. 2012; Available from: http://www.cnnic.net.cn/hlwfzyj/hlwxzbg/sqbg/201209/t20120903_36006.htm.

[5] Nonnecke B, Preece J. Why lurkers lurk [C]. Americas Conference on Information Systems, 2001.

[6] Rau P L P, Gao Q, Ding Y, Relationship between the level of intimacy and lurking in online social network services [J].

Computers in Human Behavior, 2008, 24 (6): 2757-2770.
[7] Sledgianowski D, Kulviwat S. Using social network sites: The effects of playfulness, critical mass and trust in a hedonic context [J]. Journal of Computer Information Systems, 2009, 49 (4): 74-83.
[8] Chen R. Member use of social networking sites—An empirical examination [J]. Decision Support Systems, 2013, 54 (3): 1219-1227.
[9] Jia Y. Zhao Y Lin Y. Effects of system characteristics on users' self-disclosure in social networking sites [C]. Proceedings of the Seventh International Conference on Information Technology, 2010.
[10] Wang C Zhang P. The evolution of social commerce: The people, management, technology, and information dimensions [J]. Communications of the Association for Information Systems, 2012, 31 (1): 105-127.
[11] Pagani M Mirabello A. The influence of personal and social-interactive engagement in social TV web sites [J]. International Journal of Electronic Commerce, 2011, 16 (2): 41-68.
[12] Curty R. G. and Zhang P. Social commerce: Looking back and forward [C]. Proceedings of the American Society for Information Science and Technology, 2011.
[13] Liang T, Ho Y, Li Y, Turban E. What drives social commerce: The role of social support and relationship quality [J]. International Journal of Electronic Commerce, 2011, 16 (2): 69-90.
[14] Bazaarvoice. Social Commerce Statistics [EB/OL]. 2011, http: //www. bazaarvoice. com/research-and-insight/social-commerce-statistics/#. UXXkYNZ9dj8.
[15] Chiu C M, Cheng H L, Huang H Y, Chen C F. Exploring individuals' subjective well-being and loyalty towards social

network sites from the perspective of network externalities: The Facebook case [J]. International Journal of Information Management, 2013, 33 (3): 539-552.
[16] Hogg M A, A social identity theory of leadership [J]. Personality and Social Psychology Review, 2001, 5 (3): 184-200.
[17] Nabi R L, Prestin A, So J. Facebook friends with (health) benefits? Exploring social network site use and perceptions of social support, stress, and well-being [J]. CyberPsychology Behavior & Social Networking, 2013, 16 (10): 721-727.
[18] Greenhow C, Burton L. Help from my "friends": Social capital in the social network sites of low-income students [J]. Journal of Educational Computing Research, 2011, 45 (2): 223-245.
[19] Baek Y M, Bae Y, Jang H. Social and parasocial relationships on social network sites and their differential relationships with users' psychological well-being [J]. Cyberpsychology Behavior & Social Networking, 2013, 16 (7): 512-517.
[20] Vergeer M, Pelzer B. Consequences of media and Internet use for offline and online network capital and well-being. A causal model approach [J]. Journal of Computer-Mediated Communication, 2009, 15 (1): 189-210.
[21] Antheunis M L, Valkenburg P M, Peter J. Getting acquainted through social network sites: Testing a model of online uncertainty reduction and social attraction [J]. Computers in Human Behavior, 2010, 26 (1): 100-109.
[22] Taylor S E, Sherman D K, Kim H S, Jarcho J, Takagi K, Dunagan M S. Culture and social support: Who seeks it and why? [J]. Journal of Personality and Social Psychology, 2004, 87 (3): 354-362.
[23] Boyd D M, Ellison N B. Social network sites: Definition, history, and scholarship [J]. Journal of Computer-Mediated Communication, 2008, 13 (1): 210-230.

[24] Randall W S, Gravier M J, Prybutok V R. Connection, trust, and commitment: Dimensions of co-creation? [J]. Journal of Strategic Marketing, 2011, 19 (1): 3-24.

[25] Zwass V. Co-creation: Toward a taxonomy and an integrated research perspective [J]. International Journal of Electronic Commerce, 2010, 15 (1): 11-48.

[26] Marsden P. Social commerce (english): Monetizing social media [EB/OL]. 2010, http://books.google.com.hk/books/about/Social_Commerce_english.html? id = 8HnQ1F6bSz4C: GRIN Verlag.

[27] Huang Z, Benyoucef M. From e-commerce to social commerce: A close look at design features [J]. Electronic Commerce Research and Applications, 2012, 12 (4): 246-259.

[28] Rocha T V, Jansen C L S, Lofti E, Ribeiro Fraga R. An exploratory study on the use of social networks in building customer relationships [J]. Revista Brasileira de Gestão de Negócios, 2013, 15 (47): 262-282.

[29] Heinonen K. Consumer activity in social media: Managerial approaches to consumers' social media behavior [J]. Journal of Consumer Behaviour, 2011, 10 (6): 356-364.

[30] Lecinski J. ZMOT-Winning the zero moment of truth [EB/OL]. 2012, Available from: http://www.zeromomentoftruth.com.

[31] Pavlou P A, Liang H, Xue Y. Understanding and mitigating uncertainty in online exchange relationships: A principal-agent perspective [J]. MIS Quarterly, 2007, 31 (1): 105-136.

[32] Hajli M. Social commerce adoption model [C]. Proceedings of the UK Academy of Information Systems Conference. 2012. University of Oxford, UK.

[33] Park D H, Lee J, Han I. The effect of online consumer reviews on consumer purchasing intention: The moderating role of involvement [J]. International Journal of Electronic Commerce,

2007, 11 (4): 125-148.

[34] Li Y M, Wu C T, Lai C Y. A social recommender mechanism for e-commerce: Combining similarity, trust, and relationship [J]. Decision Support Systems, 2013, 5 (3): 740-752.

[35] Animesh A, Pinsonneault A, Yang S B, Oh W. An odyssey into virtual worlds: Exploring the impacts of technological and spatial environments on intention to purchase virtual products [J]. MIS Quarterly, 2011, 35 (3): 789-810.

[36] Chen A, Lu Y, Chau P, Gupta S. Classifying, measuring, and predicting users' overall active behavior on social networking sites [J]. Journal of Management Information Systems, 2014, 31 (3): 213-253.

[37] Nonnecke B, Preece J. Why lurkers lurk [C]. Americas Conference on Information Systems, Boston. 2001.

[38] Schultz N, Beach B. From lurkers to posters [J]. Australian National Training Authority, 2004, 14 (1): 4-23.

[39] Nonnecke B, Preece J, Andrews D, Voutour R. Online lurkers tell why [C]. Proceedings of the Tenth Americas Conference on Information Systems, New York, 2004.

[40] Kim A J. Community building on the web: Secret strategies for successful online communities [M]. Addison-Wesley Longman Publishing Co., Inc, 2000.

[41] Oestreicher-Singer G, Zalmanson L. Content or community? A digital business strategy for content providers in the social age [J]. MIS Quarterly, 2013, 37 (2): 591-616.

[42] Preece J, Shneiderman B. The reader-to-leader framework: Motivating technology-mediated social participation [J]. AIS Transactions on Human-Computer Interaction, 2009, 1 (1): 13-32.

[43] Shao G. Understanding the appeal of user-generated media: A uses and gratification perspective [J]. Internet Research, 2009,

19 (1): 7-25.

[44] Mayfield R. Social network dynamics and participatory politics [M] //Lebkowsky J, Ratcliffe M, et al. Extreme Democracy, 2005: 116-132.

[45] 闵庆飞, 王莎莎, 李源, 基于社会化媒体的沟通管理研究 [J]. 预测, 2013, 32 (2): 1-6.

[46] Goldenberg J, Oestreicher-Singer G, Reichman S. The quest for content: How user-generated links can facilitate online exploration [J]. Journal of Marketing Research, 2012, 49 (4): 452-468.

[47] Nov O, Ye C, Kumar N. A social capital perspective on meta-knowledge contribution and social computing [J]. Decision Support Systems, 2011, 53 (1): 118-126.

[48] Nosko A, Wood E, Molema S. All about me: Disclosure in online social networking profiles: The case of facebook [J]. Computers in Human Behavior, 2010, 26 (3): 406-418.

[49] Garg R, Smith M D, Telang R. Measuring information diffusion in an online community [J]. Journal of Management Information Systems, 2011, 28 (2): 11-38.

[50] Wang F, Head M. How can the web help build customer relationships? An empirical study on e-tailing [J]. Information & Management, 2007, 44 (2): 115-129.

[51] Roberts S G B, Dunbar R I M. Communication in social networks: Effects of kinship, network size, and emotional closeness [J]. Personal Relationships, 2011, 18 (3): 439-452.

[52] Park N, Jin B, Annie Jin S-A. Effects of self-disclosure on relational intimacy in Facebook [J]. Computers in Human Behavior, 2011, 27 (5): 1974-1983.

[53] Ghose A, Ipeirotis P. The EconoMining project at NYU: Studying the economic value of user-generated content on the internet [J]. Journal of Revenue & Pricing Management, 2009, 8 (2): 241-246.

[54] Stephen A T, Toubia O. Deriving value from social commerce networks [J]. Journal of Marketing Research, 2010, 47 (2): 215-228.

[55] 史楠, 王刊良, 在线推介激励中推介双方社会距离对其行为的影响 [J]. 管理科学, 2013, 26 (6): 94-104.

[56] 陈炜, 郭国庆, 陈凤超, 消费类型影响幸福感的实验研究述评与启示 [J]. 管理评论, 2014, 26 (12): 45-55.

[57] Agnihotri R, Kothandaraman P, Kashyap R, Singh R. Bringing "social" into sales: The impact of salespeople's social media use on service behaviors and value creation [J]. Journal of Personal Selling and Sales Management, 2012, 32 (3): 333-348.

[58] Zhang X, Zhu F. Intrinsic motivation of open content contributors: The case of Wikipedia [C]. Workshop on Information Systems and Economics. 2006. Evanston, IL.

[59] Daugherty T, Eastin M S, Bright L. Exploring consumer motivations for creating user-generated content [J]. Journal of Interactive Advertising, 2008, 8 (2): 1-24.

[60] Cheung C M K, Lee M K O. A theoretical model of intentional social action in online social networks [J]. Decision Support Systems, 2010, 49 (1): 24-30.

[61] Chang Y P, Zhu D H. The role of perceived social capital and flow experience in building users' continuance intention to social networking sites in China [J]. Computers in Human Behavior, 2012, 28 (3): 995-1001.

[62] Cheung C M K, Chiu P Y, Lee M K O. Online social networks: Why do students use facebook? [J]. Computers in Human Behavior, 2011, 27 (4): 1337-1343.

[63] Kwon O, Wen Y. An empirical study of the factors affecting social network service use [J]. Computers in Human Behavior, 2010, 26 (2): 254-263.

[64] Kim Y, Sohn D, Choi S M. Cultural difference in motivations for

using social network sites: A comparative study of American and Korean college students [J]. Computers in Human Behavior, 2011, 27 (1): 365-372.

[65] Meyer J P, Herscovitch L. Commitment in the workplace: Toward a general model [J]. Human Resource Management Review, 2001, 11 (3): 299-326.

[66] Gefen D, Karahanna E, Straub D W, Trust and TAM in online shopping: An integrated model [J]. MIS Quarterly, 2003, 27 (1): 51-90.

[67] Chen A, Lu Y, Wang B, Zhao L, Li M. What drives content creation behavior on SNSs? A commitment perspective [J]. Journal of Business Research, 2013, 66 (12): 2529-2535.

[68] Tiwana A, Bush A A. Continuance in expertise-sharing networks: A social perspective [J]. IEEE Transactions on Engineering Management, 2005, 52 (1): 85-101.

[69] Hsu C L, Lu H P. Why do people play on-line games? An extended TAM with social influences and flow experience [J]. Information & Management, 2004, 41 (7): 853-868.

[70] Rad A A, Benyoucef M. A Model for Understanding Social Commerce [C]. Conference on Information Systems Applied Research, Nashville Tennessee, USA. 2010.

[71] Fisher S. Social commerce camp-killer social commerce experience [EB/OL]. 2010. Available from: http://www.slideshare.net/stevenfisher/social-commerce-camp-killer-social-commerce-experience.

[72] Kim S, Park H. Effects of various characteristics of social commerce (s-commerce) on consumers' trust and trust performance [J]. International Journal of Information Management, 2013, 33 (2): 318-332.

[73] 常亚平，刘兴菊，阎俊，张金隆．虚拟社区知识共享之于消费者购买意向的研究 [J]. 管理科学学报，2011，14 (4):

86-96.

[74] Zheng X, Zhu S, Lin Z. Capturing the essence of word-of-mouth for social commerce: Assessing the quality of online e-commerce reviews by a semi-supervised approach [J]. Decision Support Systems, 2013, 56 (1): 211-222.

[75] 殷国鹏, 消费者认为怎样的在线评论更有用? ——社会性因素的影响效应 [J]. 管理世界, 2012 (12): 115-124.

[76] 陶晓波, 宋卓昭, 张欣瑞, 吕一林. 网络负面口碑对消费者态度影响的实证研究——兼论企业的应对策略 [J]. 管理评论, 2013, 25 (3): 101-110.

[77] Chang T S, Hsiao W H. Factors influencing intentions to use social recommender systems: A social exchange perspective [J]. Cyberpsychology Behavior & Social Networking, 2013, 16 (5): 357-363.

[78] Noh M, Lee K, Kim S, Garrison G. Effects of collectivism on actual s-commerce use and the moderating effect of price consciousness [J]. Journal of Electronic Commerce Research, 2013, 14 (3): 244-260.

[79] Hajli M. An integrated model for e-commerce adoption at the customer level with the impact of social commerce [J]. International Journal of Information Science and Management, 2012, 16 (Special-Issue 2012 ECDC): 77-97.

[80] Lu Y, Zhao L, Wang B. From virtual community members to C2C e-commerce buyers: Trust in virtual communities and its effect on consumers' purchase intention [J]. Electronic Commerce Research and Applications, 2010, 9 (4): 346-360.

[81] Shin D H. User experience in social commerce: in friends we trust [J]. Behaviour & Information Technology, 2013, 32 (1): 52-67.

[82] Kim H W, Gupta S, Koh J. Investigating the intention to purchase digital items in social networking communities: A customer value

perspective [J]. Information & Management, 2011, 48 (6): 228-234.

[83] Grönroos C. Conceptualising value co-creation: A journey to the 1970s and back to the future [J]. Journal of Marketing Management, 2012, 28 (13/14): 1520-1534.

[84] Shamim A, Ghazali Z. A conceptual model for developing customer value co-creation behaviour in retailing [J]. Global Business and Management Research: An International Journal, 2014, 6 (3): 185-196.

[85] 肖静华, 谢康, 吴瑶, 冉佳森. 企业与消费者协同演化动态能力构建: B2C 电商梦芭莎案例研究 [J]. 管理世界, 2014, 30 (8): 135-151.

[86] 张明立, 唐塞丽, 王伟, 服务主导逻辑下品牌关系互动对品牌忠诚的影响 [J]. 管理学报, 2014, 11 (8): 1230-1238.

[87] Yi Y, Gong T. Customer value co-creation behavior: Scale development and validation [J]. Journal of Business Research, 2013, 66: 1279-1284.

[88] 朱翊敏, 于洪彦. 顾客融入行为与共创价值研究述评 [J]. 管理评论, 2014, 26 (5): 111-119.

[89] Vernette E, Hamdi-Kidar L. Co-creation with consumers: who has the competence and wants to cooperate? [J]. International Journal of Market Research, 2013, 55 (4): 539.

[90] Ceccagnoli M, Forman C, Huang P, Wu D. Cocreation of value in a platform ecosystem: the case of enterprise software [J]. MIS Quarterly, 2012, 36 (1): 263-290.

[91] Porter C E, Devaraj S, Sun D. A Test of Two Models of Value Creation in Virtual Communities [J]. Journal of Management Information Systems, 2013, 30 (1): 261-292.

[92] 张婧, 邓卉. 品牌价值共创的关键维度及其对顾客认知与品牌绩效的影响: 产业服务情境的实证研究 [J]. 南开管理评论, 2013, 16 (2): 104-115.

[93] Shih C C, Lin T M Y, Luarn P. Fan-centric social media: The Xiaomi phenomenon in China [J]. Business Horizons, 2014, 57 (3): 349-358.

[94] Chen L, Marsden J R, Zhang Z. Theory and analysis of company-sponsored value co-creation [J]. Journal of Management Information Systems, 2012, 29 (2): 141-172.

[95] Nambisan S, Nambisan P. How to profit from a better 'virtual customer environment' [J]. MIT Sloan Management Review, 2008, 49 (3): 53-61.

[96] Kohler T, Fueller J, Matzler K, Stieger D. Co-Creation in virtual worlds: The design of the user experience [J]. MIS Quarterly, 2011, 35 (3): 773-788.

[97] Chen T, Drennan J, Andrews L. Experience sharing [J]. Journal of Marketing Management, 2012, 28 (13/14): 1535-1552.

[98] Nysveen H, Pedersen P E, Influences of co-creation on brand experience [J]. International Journal of Market Research, 2014, 56 (6): 807-832.

[99] Pavlou P A, Fygenson M. Understanding and predicting electronic commerce adoption: An extension of the theory of planned behavior [J]. MIS Quarterly, 2006, 30 (1): 115-143.

[100] Bandura A, McClelland D C. Social learning theory [M]. Englewood Cliffs, N. J.: Prentice-Hall, 1977.

[101] Lorenzo O, Kawalek P, Ramdani B. Enterprise applications diffusion within organizations: A social learning perspective [J]. Information & Management, 2012, 49 (1): 47-57.

[102] O'Fallon M, Butterfield K D. The influence of unethical peer behavior on observers' unethical behavior: A social cognitive perspective [J]. Journal of Business Ethics, 2012, 109 (2): 117-131.

[103] Weaver G R, Treviño L K, Agle B. Somebody I look up to:

Ethical role models in organizations [J]. Organizational Dynamics, 2005, 34 (4): 313-330.

[104] Illeris K. Towards a contemporary and comprehensive theory of learning [J]. International Journal of Lifelong Education, 2003, 22 (4): 396-406.

【作者简介】

陈爱辉，讲师，华中科技大学博士，于2014年7月入职天津大学信息管理与管理科学系，主要致力于社会化商务中的用户行为模式研究。至今已有多篇论文在IS领域较高水平期刊发表，包括 *Journal of Management Information Systems*, *Journal of Information Technology* 等。

鲁耀斌，华中科技大学管理学院副院长、教授、博士生导师、华中学者特聘教授。2008年获批教育部新世纪人才。2014年入选爱思唯尔（Elsevier）发布的最具世界影响力的中国高被引学者名单。现担任全国工程管理专业学位研究生教育指导委员会委员、教育部高等学校管理科学与工程类学科教学指导委员会委员、中国管理科学与工程学会常务理事、国际信息系统协会中国分会CNAIS常务理事、中国优选法统筹法与经济数学研究会理事及计算机模拟分会副理事长、中国管理现代化研究会理事，担任湖北省人文社科重点实验室“现代信息管理研究中心”主任，担任国际A类期刊 *Information & Management* 副主编。出版教材、专著与译著6部，其中专著为——《移动商务的应用模式与采纳研究》《电子商务信任》。在JMIS、I&M、DSS、ISJ、IJEC、JIT等本领域国际主流期刊上发表SSCI论文约50篇，其中一篇论文2013年列入ESI高被引论文，进入全球被引前1%范围。主持国家自然科学基金重点项目——基于社会化商务的商业模式创新研究（批准号：71332001），完成国家自然科学基金面上项目3项、国家社科基金项目1项。

基于 24HrKF 的知识管理研究进展与企业知识网模型*

夏火松

（武汉纺织大学管理学院）

【摘　要】随着大数据和全球化的发展，需要探索和梳理知识管理研究的进展。这篇论文提出了从 24 小时知识工厂的视角构建企业知识网模型，该模型部分解决了在大数据情景下的分布、异步和跨时空的企业知识需求问题。论文首先分析了企业在大数据情景和全球化下，对知识管理的需求变化；其次，论文构建了基于 24HrKF 的企业知识网模型；再次，提出了企业知识细分与合成问题；然后，构建了企业知识网服务支持系统；最后，对未来的研究的问题与研究方法进行了展望。

【关键词】24 小时知识工厂（24HrKF）　大数据情景　知识驱动　知识管理研究进展　服务支持系统　企业知识网

Current Progress in Knowledge Management and EKNM Based on the 24HrKF

Huosong Xia

（School of Management of Wuhan Textile University）

【**Abstract**】With big data and globalization, current progress in

* 论文受国家自然科学基金面上项目（71171153）“24 小时知识工厂的知识共享活动模型与服务支持系统研究”资助。

knowledge management (CPKM) needs to research. This paper presents Enterprise Knowledge Network Model (EKNM) based on 24-Hour Knowledge Factory (24HrKF) which can partly improve and resolve the distribution, asynchronous , multi-time zone and place problems with knowledge management. Firstly, this paper discussed the new requirements of knowledge with big data and globalization. Secondly, based on the 24HrKF, we constructed the EKNM model with knowledge-driven and decision-driven processing. Thirdly, this paper discusses the problems of how can knowledge subdivision and combination. Fourthly, enterprise knowledge network support system of 24HrKF is described. Finally, the suggestions and methodologies are presented.

【**Keywords**】24-Hour Knowledge Factory (24HrKF) big data context knowledge-driven current progress in knowledge management (CPKM) service support system enterprise knowledge network model (EKNM)

1 引 言

在知识管理的研究中，为了分析国际知识管理研究的研究热点和研究结构，我们选择了排名第一的 J. of Knowledge Management (JKM) 作为研究的期刊源，运用词频分析和共词分析，以及 Winisis 和 SPSS 统计软件，从中选取 1997—2008 年的 546 篇知识管理文章的关键词进行深度分析，分析揭示了国外知识管理的研究热点和研究主题，得出知识管理研究的三个主题领域分别是：组织学习行为；信息技术与组织知识结合；人力资源管理、项目管理同知识管理在实践中的结合。知识管理研究中最热门的是知识共享问题，从知识共享研究的视角有：知识共享的障碍、文化冲突、实践社区、共享动机、沟通技巧和理解知识供给双方的障碍[1]。随着大数据的不断兴起，在 2012 年至 2014 年 Gartner 描绘的新兴技术成熟度曲线中，连续强调大数据成为稳定的发展技术[2]。全球化思想者 Friedman 提出世界是扁平的，人类自 2000 年以来已经进入到 globalization 3.0 时代，其典型特征就是知识和 IT 使空间缩小、时间变快。在 globalization 3.0 环境下，企业之间协同和竞争并存，全球化、外包、协同和信息技术的变化使世界越来越小。当今企业正寻求一种增强企业运作效率并实现长期客户关系的有效途径，因此众多现代企业均强烈的致力于业务流程改进（BPI）的举措[3][4]。利用大数据技术和协同工具改善企业的业务流程和决策流程使得企业各部门间知识高度共享和业务有效协同，是提升企业创新能力和生产效率的有效手段[5][6]。在全球化运作的 24HrKF 上，已有的研究从不同的方面对全球运作模式进行了大量的探索研究[7][8]，但是在全球运作和大数据情景下，企业对知识的需求发生了许多变化，在知识的交易与共享的技术和管理的问题也发生了很多变化，尤其是异步、分布式情境下知识共享与企业知识需求问题更值得研究。这篇论文组织如下：首先，对 24 小时知识工厂及其相关问题进行了梳理；其次，探索了企业知识网；再次，对企业知识网的知识细分与合成以及可视化与形式化描述问题进行阐述；最后，提出了未来的研究问题与研究方法。

2 研究进展与述评

2.1 24 小时知识工厂（24HrKF）

随着经济全球化和知识经济时代的来临，越来越多的企业开始思考并实际进行全球资源配置，通过业务流程改进建立新的全球运作模式已经在先进的软件企业中得以实现和发展[9][10]，IBM 公司于 20 世纪 90 年代中期成立了首个完备的全球软件开发团队[11]。在此背景下，国外众多学者开始研究全球协作运营模式，自 Gorton 等 1996 年通过一系列小型控制实验首次验证了全球协同进行软件开发的可行性后，众多大型跨国巨头和科研机构都开始研究全球协作的“日不落计划”（FTS，Follow the sun project），美国学者 Amar Gupta 等对 FTS 进一步的细化，提出了 24 小时知识工厂（24HrKF，

24h Knowledge Factory）协同模型[7]，其主要的思想是全球化的团队、组织或企业，为了完成同一项任务、项目、产品和服务等，在不同的时区按照本时区的白天工作时间，共同完成任务[12]。这一模型的研究旨在解决快速响应市场、提高产品（包括服务）质量、节省成本和满足知识工作者希望只在白天正常工作等关键问题，其符合经济全球化和知识化管理的趋势与潮流。例如软件开发包括系统开发准备阶段、系统分析、系统设计、系统测试、软件服务等若干阶段，利用该模型可以缩短产品的生产周期，从而快速响应市场需求、节约成本并提高产品质量[8]。

传统的工厂为了赶工需要每天 3 班倒，而 24HrKF/FTS 利用全球区域时差实现不同地区协同完成一项工作，即软件企业不同地区团队利用时差进行工作轮流交付，保证团队员工在正常上班时间内共同完成工作。现代软件的发展可以横跨北美、欧洲、俄罗斯、巴西、印度或中国等，利用不同的技术、成本、时区和质量等安排软件的任务。巴西软件企业利用其独特的时区优势同北美、欧洲以及拉丁美洲等企业内部团队或合作伙伴共同完成软件产品的开发，极大地缩短了产品开发周期。Carmel 等通过实验说明当一个软件项目在两个跨时区团队中交互进行比在单一团队减少 50% 的开发周期，当跨时区团队达到三个时软件开发周期将减少 67%[13]。美国的微软、IBM，巴西软件巨头 Ci&T[11] 以及 E-core 将时区协同技术作为企业未来的核心竞争力。

2.2 关于 24HrKF 的现实问题与研究（problem of relevance）

24 小时知识工厂（24HrKF）更多的体现在理念层面上，其对现实问题（relevance）的解决和研究还远远不够，当前主要应用于那些基于网络虚拟化的产品开发和部分能够知识化的传统服务产品中。在研究视野上，24HrKF 如何利用全球资源优势来进行优化配置？如何在全球跨时差知识协同才能产生比较优势？在研究流程上，主要面临的问题是上下工序的流程匹配问题，在流程驱动中对知识的管理如何在流程中对显性知识与隐性知识进行转换与共享？在新的问题中，企业对知识的需求发生了变化，原有构建的企业知识树模型不能满足新的需求，如何在新情景下，尤其是在大数据情景下，利用最新的知识管理来解决 24HrKF 中面临的无处不在的知识空间中对知识需求的问题。这些问题的解决是要通过拓展企业知识树研究的局限性，研究和构建企业知识网模型、知识细分与合成、知识网服务支持系统。鉴于此，论文采用设计科学的研究方法，对现实问题进行梳理，并重点设计和分析企业知识网模型、知识细分与合成的方法和服务支持性，同时也从不同的视角预判可能会出现有兴趣而又重要的研究方向。

3 企业知识网模型（Enterprise Knowledge Network Model）

企业对知识的需求不再局限于企业知识树[14]的形态，它已经是由许多具有分形特征的若干企业知识树组成，并处于分布的和跨组织的知识空间中。这种知识分布呈现的网状，从构成上既有独立的分形知识树，又在不同分布地域具有动态性和活动性，通过知识共享机制链接起来，实现知识资源共享的知识管理网络，可称为企业的知识网。在跨时区的组织中既可以利用 24HrKF 进行创新，同时也有许多问题值得探索。怎样建立知识的需求与供给的网络，构建何种框架模型以及模型应用的关键因素和如何应用都值得深入思考。

3.1 基于 24HrKF 的企业知识网模型

24HrKF 从理论、理念、战略和全球资源配置上为全球运作提出了创新的模型，然而这种创新的模型有许多待深入研究的问题：第一类问题主要包括如何实现任务的协同，信息、知识的沟通与共享；第二类问题主要包括创新环境（法律与专利、语言、政府的支持、知识工作者技能、基础设施、成本、过程质量、全球化技能、文化的融合性等）与项目（任务）的管理对 24HrKF 的支持。目前 Amar Gupta 领导的团队在美国麻省理工大学和亚利桑那大学重点进行了 24HrKF 的第二类问题的研究[12][15][16]，作者在美国该团队中对第一类问题进行了理论探索性研究，构建了基于 24HrKF 的企业知识网模型（如图 1 所示）。

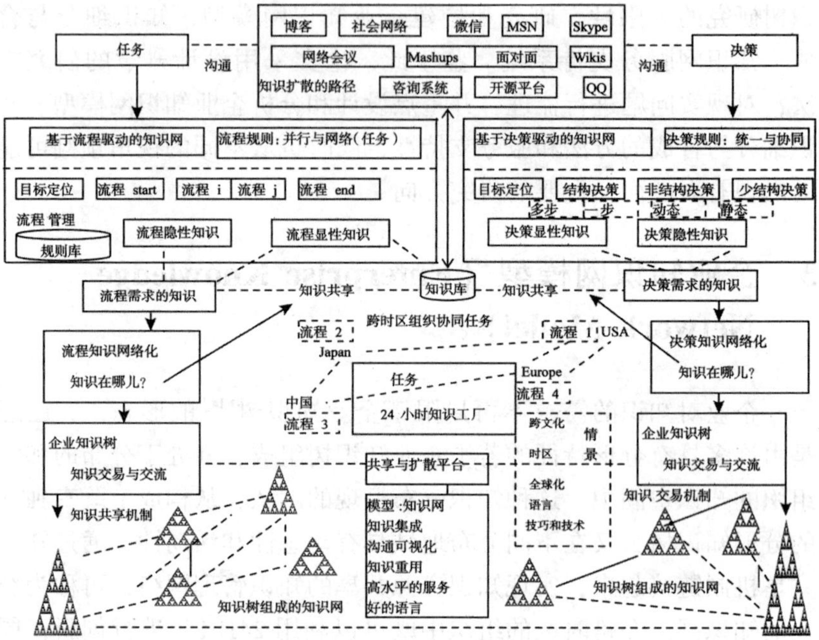

图 1　基于 24HrKF 的企业知识网模型

3.2　模型的关键因素与应用

模型的关键因素在于全球化的趋势中跨时区组织的协同如何完成目标和任务。在完成跨时区协同任务时，需要考虑基于任务流程的知识网和基于任务决策的知识网问题。在两类问题中都涉及知识共享机制和知识交易机制如何构建，其研究的成果大多采用博弈论的方法来研究。在流程驱动的研究中，其在软件产业中应用较好，Pankaj Jalote 和 Gourav Jain[10] 提出了全球 24 小时软件开发基本构想的时间作业计划，该研究具体到一个软件的全球运作的时间安排，是全球 24 小时软件开发的可操作性的一个范例，其通过 24 小时知识工厂的业务协同和服务支持平台来集成以上两个流程。在其他的产业也有涉猎，如在纺织服装产业和电子医疗产业以及高端服务业也有零散的研究。

在实际流程中一般都是综合集成上述两个过程。此外，不同的项目侧重点也有所不同。基于流程驱动的知识网强调工作流程的管理与规则，而基于决策驱动的知识网强调利用决策对知识管理的需求对不同决策类别作出选择，其具体包括动态决策、确定决策、单步与异步决策、结构与非结构以及少结构决策等决策问题理论和技术。

无论哪种应用其核心是要分析知识的需求与供给，它既不是简单的直线的关系，也不是已经建立的企业知识树模型，而是不同的知识树构建的多节点的复杂知识网络，要利用这种知识网络来促进知识的存量不断增值，并且开发创造新的知识，使之得到重用，促进企业的健康和可持续发展。

4 企业知识网的知识细分与合成

4.1 企业知识网细分的问题

在这些企业知识管理问题中，好的企业会处理好基于知识的企业流程问题和决策问题。如何解决问题中的知识细分与合成需要从不同的视角进行研究，譬如按照结构化的方法进行模块化也是一种较好的知识细分手段。无论怎样的视角都需要保证企业知识网模型是有效的细化，知识细化的目的是对问题适当简化（KISS，keep it simple stupid），也是需要对模型 SMART 化（specific、measurable、achievable、realistic 和 timely）。目前研究知识网络细分问题主要的方法如下：

（1）知识网络细分的形式化模型方法。

24 小时知识工厂的知识空间是复杂网络，在图 1 中知识树实际上是不同的分形知识树，它们难以用二维或整数维（大于二维）描述其知识网，其具有分形特征，一般采用分形维来描述。描述的主要方法如下：

设知识网络的细分模型定义为五元组：

KFR=（D，M，S，F，T）

其中，D为在T时空状态下的知识网络的细分的尺度；

M为在该尺度下的测度的集合（含BSC测度），M={m1，m2，m3，…，ml}；

S是对应的知识的分层结构的域集，S={s1，s2，s3，…，sn}；

F为映射函数，可描述为F：D×M→S。

在24小时知识工厂中的知识网络细分的刻画，一般构建测度集合和构造映射函数来建立分层结构。

例如，软件知识产品的知识网细分问题

模型S=（A，J），A称为π的论域。在A中我们先找出其n元来，并找出其对应的函数F来。我们用粒度世界来描述其n元关系。

①论域A的最粗粒度（第零粒度世界）S0（i）我们可以定义如下：

S0（i）={S1，S2，S3，S4，S5，S6}，其函数F效率最大化，其对应的一个解释J，我们可以描述为对应的关系、属性（含各种定性和定量优化公式）和基本结构。

S0（i）为开发过程的类别，它包括需求分析、系统设计、系统实施和软件测试。

S1为团队结构和它的环境，S2为时区，S3为任务分配，S4为流程细分与描述，S5为可信的测量，S6为信息资源。

②第一粒度世界进一步描述如下：

第一粒度世界，我们对S0（1）需求分析的粒度细分：从功能性内容分为功能性需求和非功能性需求，从功能性时间分为现在的需求、潜在的需求和未来的需求。

对于S1为团队结构和它的环境，可以细化为人员能力特点、文化价值和服务水平。

对于S2为时区，可以细化为时区的气候特征、上班时间和沟通时间。

对于 S3 为任务分配，可以细化为开发过程的类别再细化到最小工序单元的指派。

对于 S4 为流程细分与描述，可以细化为开发过程的类别再细化到最小工序的名称、描述、说明、要求、接受工作的可能人员、限制、目标值、可能值和危险值。

对于 S5 为可信的测量的粒度，可以细分为平台环境的可信、人员的可信、过程的可信、行为的可信以及数据资源的可信。

第二粒度世界还可以进一步细分，对于问题进入到第二粒度世界已经非常清晰，为知识网合成提供了基础。

（2）知识网络细分的模块化方法。

采用 MIS 系统分析的思路，自顶向下逐步求精的方法类比过来，逐步发现和构建“公共模块”型的知识模块，知识细分模块要求模块内紧密度高，模块外链接简化。

（3）知识网络细分的熵空间方法。

知识网络细分知识的熵空间方法采用映射的方法，在实际使用中具有高度的概括性和抽象性。

（4）知识网络细分的维基百科方法。

企业知识网络细分已经有采用维基百科的方法，其在网络中是普遍使用的一种方法。它对于显性知识构建和描述很好，配合搜索引擎就能很好地使用，但没有推理和隐性知识细分的情景描述。

4.2 企业知识网合成的问题

企业知识网络中知识合成是知识细分的逆问题，运用案例推理方法，可以解决知识网络逻辑推理的语义层面的知识合成问题。

（1）知识合成方法之一为知识共享分形方法。

设知识共享空间的合成模型定义为五元组：

$$KSY = (M, E, K, T, P),$$

其中，E 为知识共享空间的搜索的算法（方法）；

M 为测度的集合，$M = \{m_1, m_2, m_3, \cdots, m_l\}$；

K 为在知识的分层结构域 S 下的共享知识的集合，$K = \{k_1, k_2, k_3, \cdots, k_m\}$；

T 是对应的时间（含时差），T= $\{t_1, t_2, t_3, \cdots, t_n\}$；

P 为问题域（或任务）P= $\{p_1, p_2, p_3, \cdots, p_l\}$，可描述为 E：$K \times T \rightarrow P$。

可以构建搜索算法与知识地图，对于不同的问题或任务如何求解，利用分形理论的相似不变性构造相似函数，寻找相应时间下（含时差）的异步和分布式的知识（包括分形元知识、分形元知识间的关系、案例、规则与方法）合成模型。

（2）知识合成方法之二为知识共享情景共享。

通过情景和案例的共享合成解决企业知识网络中的知识合成问题。

（3）知识合成方法之三为基于平台的知识合成。

通过智能知识搜索引擎和知识管理服务协同平台来解决知识共享的问题，在平台中可以利用分布式、异步的知识库协同集成知识，也可以利用知识网的可视化提供知识合成的知识图谱。

4.3 企业知识网的可视化

企业知识的可视化实际上对知识的理解和利用起到了重要的作用。企业知识网模型的可视化问题分析可采用的可视化工具如下：用脚本语言支持可扩展性，功能更稳定，编写图形用户界面效率更高，使用变得更加方便，支持 B/S 计算模型，可通过 Mashup 技术、Java 等实现可视化的 Web 2.0 技术。还可以使用较为成熟的知识可视化工具。大数据的可视化工具包括标签云（tag cloud）、聚类图（clustergram）、空间信息流（spatial information flow）和热图（heatmap）也可以用于企业知识网络的可视化。

5 企业知识网服务支持系统

企业知识网服务支持系统可利用设计科学（DS），设计 24 小时知识工厂的知识协同服务支持系统的架构，在上述研究的基础上，对上面的已有描述中的知识网模型进行算法优化与设计，利用 Mashup 技术和分布式、多合作的协同技术软件建立服务支持系统。

从平台的技术上可以运用 JSP 技术，以网站为表现形式。考虑到代码的可移植性，服务器端的编程利用 JSP 、Servlet、Java Beans 技术，客户端的编程使用 Java Script 脚本语言，后台数据库采用 MSSQL 数据库管理系统。整个网络系统按客户浏览器端表示层、中间事务逻辑层和数据库存取层三层结构来构架。系统结构以 Java 平台为基础，利用 Java 跨平台的特性，方便存取数据库的 JDBC API 技术，提供了对 Java Servlets API、JSP 以及 XML 的全面支持。

企业知识网协同与服务支持平台的构架图具有五层结构（如图 2 所示）。基础层是该平台的服务和运行的网络系统软件和硬件系统，该网络系统为了适应协同和分布式的跨大地域（如国家和地区）运行的需要，按照网格计算环境构造系统的架构。在网格计算系统软件和硬件基础之上的是数据库、数据仓库、活动文档、模型库、知识库、案例库和规则库。这一层主要是业务协同的基础数据、信息、知识、规则、案例和活动文档等，它们为相应的管理提供服务。

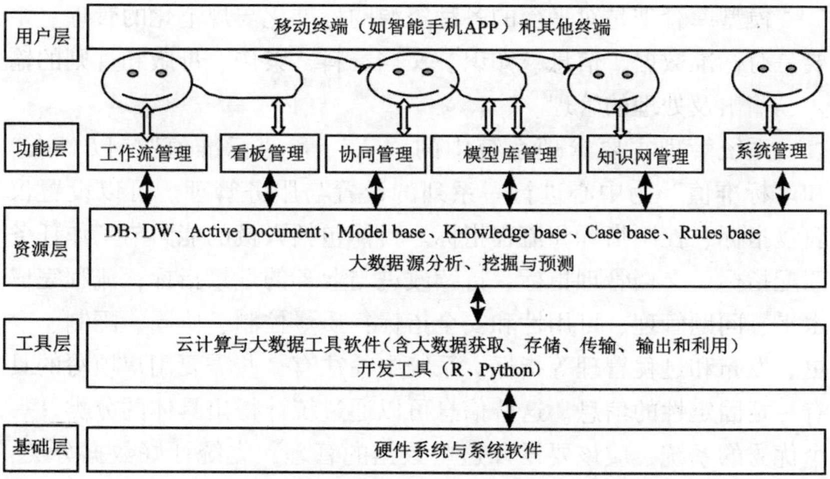

图 2　企业知识网协同与服务支持平台构架图

在平台的用户层上，主要采用各类终端，如智能手机的 APP

上的移动终端。

在平台的功能层上，主要有六项重要功能：工作流管理、看板管理、协同管理、模型库管理、知识网管理和系统管理。

工作流管理主要是对业务过程的定义、工作流程的任务分配、时间的管理、工作人员的管理和工作流工序评价。

看板管理主要是根据工作流程的任务分配自动提供提醒服务和需要完成工序的时间及工序，它与协同管理的提醒服务相似是一种任务拉动的管理构件，但重点放在任务上。

协同管理主要提供日历安排、即时消息、电话与电视会议、文件夹共享、文档共享、内容共享、知识共享、应用工序和项目协同。它通过 SOA（面向服务的体系结构）实现综合沟通、团队协作和项目开发应用支持协同管理。软件开发从面向过程、面向对象、面向组件和面向集成与基于 SOA 的协同开发。典型支持 SOA 的协同厂商包括：IBM 的五大产品线的 Websphere、Workplace、Tivoli、DB2、Rational；BEA 的 Weblogic Platform 8.1；Oracle 10g 和微软的 Biztalk Server 等。

模型库管理是对平台的各种资源的标准化与规范化的管理。主要是对标准数据、信息、知识、文档资料、案例、母版和规则的输入、输出及处理的管理。

系统管理主要管理系统中的“人”和“标准值”，以“人”和“标准值”为中心进行一系列的设置与服务管理。可以设置仪表盘指标、控制指标和流程指标。具体包括人员的能力与工作任务匹配指标、文档管理指标、持续改进与业务的远景指标；流程完成水平、问题管理、可用性和安全指标；质量控制、协同、配制、变更、发布和过程管理等指标。系统中往往有一些需要用户填写的具有一定固定性的信息。这些信息可以通过统计得出具体的分类。一个优秀的系统，应该要设计这些数据的管理，先统计好数据分类，以下拉列表框形式让用户选择输入数据，根据用户的需求，适时改变下拉列表框中的数据顺序，把用户用得最多的放在最前面，以达到优化系统、方便用户使用的目的。这些数据就成为标准值，对这些数据的管理成为标准值管理。标准值管理是平台中非常重要的一个功能。

在平台的资源层上，主要提供的数据库、数据仓库、活动文档、模型库、知识库、案例库和规则库是软件开发过程的重要资源，它为功能层的实现提供了资源保障和共享的基础。

在平台的系统层上，主要提供协同应用的网络平台。理想的是包括云计算的系统软件与硬件，过渡的也是基于新一代网络平台，包括Web2.0和MASHUP技术实现系统的资源共享、协同和应用功能的实现。在客户端浏览器，它是用户与系统的接口。浏览器将从Web服务器下载得到的Web页转化成用户界面显示在终端，同时它接受用户的输入，并向Web服务器提出进一步的处理请求。Web服务器根据客户端的请求启动相应的进程来完成有关的事务处理，并将处理结果以HTML代码的形式发送给客户端浏览器，实现用户界面的展现。程序服务器主要由三部分组成：①Web Container，所有的用户界面都在本层实现。系统采用JSP实现用户界面。②EJB Container，它是EJB组件容器。主要由EJB组件组成，系统事务逻辑和规则与数据库的连接等都在这里实现。③数据库连接，EJB Container的实体EJB是通过数据库连接和数据库管理系统交互信息的，通过标准的JDBC-ODBC连接接口来访问数据库，可使需要得到的数据库服务程序存取异质数据库，使系统具有较强的扩展性。JDBC向应用程序开发者提供了独立于数据库的统一的API，带有简单且功能强大的应用程序接口。

6 未来研究的问题与研究方向

6.1 未来研究的问题

未来研究知识管理的方向之一：知识管理与电子医疗结合。在未来知识管理的研究中，如何在大数据情景下，利用24HrKF的思想和企业知识网模型来解决电子医疗健康问题。该问题涉及企业知识网模型在电子健康中各参与者，包括病人、医生、医疗机构、检验机构、治疗器械等的信息与知识共享机制和模型应用求解的具体流程及机制研究。

未来研究知识管理的方向之二：知识管理与大数据结合。也就是在大数据情景下24HrKF的企业知识网的挖掘与预测研究。利用大数据可以做好数据的精准挖掘，同时对有关的趋势和发展规律能够精准掌握，在大数据情景下，利用24HrKF的思想，可以设计知识产品，提供高端的协同智能网络知识服务。利用R和PYTH等实现大数据挖掘，求解企业知识网模型在智能知识服务中的问题。

未来研究知识管理的方向之三：知识管理与异类知识的结合。利用24HrKF和企业知识网模型对社会网络的评论进行交叉分析，求解异类知识管理的问题，从而实现创新与突破。

6.2 未来研究方法

研究方法之一：知识管理研究方法采用基于设计科学（DS）的方法，并不断在大数据情景下对方法进行创新，如图3所示是基于设计科学的知识管理创新方法。

规则---------------------------------变化
Design as an Artifact--------------超人类与仿人类？
Problem Relevance-----------------实时、全面
Design Evaluation------------------多维、多视角
Research Contributions------------理论与实践，其他？
Research Rigor---------------------范式的变化？
Design as a Search----------------查全、查准率与搜索成本
Communication of Research------移动化、可视化简洁？

图3 基于设计科学的知识管理创新方法

研究方法之二：知识管理研究方法采用基于文本挖掘方法和结构化数量方法进行交叉验证。思路是利用大数据源中小数据化，并采用文本挖掘，结合模型构建，并采用结构化数量方法进行交叉验

证知识的分类、共享和企业知识网的构建。在大数据挖掘中主要采用：集成 R 与 Hadoop 大数据；在 Hadoop Streaming 中使用 R；利用 R 等与 Hadoop 进行大数据分析；应用机器学习作大数据分析（有监督、无监督、推荐）；在不同数据库系统中导入与导出数据等几类方法。

研究方法之三：目前已有采用科学知识本体的 SKO（Scientific knowledge object）思路设计知识元来研究知识管理[17]，但是针对如何寻找知识元，在研究方法上要结合大数据多维的视角研究知识管理。可能的知识管理研究方法采用如图 4 的方法，基于大数据自动文献分析与推荐方法。先从三个维度分析：从维度之一的领域作者的社会网络自动分析；从维度之二的文献挖掘与自动化分析；从维度之三关键词的社会网络自动分析。最后综合学术社区的文本本体挖掘可形成研究问题的自动识别方法。

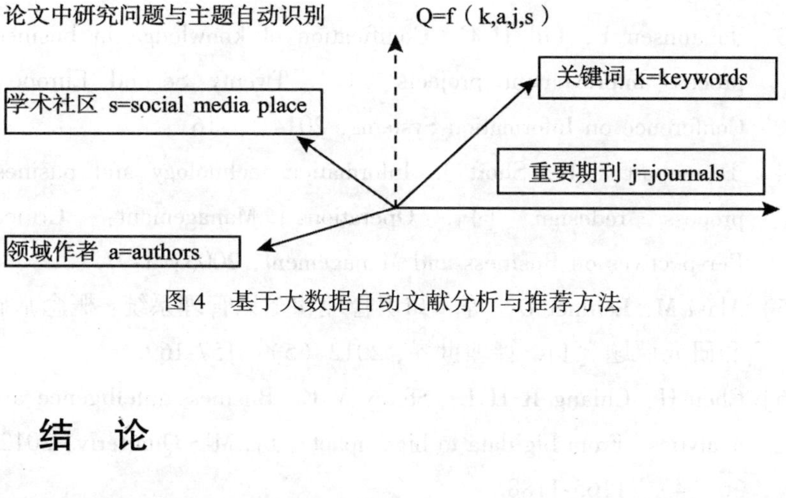

图 4　基于大数据自动文献分析与推荐方法

7　结　论

论文的理论价值在于不仅利用了全球化的资源配置和大数据情景对知识管理从一种新的视角基于 24HrKF 的知识管理研究的进展进行了梳理，而且提出了企业知识网模型和知识细分、合成、可视化以及知识服务系统的五层结构；不仅提出了在大数据情景下，结合 24HrKF 和企业知识网模型的三大知识管理研究的问题，而且对已有的研究方法的改善与创新提出了思路。

论文的实践价值主要体现在对知识管理中如何利用知识改善流程和决策模式，对于在全球化中的合理利用企业知识网模型和24HrKF进行全球化的电子医疗健康、产品设计类等具有很好的实际价值。

参考文献

[1] Peter M. An evaluation of knowledge management tools: Part 2 - managing knowledge flows and enablers [J]. Journal of Knowledge Management, 2014, 18 (6): 1101 - 1126.

[2] Anderson J, Lee R. The Future of Big Data. July 20, 2012 (http://pewinternet.org/Reports/2012/Futureof-Big-Data/Overview.aspx).

[3] Johannsen F, Fill H G. Codification of knowledge in business process improvement projects [C]. Twenty Second European Conference on Information Systems, 2014: 1-16.

[4] Davenport T H, Short J. Information technology and business process redesign [J]. Operations Management: Critical Perspectives on Business and Management, 2003: 1-97.

[5] Alavi M, Leidner D, 等. 知识管理和知识管理系统：概念基础和研究课题 [J]. 管理世界, 2012 (5): 157-169.

[6] Chen H, Chiang R H L, Storey V C. Business intelligence and analytics: From big data to big impact [J]. MIS Quarterly, 2012, 36 (4): 1165-1188.

[7] Satwik S, Amar G, Ashwani K. An integrated and collaborative framework for business design a knowledge engineering approach [J]. Data & Knowledge Engineering, 2005, 2 (1): 157-179.

[8] Mitra A, Gupta A. Creating agile business systems with reusable knowledge [M]. Cambridge Univ. Press, 2006.

[9] Carmel E. Global software teams: Collaborating across borders and Time Zones [M]. Upper Saddle River, NJ: Prentice Hall, 1999.

[10] Pankaj J, Gourav J. Assigning tasks in a 24-h software development model [J]. The Journal of Systems and Software, 2006, 79 (7): 904-911.

[11] Camel E, Dubinsky Y, Espinosa A. Follow the sun software development: New perspectives [C]. Proceedings of the 42nd Hawaii International Conference on System Sciences, 2009: 1-9.

[12] Amar G, Seshasai, Sourav M, Oak R. Offshoring: The transition from economic drivers toward strategic global partnership and 24-Hour knowledge factory [J]. Journal of Electronic Commerce in Organizations, 2007, 5 (2): 1-23.

[13] Carmel E, Espinosa J A, Dubinsky Y. "Follow the Sun" workflow in global software development [J]. Journal of Management Information Systems, 2010, 27 (1): 17-38.

[14] Xia H, Du K, Cai S. Enterprise knowledge tree model and factors of KMS based on E-C [J]. Journal of Knowledge Management, 2003, 7 (1): 96-106.

[15] Prikladnicki R, Carmel E. Is time-zone proximity an advantage for software development? The case of the Brazilian IT Industry [C]. Proceedings of the 2013 International Conference on Software Engineering, IEEE Press, 2013: 973-981.

[16] Kroll J, Richardson I, Audy J L N. Proposing a software process model for follow the sun development [C]. 26th International Conference on Software Engineering & Knowledge (SEKE), 2014.

[17] Xu H, Fausto G. SKO Types: An entity-based scientific knowledge objects metadata schema [J]. Journal of Knowledge Management, 2015, 19 (1): 60 - 70.

【作者简介】

夏火松，男，1964 年生，武汉纺织大学管理学院，二级教授，博士。

主要学术兼职：国家自然科学基金和国家社会科学基金同行评审专家、国家社会科学基金成果鉴定评审专家，国家精品课程评审专家，多家一级学会理事和多家国际和国内杂志及会议论文评审专家。湖北省教学名师，湖北省有突出贡献的中青年专家，入选 3551 短期创新人才。

主要研究方向：知识管理、数据挖掘、信息管理和电子商务、产业规划。

主要成果：国内外公开已发表包括在 JKM 等国际 8 种刊物和国内 29 种刊物发表有一定影响的论文。以排名第一获国家级社会科学政府二等奖（第六届高等学校科学研究优秀成果奖（人文社会科学））和其他省级人民政府奖项共 13 项。出版专著和教材 9 部。

面向突发事件应急情报系统研究进展

苏新宁[1]　王东波[1,2]

（1. 江苏省数据工程与知识服务重点实验室（南京大学）；
2. 南京农业大学信息科学技术学院）

【摘　要】 根据构建应急情报系统研究的需要，本文首先综述了突发事件相关理论、突发事件相关模型及平台和食品安全突发事件的相应研究，其次回顾了在企业、文献、区域或国家三个领域存在的企业竞争情报系统、高校图书馆情报系统和区域或国家竞争情报系统三种情报系统的研究情况，最后从应急情报系统计算性能的角度简述了大数据和深度学习的相关研究。从突发事件的预警、知晓、处理、分析、决策、善后、评估等阶段特征，结合情报系统的采集、处理、组织、分析等功能，针对现有情报系统的不足之处，本文给出了面向突发事件的应急情报系统的界定。针对食品安全突发事件这一类别的安全突发事件，本文结合应急情报系统的构成部分，详细介绍了应急情报采集与处理、应急情报加工与组织、应急情报分析与服务、应急情报评估和即时服务平台的特点和功能。本研究一方面有助于丰富现有的情报系统，进一步提升情报系统在应对突发事件中的作用，另一方面为突发事件的应对提供另一种可能的解决方案。

【关键词】 突发事件　大数据　应急情报系统　食品安全突发事件

Research Progress of Emergency Information System for Emergency

Xinning Su Dongbo Wang

(1. Jiangsu Key Laboratory of Data Engineering and Knowledge Service (Nanjing University);

2. Nanjing Agricultural University, College of Science and Technology)

[Abstract] According to research need of constructing emergency information system, the paper firstly summarizes the researches of emergency theory, emergency model and platform and food safety incidents, reviews the researches of enterprise competitive intelligence system, university library information system and regional or national competitive intelligence system in the zones of enterprise, library, region and country, finally simply analyzes the researches of big data and deep learning from the angle of the emergency information system computing performance. From the phase characteristics of warning, knowing, processing, ananlyzing, deciding, rehabilitating and evaluating, the definition of emergency information system for emergency for the shortcomings of the existing information system is given combined with the function of collection, processing, organization and analysis of information system. For this category of emergency of food safety incidents, the paper introduces in detail the features and functions of emergency information acquisition and processing, emergency information processing and organization, emergency information analysis and service, emergency information assessments and instant service platform combined with the constitution of information system . The researches on the one hand will enrich the existing information system and further enhance the role of intelligence system in dealing with the emergency, on the other hand provide an alternative solution for the response of emergency.

【**Keywords**】emergency big data emergency information system food safety incident

随着人类社会、经济和生活等各方面的发展，人口、环境和能源等方面问题的日益突出，全球范围内的突发事件频繁发生。9·11事件、SARS危机、印度洋海啸、甲型H1N1流感疫情、日本核电灾难、新疆鄯善县鲁克沁镇暴力恐怖袭击、2014年外滩踩踏事件、10·12天津化工大爆炸等事件的发生，给人类安全和社会发展造成了巨大威胁。尤其在当前中国经济社会快速发展、改革开放进一步深化、社会结构趋于多元、各种矛盾交织复杂的大背景下，突发事件给人民安全和社会发展造成了巨大的威胁，也呈现出频发性、多样性和复杂性等特征。为了减少突发事件的发生和降低突发事件造成的损失，迫切需要实现面向突发事件快速响应的应急决策，而要达成这一目标的基础是构建一个应急情报系统。应急情报系统主要由应急情报系统框架、应急情报采集与处理、应急情报加工与组织、应急情报分析与服务和应急情报评估五大主体部分构成。在分析和归纳突发事件已有研究成果的基础上，结合已有的情报系统，本章界定了应急情报系统的外延和内涵、结合具体的突发事件描述了应急情报系统的组成部分、对应急情报系统的发展趋势进行了展望。

1 相关研究回顾

1.1 突发事件的相关研究回顾

朱力指出，“突发事件”是我国约定俗成的名词，并不是英文直接的翻译[1]。通过对国外文献的调研，我们发现没有与“突发事件”直接对应的英文翻译。“突发事件”常用的英文翻译有emergencies event，unexpected event和sudden event等，“非常规突发事件”可翻译成为extreme event，但是这些英文词组都不能准确表达中文语境中的突发事件，其中emergencies event通常是指小规模事件，unexpected event和sudden event主要强调事件的不可预见性。国外与突发事件相近的概念还有危机事件（crisis event）和灾难（disaster）等。在确定突发事件的检索词基础上，本章还结合“危机”、“情景”、“情境”、“应急”、“响应”、“决策”、“应对”等词汇及对应的英文词汇 disaster，crisis，risk，catastrophe，scene，scenario，response，decision-making，strategy，对相关的文献进行了检索。

1.1.1 突发事件相关理论

在突发事件的阶段划分方面，国内外的研究者根据自身研究的需要对突发事件的阶段进行了不同方面、不同层次和角度的划分。Fink 将突发事件的生命周期划分为潜伏期、爆发期、蔓延期、结束与恢复期四个阶段[2]。Burkholder 和 Toole 将紧急事件的演化过程分为前期紧急事件阶段、晚期紧急事件阶段、后期紧急事件阶段三个阶段[3]。Mitroff 和 Anagnos 将突发事件的管理过程划分为信号侦测、探测和预防、发生阶段、恢复阶段以及学习阶段[4]；Turner 以灾害的影响、后果和社会对灾害的应对措施为依据，将灾害的演化过程分为开始点、解化期、急促期、爆发期、救援和援助期、社会调整期七个阶段[5]。诺曼·R 奥古斯丁等提出突发事件处理分为预防、准备应对、确认突发事件、控制、解决、从突发事件中获利六个阶段[6]。荣莉莉和张继永从系统角度出发，指出突发事件间存在因果关联特性，针对突发事件的不同演化模式进行分析，并通过实例说明了突发事件演化模式[7]。薛澜和钟开斌从危机状态的影响程度和范围、产生社会危害的严重程度，提出对我国突发公共事件分类、分级与分期制度的思路，并给出了突发事件的定义，认为突发事件一般指突然发生，对全国或部分地区的国家安全和法律制度、社会安全和公共秩序、公民的生命和财产安全已经或可能构成重大威胁和损害，造成巨大的人员伤亡、财产损失和社会影响的，涉及公共安全的紧急公共事件[8]。舒其林从“情景-应对”模式出发，将非常规突发事件演化划分为初始情景、发展情景、演化情景和消失情景，并利用致灾要素、情景状态、情景响应和情景演化路径描述非常规突发事件情景演化[9]。鲍丹等将高校突发事件的全生命周期分为减轻、就绪、响应、恢复四阶段，并据此提出应急管理构架[10]；郭倩倩将突发事件的演化周期分为危机潜伏期、事件爆发期、危机蔓延期和事件恢复期，并对每一阶段突发事件的发生特征、发生时间、表现特征进行了阐释[11]。

情景（scenario）是对未来情形以及能使事态由初始状态向未来状态发展的一系列事实的描述。利用情景分析法对灾害进行相关研究已得到学术界的广泛关注，“情景-应对”的应急决策范式研究取得了一定的成果。Chang 界定了重大突发事件应急决策中的情景概念，提出情景演变的网络表达方式[12]。刘铁民对非常规突发事件的发生及演变规律进行分析，给出了基于情景演变不同阶段的情景特征及其决策者或当事人采用不同应对策略与方法[13]。王义成等利用情景分析技术对未来可能影响太湖流域洪水灾害的洪水风险动因和响应进行了研究[14]。季学伟等从定量角度采用风险分析法分析突发事件链发生的概率和后果[15]。Ahmed 等[16]和李藐等[17]分析了情景构建的步骤和方法，提出构造事件链概率模型的思路。吴广谋等针对城市重特大事故的特点，提出一种基于情景再现与态势推演策略的“情景-应对”应急决策模型[18]。袁晓芳等运用 PSR 模型构建了突发事件的“压力-状态-响应”网络表达方法，并基于贝叶斯网络理论构建了突发事件的情景推演模型[19]。杨保华等针对非常规突发事件情景推演中的灾害衍生耦合问题，设计基于 GERTS 网络的共力耦合节点的逻辑结构[20]。张辉等在分析“情景-应对”型决策特点的基础上，提出“数据融合-模型推演-案例推理-心理行为规律”综合集成的“情景-应对”型应急决策理论和方法[21]。姜卉确定了各种情景间的关系，指出了包含关系与相交关系对于应急实时决策中基于情景重建的应急处置方案快速生成的意义[22]。王颜新在分析事件情景要素的构成和情境与情景构成关系的基础上，利用情景重构的方法建立了突发事件的参考情景[23]。仲秋雁通过抽取情景共性要素及要素关系提出情景元模型[24]。张承伟等提出以知识元为基础的情景库理念，阐述了情景结构、情景库辅助决策的过程及相关规则[25]。孙山结合重大突发事件情景构建理论的“情景-应对”模式设计了飞行事故情景的构建方案[26]。

突发事件的阶段划分不仅有助于事前预警、事中处理和决策、事后管理等整个突发事件的应急处理，而且为应急情报系统整体框架的构建奠定了体系基础，即把情报系统的采集、组织、处理、分析和服务五个功能与突发事件的相应阶段有机地进行了映射。突发事件中情景理论为面向应急情报系统中有针对性的应对策略的挖掘提供了有力的支撑。

1.1.2 突发事件相关模型及平台

魏一鸣等运用复杂性理论建立了基于 Swarm 的洪水灾害时空演化模型，并通过实例模拟得到了一些洪水灾害的时空演化规律[27]。Cheung 等从自然系统物理化学演化的角度对由暴风雨引起的洪水的发生、发展规律进行了研究[28]。吴国斌和佘廉对突发事件的扩散、演化与应急决策等进行了研究[29]。Heiko 等基于概率论方法对灾害发生、发展过程中的不确定性现象进行了研究[30]。Hoya[31]，贺明峰和邓成瑞[32]三位国内外学者用元胞自动机分别模拟 HIV、流感、肝炎、SARS 等传染病的传播。范珉等对我国公共场所经常发生的火灾、爆炸、结构破坏、集群行为 4 类突发事件的发生原因进行了分析，并对其演化机理进行了实证研究[33]。裘江南等利用贝叶斯网络理论，构建了突发事件贝叶斯网络模型用于对突发事件进行预测[34]。卞曰瑭等基于突发事件传播主体特点和事件客体演变特性构建了突发事件传播网络的推演模型，并对突发事件传播网络的结构特性和动态演化规律进行了深入研究[35]。刘德海等将政府部门和社会公众的策略互动及行为演化分析融入到传染病自然传播中，运用演化博弈理论建立重大突发公共卫生事件疫情传播的 SI 模型[36]。

在突发事件推演平台方面，Shahapure 等构建了沿海城市洪水模型并进行了仿真研究[37]。李群从我国突发事件应急与演练特点出发，构建了突发事件应急推演系统平台[38]。王旭坪基于“情景-应对”思想，构建了信息实时更新下的非常规突发事件情景构建和推演方法体系[39]。仲秋雁等通过引入突发事件知识元模型实现了对突发事件的共性知识表示，提出一种基于知识元模型与系统动力学模型的突发事件仿真平台[40]。Doyle 等构建了新西兰应对火山喷发的应急响应模型仿真平台，以期为跨部门协作提供指导[41]。

甘筱青等建立了我国生猪供应链系统动力学模型，并进行了仿真分析[42]。朱婷等构建了大豆产业的系统动力学仿真模型，并优化大豆安全政策仿真的系统动力学模型，分析目前国内的大豆安全政策[43]。

突发事件模型和平台构建方面的探究一方面为应急情报系统中类别知识抽取模型与应对策略知识挖掘模型的开发提供了相应的先验知识，另一方面为应急情报系统中应急情报分析与服务平台的搭建奠定了一定的基础。

1.1.3 食品安全突发事件的相应研究

由于在介绍面向突发事件的应急情报系统构成时，需要以食品安全突发事件为例，所以在本部分也对食品安全突发事件的相关研究情况进行一个简单的回顾。食品安全突发事件作为突发事件中的一类，近年来受到了越来越多的关注。周勍在其专著中揭示了制作假冒伪劣食品的详尽过程，警示人们关注在食品安全中出现的伤天害理行径[44]。由复旦大学的研究生吴恒联合 34 名网络志愿者创建的“掷出窗外”网站，搜集了关于食品安全突发事件的相关事件并构建了数据库[45]。杨玲等概括介绍了食品安全突发事件处置工作框架和风险分析的内涵及本质特征[46]。詹承豫、刘星宇从政府失灵、市场失灵和合约失灵的角度对预警食品安全突发事件时的社会参与进行了理论探讨[47]。张慕洁和沈建华基于两件典型案例，分析了应急管理突发事件时信息不公开造成的危害，并探讨了常见的不公开的原因[48]。马颖等构建了食品行业突发事件风险感知的传染病模型，并以日本地震衍生的中国抢购食盐事件为例，对模型进行了数值分析和检验[49]。龚玉霞、王殿华基于案例推理，对食品安全突发事件风险预警系统作了初步探索[50]。曹利强认为我国应尽快建立食品安全突发事件全面应急管理（TEM）体系[51]。宋英华从应急管理体系应对的角度，对食品安全事件进行了探究[52]。本课题在挖掘应对策略的过程中也涉及了有关“情景-应对”的相关研究。刘铁民认为，“情景—应对”是在对以往事件发生以及运行规律的认识和收敛的基础上，形成和制定相应的应对措施，他介绍和探讨了重大突发事件的情景规划与构建方法，通过对大量案例进行提炼得到一个情景，并据此编制突发事件的应急预案[53]。张承伟等提出以知识元为基础的情景库理念，重点阐述了情景结构、情景库辅助决策的过程及相关规则，为情景构建提供了新的途径[54]。姜卉等尝试了从理论上探讨基于情景分解进行应急处置方案快速生成的研究，为基于情景划分的突发事件策略库构建提供了一定的理论借鉴[55]。毛禹忠提出一种将空间图形数据存入数据库的数据模型，实现了有害物质图形数据存储查询等操作。利用该结构模型实现了有害物质管理的敏捷式图形数据库系统及其在有害物质信息系统领域的应用实例[56]。阮伟玲参考国内外农产品安全溯源系统的研究成果，综合考虑生鲜农产品的实际情况，以 Access 数据库为基础，设计了彭州市三界镇生鲜农产品溯源数据库，包括数据管理与数据利用两大部分[57]。郭明璋将中国多个食物过敏数据库中关于过敏原的信息进行了整合，并进行本地存储，建成了中国食物过敏原数据库，可为科研人员提供免费的、快速的、一站式的转基因食品致敏性分析信息服务[58]。吴清平构建了食品微生物安全风险数据库，可用于食品中食源性致病微生物风险监测并将其应用于包装饮用水行业[59]。

上述食品安全突发事件的研究，为本章基于已经获取的海量食品安全突发事件结合应急情报系统具体探究应急情报系统的组成部分的功能提供了理论指导和方法论支撑。在构建的应急情报系统基础上，本章主要对食品安全突发事件数据的获取、食品安全突发事件命名实体知识的抽取、时间序列下的应对策略获取、推送平台模型的构建进行案例分析。

1.2 情报系统的相关研究

情报系统为实现情报搜集、加工、存储、检索和传递的系统，是由人（机构）、情报资源和技术手段等基本要素组成的集合体。情报系统目前主要由企业竞争情报系统、高校图书馆情报系统和区域或国家竞争情报系统等构成。根据研究的需要，本章对上述几种情报系统的研究情况进行简单的综述。

谢新洲和包昌火在总结国内外经验的基础上，构筑了具有三大网络、三个系统、一个中心和六大功能的竞争情报系统[60]。黄晓斌和钟辉新提出基于大数据的企业竞争情报系统模型，即由情报数据采集子系统、情报数据策管子系统、情报数据分析子系统、情报数据服务子系统以及协调控制子系统五部分组成[61]。谢新洲等结合国内外案例，介绍各种模式的特点，以期为企业竞争情报系统模式的确立提供借鉴[62]。朱永武提出了一个基于数据挖掘的企业竞争情报系统模型，并介绍了相应的过程[63]。从知识管理和竞争情报的基本概念入手，汪路明提出用知识管理的思想构建智能化的企业竞争情报系统的基本框架[64]。刘细文和李乃畅论述了现代企业竞争情报系统的 4 种运行模式，分析它们的特点和使用情况[65]。李萱格和司有和提出了主要由"计算机在线情报系统""人工情报系统""反竞争情报系统"和包括"企业文化/制度建设"在内的新的 CIS 模型[66]。刘细文和金学慧通过问卷调查和回归分析，得出影响我国企业 CIS 采纳的 7 个关键要素[67]。通过对 1999—2008 年期间我国 280 多家企业建设和应用竞争情报系统的状况进行全面调查分析，彭靖里指出目前国内企业竞争情报系统建设和应用总体上尚处于初级发展阶段[68]。王洪亮等阐述了大数据的内涵与特征，分析了大数据环境下中小企业竞争情报面对的主要变化[69]。

秦珂介绍了耗散结构理论的概念和起源，论述了高校图书馆情报系统耗散结构形成的条件，正负熵流对高校图书馆情报系统有序状态的影响[70]。陈登岳提出了"高校图书情报系统"的理论模式，即全方位多层次地为科研开发提供情报服务[71]。王永胜和张杰通过以美国 7 所高校为例，分析美国高校图书馆书目情报计算机系统发展的途径及其特点，为建设我国高校图书馆书目情报系统自动化提供可参考的经验[72]。吴宏亮讨论了规章制度的基本分类及其体系结构，规章制度创新中的若干重要理论问题，当前规章制度制定和实施中存在的主要问题等[73]。吴宏亮和颜小云讨论了高校图书情报系统规章制度的动力体系及其作用机理、规章制度的局限性及严格规则向自由裁量的归复、规章制度的负面效应及其控制等几个问题[74]。朱静薇等阐述了馆室协同的学科化服务的优势，构建了高校图书馆与院系资料室协同的学科化服务模式，给出了馆室协同的学科化服务的建设措施与对策[75]。冯祖洪和李映姝阐明了信息化条件下，高校图书情报系统的建设和发展对策[76]。刘宏军论述了通过跨界合作使两者紧密结合，使图书馆主动与企业联络，积极开展竞争情报和咨询服务，建立跨界合作模式下的企业竞争情报系统[77]。

在分析国家竞争虚拟价值链特点的基础上，唐超[78][79][80]探讨了信息、知识、情报在国家竞争中的作用，提出国家竞争情报研究的必要性；进而具体研究了国家竞争情报的概念、特性、层次、决策支持模式等问题，运用复杂适应性系统理论（CAS）对国家竞争情报系统的构成、运行机制、交流方式等特点进行分析，研究了国家竞争情报系统的微观运行机制。从国家竞争情报内容、国家竞争情报流程、搜集途径、国家竞争情报研究方法等方面论述了国家竞争情报系统整合的思路。围绕英国、日本、加拿大、美国等国家竞争情报案例，曾原指出国家竞争情报系统应服务于决策，服务于国家利益，服务于产业与企业[81]。从建立目标、组织结构、具体内容、服务功能、运行机制几方面，杨雅惟探讨如何构建与完善面向我国企业服务的国家竞争情报系统[82]。史敏运用系统动力学因果分析法建立了区域产业竞争情报系统成长上限基模[83]。尹君等在分析总结世界发达国家竞争情报服务中小企业创新发展经验的同时，也对我国中小企业竞争情报服务的实际情况提出了具有借鉴价值的建议[84]。

通过对不同情报系统的分析，无论是竞争情报系统还是图书情报系统，抑或区域或国家竞争情报系统，大多建立在企业、文献和区域或国家情报研究的基础之上，强调对企业、文献、区域或国家信息的获取、分析、呈现和服务等，其情报流的处理技术与过程主要以企业、文献、区域或国家载体为对象，情报机构内部的组织架构也是以此为基础。因此，情报工作的重点主要也放在了对企业、文献、区域或国家信息的获取、分析、呈现和服务等方面。相对而言，对即时信息的处理分析相对缺乏。随着互联网的出现，各类信息资源层出不穷，大数据扑面而来，传统的情报系统已经不能适应网络发展和大数据环境的需要，所采用的情报处理分析手段也不能满足对大数据处理的要求。所以，如何面向突发事件，构建适应大数据环境、充分利用信息技术的新型情报系统已成为情报科学领域的重要研究课题。

1.3 大数据和深度学习的相应研究

与突发事件和应急情报系统相关的大数据特征主要涉及MapReduce和深度神经网络两个方面，而对海量数据基础上的非结构化文本中的相应问题的探究主要是基于MapReduce完成的。MapReduce是由Dean和Ghemawat[85]提出的一个编程模型，主要用于非结构化大数据的并行计算。在大数据的环境下，MapReduce模型在生物信息挖掘、日志分析、信息检索、命名实体标注等研究领域得到了迅速的推广。McKennal等基于MapReduce开发了基因组分析工具[86]。Rao等在未授权用户访问的大数据基础上，对用户的行为通过MapReduce进行了挖掘和分析[87]。Liu和Yu在关键词检索算法和MapReduce模型相结合的前提下，提出了分布式关键词检索算法[88]。Lin等针对EM（expectation maximization）算法和隐马尔科夫模型在非结构化大数据中的MapReduce并行计算问题进行了探讨[89]。亢丽芸等介绍了4种主要的MapReduce实现平台，并对4种平台进行了比较分析[90]。刘滔等提出一种基于MapReduce框架的条件随机场词性标注模型训练并行化方法，实验表明大大减少了训练时间，效率得到较大提升。针对非结构化大数据，通过MapReduce模型可以从中获取更加有效的特征知识，从而提高数据标注、抽取和挖掘的性能[91]。自Hinton通过神经网络对数据进行了有效的降维后，结合大数据和深度学习形成的深度神经网路已经在语音识别、图像识别等领域取得前所未有的成功。在与汉语语言序列相关的研究中，与深度神经网络相关的研究刚刚开始起步[92]。杨钊等针对传统相似手写汉字识别系统（SHCCR）受特征提取方法的限制，提出采用深度神经网（DNN）对相似汉字自动学习有效特征并进行识别[93]。李鑫鑫等针对自然语言处理的相关序列识别的问题，通过深度神经网络进行了一系列的实验，在性能上获得了较大的提高[94]。

大数据和深度学习的技术不仅确保了应急情报系统可以获取到

海量的突发事件数据和快速的应对能力，而且在一定程度上也可以保证从海量突发事件中挖掘出针对性强、准确度高的应对策略。

2 应急情报系统的整体框架

情报系统既是情报机构的架构描述，也是对实现情报采集、组织、处理、分析和服务的过程的描述。情报系统架构了在情报采集、处理、组织、分析、服务及决策活动中所涉及的相关组织机构及其各组织机构的职能和作用，并涵盖了情报流的产生、发展、变化和服务的整个过程。因此，完善情报系统的架构，是各项工作有序开展的重要基础。传统的情报系统对即时信息的处理能力相对缺乏，同时所采用的情报处理分析手段也不能满足对大数据处理的要求。而突发事件是一个突然发生、后果难以预测、无规章可循、事关安危并影响极大的事件，因此突发事件和常规事件的处理不一样，需要能在事件发生前预测，事件发生初期快速反应、启动应急预案，事件发生过程能够果断处理、正确引导和科学决策，事件进入尾声能够做好危机善后工作，事件平息后需做好评估工作。基于情报活动的角度考察突发事件，通过情报的采集、处理、分析、评估等流程对突发事件展开积极应对，从而为突发事件应急决策的快速响应提供情报支撑。因此，构建面向突发事件的应急情报系统，对高效、客观、科学处理突发事件有着积极作用。

因此，由于突发事件具有出人意料、令人措手不及、态势演化迅速、影响面广泛的特征，其应急决策就需要以畅通的情报流为基础，以高效的情报采集、处理、组织、分析技术为支撑，以此来控制突发事件的恶化以及为应急决策提供有效的信息保障。同时，随着前所未有的海量数据的聚集，大数据已经从单纯的商业行为上升到国家发展战略，大数据已经越来越被视为国家的一种战略资源，应急决策行为将构建在对大数据的挖掘和分析上，而并非基于经验和直觉。大数据不但影响到对突发事件的应急决策，也将改变原有情报系统的架构。所以，面向突发事件的应急情报系统将是一个以大数据环境为基、情报技术为力、情报流控制为策、应急决策为标的新型情报系统。应急情报系统需要充分体现五大功能模块：应急情报采集与处理、应急情报加工与组织、应急情报分析与服务、应急情报评估和即时服务平台，具体如图 1 所示。

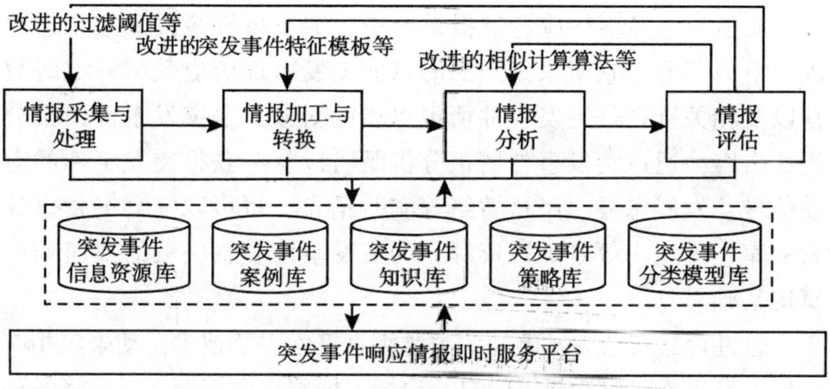

图 1　面向突发事件的应急情报系统整体框架图

在应急情报系统中，情报采集与处理功能要能够面向大数据环境，为政府、社会公众提供与突发事件相关的、及时的、全面的信息资源；情报加工与转换功能要能够为政府和公众提供有序化、深加工的突发事件信息，并将信息转换为应急决策能够直接使用的知识和策略；情报分析功能是指以快速响应为切入点，利用已有的工具构建突发事件模型以及突发事件应对策略相似计算模型，支持危机决策者及时判定危机、寻找解决危机的最佳方案；情报评估功能是指跟踪情报在突发事件应急决策中的效果，进行评估与改进；情报即时服务功能是指建立突发事件快速响应情报即时服务平台，作为整个应急指挥决策的“控制台”，判断预警级别并快速发布预警，逐步落实应急预案、调整决策和救援措施等，实现科学决策和高效处置。

3　应急情报系统主要功能介绍

在应急情报系统框架的基础上，本部分介绍了应急情报系统主要组成部分的功能，并结合食品安全突发事件的处理情况说明了在这一应急情报系统下可以进行的相应处理或者操作。

3.1 应急情报采集与处理

在整个突发事件应急情报系统中，突发事件情报采集是最基础的组成部分。它所采集到的海量的突发事件历史数据、实时数据以及相关资料是突发事件情报组织的对象，是突发事件情报分析的内容，通过突发事件情报分析既可以从中获得突发事件的潜在信号、发展态势、民众情绪等实时信息，也可以完善突发事件案例库、模型库等基础性资源，为突发事件应急决策的快速响应奠定基础。

通过食品安全突发事件的主题垂直搜索引擎技术自动采集相应数据，采集范围包括新闻门户、论坛、博客、微博等，最终将各种异构的数据转换为结构化数据保存。不仅获取直接的食品安全突发事件的文本数据，而且获取论坛、博客和微博上有关食品安全突发事件的讨论、答疑等延伸数据。结合数据采集的质量，基于TF-IDF、模式识别等方法获取与食品安全突发事件有密切关联的文本表达方式，并建立基于小句的句子分类训练模型。通过最大熵，对小句进行分类实验，自动识别与食品安全突发事件有关的句子。通过人工内省与机器训练相结合的方式，确定合理的阈值，对采集信息进行初步的过滤和处理。经过抓取和处理后的食品安全突发事件样例见表1。

表1　**通过应急情报采集与处理获取到的食品安全事件样例**

序号	食品事件名称	发生地点	食品名称	事件诱因	媒体	时间
1	沃尔玛中国区高层被约谈 对“狐狸肉事件”道歉	山东 济南	驴肉	以次充好，狐狸肉	搜狐	2014.01.07

续表

序号	食品事件名称	发生地点	食品名称	事件诱因	媒体	时间
2	地沟油弱爆了，看看养猪场制造的泔水油！	陕西 西咸新区	泔水油	泔水油	搜狐	2014. 01. 03
3	云南富源一小学生疑因吃麻辣条致死，官方介入调查云南	云南 曲靖市 富源县	辣条，麻辣条	食物中毒	中国新闻网	2014. 01. 01
4	“辣椒为什么这么红”——硫磺辣椒	多地区	干辣椒	硫磺熏烤	凤凰网	2014. 01. 01
5	头发酱油真相揭秘 黑心商家竟称味道还不错	浙江 金华市	头发酱油	头发，酱油	腾讯	2013. 12. 24
6	西安某厂日产毒豆芽上万斤 非法使用无根素	陕西 西安市 雁塔区	豆芽	无根素	腾讯	2013. 12. 16
7	台媒曝光统一味全等品牌乳品含避孕药塑化剂	台湾	乳制品	塑化剂，避孕药	新浪	2013. 11. 21
8	重庆南川区 37 小学生集体腹泻 官方称非食物中毒	重庆 南川区 南平镇	食物中毒	细菌性痢疾	人民网	2013. 10. 12
9	定边查获 4000 斤毒豆芽 刑拘 4 人	陕西 榆林市 定边县	豆芽	苄基腺嘌呤，无根豆芽素，豆芽杀菌增白祛斑灵	华商网	2013. 09. 28

3.2 应急情报加工与组织

在整个突发事件情报系统中，突发事件情报组织是基础性要素之一。它从突发事件情报采集系统接收采集到海量突发事件的情报信息，并利用一定的科学规则和方法，通过对信息外在特征和内容特征的表征与排序，将其有序化与优质化，从而使面向突发事件的情报分析更加准确和有效，同时也可促进政府或公众对突发事件情报信息的有效获取和利用。

以面向网络采集的食品安全突发事件数据为基础，同时结合人工获取的部分食品安全突发事件数据，构建以食品安全突发事件主体信息、扩展信息、分类信息、分级信息、信息源、时间序列、对应策略等字段为主的食品安全突发事件信息库，为食品安全突发事件的初步分析、知识库的构建和分类模型的建立奠定基础。为了实现对食品安全突发事件的有效组织和分析，基于食品安全突发事件信息库，使用基于七分位词位标注集和复杂语言特征模板的条件随机场，从食品安全突发事件的文本中抽取人名、地名、组织机构名、时间信息、数字信息、事物属性等食品安全突发事件的实体知识，并在此基础上借助知网、关键词底表，构建食品安全突发事件知识库。在应急情报加工和组织功能的基础上，结合已经获取的食品安全突发事件，本文完成了对突发事件中的命名实体的标注，标注了时间命名实体的食品安全突发事件如下：

2013 年 6 月 13 日中国日报网报道，6 月 6 日，陕西渭南崔女士在购买的正品美赞臣婴儿配方奶粉（1 段）中发现了白色的小虫，两日后变成飞蛾；同日，广东茂名市民也在美赞臣奶粉中喝出虫子。此前的 3 月 21 日，美赞臣安婴妈妈 A+系列孕妇及授乳妇女奶粉也被曝惊现虫子。

3.3 应急情报分析与服务

在整个突发事件情报系统中，突发事件情报分析是核心要素。突发事件情报采集系统采集到的海量突发事件情报信息并不直接包含政府所需的面向突发事件应急响应的决策支持信息，而是需要通过情报分析过程而获得。面向突发事件应急决策的情报系统想要实现快速响应，不仅需要在突发事件发生后进行快速地分析，还需要在事件发生前对已有的突发事件案例进行分析，以构建不同类型的突发事件模型以及突发事件应对策略相似计算模型。突发事件情报分析主要采用各种信息处理分析手段和方法，在突发事件知识库、策略库和模型的基础上，利用信息分析技术，深度挖掘、捕获突发事件的各种信息，为政府决策部门提供快速的决策服务和预案参考。

基于食品安全突发事件信息库和知识库，借助食品安全突发事件的各种特征建立食品安全突发事件分类模型。为了确保模型的精确率和召回率，在模型的建立中，针对模型的训练使用了互信息、卡方统计、交叉熵和证据权值等四个统计量。通过食品安全突发事件知识库中的不同应对策略，利用相应的相似计算算法，建立食品安全突发事件应对策略相似计算模型。基于食品安全突发事件应对策略下的突发事件进展、政府应对策略和应对策略的效果等文本信息，把基于 HowNet 的语义相似计算和基于依存句法的汉语句法结构相似计算进行有效的整合，其中语义计算使用了部分概念加权相加的算法，而汉语句法结构的相似计算主要使用编辑距离算法。基于该模型，新的食品安全突发事件能够从中获取有针对性和可供借鉴及参考的相似应对策略，如基于牛奶方面的食品安全突发事件应对策略相似计算模型，可以对新发生的这类突发事件提供有效的对应策略支撑。在应急情报系统中的情报分析与服务的功能基础上，基于已经标注了命名实体的食品安全突发事件，通过图 2 的食品安全应对策略时间序列抽取流程，获取到时间序列下的应对策略样例。

具体应对策略样例如下：

• 2013 年 5 月，湖南省攸县 3 家大米厂生产的大米在广东省广州市被查出镉超标事件经媒体披露。

• 2013 年 5 月 16 日，广州市食品药品监督管理局在其网站公布了 2013 年第一季度抽检结果。

• 2013 年 5 月 19 日，3 家被曝大米镉超标的生产厂家被要求

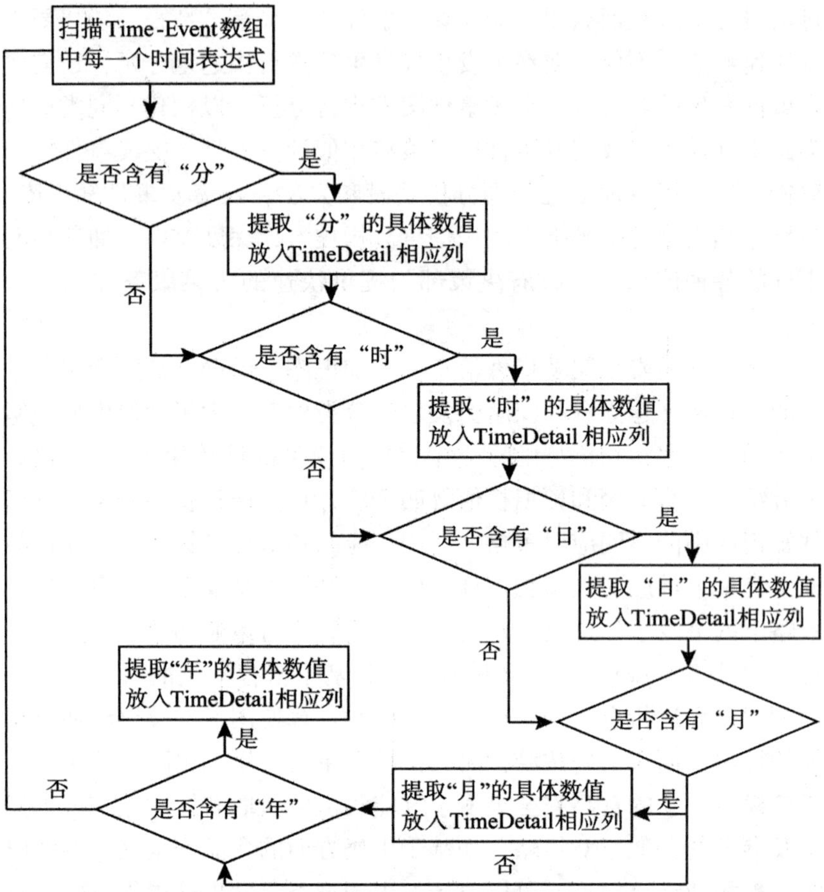

图 2　食品安全应对策略时间序列抽取流程

停产待查。

• 2013 年 5 月 29 日，湖南省对曝光的生产企业首次回应了镉大米事件，对库存粮食加强了监测，强调湖南省绝大部分粮食及加工产品是安全的，尤其是畜禽水产品、蔬菜、水果等农产品质量合格率多年稳居全国前列。

3.4　应急情报评估

突发事件处置结束后，作为一个完整的情报系统，需要对处置过程的情报流活动做一个全面的评估，以总结在应对突发事件时情报活动的成功经验、失误教训以及需要改进的地方，为未来在处理同类事件中提供更加有力的情报支持。因此，应急情报评估也是应急情报系统的重要组成部分，它将促使应急情报流更加流畅和高效。应急情报评估研究的主要内容包括：评估体系的建立、评估方法的研究、应急环境下不同过程的情报价值的评估，等等。

应急情报评估体系的研究内容包括评估指标的设定，这个指标包括应急情报的采集评估指标，如及时性、采准性、采全性等；处理评估指标，如情报间的关联性、主题挖掘的准确性、正负面信息的判别性以及情报处理的即时性等；情报成果评估指标，如知识库的组织和应答能力、案例库的案例典型全面与否、策略库是否能通过计算推出准确的应对方案、策略库在应对过程是否存在某些缺陷，等等；除此之外，突发事件善后处理的情报评估也应包括其中，如信息的披露、各类信息在善后处理中发挥的作用，等等。所有以上评估指标主要是针对一次突发事件的应急情报评估，目的是根据评估发现应急情报系统存在的问题，为改善应急情报系统提供信息支持。

3.5　应急情报即时服务平台

面向突发事件应急决策的情报即时服务平台，需要实现三个功能：第一，作为突发事件信息的“汇集点”，即在大量突发事件中快速有效地整合、分析、提取危险源和事件现场的信息；第二，作为应对突发事件的“智能库”（包括突发事件信息库、知识库、策略库和模型库），即提供不同条件下突发事件的科学动态预测与危险性分析；第三，作为整个应急指挥决策的“控制台”，即判断预警级别并快速发布预警，逐步落实应急预案，调整决策和救援措施等，实现科学决策和高效处置。该服务平台的构建需要结合突发事件的特点和应急决策的客观实际情况，根据现代危机管理的思想，首先确定服务平台的理想模型；然后，详细设计平台的功能和模块；最后，通过平台的弹性架构和业务的梯次累加，不断深入，逐步向职能化、集成化、多元化方向发展，面对突发事件时真正做到资源整合、统一监控、准确应对、快速反应。

基于构建的应对策略知识库，针对食品安全事件的相应应急处置，在融入食品研究者领域化知识的前提下，搭建一个食品安全事件应对策略智能推动平台，该平台的核心是具有一个相似知识推送模型，该模型把基于 HowNet 的语义相似计算和基于依存句法的汉语句法结构相似计算进行有效的整合，其中食品安全事件词汇语义计算使用了部分概念加权相加的算法，而食品安全事件汉语句法结构的相似计算主要使用时间因素编辑距离算法。在相似策略知识智能推送模型的基础上，对新发生的食品安全事件进行应急处置，首先基于已有的分类模型、序列标注模型完成相应的分期、分类和分级的细分，以及地点、机构和人物等命名实体的标引；其次，根据词汇、命名实体、短语、句子和篇章等不同的检索单位通过相似度计算模型匹配最相似的食品安全事件；最后，针对应急处置的紧迫程度，结合应对策略知识库，对相关的策略向需要应急处置的食品安全事件实现精准化、细致化的匹配和推送。具体的食品安全突发事件即时服务智能推送平台整体框架见图 3。

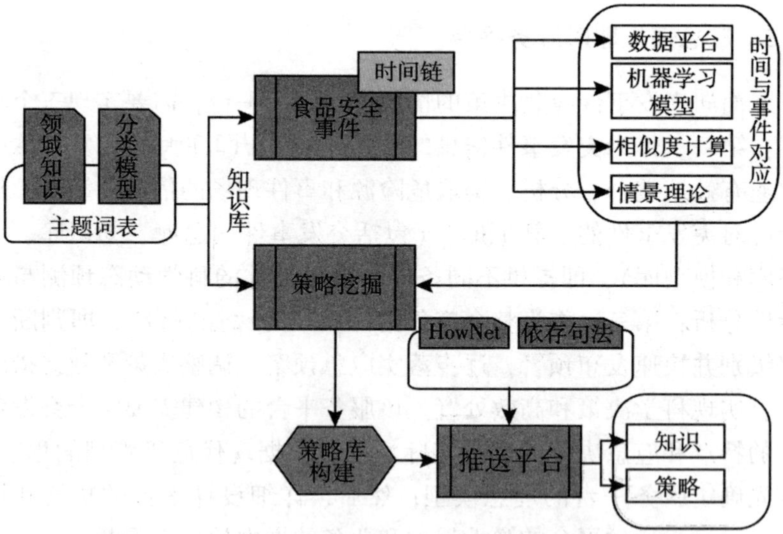

图 3　食品安全突发事件即时服务智能推送平台整体框架

4 结 语

突发事件的应急决策需要情报系统来支持，情报系统也需要在突发事件的应急中发挥自身的职能并体现自我的价值。如何让应急情报系统的采集、处理、组织、分析等功能在突发事件的预警、知晓、处理、分析、决策、善后、评估等阶段更好地发挥作用是衡量应急情报系统性能的重要标志之一。该性能的完善要构建在强有力的大数据计算能力、多学科支撑的应急处理能力、智能化的策略推送能力基础上，这也是应急情报系统在未来发展的趋势。

参考文献

[1] 朱力．突发事件的概念、要素与类型［J］．南京社会科学，2007（11）：81-88.

[2] FinkS. Crisis management：Planning for the inevitable［M］. New York：American Management Association，1986.

[3] Burkholder B T，Toole M J. Evolution of complex disasters［J］. The Lancet London：Oct 14，1995，346（8981）：1012-1015.

[4] Mitroff I，Anagnos G. Managing crises before they happen：What every executive and manager needs to know about crisis management［M］. New York：American Management Association，2001.

[5] Turner B A. The organization and inter organization development of disasters［J］. Administrative Science Quarterly. 1976，21（3）：378.

[6] 诺曼·R·奥古斯丁，等．危机管理［M］．北京新华信商业风险管理有限责任公司，译．北京：中国人民大学出版社，2004.

[7] 荣莉莉，张继永．突发事件的不同演化模式研究［J］．自然灾害学报，2012（3）：1-6.

[8] 薛澜，钟开斌．突发公共事件分类、分级与分期：应急体制的管理基础［J］. 中国行政管理，2005（2）：102-107.
[9] 舒其林．“情景-应对”模式下非常规突发事件应急资源配置调度研究［D］. 合肥：中国科学技术大学博士学位论文，2012.
[10] 鲍丹，路威铭，刁雅静．基于全生命周期理论的高校突发事件应急管理研究［J］. 改革与开放，2013，10（19）：52-54.
[11] 郭倩倩．突发事件的演化周期及舆论变化［J］. 新闻与写作，2012（7）：9-12.
[12] Chang M S, Tseng Y L, Chen J W. A scenario planning approach for the flood emergency logistics preparation problem under uncertainty [J]. Transportation Research Part E, 2007, 43 (6): 737-754.
[13] 刘铁民．重大突发事件情景规划与构建研究［J］. 中国应急管理，2012（4）：18-23.
[14] 王义成，丁志雄，李蓉．基于情景分析技术的太湖流域洪水风险动因与响应分析研究初探［J］. 中国水利水电科学研究院学报，2009，7（1）：7-14.
[15] 季学伟，翁文国，赵前胜．突发事件链的定量风险分析方法［J］. 清华大学学报（自然科学版），2009，49（11）：1749-1752，1756.
[16] Ahmed D M, Sundaram D, Piramuthu S. Knowledge-based scenario management—Process and support [J]. Decision Support Systems, 2010, 49 (4): 507-520.
[17] 李藐，陈建国，陈涛，等．突发事件的事件链概率模型［J］. 清华大学学报（自然科学版），2010，50（8）：1173-1177.
[18] 吴广谋，赵伟川，江亿平．城市重特大事故情景再现与态势推演决策模型研究［J］. 东南大学学报（哲学社会科学版），2011，13（1）：18-23，123.
[19] 袁晓芳，田水承，王莉．基于 PSR 与贝叶斯网络的非常规突发事件情景分析［J］. 中国安全科学学报，2011，21（1）：

169-176.

[20] 杨保华，方志耕，刘思峰，等．基于GERTS网络的非常规突发事件情景推演共力耦合模型［J］．系统工程理论与实践，2012，32（5）：963-970.

[21] 张辉，刘奕．基于"情景-应对"的国家应急平台体系基础科学问题与集成平台［J］．系统工程理论与实践，2012，32（5）：947-953.

[22] 姜卉．应急实时决策中的情景表达及情景间关系研究［J］．电子科技大学学报：社会科学版，2012（1）：48-52.

[23] 王颜新，李向阳，徐磊．突发事件情境重构中的模糊规则推理方法［J］．系统工程理论与实践，2012，32（5）：954-962.

[24] 仲秋雁，郭艳敏，王宁，等．基于知识元的非常规突发事件情景模型研究［J］．情报科学，2012，30（1）：115-120.

[25] 张承伟，戴文超，李建伟，等．基于知识元的突发事件情景库研究［J］．情报杂志，2013（8）：159-164.

[26] 孙山．民航"重大突发事件情景构建"应用实例探讨［J］．中国安全生产科学技术，2014，10（4）：173-177.

[27] 魏一鸣，张林鹏，范英．基于Swarm的洪水灾害演化模拟研究［J］．管理科学学报，2002，5（6）：39-46.

[28] Cheung K F，Phadke A C，Wei Y，et al. Modeling of storm-induced coastal flooding for emergency management［J］. Ocean Engineering，2003，30（11）：1353-1386.

[29] 佘廉，吴国斌．突发事件演化与应急决策研究［J］．交通企业管理，2005，20（12）：4-5.

[30] Heiko A，Annegret H T，Bruno M，et al. A probabilistic modelling system for assessing flood risks［J］. Natural Hazards，2006，38（1）：79-100.

[31] Hoya S W，Rey M D，Rodriguez G S. Modeling epidemics using cellular automata［J］. Applied Mathematics and Computation，2006，186（1）：193-202.

[32] 贺明峰，邓成瑞．基于元胞自动机的SARS传播模型［J］．数

学的实践与认识，2008，38（3）：41-46.
[33] 范珉，苏巨诗，王建军．我国公共场所突发事件演化机理实证分析［J］．中国安全生产科学技术，2009，5（4）：85-90.
[34] 裘江南，王延章，董磊磊，等．基于贝叶斯网络的突发事件预测模型［J］．系统管理学报，2011，20（1）：98-103，108.
[35] 卞曰瑭，何建敏，庄亚明．基于复杂网络的非常规突发事件的传播演化模型与仿真［J］．统计与决策，2011（04）：22-24.
[36] 刘德海，王维国，孙康．基于演化博弈的重大突发公共卫生事件情景预测模型与防控措施［J］．系统工程理论与实践，2012，32（5）：937-946.
[37] Shahapure S S, Eldho T I, Rao E P. Coastal urban flood simulation using FEM, GIS and remote sensing [J]. Water Resources Management, 2010, 24 (13): 3615-3640.
[38] 李群．突发事件应急推演系统平台分析与设计［J］．中国安全生产科学技术，2012，8（3）：120-123.
[39] 王旭坪，杨相英，樊双蛟，等．非常规突发事件情景构建与推演方法体系研究［J］．电子科技大学学报（社科版），2013，15（1）：22-27.
[40] 仲秋雁，路光，王宁．基于知识元模型和系统动力学模型的突发事件仿真方法［J］．情报科学，2014，32（10）：15-19.
[41] Doyle E H, Paton D, Johnston D M. Enhancing scientific response in a crisis: Evidence-based approaches from emergency management in New Zealand [J]. Journal of Applied Volcanology, 2015 (4): 1-26.
[42] 甘筱青，高阔．生猪供应链模式的系统动力学仿真及对策分析［J］．系统科学学报，2012，20（3）：46-49.
[43] 朱婷，段家希，高明贺，等．基于系统动力学的我国大豆安全研究［C］．第三十一届中国控制会议，2012（6）.
[44] 周勍．民以何食为天：中国食品安全现状调查［M］．北京：工人出版社，2007.

[45] 掷出窗外：面对食品安全危机，你应有的态度．[EB/OL].[2015-08-18]. http：//www. zccw. info/.
[46] 杨玲，孙志永，项宇，国伟．风险分析在食品安全突发事件处置中的应用［J]. 食品科技，2011，36（1）：285-288.
[47] 詹承豫，刘星宇．食品安全突发事件预警中的社会参与机制［J]. 山东社会科学，2011（5）：53-57.
[48] 张慕洁，沈建华．关于处置食品药品安全突发事件中信息公开的思考［J]. 上海食品药品监管情报研究，2012（115）：45-49.
[49] 马颖，张园园，宋文广．食品行业突发事件风险感知的传染病模型研究［J]. 科研管理，2013，34（9）：123-130.
[50] 龚玉霞，王殿华．基于案例推理的食品安全突发事件风险预警系统探索［J]. 食品科技，2012，37（7）：311-315.
[51] 曹利强．食品安全突发事件全面应急管理体系构建思路研究［J]. 河南工业大学学报：社会科学版，2013，9（2）：1-4.
[52] 宋英华．食品安全应急管理体系建设研究［J]. 武汉理工大学学报，2009（6）：161-164.
[53] 刘铁民．应急预案重大突发事件情景构建——基于“情景-任务-能力”应急预案编制技术研究之一［J]. 中国安全生产科学技术，2012，8（4）：5-12.
[54] 张承伟，戴文超，李建伟，等．基于知识元的突发事件情景库研究［J]. 情报杂志，2013（8）：159-164.
[55] 姜卉．应急实时决策中的情景表达及情景间关系研究［J]. 电子科技大学学报：社科版，2012，14（1）：48-52.
[56] 毛禹忠．敏捷式粮油食品有害物质图形数据库系统的设计和开发［J]. 中国粮油学报，2013，28（10）：101-105.
[57] 阮伟玲．面向生鲜农产品溯源的基层数据库建设——以四川省彭州市三界镇为例［D]. 成都：成都理工大学，2014.
[58] 郭明璋，许文涛，罗云波，等．中国食物过敏原数据库的建立与应用［J]. 食品安全质量检测学报，2014（9）.
[59] 吴清平．食品微生物安全风险数据库在包装饮用水行业的应

用［J］. 饮料工业，2015（2）：74-77.

［60］谢新洲，包昌火. 论企业竞争情报系统的建设［J］. 北京大学学报（哲学社会科学版），2001（6）：55-68.

［61］黄晓斌，钟辉新. 基于大数据的企业竞争情报系统模型构建［J］. 情报杂志，2013（3）：37-43.

［62］谢新洲，包昌火，张燕. 企业竞争情报系统的主要模式［J］. 图书情报工作，2002（11）：21-26.

［63］朱永武. 基于数据挖掘的企业竞争情报系统［J］. 现代情报，2005（6）：168-169.

［64］汪路明. 基于知识管理的智能化企业竞争情报系统研究［J］. 情报理论与实践，2006（2）：216-219.

［65］刘细文，李乃畅. 现代企业竞争情报系统的运行模式研究［J］. 图书情报工作，2001（1）：50-52.

［66］李萱格，司有和. 企业竞争情报系统（CIS）模型新探［J］. 图书与情报，2008（6）：75-78.

［67］刘细文，金学慧. 基于 TOE 框架的企业竞争情报系统采纳影响因素研究［J］. 图书情报工作，2011（6）：70-73，142.

［68］彭靖里，赵鸿阳，杨斯迈. 我国企业竞争情报系统建设和应用现状调查分析［J］. 情报理论与实践，2012（8）：70-73.

［69］王洪亮，张琪，朱延涛. 大数据环境下中小企业竞争情报系统模型构建［J］. 情报理论与实践，2015（7）：109-114.

［70］秦珂. 论高校图书馆情报系统的耗散结构特征［J］. 情报杂志，1994（5）：56-59.

［71］陈登岳. 论强化高校图书情报系统的服务职能［J］. 图书情报工作，1995（6）：38-40.

［72］王永胜，张杰. 美国高校图书馆书目情报系统的发展途径及其特点［J］. 江苏图书馆学报，1995（6）：48-50.

［73］吴宏亮. 高校图书情报系统规章制度研究［J］. 大学图书馆学报，2000（4）：27-31.

［74］吴宏亮，颜小云. 高校图书情报系统规章制度再研究［J］. 图书与情报，2002（3）：9-11.

[75] 朱静薇，杨家荣，龙玲．高校图书情报系统馆室协同学科化服务模式的研究与实践［J］. 合肥工业大学学报（社会科学版），2013（4）：126-130.

[76] 冯祖洪，李映姝．信息化条件下高校图书情报系统的发展研究［J］. 价值工程，2012（30）：194-196.

[77] 刘宏军．高校图书馆与企业竞争情报系统的跨界合作［J］. 现代情报，2008（2）：189-191.

[78] 唐超．国家竞争情报系统构架的基础性理论框架研究［D］. 天津师范大学，2008.

[79] 唐超．国家竞争情报系统整合的实现思路研究［J］. 竞争情报，2008（4）：2-5.

[80] 唐超．基于 CAS 理论的国家竞争情报系统微观运行机制研究［J］. 情报资料工作，2008（2）：20-24.

[81] 曾原．国家竞争优势背后的政府行为——国外"国家竞争情报"案例分析［J］. 情报探索，2008（4）：3-6.

[82] 杨雅惟．面向我国企业服务的国家竞争情报系统研究［D］. 长沙：湘潭大学，2011.

[83] 史敏．区域产业竞争情报系统构建及优化研究［D］. 长沙：中南大学，2011.

[84] 尹君，刘朝旭，徐栋．发达国家竞争情报服务中小企业创新发展经验及启示［J］. 价值工程，2014（36）：199-200.

[85] Dean J, Ghemawat S. MapReduce: Simplified data processing on large clusters [J]. Communications of the ACM, 2008, 51 (1): 107-113.

[86] McKennal A, Hannal M, Banksl E, et al. The Genome Analysis Toolkit: A MapReduce framework for analyzing next-generation DNA sequencing data [J]. Genome Res, 2010 (20): 1297-1303.

[87] Rao P S, Reddy K T, Prasad M K. A novel and efficient method for protecting internet usage from unauthorized access using map reduce [J]. International Journal of Information Technology and

Computer Science，2013，5（3）：49-55.

[88] Liu Z, Yu W, Deng Y. A feature selection method for document clustering based on part-of-speech and word co-occurrence [C]. Proceedings of the 2010 Seventh International Conference on Fuzzy Systems and Knowledge Discovery, 2010：227-232.

[89] Lin N Y, Soe K M, Thein N L. Chunk-based grammar checker for detection translated english sentences [J]. International Journal of Computer Applications, 2011, 28（1）：7-12.

[90] 亢丽芸，王效岳，白如江. MapReduce 原理及其主要实现平台分析 [J]. 现代图书情报技术，2012（2）：60-67.

[91] 刘滔，雷霖，陈荦，等. 基于 MapReduce 的中文词性标注 CRF 模型并行化训练研究 [J]. 北京大学学报（自然科学版），2013，49（1）：147-152.

[92] Hinton R , Salakhutdinov R. Reducing the dimensionality of data with neural networks [J]. Science, 2006, 313（5786）：504-507.

[93] 杨钊，陶大鹏，张树业，等. 大数据下的基于深度神经网的相似汉字识别 [J]. 通信学报，2014（9）：184-189.

[94] 李鑫鑫. 自然语言处理中序列标注问题的联合学习方法研究 [D]. 哈尔滨：哈尔滨工业大学，2014.

【作者简介】

苏新宁，南京大学信息管理学院教授，博士生导师，教育部长江学者，南京大学高层次学科带头人，国家重点学科——情报学学科带头人。江苏省数据工程与知识服务重点实验室学科带头人，全国哲学社会科学规划项目学科评审专家，享受国务院政府特殊津贴。兼任江苏省科技情报学会副理事长，江苏省科技期刊学会副理事长，主要研究领域：信息智能处理与检索，数据分析与科学评价。出版著作20余部，发表论文200余篇，主持设计并研制了我国第一部社会科学引文索引（CSSCI）。

王东波，南京农业大学信息科学技术学院副教授，主要研究领域为自然语言处理与文本挖掘、信息计量。主持和参与国家自然科学基金、国家社科重大招标课题、国家社科重点课题、2011协同中心项目、江苏省社会科学基金项目多项。发表SCI、SSCI、EI和CSSCI检索论文50多篇，在中国社会科学出版社出版专著1部，参与出版专著1部并获江苏省第十二届哲学社会科学奖一等奖和教育部第八届中国高校人文社会科学研究优秀成果奖。

移动视觉搜索在数字图书馆中的应用研究*

朱庆华[1]　孙晓宁[1]　赵宇翔[2]　孙霄凌[3]　胡　蓉[1,4]
（1. 南京大学信息管理学院；2. 南京理工大学经济管理学院；
3. 南京邮电大学管理学院；4. 西南大学计算机与信息科学学院）

【摘　要】伴随大数据时代的来临，数字图书馆的服务内容与模式受到前所未有的挑战。作为一种新兴的、前沿的信息搜索技术，移动视觉搜索无疑能迎合数字图书馆资源开发、利用与管理的理念，为实现数字图书馆服务创新，提升服务效能提供了巨大的可能性。本文着重从数字图书馆研究的相关问题，移动视觉搜索概念、关键技术及应用案例，以及数字图书馆移动视觉搜索三个研究领域，对移动视觉搜索在数字图书馆中的应用研究进展进行了梳理与述评。相关结论对于推动数字图书馆资源的有效利用、图书馆服务创新，以及移动视觉搜索技术应用于数字图书馆和其他数字信息服务组织机构等，具有一定的理论意义和参考价值。

【关键词】数字图书馆　移动视觉搜索　大数据　信息服务

* 本文系国家社会科学基金重大项目“面向大数据的数字图书馆移动视觉搜索机制及应用研究”（项目编号：15ZDB126）的研究成果之一。

The Application of Mobile Visual Search in Digital Library: A Research Review

Qinghua Zhu[1] Xiaoning Sun[1] Yuxiang Zhao[2]
Xiaoling Sun[3] Rong Hu[1,4]
(1. School of Information Management, Nanjing University;
2. School of Economics and Management, Nanjing University of Science and Technology;
3. College of Management, Nanjing University of Posts and Telecommunications;
4. College of Computer and Information Science, Southwest University)

【Abstract】 In big data era, the service pattern and contents of digital library (DL) are faced with unprecedented challenges. As an emerging and cutting-edge information search technologies, mobile visual search (MVS) provides great potential and possibility for the development, utilization and management of DL, and may play an important role in reshaping the service of DL in a more efficient way. This paper aims to conduct a detailed review on the research progress of the application of MVS in DL from three perspectives, i. e., 1) the relevant issues of DL research, 2) the concept, key technologies and application cases of MVS, and 3) applying MVS in the DL context. This review paper may yield some theoretical and practical implications for promoting the effective utilization of DL resources, the innovation of library service, and applications of MVS in DL or other information service related organizations.

【Keywords】 digital library mobile visual search big data information service

1 引 言

随着多媒体数据库建设技术、数字新媒体呈现技术的不断改进，以及数字文本标引的标准化与格式化、元数据（metadata）与关联数据（linked data）方法的迅速发展，信息累积呈指数成长，人类世界进入了一个崭新的大数据（big data）时代。2015 年 8 月 19 日，在李克强总理主持的国务院常务会议上，审议通过了《关于促进大数据发展的行动纲要》（以下简称《纲要》）[1]，提出“要推动政府信息系统和公共数据互联共享，消除信息孤岛，加快整合各类政府信息平台，避免重复建设和数据‘打架’”。《纲要》提出，“要顺应潮流引导支持大数据产业发展，以企业为主体、以市场为导向，加大政策支持，着力营造宽松公平环境，建立市场化应用机制，深化大数据在各行业创新应用。”

众所周知，服务是图书馆的永恒主题。尽管服务作为图书馆的基本职能不会改变，但“大数据”对数字图书馆资源的建设与组织提出了更高的要求：一方面，馆藏资源中不同语言、载体、类型的数字资源之间要建立有机的关联；另一方面，这些数字资源包含的知识资源语义丰富、实体多样，需要实现多维度、多途径、多界面的揭示、描述和检索，从而满足用户对数字图书馆资源一站式获取，以及知识内容共建共享共创的需求[2]。

信息检索（information retrieval）、信息搜寻（information seeking）和信息查找（information searching）一直是信息管理与信息系统[3][4][5]以及图书情报[6][7][8][9]学科关注的重点，也是集计算机科学、认知科学、心理学等诸多学科方向交叉融合的领域[10][11][12][13]。信息搜索理念与技术的发展极大地依赖于时代的进步、技术的革新以及商业模式的驱动。从早期的文献资源检索、联机信息检索，到后来的电子资源检索、网络信息资源搜索，图书馆和信息服务机构都见证并亲历了其中日新月异的变化。数字图书馆从诞生至今，一直致力于为读者和用户提供友好的检索入口和交互的服务模式。通过满足用户信息搜索的需求从而实现对数据获取、信息整合以及知识融合等不同层面的理论与实践工作。

近年来，随着移动互联技术的发展、移动环境的建设以及移动智能终端的普及，移动视觉搜索（mobile visual search，MVS）这种新一代信息搜索技术快速兴起并引起了学界和业界的广泛关注。

所谓移动视觉搜索[14]，是指利用移动终端获取真实世界中实体对象的图像或视频作为检索项，通过移动互联网搜索视觉对象关联信息的一种交互式信息检索方式。第一，从信息源的角度来看，移动视觉搜索突破了传统基于文本信息的检索模式，强调采集实物对象和具体场景中的图像和视频资源。第二，从检索方式的角度来看，移动视觉搜索超越了传统信息检索中“检索框”这种固化检索入口的形式，以各种智能终端的摄像头为检索入口，无论其输入方式和输出结果都和以往大不相同。第三，从搜索需求的角度，移动视觉搜索充分体现了“SoLoMo”的特征：即搜索动机更加社会化（social），也就是这几年逐渐兴起的社会化搜索[15]；搜索内容更加本地化（local），包括如今各类如火如荼的 location-based service（lbs）技术和服务应用；搜索形态更加移动化（mobile），倡导随时随地的无障碍信息搜索。毫无疑问，移动视觉搜索的运用和发展对于数字图书馆的硬件部署、软件配置以及服务设计有着深远的意义。特别是在大数据环境下，数字图书馆的资源建设、知识组织、人机交互以及服务模式都亟待新思路、新技术和新方法的指导和推动。因此，在面向大数据的数字图书馆环境和系统中引入移动视觉搜索技术有着迫切的实际意义。同时，尽管目前对于移动视觉搜索已经催生出较多的商业应用案例和商业模式，但是在非商业环境以及非营利性机构中对于移动视觉搜索的探讨还远远不够，尤其是在科学服务领域的聚焦还很有限。鉴于此，对于数字图书馆移动视觉搜索机制的探索以及应用的尝试和推广有助于从理论上弥补和完善这一“短板”。

本文旨在对大数据环境下数字图书馆移动视觉搜索的相关研究进展进行梳理和综述，研究知识域以信息管理为基础，同时跨越计算机与信息科学、心理学、认知科学、社会学等诸多学科。重点从数字图书馆相关问题研究，移动视觉搜索的概念、关键技术及应用案例研究，以及数字图书馆移动视觉搜索研究三个主要方面对国内外相关文献进行述评；最后指出了当前移动视觉搜索技术应用于数字图书馆研究中可能的发展方向。

2 数字图书馆研究的相关问题

阮冈纳赞在很早之前就指出，我们无法完全预料图书馆这个生长着的有机体的发展还将经历那些阶段，也无法预言图书馆传播知识这一重要功能是否能通过印刷图书以外的手段来实现，但至少我们已经看到了各种不同类型的图书馆从图书馆这个有机体中分化出来了。今天来重温先辈这段精彩的论述，可以明确地说，数字图书馆正是最为贴近这个数字化时代的一种典型的“生长着的有机体”，并且我们也相信，作为全球性知识传播工具的图书馆的基本原则，也将贯穿于图书馆未来发展过程的始终。但随着数据的爆发式增长，对急剧膨胀的资源组织、建设，以及日益多元的人机交互方式、服务模式等的研究，将在很长时间内成为数字图书馆应对大数据挑战的关键性、前沿性课题。

2.1 数字图书馆资源建设研究

Summers 很早就曾提出，图书馆馆藏的发展将从根据用户的潜在需求采集书刊资料转变为根据用户的现实需求来提供信息，把图书馆建设成为信息资源库[16]。在大数据环境下，数字图书馆资源发生了巨大的变化，资源建设也因此一直是数字图书馆建设的重点内容之一。吴慰慈指出，数字化、网络化环境促使图书馆新资源观的形成，一方面，信息资源建设的对象不再局限于传统的文献概念，而是包括传统的印刷型文献、电子出版物和网络信息在内的广泛的信息资源；另一方面，从网络图书馆（On-line Networked Libraries）的概念出发，根据用户的多元化信息需求，来构建不同格式和类型的信息资源[17]。

2010 年，OCLC（Online Computer Library Center, Inc.，联机计算机图书馆中心）的一项调查显示，馆藏空间、原生资源和数字化问题是馆藏大数据管理的三大挑战性问题[18]。2010 年 5 月 27 日，由国家图书馆负责起草的《数字图书馆资源建设指南》正式发布，从建设原则、建设方式、建设工作内容、建设策略、建设经费、建设管理等七个方面对数字图书馆资源建设工作的开展进行了重点阐述[19]。《数字图书馆资源建设指南》明确了数字图书馆资源的含义，规范了数字资源建设应遵循的原则，既为单个图书馆开展数字图书馆资源建设提供了切实可行的指导性建议，也为图书馆界建设跨地域、跨系统的数字图书馆资源保障体系提供了有益参考。

郑建明、钱鹏通过对比研究发现，国家数字图书馆、中国高等教育数字图书馆等机构在资源建设方面已经摆脱单纯的馆藏数字化加工方式，而是扩大资源建设渠道，充分与出版商、其他数字图书馆等进行合作，建立包括数字资源加工、购买、交换、共建以及网络资源挖掘与整理的多渠道资源建设模式[20]。孙坦指出，学术图书馆信息资源建设面临两个方面的挑战：一个是开放信息环境颠覆图书馆“馆藏”根基，另一个是数字图书馆服务的边缘化[21]。所谓边缘化，是指主流数字图书馆仍处于基于文献资源的集成服务模式，主要提供基于元数据的关键词检索和部分概念检索，缺乏语义搜索与知识发现服务。陈传夫等认为，在大数据环境下，我国数字图书馆存在资源建设结构不合理、资源同质化现象严重的问题。虽然图书馆无须将全部馆藏数字化，但务必优先对在某一方面形成了一定规模的、结构比较完整的文献资源，特别是原生资源，有系统、有组织地进行开发与整理，以真正发挥数字图书馆的规模效益[22]。

2.2 数字图书馆资源组织研究

图书馆馆藏资源已逐渐转变为以数字图书馆为主体。在大数据环境下，如何对数字图书馆资源进行再组织与展示，进而转变为直接面向用户的结构化、有序化、多元化知识资源成为信息管理界一个热点议题。关于数字资源的再组织，国内学者在长期的探索实践中形成了“资源整合”“资源融合”“资源聚合”等多种提法。伴随着关联数据概念的提出，面对海量数据、计算算法和挖掘工具，数字资源组织的研究视角更加敏锐化、多维化和深邃化[23]，由此看来，数字图书馆资源的整合、融合、聚合等也将成为信息组织模式变革与创新的重要方式，数字资源再组织也呈现精细化、体系化、可视化和立体化的趋势[24]。

2013年11月4日，德国数字图书馆（Deutsche Digitale Bibliothek，DDB）首次以应用程序接口（API）的方式实现图书馆馆藏数字资源的开放共享。德国数字图书馆的元数据是以不保留任何权利的知识共享形式授权发布，任何用户都可利用德国数字图书馆的应用程序接口运行自己编写的计算机程序，以不受任何限制的方式使用这些元数据。用户可以借此利用公共数字图书馆的资源，在网站或者手机上开发新的互联网信息服务，包括充分利用德国数字文化遗产等资源。

数字资源整合同样已经成为中国国家图书馆在大数据时代的工作重心，具体包括数字资源元数据整合，以及通过资源重组、优化等手段实现的对象数据整合等[25]。Rayward[26]较早提出如何将物理形态的媒体转变为数字形态的媒体，及其对不同信息机构产生的影响和图书馆、档案馆与博物馆（LAM）功能整合问题。李广建[27]在对国外143个数字资源整合系统统计的基础上，提出数字资源整合系统的实现机制包括数据仓库整合、中介器封装器整合、代理整合和对等整合。肖希明、唐义[28]提出，数字资源整合主要包括基于数据的资源整合（数据整合）、基于信息的资源整合（信息整合）和基于知识的资源整合（知识整合）三种方式。

数字资源融合是数字资源集成和整合的更高层次，肖希明、郑燃[29]的研究发现，各国LAM以及该领域的国际组织，正在积极面对社会公众共享人类文化和信息资源的需求，并充分运用现代信息技术手段，探索LAM数字化资源的融合，构建面向公共文化服务的数字化服务平台。文庭孝、李维[30]提出应从大数据时代的特征及思维变革出发，通过数据公开和开放获取，建立一个以全面、完整数据为基础的统一平台，实现数据、技术、平台、服务的融合。

大数据环境下，在催生数字资源整合、融合等新概念的同时，也引发了从数字资源整合到聚合的新变革。数字资源聚合作为走向知识网络环境下的信息资源再组织的一种模式，目前已成为信息管理学界又一个新的研究领域[31]。国外学者对资源聚合基础模型的研究主要有三个方面[32]：一是分布及异构信息资源聚合模型，如

Sinha，Lobiyal 提出的高效数据汇总的概率聚集模型[33]、Xiong 等提出的高效资源发现的 P2P 网格模型[34]等；二是语义理论模型，如 Porcel 等提出的用于资源推荐的模糊语言模型[35]、优于公知的主题检测方法的智能话题检测代理语义框架以及提供语义数据智能检索服务的 Multikey Rank 模型；三是文本内容聚合的模型，如可共享内容对象的 Scorm 参考模型等。

语义技术在数字图书馆资源描述、知识关联、智能检索和可视化呈现方面显现出了巨大的价值，有效促进了数字图书馆资源的充分利用。贺德方、曾建勋认为，面向馆藏资源的语义描述、识别和语义关系的挖掘、链接，将使不同语种、载体和来源的异构文献信息资源得到基于语义的揭示与组织[2]。同时，与语义技术休戚相关的关联数据在图书馆资源组织上得到广泛的应用。采用关联数据，数字图书馆有机会遵循一种泛在的技术规范来提供服务，并在未来语义网建设中发挥主导作用[36]。关联数据不是一种具体的技术，而是一种模式，一种数据组织和共享的框架结构。Heath，Bizer 提出关联数据的基本架构包括三个功能层：数据发布层、数据存取整合和保存层、数据应用层[37]。关联数据使用 RDF 作为数据的模型，运用统一的 URI 作为数据的标识，通过 HTTP 协议协调规范“数据”，从而实现在网络上的发布。在我国信息管理学界，较早系统性介绍关联数据的有黄永文[38]；沈志宏、张晓林[39]；刘炜[40]等学者。随后出现了许多对关联数据概念及其研究与应用现状的介绍，但对关联数据在图书馆实践当中的研究比较少。欧石燕[41]提出了一个面向关联数据的语义数字图书馆资源描述与组织框架，共包含四个层次：元数据层、本体层、关联数据层和应用层，核心是 RDF 语义元数据的构建与关联。

2.3 数字图书馆人机交互研究

人机交互是国内外信息系统学科长期关注的一个重要研究领域。众所周知，人和软件之间的沟通是一项持续性的挑战。一方面，人的需求和期望不断增长，另一方面，软件具有更高级的产品特征和功能。界面由此成为用户和软件之间进行有效沟通的“战场”。Gaffar 指出，当人机交互涉及大数据时，人与软件的沟通往往采用软件显示数据的形式来进行[42]。陈志刚、鲁晓波认为，信息与交互设计在由后工业社会向信息化社会过渡的进程中，既承担着引领、促进和优化信息化变革的重任，同时作为一种理念和技术，其本身也需要变革来适应大数据的发展要求[43]。胡昌平、周怡认为，数字化信息服务的交互性主要体现在用户与系统基于界面层的交互、用户与内容基于内容层的交互及系统与内容基于资源组织层的交互[44]。

可用性（usability）研究起源于人类工效学中的人机交互研究，并引入了软件工程、认知心理学、人类学、信息系统等相关领域的研究成果，逐渐发展成为一个跨学科研究的热点领域。信息管理学界的一些学者习惯从系统或平台的角度来理解数字图书馆，从可用性评价的视角来考察用户与数字图书馆的人机交互问题。马翠嫦等通过对国外研究成果的梳理发现，数字图书馆可用性评价主要分为三个研究层次[45]：

其一，借鉴人机交互领域可用性评价方面的研究成果，研究数字图书馆可用性评价问题。例如，Buchanan 和 Salako 探讨了数字图书馆系统可用性和有效性之间的差别：效益、效率、外形美观、使用基本术语、设置导航和易学性是系统可用性的关键属性；相关性、可靠性和流通性是系统有效性的关键属性[46]。

其二，在用户心理行为理论基础上，结合人机交互领域可用性评价研究的成果，研究以用户为导向的数字图书馆可用性评价问题和评价模型。比如，Smith 基于认知理论（cognitive theory）和多元知识理论（multiple intelligences theory），提出了一个跨文化数字图书馆可用性评价框架，用于指导数字图书馆的人机交互设计[47]。Zhang 综合专家访谈、问卷的方法，提出了一个从管理者、开发者、图书馆员、研究者与用户多角度来进行数字图书馆可用性和有用性综合评价的模型，其维度包括内容、技术、接口、用户、服务与环境六个方面[48]。

其三，结合人机交互和用户心理行为等学科的研究成果，从图书馆学理论和实践的角度发展数字图书馆可用性评价的研究。图书情报学界的部分学者将国内外文献数据库的门户网站作为数字图书馆，例如，李月琳、张向民通过设计实验，研究了用户个体差异（教育背景、性别、搜索技能、浏览技能、浏览经验）对 ACM、IEEE Xplore、IEEE Computer Society 数字图书馆可用性评价的影响，研究表明，使用数字图书馆少、受教育层度低的用户对数字图书馆的评价不高，因此，在数字图书馆的设计上，应更多考虑这类用户对可用性的要求，提高数字图书馆的个性化服务功能[49]。徐芳、戴炜轶从用户与系统交互（系统导航功能、系统检索功能、系统浏览功能、系统易用性、系统响应快捷性、系统链接有效性、系统界面友好性、系统用户隐私保护）和用户与内容交互（网页整体布局合理性、图文色彩协调性、信息内容完整性、文字字号字体选用合理性、信息组织方式多样性、信息更新及时性、网站整体风格一致性）两个方面设计了数字图书馆用户交互体验评价指标，并采用实验研究比较 CNKI、维普、万方数字图书馆用户交互体验评价的满意度[50]。

2.4 数字图书馆服务模式研究

在大数据的影响下，图书馆用户对信息的数量与质量的要求在不断提高，数字图书馆需要迎合用户的需求，从大数据中洞察用户的信息行为，不断调整服务策略与模式，从大量的数据中分析挖掘潜在的价值。大数据知识服务逐渐成为数字图书馆领域新的服务增长点[51]。目前，对于数字图书馆的服务模式并没有相对统一的分类，总体来说，包括如下几个方面[52]：

2.4.1 以提供知识为导向的服务模式

此种服务模式以满足用户对特定知识的检索和获取需求为目的，依赖用户对知识的吸收、转化与运用。具体又包括以下几种模式：①知识导航。指通过信息的收集与分析，进行知识的聚类与重组，将知识按学科或主题聚类，为用户提供链接和导引服务。知识导航服务模式主要表现为各种网络资源导航、学科导航和学科信息门户。②知识检索。知识检索和信息检索不同，知识检索强调语义，不只是基于字面的机械匹配，而是从信息的语义、概念出发，能够揭示信息的内在含义。③知识共享。为实现数字图书馆知识服务的一次开发、多次利用，数字图书馆应不仅只是为单一用户提供知识服务，而是对具有相似特征的用户都能提供知识服务。④个性化定制与推送。个性化的服务理念很早之前就引起了数字图书馆研究的重视，孙雨生等发现，2012 年之前，国内数字图书馆个性化服务研究主题主要集中在信息资源建设、用户兴趣建模、服务方式、服务技术等方面，而语义用户兴趣建模、学术文献智能化服务、语义信息推荐和在线用户数据分析等在今后会得到更多的关注[53]。

2.4.2 以解决问题为导向的知识服务模式

此种服务模式针对用户的实际应用问题，动态的收集、分析、重组、挖掘知识，帮助用户找到或形成问题的解决方案，是一种动态的、连续的服务。具体有以下几种模式：①知识产品开发。知识开发是建立在知识组织的基础之上，根据用户要求，针对具体用途和目标，对系统采集的各种层次和范围的知识信息进行深层次加工，形成具有独特价值的、适合用户需要的知识解决方案和知识产品的过程，如建立数据库、知识库，开发智能工具、应用软件等。②数字化参考咨询。数字化参考咨询是最近几十年逐渐发展起来的一种新型的参考咨询的知识服务形式，也是数字图书馆必备的基础服务项目。③学科馆员。学科馆员指图书馆设专人与某一个院系或学科专业作为对口单位建立联系，在院系、学科专业与图书馆之间架起一座桥梁，相互沟通，为用户主动地有针对性地收集、提供文献信息与知识服务。

除了上述几种典型的服务模式，我们还发现移动数字图书馆、数字图书馆联盟等构成数字图书馆新兴服务模式的代表。

①移动数字图书馆。随着移动互联网技术的发展，越来越多的图书馆开始通过手机、平板电脑、PDA 等移动终端设备为用户提供多元化信息服务，移动服务受到了图书情报界的广泛关注和重视。移动数字图书馆服务模式主要包括短信息服务、移动网站服务和移动应用服务。用户还可以享受图书馆提供的基本书目服务，如搜索图书馆目录、续借和预约图书馆资源等，实现资源的发现、推

荐与评论等用户交互的移动社交功能[54]。施国洪、夏前龙认为，在大数据的移动时代，未来绝大多数的信息将由用户创造，用户个性化定制服务将是移动图书馆发展的方向之一[55]。曾建勋提出，移动数字服务涉及数字内容的生产、组织与传播，数字资产的出版形态再造、移动服务模式革新和商业转化能力的创新，需要发挥传统出版社的内容优势、互联网公司的渠道优势、文献数据公司的集成优势，形成出版商、集成商和渠道商三者间的跨界合作与互动融合[56]。

②数字图书馆联盟。数字图书馆联盟是信息环境下图书馆联盟进一步的传承与发展，指通过一定的形式，将分布在不同地域和不同结构的数字图书馆联合起来，促进成员馆对数字信息资源的联合建设与利用的组织协调机构[57]。2005 年 7 月 8 日，武汉大学信息管理学院邀请全国 50 多所大学图书馆的馆长，参加在武汉大学举办的“数字时代图书馆合作与服务创新”国际研讨会暨第三届中美图书馆员高级研究班，通过了《图书馆合作与信息资源共享武汉宣言》，该宣言对推动我国大学图书馆之间、大学图书馆与其他类型图书馆之间的合作，实现信息资源共享，进而对于促进我国经济和社会的全面与可持续发展，消除信息鸿沟，构建和谐社会，具有重要的意义[58]。大数据带来了“信息超载”的问题，数字图书馆联盟能有效整合馆际间的资源，实现数字资源的最大程度利用。

3　移动视觉搜索概念、关键技术及应用案例研究

3.1　移动视觉搜索的概念

视觉搜索（visual search），顾名思义，是指使用眼睛来完成一系列短暂的定位并在此期间收集信息，通过眼睛的快速移动，定位点散布到目标体各处[59]。因此，心理学意义上所理解的视觉搜索是指在特定区域内确定待搜索对象是否出现或出现后确定其形态、位置等相关信息的行为，并由此形成了视觉心理学（visual psychology）学派。20 世纪六七十年代，包括（认知、视觉）心理

学、人类工效学，以及神经科学、眼科学等自然科学对视觉搜索进行了大量的研究[60]。

从计算机科学的角度而言，视觉搜索的研究范畴不仅仅局限在认知科学和心理学层面，而是拓展到更多算法和技术实现层面。特别是近几年，在移动环境下，计算机科学领域的学者对移动视觉搜索开展了大量技术性研究工作。Franchi 等认为，移动视觉搜索是指通过移动设备的摄像头来获取物理世界物体的图像，从而将其与数字信息产生联系的一种新技术[61]；Tous 和 Delgado 指出，移动视觉搜索是指通过移动手持装置所制造的图片或视频来获取信息(视觉信息或非视觉信息）的过程[62]。钟志鹏等认为，移动视觉搜索是通过手机拍照的方式来搜寻感兴趣物品资讯的技术，该技术采用计算机视觉的方法对物体进行识别，并将待识别的物体与相关的虚拟数字信息关联起来，使用户不需要输入任何关键字便能检索与之相关的信息[63]。林杰将移动视觉搜索概括为使用移动设备将现实世界的用户与虚拟世界的图像数据连接起来，通过快速有效的视觉搜索技术帮助用户从海量数据中获取所需的信息[64]。

综合前人对移动视觉搜索的概括与描述，本文所界定的移动视觉搜索，从狭义上理解是指利用移动终端设备在现实场景中获取实体对象的视觉资源作为检索项，通过各类移动端应用软件或者系统平台进行解析并处理的交互式信息检索方式。从广义上理解是指移动互联网环境下的一种数据驱动、任务导向的创新型信息服务模式，强调对视觉类信息资源进行有效的建设、组织和展示，并在此基础上针对不同的用户群体和情境开展各类具体应用，以满足个性化、精准化和敏捷化的用户需求。移动视觉搜索的基本流程如下[65]：首先，通过移动智能终端获取视觉对象，提取视觉对象的特征和描述符；其次，将描述符与存储在视觉对象知识库中的描述符相匹配；最后，返回搜索结果，如图 1 所示。作为一个检索过程，其技术目标是实现检索效能、效率以及用户体验的均衡。

3.2 移动视觉搜索的关键技术

移动视觉搜索关键技术可以分为对象特征表示技术、对象匹配

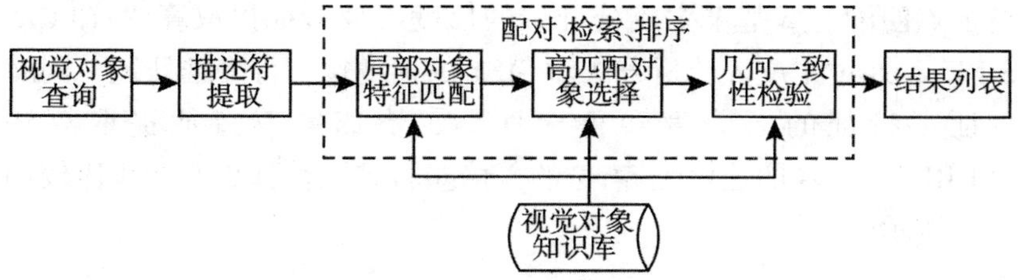

图 1　移动视觉搜索的基本流程[65]

技术、对象检索流程以及对象知识库建设等关键技术。

3.2.1　对象特征提取与描述技术

图像特征表示是视觉搜索的关键环节，图像的特征一般基于兴趣点检测由描述子（descriptor）来表示，为了适应移动视觉搜索情境的需求，Chen 等提出了一种低内存占用和低时间复杂度的兴趣点检测算法[66]。基于兴趣点检测形成的描述子可以分为局部描述子（local descriptor）和全局描述子（global descriptor）两种。兴趣点检测、描述子之间的关系如图 2 所示。

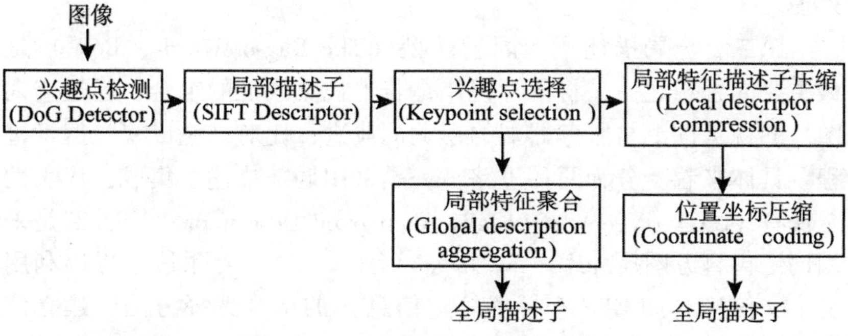

图 2　紧凑描述子提取过程[66]

第一，局部描述子。局部描述子的表述一般借助的是几种算法：①图像特征提取算法，即尺度不变特征提取算法（scale invariant feature transform，SIFT），其基本步骤为：尺度空间的建立、特征点的提取、利用特征点周围邻域的信息生成特征描述子、特征点匹配。②基于主成分分析的尺度不变特征提取算法（PCA-SIFT），通过主成分分析方法对SIFT的梯度块进行降维处理，同时保证了特征的区分度和鲁棒性。③快速鲁棒特征提取算法（SURF），计算的速度是SIFT的3倍左右。三种算法的性能比较如表1所示[67]。

表1　**局部描述子三种算法的性能比较**[67]

方法	时间	尺度	旋转	模糊	光照度	仿射
SIFT	一般	最好	最好	最好	一般	好
PCA-SIFT	好	一般	好	一般	好	好
SURF	最好	好	一般	好	最好	好

为了满足传输的需要，在保证描述子区分度的基础上尽量压缩描述子的大小，如：①降维（PCA，LDA）；②改变表述方式（二进制码表示）；③基于量化（压缩梯度直方图）。由于提取的是局部特征，所以提取和压缩过程同样需要对局部特征的位置信息进行处理。

第二，全局描述子。词袋模型（The Bag-of-Words，BoW）是最主要的思想之一，将图片视作是若干视觉词汇的组合，通过查询图片的视觉词汇与服务器端的视觉词典进行比对来完成视觉搜索过程。具体来看，分为两种思路：一是采用局部描述子集成，代表性工作有VLAD（Vector of Locally Aggregated Descriptors）[68]；二是采用词汇包直方图压缩[69][70]。Ji等[71]引入机器学习手段，提出利用上下文信息（如GPS和标签等边信息）的单词选择方法，建立位置自适应的紧凑视觉词典，并应用于移动地标搜索。基于这种适应思想，Duan等[72]又提出了用于地标搜索的基于场景学习（是否存在辅助信息）多渠道（multi-channel）紧凑描述子，该描述子可以降低对带宽资源的利用从而减少搜索延迟。

3.2.2　对象匹配与检索技术

主要包括图像对匹配（pairwise matching）与图像检索

(retrieval)。两者过程相似，但侧重点不同：前者针对两张图像进行自动校验，确定是否包含相同对象或场景；后者是在大规模图像数据集中搜索和发现包含与查询图像相同的对象或场景的所有图片。

第一，图像对匹配。分为两个阶段，即第一阶段的基于局部描述子匹配和第二阶段的基于全局描述子匹配[73]。这样的匹配策略可以较好的解决局部描述子在图像对中存在多个同类相似区域，或者全局描述子在图像对中存在多个相似对象的情景。①局部描述子匹配阶段。首先确定查询图像与参考图像中的兴趣点匹配对（key point matches or correspondences）；然后通过几何一致性校验，确定兴趣点匹配对的内群点（inliers），若内群点超过设定的阈值，该图像对将被视为匹配对；最后，通过单应性（homograph）估计，针对检测出的匹配对，计算匹配物体的位置。②全局描述子匹配阶段。通过全局描述子的相似性计算，检测出第一阶段的基于局部描述子匹配无法界定的匹配对。第一阶段采用了严格的几何一致性校验，图像匹配对的误检率非常低，所以第二阶段主要任务是区分未检测出的匹配对与绝大多数的非匹配对。

第二，图像检索。分为两个阶段，即第一阶段的基于全局描述子的检索和第二阶段的基于局部描述子的图像重排序阶段。通过第一阶段的“粗筛选”与第二阶段的“细排序”，实现图像检索系统在检索效率与检索性能之间的平衡。全局描述子检索阶段，查询图像的全局特征与图像数据集中预先计算好的参考图像全局特征进行逐一比对，通过相似性匹配值排序，返回一组候选图像（top matches）。全局描述子通常支持快速运算（比如，汉明距离计算），适合大规模图像数据集的基于高效线性查找的图像比对。对比传统的词汇包倒排索引模型，全局描述子检索可以通过返回较少的候选图像集合，获得较高的召回率[74]。

3.2.3 视觉对象知识库建设技术

“分布式计算”概念的提出，为视觉对象知识库的索引结构以及系统结构的建设提供了思路。借助机器学习方法，可以尝试建立视觉搜索分布式索引架构。通过机器学习可以尝试解决两类问题，一是分布什么，二是如何分布。“分布什么”的基本思路是根据视觉单词的统计信息发现冗余的单词，仅将查询图片中部分有区分力的单词分布到多台服务器上。其目的是通过这种单词选择式分布，使倒排索引中相似度打分及排序阶段的时间消耗最小化，同时确保检索精度不会受损。“如何分布”的基本思路是通过优化视觉单词分布策略，使得在线查询在多台服务器上得到均衡处理[75]，从而避免因分布不均衡导致单台或多台服务器闲置。目前这个部分的研究相对较少。

3.3 移动视觉搜索的应用案例

移动视觉搜索的商业化驱动尤为明显，目前市场上主要包括两种类型的移动视觉搜索产品：一种属于可穿戴设备（wearable device），比如 google glass、百度眼镜等；另一种则是支持 Android 或 iOS 的移动 app，国外已经有数十种相关产品，它们主要通过移动手持装置所制造的图片或视频，来帮助移动用户获取相应的信息。因此可以说，这样一种移动视觉搜索本质上属于移动增强现实（augmented reality，AR）技术的应用。增强现实技术，也称混合现实技术（mixted reality），是介于现实与虚拟之间的一种应用，已在国外文化教育领域，如古建筑研究、博物馆展览、增强旅行、校园导航以及古籍阅读等方面取得很大的进步。

3.3.1 基于可穿戴设备的移动视觉搜索应用

Google Glass 是一款和普通眼镜外观类似的可穿戴设备，于 2012 年 4 月发布，集智能手机、GPS、相机于一身，在用户眼前展现实时信息，只要眨眼就能拍照上传、收发短信、查询天气路况等操作。用户无需动手便可上网冲浪或者处理文字信息和电子邮件，同时，戴上这款“拓展现实”眼镜，用户可以用自己的声音控制拍照、视频通话和辨明方向，如图 3 所示。

百度眼镜（BaiduEye，baidueye. baidu. com）与 Google Glass 类似，在 2014 年 9 月发布，但其在造型上与 Google Glass 有所不同，采用后戴式设计，视野完全无遮挡，如图 4 所示。百度眼镜是一款集成了视、听、说能力的可穿戴设备，无需眼镜屏幕，佩戴者只需

图3　Google Glass
（图片来源：http：//apple. zol. com. cn/503/5035524. html）

要用手指在空中对着某个物品画个圈，或者拿起这个物品，百度眼镜即可通过这些手势获得指令，锁定该物品并进行识别和分析处理。具体来说，百度眼镜能帮助用户在户外进行花草识别，在博物馆了解作品的来历，也可以用于商场，向消费者推荐其所关注商品的促销信息，以及进行室内导航等。

图4　百度眼镜
（图片来源：http：//baidueye. baidu. com/？ lang=ch）

3.3.2 基于增强现实技术的移动视觉搜索应用

CamFind（camfindapp.com）的口号为“Search the physical world”（搜索物理世界），如图5所示。它借助CloudSight API，基于Google play或iOS平台，用户利用提交的图像的搜索结果可以是图片、本地购物结果或其他网络资源；同时，用户可以用关键词对图片进行标注，任何人都可以对图像识别的结果进行改进，这种众包的方式能识别80%的算法无法识别的图像。该App主要应用在购物、娱乐、社交等领域。

图5 CamFind应用程序

（图片来源：camfindapp.com）

Blippar（blippar.com）是一款图片识别和增强现实应用的应用程度，基于Android、iOS及Windows Phone平台，口号为“Enhancing your view of the world”（增强你对世界的观感），如图6所示。它可以通过基于品牌的互动内容让用户认识大量的产品和服务，能够识别所有英语唱片封面、DVD封面、小说和电影海报，使用 blippar 能获得大量的相关信息，比如乐队演出时的视频、买票的地点、评论、最新消息、推文或照片等。这款应用程序专注于非品牌视觉搜索，这样用户们就能更加深入地了解到海量产品和现实生活中周围的事物。该 App 主要应用在购物、娱乐、游戏、3D 体验、投票等领域。

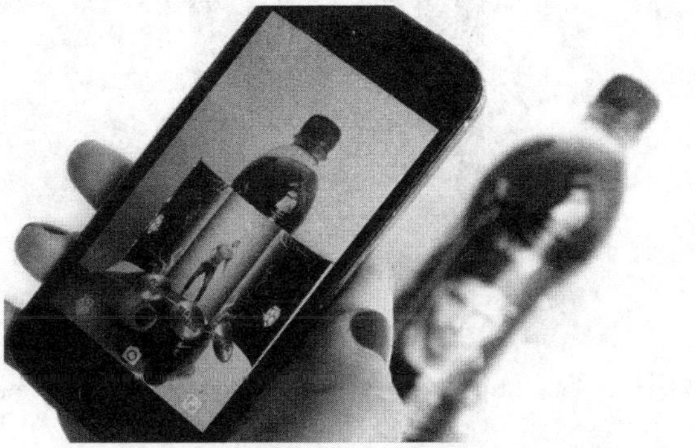

图 6　Blippar 应用程序

（图片来源：https：//blippar. com/en/blog/2015/09/29/augmented-media-will-be-bigger-brands-internet/）

Ocutag（ocutag. com）是一款能为开发人员提供开放 API 和在线服务的应用程序，口号为“Reality just got better”（现实更美好），如图 7 所示，支持将视觉搜索集成到移动 App。Ocutag 采用了独特的 Ricoh 视觉搜索技术，九成专利已获批或正在申请，以提供业界领先的性能（快速响应和高精确度），同时支持大型数据库以满足 App 的要求。Ocutag 还为开发人员和内容专家提供了全面的、易于使用的工具，以及丰富的分析方法和广泛的支持。

Slyce（slyce. it）基于 Android 和 iOS 平台，利用机器学习，自动识别并将用户的照片以及自己数据库中的商品信息进行匹配，以保证整个过程的高效流畅，而对于机器识别无法完全覆盖的部分，Slyce 将通过利用人工匹配来进行弥补（众包），如图 8 所示。其口号为“Bringing visual search to the world”（视觉搜索照进世界），目前除了图像识别之外，Slyce 还支持视频音频识别、二维码和条

图 7　Ocutag 应用程序
（图片来源：https：//ocutag. com/documents/overview）

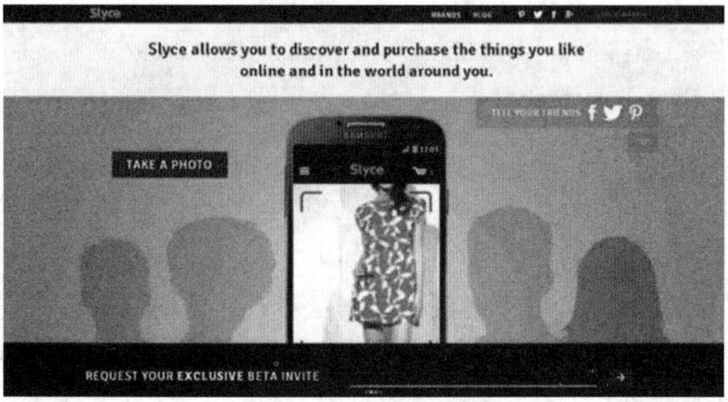

图 8　Slyce 应用程序
（图片来源：slyce. it）

形码扫描以及 NFC 技术。该 App 主要应用于购物当中。

4　数字图书馆的移动视觉搜索研究

国外已将移动视觉搜索技术运用于商务、娱乐方面的平台，但尚未发现将其应用于图书馆或其他公共文化服务领域。在我们国家，伴随图书馆、档案馆、博物馆文献与历史资料数字化工程的大力推进，无论是科研数据的获取方式，还是文化遗产的传承模式，都随之也发生了深刻的变革。这样的一种情境之下，如何将海量的数字资源与移动视觉搜索进行对接，并让数字图书馆用户随时随地获取这些资源，无疑成为摆在我们面前的一项巨大的挑战。

我国对移动视觉搜索技术的研究非常关注，这从国家级基金课题的立项支持上可见一斑。表 2 为从 2012 年开始到 2015 年，国家自然科学基金、国家社会科学基金以及教育部人文社会科学研究项目当中有关“移动视觉搜索”研究的立项统计。

表 2　　**移动视觉搜索相关课题立项情况**

批准年度	项目编号	项目名称	项目类型	项目负责人	依托单位
2012	61271428	移动视觉搜索关键技术研究	国家自然科学基金面上项目	高科	中国科学院计算技术研究所
2012	61271311	移动视觉搜索关键技术研究	国家自然科学基金面上项目	段凌宇	北京大学
2013	61365002	移动云计算环境下面向视觉搜索的紧凑型语义特征抽取算法	国家自然科学基金面上项目	江爱文	江西师范大学
2013	61373076	面向视觉大数据搜索的词典学习与特征编码压缩研究	国家自然科学基金面上项目	纪荣嵘	厦门大学
2015	61502477	面向移动视觉搜索的二进制图像指纹研究	国家自然科学基金青年项目	毛震东	中国科学院信息工程研究所

续表

批准年度	项目编号	项目名称	项目类型	项目负责人	依托单位
2015	15ZDB126	面向大数据的数字图书馆移动视觉搜索机制及应用研究	国家社会科学基金重大项目	朱庆华	南京大学
2015	15YJC870012	基于大数据的数字图书馆移动视觉搜索机制及其应用模式研究	教育部人文社会科学研究一般项目（青年基金）	李晨晖	桂林理工大学

由此可见，国家自然科学基金项目针对移动视觉搜索技术的相关研究，均集中在计算机科学与技术领域。从管理学视角对移动视觉搜索基本概念、理论与方法等进行探讨的课题项目及论文非常少见，而将其应用于数字图书馆领域更是少之又少。Brad[76]将2D和3D信息可视化技术引入数字图书馆资源建设，来支持多源和馆藏资源的展示与导航，用户可以方便地操作、检索和浏览这些资源。在移动视觉搜索的概念引入图书馆之前，国内图书情报学界的部分学者对移动增强现实技术在图书馆中的应用前景进行了分析与展望。付跃安[77]预测了移动增强现实技术在图书馆中的五种应用：图书馆指引服务、图书定位、阅读体验、信息推送及馆藏资源的开发和利用；王璞[78]则从图书排架与资源融合、增强现实多媒体图书、增强现实图书馆导航、增强现实光学字符识别和增强现实个性化服务等五个方面探讨了移动增强现实技术在现代图书馆的应用；李震、李艳诚[79]和薛涵、朱娜娜[80]也进行了相关探讨性研究。

2014年5月27—30日，第5届国际移动图书馆会议（http：//m-lib5. lib. cuhk. edu. hk/）在香港举行，围绕“移动图书馆：从设备到人”的主题，包括清华大学图书馆姜爱蓉等人的国内外学者介绍了许多移动环境下可穿戴设备与增强现实技术在数字图书馆中的应用案例[81]。黄敏聪探讨了图书馆在公众科学兴起过程中的角色，提出“图书馆具有平台优势、资源优势和专业优势，但缺乏公众科学服务理念、大数据管理经验以及资金支持”[82]。而移动视觉搜索在公众科学研究中初现端倪，因此，应考虑利用移动视觉搜索技术与公众科学的契合之处来推进数字图书馆服务模式的变革，迎来新的发展机遇。贺德方提出实现数字图书馆服务创新的五个方向[83]：嵌入科研过程提供知识链接服务、基于语义关联优化资源发现服务、借助可视化技术实现知识的动态多维呈现、提供情景敏感的开放式跨界服务和超越时空的数字图书馆移动服务。据此可以看出，无论从资源发现、组织的角度，还是服务方式的角度，移动视觉搜索在数字图书馆都具有重要的潜在应用价值。

移动视觉搜索真正引起国内图书情报学界的关注是从 2014 年开始的。张兴旺、黄晓斌的《国外移动视觉搜索研究述评》一文发表在《中国图书馆学报》2014 年第 5 期上，首开先河地从概念、技术、应用等视角对移动视觉搜索进行了梳理，并归纳了移动视觉搜索应用于数字图书馆的几点展望，包括支持移动视觉搜索信息检索模式的研究、视觉对象知识库建设的研究、移动视觉搜索系统及视觉资源标准化问题的研究、基于海量视觉对象数据分析与数据挖掘的数字图书馆理论与方法研究、移动视觉搜索开发应用及管理人才培养方案的研究[84]。张兴旺、李晨晖在随后的《数字图书馆移动视觉搜索机制建设的若干关键问题》一文中，还介绍了数字图书馆移动视觉搜索的应用需求及表现形式，探讨了移动视觉搜索研究历程及其在数字图书馆情境中的重要性，并分析了数字图书馆移动视觉搜索机制的内涵、分类与架构设计等问题。作者提出，应从移动环境软硬件资源局限性、用户需求多样性、移动用户体验质量、互操作性、协同管理五个方面着手建设数字图书馆移动视觉搜索机制[85]。

5 研究展望

综上所述，移动视觉搜索是近几年信息科学、管理科学以及认知科学领域所共同关注的热门方向。随着大数据时代带来的一系列新的机遇，移动视觉搜索必将有更广阔的应用前景和学术价值。然而，目前该主题的研究在以下几个方面可以作出进一步的探索。

首先，虽然移动视觉搜索相关理念的提出已有几年，但当前对其基本概念、内涵、特征、类型等的探讨还不够丰富，许多重要的问题依旧模棱两可，缺乏一个相对完备的理论框架。我们认为，实现数字图书馆移动视觉搜索的理论突破与创新，绝不依赖于对原有相关理论、模式进行简单的概念植入或拼凑，而是首先从不同理论的源流出发，从多个学科领域以及研究方法当中，来借鉴、抽取，以及重组、拓展既有的基础概念、框架与模型，进而形成面向大数据环境特征的数字图书馆移动视觉搜索基础理论体系。而目前仅有的一些研究没有重视多层次、多维度的理论构建和推演，同时缺乏跨学科交流和方法论的协同。

其次，在移动视觉搜索的技术项目当中，国内侧重于学术研究，国外业界虽然成功实施了一些应用平台，但极少将相关技术应用于图书馆或其它公共文化服务领域。我们相信，移动视觉搜索在数字图书馆，乃至档案馆、博物馆等公共文化数字资源的组织、建设、存储与展示当中，具有很大的潜在应用价值，移动视觉搜索的相关技术手段与方法理应向数字图书馆领域倾斜，设法将其转化为信息和知识服务过程中实际应用的移动视觉搜索技术，才能发挥其应有的价值。

最后，虽然目前由各种数据驱动的数字资源组织与建设创新模式层出不穷，但很多研究和探索都是以商业目标为导向的，从学科与理论的立足点来思考问题略显不足。移动视觉搜索的引入，将更能适应大数据时代用户数字信息服务需求的个性化、精准化和敏捷化等新趋势，基于移动视觉搜索的数字图书馆服务创新与应用创新值得进一步探索和深化。我们应从图书馆服务、图书馆建设基本理念出发，针对数字图书馆服务自身的特点，明确数字图书馆服务的基本框架与结构，以及核心服务与支撑服务的类型，来构建可行的数字图书馆服务模式，实现与其他数字服务内容的融合与协同。

6 结 语

大数据时代的到来，对数字图书馆资源建设与组织，及其服务方式，均产生了前所未有的巨大变革。针对数字图书馆与移动视觉搜索的相关研究，是一个全新的跨学科研究课题，需要我们从多个维度去解析，且具有很高的科学研究和实践应用价值。而纵览目前的相关研究成果，首先，缺乏系统化与深层次的基础理论研究；其次，有关移动视觉搜索最多见的相关技术性研究工作，并没有适时转化到数字图书馆的实际应用中来；再次，数字图书馆服务创新与应用模式研究有所不足，移动视觉搜索则为提升数字图书馆服务能力提供了一个新的契机。因此，如何从理论层面来明确数字图书馆移动视觉搜索资源建设与组织、人机交互机制设计、服务模式，以及从应用层面来探索数字图书馆移动视觉搜索服务方面的应用方式、方法与效果，具有很强的科学研究和实践价值。信息管理学界应该把握这一契机，积极参与到相关研究当中来。同时，我们应同国内图书馆业界及其他信息服务机构保持密切的合作，推动产学研的有效结合，为促进大数据时代的数字图书馆资源建设、移动视觉搜索技术转化等作出应有的贡献。

参考文献

[1] 新华社. 国务院印发《促进大数据发展行动纲要》[EB/OL]. http://www.gov.cn/zhengce/content/2015-09/05/content_10137.htm.

[2] 贺德方，曾建勋. 基于语义的馆藏资源深度聚合研究 [J]. 中国图书馆学报，2012，38 (4)：79-87.

[3] Hargittai E. Hurdles to information seeking: Spelling and typographical mistakes during users´ online behavior [J]. Journal of the Association for Information Systems, 2006, 7 (1): Article 1.

[4] Browne G J, Pitts M G, Wetherbe J C. Cognitive stopping rules for terminating information search in online tasks [J]. MIS Quarterly, 2007, 31 (1): 89-104.

[5] Arazy O, Woo C. Enhancing information retrieval through statistical natural language processing: A study of collocation indexing [J]. MIS Quarterly, 2007, 31 (3): 525-546.

[6] Yang K. Information retrieval on the web [J]. Annual Review of Information Science and Technology, 2005 (39): 33-80.

[7] Foster J. Collaborative information seeking and retrieval [J]. Annual Review of Information Science and Technology, 2006 (40): 329-356.

[8] Ruthven I. Interactive information retrieval [J]. Annual Review of Information Science and Technology, 2008 (42): 43-91.

[9] Mishra J, Allen D, Pearman A. Information seeking, use, and decision making [J]. Journal of the Association for Information Science and Technology, 2015, 66 (40): 662-673.

[10] Biedermann B, Ruh N, Nickels L, et al. Information retrieval in tip of the tongue states: New data and methodological advances [J]. Journal of Psycholinguistic Research, 2008, 37 (3): 171-198.

[11] Thornley C. Dilemmas in information science (IS) and information retrieval (IR): Recurring challenges or new solutions? [J]. Aslib Proceedings, 2009, 61 (3): 323-330.

[12] Lew M S. Multimedia information retrieval: Best papers and expanding frontiers [J]. International Journal of Multimedia Information Retrieval, 2014, 3 (2): 67-68.

[13] Chevalier A, Dommes A, Marquié J-C. Strategy and accuracy during information search on the Web: Effects of age and complexity of the search questions [J]. Computers in Human Behavior, 2015 (53): 305-315.

[14] Girod B, Chandrasekhar V, Chen D M, et al. Mobile visual

search [J]. IEEE Signal Processing Magazine, 2011, 28 (4): 61-76.

[15] 孙晓宁, 朱庆华, 赵宇翔, 等. 社会化搜索研究进展综述 [J]. 图书情报工作, 2014, 58 (17): 5-13.

[16] Summers F W. A vision of librarianship [J]. School Library Journal, 1989, 35 (14): 25-30.

[17] 吴慰慈. 信息资源开发与利用的十个热点问题 [J]. 中国图书馆学报, 2008, 34 (3): 5-10.

[18] Dooley J M, Luce K. Taking our pulse: The OCLC research survey of special collections and archives [R]. Dublin, Ohio: OCLC Research, 2010.

[19] 申晓娟, 周晨, 韩超. 《数字图书馆资源建设指南》解读 [J]. 中国图书馆学报, 2011, 37 (1): 38-46.

[20] 郑建明, 钱鹏. 国内数字图书馆建设模式研究——以国家数字图书馆与中国高等教育数字图书馆为例 [J]. 大学图书馆学报, 2011 (1): 41-46.

[21] 孙坦. 开放信息环境: 学术图书馆信息资源建设的重定义与再造 [J]. 中国图书馆学报, 2013, 39 (3): 9-16.

[22] 陈传夫, 钱鸥, 代钰珠. 大数据时代的数字图书馆建设研究 [J]. 图书情报工作, 2014, 58 (7): 40-45.

[23] 毕强. 数字资源: 从整合到聚合的转变 [J]. 数字图书馆论坛, 2014 (6): 1.

[24] 张云中. 从整合到聚合: 国内数字资源再组织模式的变革 [J]. 数字图书馆论坛, 2014 (6): 16-20.

[25] 曹宁, 张炜. 国家图书馆数字资源整合的探索与实践 [J]. 国家图书馆学刊, 2015 (2): 30-35.

[26] Rayward W B. Electronic information and the functional integration of libraries, museums and archives [A]. Higgs, E. (ed.). History and electronic artifacts [M]. Oxford: Clarendon Press, 1998: 207-224.

[27] 李广建, 汪语宇, 张丽. 数字资源整合的实现机制及关键技

术——对国外数字资源整合系统的实证研究［J］. 中国图书馆学报，2007，33（2）：75-80.

［28］肖希明，唐义. 国外多领域数字资源整合研究进展［J］. 中国图书馆学报，2013，39（4）：26-35.

［29］肖希明，郑燃. 国外图书馆、档案馆和博物馆数字资源整合研究进展［J］. 中国图书馆学报，2012，38（3）：26-39.

［30］文庭孝，李维. 大数据环境下数字资源融合初探［J］. 信息资源管理学报，2015，4（2）：79-84.

［31］毕强，尹长余，滕广青，等. 数字资源聚合的理论基础及其方法体系建构［J］. 情报科学，2015，33（1）：9-24.

［32］毕强，李洁. 国外数字资源聚合热点与前沿分析［J］. 情报资料工作，2015（4）：55-61.

［33］Sinha A，Lobiyal D K. Probabilistic data aggregation in information-based clustered sensor network［J］. Wireless Personal Communications，2014，77（2）：1287-1310.

［34］Xiong Z，Yang Y，Zhang X，et al. Integrated agent and semantic P2P grid resource discovery model［C］//Eighth ACIS International Conference on Software Engineering，Artificial Intelligence，Networking，and Parallel/Distributed Computing，IEEE，2007：216-220.

［35］Porcel C，López-Herrera A G，Herrera-Viedma E. A recommender system for research resources based on fuzzy linguistic modeling［J］. Expert Systems with Applications，2009，36（3）：5173-5183.

［36］林海青，楼向英，夏翠娟. 图书馆关联数据：机会与挑战［J］. 中国图书馆学报，2012，38（1）：58-67.

［37］Heath T，Bizer C. Linked data：Evolving the web into a global data space［M］. Princeton，NJ，US：Morgan & Claypool Publishers，2011.

［38］黄永文. 关联数据在图书馆中的应用研究综述［J］. 现代图书情报技术，2010（5）：1-7.

[39] 沈志宏，张晓林. 关联数据及其应用现状综述 [J]. 现代图书情报技术，2010 (11)：1-9.

[40] 刘炜. 关联数据：概念、技术及应用展望 [J]. 大学图书馆学报，2011 (2)：5-12.

[41] 欧石燕. 面向关联数据的语义数字图书馆资源描述与组织框架设计与实现 [J]. 中国图书馆学报，2012，38 (6)：58-71.

[42] Gaffar A. Application-agnostic interactive big data：Managing HCI complexity at the source [J]. International Journal of New Computer Architectures and their Applications (IJNCAA)，2014，4 (1)：1-16.

[43] 陈志刚，鲁晓波. 大数据背景下信息与交互设计的变革和发展 [J]. 包装工程，2015，36 (8)：6-9.

[44] 胡昌平，周怡. 数字化信息服务交互性影响因素及服务推进分析 [J]. 中国图书馆学报，2008，34 (6)：53-57.

[45] 马翠嫦，邱明辉，曹树金. 国内外数字图书馆可用性评价研究历史与流派 [J]. 中国图书馆学报，2012，38 (2)：90-99.

[46] Buchanan S，Salako A. Evaluating the usability and usefulness of a digital library [J]. Library Review，2009，58 (9)：638-651.

[47] Smith C. Multiple cultures，multiple intelligences：Applying cognitive theory to usability of digital libraries [J]. Libri，2008，56 (4)：227-238.

[48] Zhang，Y. Developing a holistic model for digital library evaluation [J]. Journal of the American Society for Information Science and Technology，2010，61 (1)：88-110.

[49] 李月琳，张向民. 用户个体差异对数字图书馆可用性评价的影响 [J]. 情报学报，2011，30 (9)：980-989.

[50] 徐芳，戴炜轶. 国内数字图书馆用户交互体验比较实验与分析 [J]. 图书馆学研究，2014 (12)：18-22.

[51] 张兴旺，李晨晖. 数字图书馆大数据知识服务体系协同设计研究 [J]. 图书与情报，2015 (3)：61-70.

[52] 孙丽. 基于本体的数字图书馆知识服务模式研究 [D]. 长春：

吉林大学，2013.
[53] 孙雨生，仇蓉蓉，黄传慧，等. 国内数字图书馆个性化服务研究主题演化分析 [J]. 情报理论与实践，2014，37 (8)：41-47.
[54] Thomas L C. The State of Mobile in Libraries 2012 [EB/OL]. http：//www. thedigitalshift. com/2012/02/mobile/the-state-of-mobile-in-libraries-2012.
[55] 施国洪，夏前龙. 移动图书馆研究回顾与展望 [J]. 中国图书馆学报，2014，40 (2)：78-91.
[56] 曾建勋. 跨界发展移动数字服务 [J]. 数字图书馆论坛，2015 (4)：1.
[57] 李富玲，卢振波. 数字图书馆联盟研究 [J]. 大学图书馆学报，2005 (2)：11-15.
[58] 中国大学图书馆馆长论坛. 图书馆合作与信息资源共享武汉宣言 [J]. 大学图书馆学报，2005 (6)：3-5.
[59] 于瑞峰，孔哲昕. 视觉搜索策略研究综述 [J]. 人类工效学，2012，18 (2)：93-95.
[60] 梁娟，金志成，王靖. 视觉搜索相关理论研究的历史、现状与未来 [J]. 社会心理科学，2004，19 (3)：3-8.
[61] Franchi A，Stefano L D，Cinotti T S. Mobile visual search using Smart-M3 [J]. IEEE Symposium on Computers & Communications，2010：1065-1070.
[62] Tous R，Delgado J. Uniform query formalization in mobile visual search：From standards to practice [J]. Signal Processing：Image Communication，2012 (27)：883-892.
[63] 钟志鹏，王涌天，陈靖. 一个基于移动视觉搜索技术的博物馆导览系统 [J]. 计算机辅助设计与图形学学报，2012，24 (4)：555-562.
[64] 林杰. 面向移动视觉搜索的紧凑聚合描述子研究 [D]. 北京：北京交通大学，2014.
[65] Girod B，Chandrasekhar V，Grzeszczuk R，et al. Mobile visual

search: Architectures, technologies, and the emerging MPEG standard [J]. MultiMedia, IEEE, 2011, 18 (3): 86-94.

[66] Chen J, Duan L, Gao F, et al. A low complexity interest point detector [J]. IEEE Signal Processing Letters, 2015, 22 (2): 172-176.

[67] Luo J, Gwun O. A comparison of SIFT, PCA-SIFT and SURF [J]. International Journal of Image Processing, 2009, 3 (4): 1-10.

[68] Jegou H, Douze M, Schmid C, et al. Aggregating local descriptors into a compact image representation [C] /// Proceedings of IEEE Conference on Computer Vision & Pattern Recognition, 2010, 3304-3311.

[69] Chen D, Tsai S, Chandrasekhar V. Tree histogram coding for mobile image matching [C] //Data Compression Conference, 2009: 143-152.

[70] Chen D, Tsai S, Chandrasekhar V, et al. Inverted index compression for scalable image matching [C] //Data Compression Conference, 2010: 252-525.

[71] Ji R, Duan L-Y, Chen J, et al. A lowbit rate vocabulary coding scheme for mobile landmark search [C] //Proceedings of IEEE International Conference on Acoustics, Speech and Signal Processing, Prague, Czech Republic, 2011: 2316-2319.

[72] Duan L, Ji R, Chen J, et al. Learning from mobile contexts to minimize the mobile location search latency [J]. Signal Processing: Image Communication, 2013, 28 (4): 368-385.

[73] Yang S, Duan L, Lin J, et al. A novel pair-wise image matching strategy with compact descriptors [C] //20th IEEE International Conference on Image Processing (ICIP), 2013: 2572-2576.

[74] Duan L, Lin J, Chen J, et al. Compact descriptors for visual search [J]. IEEE Transactions on MultiMedia, 2014, 21 (3): 30-40.

[75] Ji R, Duan L, Chen J, et al. Learning to distribute vocabulary indexing for scalable visual search [J]. IEEE Transactions on MultiMedia, 2013, 15 (1): 153-166.

[76] Brad E. Practical applications of 2D and 3D information visualization for information organizations [J]. Library Technology Reports, 41 (1): 55-64.

[77] 付跃安. 移动增强现实（AR）技术在图书馆中应用前景分析[J]. 中国图书馆学报, 2013, 39 (3): 34-39.

[78] 王璞. 移动增强现实技术在图书馆中的应用研究 [J]. 图书与情报, 2014 (1): 96-100.

[79] 李震, 李艳诚. 图书馆应用移动增强现实技术（AR）探究[J]. 图书馆学研究, 2014 (21): 17-21.

[80] 薛涵, 朱娜娜. 移动增强现实技术推动图书馆体验创新 [J]. 图书馆学研究, 2015 (7): 35-40.

[81] 姚飞, 姜爱蓉. 移动图书馆：从设备到人——2014 年第 5 届国际移动图书馆会议综述 [J]. 现代图书情报技术, 2015 (1): 1-8.

[82] 黄敏聪. 公民科研的兴起及图书馆的角色 [J]. 图书情报工作, 2014, 58 (14): 40, 59-62.

[83] 贺德方. 基于语义的数字图书馆服务创新 [J]. 情报学报, 2012, 31 (10): 1012-1017.

[84] 张兴旺, 黄晓斌. 国外移动视觉搜索研究述评 [J]. 中国图书馆学报, 2014, 40 (5): 114-128.

[85] 张兴旺, 李晨晖. 数字图书馆移动视觉搜索机制建设的若干关键问题 [J]. 图书情报工作, 2015, 59 (15): 42-48.

【作者简介】

朱庆华，男，1963 年 10 月生，南京大学信息管理学院教授、博士生导师，国务院学位委员会图书情报与档案管理学科评议组成员、教育部“新世纪优秀人才支持计划”获得者、江苏省高校

"青蓝工程"第二期计划首批优秀青年骨干教师培养人选，中国社会科学情报学会常务理事、中国信息经济学会常务理事，*Aslib Journal of Information Management*、《信息资源管理学报》、《情报资料工作》等期刊编委。近10年来，以独著或第一作者身份出版专著或教材10部；独著或合作发表SCI/SSCI论文10余篇、CSSCI论文90余篇；承担包括国家社会科学基金（含重大项目、重点项目、一般项目）、国家自然科学基金等国家、省部级及国际合作项目10余项。主要研究方向为社会化媒体、网络信息资源评价、信息服务、用户信息行为等。

孙晓宁，男，1990年7月生，南京大学信息管理学院博士研究生，信息系统协会（AIS）会员，已发表学术论文15篇。主要研究方向为网络信息资源管理、用户信息行为。

赵宇翔，男，1983年4月生，管理学博士，南京理工大学经济管理学院教授，硕士生导师，信息系统协会（AIS）会员、AIS SIGHCI人机交互程序委员会委员。主持和参加国家及省部级科研项目10余项，已在国内外重要期刊和学术会议上发表论文90余篇，出版专著1本，担任多个国际期刊的同行评议人。获得省部级以上科研奖励多项。主要研究方向为人机交互、网络信息资源管理、社会化媒体、用户信息行为。

孙霄凌，男，1984年11月生，管理学博士，南京邮电大学管理学院讲师，信息系统协会（AIS）会员，已发表学术论文20篇。主要研究方向为网络信息资源管理、用户信息行为。

胡蓉，女，1980年7月生，南京大学信息管理学院博士研究生，西南大学计算机与信息科学学院讲师，已发表学术论文17篇。主要研究方向为网络信息资源管理、用户信息行为。

人对信息单元的认知与交互研究*

曹树金[1]　马翠嫦[2]

（1. 中山大学资讯管理学院；2. 中山大学图书馆）

【摘　要】数字环境下传统文档资源的开发利用，使人们逐渐关注人与文档信息交互的问题，也将传统文档中人们普遍认识的“语篇体裁”概念带入了交互式信息搜寻和检索的研究视野。功能语言学的语篇体裁理论为用户对于体裁结构的认知提供了理论基础，同时也为计算机对于体裁内信息单元的自动识别提供了依据。在用户对体裁认知的基础上，已有研究从数字和网络文档信息单元划分、基于篇章结构的信息空间导航和网络体裁交互中的用户差异等各方面进行探索；同时，基于修辞结构的体裁分析和信息单元自动识别也在开展。相关研究可为信息资源细粒度聚合研究中聚合单元的划分和识别提供理论基础。

【关键词】人与信息单元交互　体裁　自动识别

* 本文系国家社科基金重大项目“基于特定领域的网络资源知识组织与导航机制研究”（项目编号：12&ZD222）、国家社科基金青年项目“语义和情景关联的网络资源聚合单元分类体系构建与评估研究”（项目编号：14CTQ015）和广东省哲学社会科学“十二五”规划2013年度项目“网络资源聚合单元分类体系与本体构建及应用研究（项目编号：GD13CTS04）的成果之一。

Review of Studies on Interaction Between Human and Information Units

Shujin Cao　Cuichang Ma
(1. School of Information management, Sun Yat-sen University;
2. Library of Sun Yat-sen University)

【Abstract】 Utilization of documents in digital environment bring the research question of interaction between human and information into the landscape. The concept of genre generally recognized by readers has been broght from the field of functional linguistict to the field of interactive information search and retrieval. Genre theory provides theoretical basis for recognition of information structure of documents from the viewpoint of genre and also provides basis for the automatic recognition of information units. Base on the genre theory, the studies havefocuesed on decomposition of digital and web documents, navigation in the information spaces and users differences in interaction between human and information units. Meanwihile, the studies on automatic recognition of information units have been going on.

【Keyword】 interaction between human and information units genre　automatic recognition.

1　导　言

随着信息技术的发展，信息资源的组织和管理的研究及实践逐渐适从人们对于信息的需求与利用规律，一方面从资源载体的层级深入至资源的信息单元，另一方面通过深入揭示信息单元与用户之间以及信息单元之间的关联关系，从而快速和准确地为用户提供所需信息。本研究将信息资源的细粒度划分、关联、组织和揭示的信息组织过程称之为细粒度聚合。如何面向用户需求和信息单元关联关系划分聚合单元，成为影响信息资源利用成败的关键。

人机交互领域从19世纪90年代起开始关注文档体裁的开发利用，以支持文档向数字环境的转化。研究人员关注读者如何在数字文档的信息空间内导航或如何利用文档的辅助线索等问题，以探索数字文档在搜索结果呈现、局部信息链接和可变布局等方面的潜力。与此同时，体裁理论也为信息单元的自动识别研究提供了具体依据，因而相关研究可为聚合单元的识别、交互和应用提供理论基础。

本文首先从语篇体裁的相关理论出发，在介绍语篇体裁概念、体裁与修辞结构的关系以及人对语篇的认知规律的基础上，对人与语篇体裁交互的研究进行介绍，包括数字和网络文档信息单元的划分与交互研究、基于篇章结构的信息空间导航研究和网络体裁交互中的用户差异研究等，最后对数字和网络环境下的体裁分析与自动识别相关研究进行梳理，为基于体裁理论的聚合单元划分与识别研究搭建统一的理论基础。

2 人对语篇体裁的认知

2.1 语篇体裁的概念

语篇是指一次有效言语交际（communication）过程中产生的话语成品，它在实际的交际场景中形成，是针对一定主题或者目标的谈论方式，包括文字和口语这两种表述方式。语篇在形式上、意义上和功能上都有规定性（convention）：形式上，常见的语篇一般是一个超句体，即由一连串的语段和句子构成，语篇由句子体现。意义上，合格的语篇必须意义连贯。不论是何种形式的语篇，在语篇内部，语句之间应该有逻辑联系，意义通顺，主题明确；在语篇外部，语篇与语境应当相互匹配，语言意义根据语境来确定。因此，Halliday 和 Hasan 将语篇视作意义单位而非形式单位。功能上，语篇作为使用中的语言现象，因其负载的社会功能而具有现实意义。它在人类言语交际过程当中产生，要完成一定的交际任务，行使某种功能，诸如传播信息、发布号令、鼓动宣传、娱乐心情等等[1][2]。

曾任密西根大学英语语言学院院长的 Swales 教授在其撰写的《体裁分析：学术与科研英语》一书中，对体裁的定义及其与语篇的关系进行了阐释：体裁是一组目的性的交际事件，其交际目的可被特定语篇社群的专家所识别，由此构成了体裁的理论基础。这一理论基础塑造了语篇的主体构成，并影响和限制了该语篇的内容和文体的选择；因而，体裁是对口头的、书面的、文学的或非文学的不同语篇的分类[3]。Orlikowski 和 Yates 对于体裁的定义则更被广泛接受：体裁以社会认知的交际目的和通用形式为特征，是对不同交际行动的分类[4]。

2.2 语篇的体裁与修辞结构

语篇语言学是从结构（即形式）和功能两个方面来研究语篇的，主要研究内容包括语篇结构、句际关系、会话结构和原则、语句的衔接和连贯等等，强调结合语境研究和解释语篇，关注语篇生成和理解的全部过程[2]。语篇研究可分为宏观的体裁形式研究和各体裁形式下修辞结构的微观研究：

在西方，宏观层面的体裁类型研究是在“genre”一词的统辖之下进行的，在我国又被称为语篇类型研究[2]。体裁分析的根本宗旨是研究语篇的交际目的和语言使用策略。语篇的体裁不同，交际功能不同，不仅导致其语言风格不同，而且导致其组句成篇的模式有异。具有特定交际目的的组织结构构成这种特定语篇的“体裁结构”。这种特定语篇的“体裁结构”既是人们运用语言办事的程式，也是帮助人们理解这种语篇的认知结构，这种规律性是形成语篇组织模式的基础。语篇组织模式既能体现作者的思维模式，又能体现语篇的宏观认知结构。体裁既然是构成语篇特性的基本要素之一，并在语篇结构层面对语篇的形成具有制约作用，那么语篇的组织模式必然也要受到体裁的制约。“体裁分析”能帮助我们解析语篇的组织模式，从而挖掘特定语篇所具有的特定的宏观认知结构[5]。

Orlikowski 和 Yates 的研究指出：体裁形式是以社会所能认知的交际目的和通用形式为特征的交际行动的类型。电子体裁形式是指数字文档、网页或网站的体裁形式[4]。由于体裁在形式上可识别性和可区分性较高，在意义和功能上可理解性和认知程度较高，体裁理论已被用于改进网络搜索效率[6][7]和促进电子文档导航[8]的研究中。此外，体裁形式的结构规则研究[6][7][8][9][10][11][12][13][14][15]表明，用户可通过对信息（体裁）设计中的体裁规则和这些体裁规则在信息空间的识别，从而改善信息空间内的导航和理解。

而微观层面关于不同类型语篇的组成与结构研究，则更多以 Mann 和 Thompson 的修辞结构理论（Rhetoric Structure）为支撑，从修辞结构的角度开展的。Mann 和 Thompson 提出的修辞结构理论认为：一个篇章中的各个小句之间存在着各种各样的语义关系，其组合是有层次的；篇章的整体性和连接性都源于功能性，着眼描写那些使得篇章成为人类交际有效的和能理解的工具的功能和结构[7]；不同类型的篇章其关系的数目不一，但常见的关系有 20 余种。

在语篇体裁和修辞结构的宏观和微观结构中，由于修辞结构理论从语篇分析和关系构建的角度对体裁形式的研究提供基础，因而 Swales 的体裁分析模型认为，修辞策略是体裁形式“语轮”（move）和“语步”（step）单元的识别手段[3]。

2.3 人对语篇体裁的认知

对社群成员学习间形成的语篇交流过程而言，反复的交互会增加语篇规则的呈现和使用[16]。从人机交互的角度，我们可以构思对于一直以来通过社群学习来识别规则的用户，这些规则的形式可传递关于描述、辩论阶段等的位置的线索，从而形成自顶向下的解释性框架，可与来自可视化呈现的刺激进行交互，从而形成用户所处的信息空间的活动模型。

Trace 和 Dillon 的研究指出，体裁作为代表性的交流结构存在，促进群体创造、分析和解释意义，因而体裁为交流内容提供一组规则或期望。体裁的价值可直接与交流的潜在认知过程联系起来，该过程受到记忆、信息消费速度限制，并通过双方的意义交流的共同期望平息，促使双方按照语义规则、内容和形式传递与解释新的形式。从社会角度而言，体裁可被视为人们经历、构建和执行社会实践的整体中的一部分，帮助用户在每天重复发生的情境下作出有意义的行动[16]。

虽然大部分关于体裁理论的研究都采用语篇的权威形式，如科学论文、新闻或短篇小说作为测试案例，但现在的普遍认识是体裁结构存在于所有交流网络中，而大部分专业的交流通常无需依靠外部联系，而是依赖于体裁结构来完成其共同的工作。即使有时并不成为体裁，新的专业人士的教育和社会化大部分包括其工作时与其他专业成员工作时学习识别、创造和使用接受的交流模式。

3 人与语篇体裁的交互研究

3.1 数字和网络文档信息单元划分与交互

体裁类型的核心概念——内容与形式互相反映，已包含在 Dillon 关于“形状”[17]和“信息模型”的研究中[18]。Dillon 提出将形状作为导航的可选标识，“形状”的概念假设任何大小的信息空间同时具有空间的和语义的特征，即在识别位置和呈现时，用户直接识别和回应内容与含义[17]。Dillon 在论述“信息模型”作为其任务、信息模型、管理和可视化人类工效学等四因素框架的因素之一时，也有相似的论断。信息模型是指用户对外文本或信息空间的思想模型[18]。Vaughan 研究了结构体裁类型转换对于基于网页的报纸中思想结构表达的作用。研究发现，在完成阅读任务和信息查寻任务时，适应体裁设计的用户其表现优胜于违反体裁设计的用户。随着时间过去，违反体裁设计的用户的表现也逐渐改善[19]。Symonenko 将 Vaughan 的研究从个人网页扩展到学术和公司网站，也得到类似的结论[20]。

目前在具体目标英语教学领域的科学论文撰写中，已有方法分析学术论文的导言、方法、结果、讨论（introduction，method，result，discussion，IMRD）组成的修辞结构[3][21][22][23]。然而，很少研究探索期刊文章信息使用中的文章组成部分的体裁转变。文档组成在文档使用中有其功能，尤其是 Vaughan 和 Dillon 在研究 IMRD 组成中所提到的，这就为在构成中识别和利用单个功能单元带来潜在的研究空间。

Vaughan 和 Dillon 的研究要求专业用户按照 IMRD 其中一个组成对一组段落进行分类，其编码分别为"为什么、是什么、怎么样"。识别了五个功能，分别为：介绍（开始作者的研究，提出论点，论述以往研究的不足并提出新的研究，介绍背景，确立目前和未来的研究）、讨论（确立研究结论、承认不足、解释结果、提供对于原因的可能的解释、讨论研究提示和观察对象）、结论的两个功能（关于结果的展现和报告，对所进行的分析类型的报告），以及方法的一个功能（解释研究程序）等组成。然而，所识别的这些功能提供了构成的通用图像，是从用户对文章组成的定义出发而不是从文章本身提出的。IMRD 组成也涉及研究专业用户如何在结构化知识中采用语义线索来感知信息空间，而新用户必须依靠可视化呈现中的空间线索来达到同一目的[6][11][25]。Dillon 注意到，体裁属性的更合理的粒度可增加文档内导航的价值。有需要将研究焦点从帮助读者寻找相关的文章转变到帮助读者在文档内导航、阅读、理解和使用信息[9]。

Bishop 及其同事则将文章的不同部分划分为：文章题目、标题和副标题、表格文本、图像标题、论文主题的任何地方、文摘、参考文献、作者姓名、作者机构、外部链接等。他们将期刊论文的组成看成具有五个功能：发现相关文档、检索前评估文档相关性、阅读论文（例如：方向、提供概览、引导注意、辅助理解、引发进一步阅读）、创建文档记录、重新再组合和聚合成新的文档。他们提出单个组成很可能被读者从期刊论文中抽取并用于其写作中[26][27][28]。与此类似，Sandusky 和 Tenopir 构建了一个带有表格和图像作为组成的原型。然而，如 Bishop 所言，Sandusky 和 Tenopir 的原型关注从检索结果中返回的文章条目中有逻辑的检索具体组成。这就引起关注是否耽搁组成可支持理解，支持理解的耽搁组成的最小信息单元是什么[29]。

Zhang，Dopak 和 Freund 等的研究指出，大部分基于体裁类型的信息科学的研究都集中在文档层次，但有些研究则通过研究期刊文章内部的体裁组成，如介绍、方法、结果和讨论进行更细致的分析。因而可通过探索功能单元来寻找促进研究期刊文章信息使用的方法。该研究通过文献分析和验证测量检验了一组功能单元及其与学术期刊论文使用任务的联系。研究最终以分类体系的形式提出功能单元和用户信息使用任务之间的关系，以及特定信息使用任务与各组功能单元之间的关系。该分类体系被用于电子期刊阅读系统的设计以及提高信息使用的效率和有效性[30]。

在期刊功能单元分类体系的基础上，Zhang 通过实证方法检验期刊系统原型中的功能单元分类体系。该体系通过识别期刊文章组成（例如：介绍、方法、结果和讨论）中的语言功能单元和信息单元，及其与使用期刊文章的信息任务之间的关系。实验结果显示功能单元可用于在各种程度上支持导航、仔细阅读、理解和期刊文章信息的使用。结论提供证据表明，单独的功能单元改变信息使用任务的相关性，改变相关性到同一组成或另外的组成的其他的功能单元。该研究提示学者期刊论文信息能通过功能组织和呈现，来提高阅读过程和阅读结果的有效性[31]。

此外，学界强调将数字体裁看成是即时的和流动的，作为实践学习者的社群来形成他们新媒体下的沟通形式。Dillon 和 Gushrowski 认为主页首先是数字化体裁[32]。有多个研究关注网络体裁的时效性和变化，这些研究从对美国政府网页的检验[33]发展到研究型资源、列表和学者个人网页等网络体裁类型按照学科领域知识和社会组织的架构的变化[33]。

相关研究强调应该识别和探索用户阅读文档时主动识别和探索文档线索的问题，希望按照这种方法，保持或提高对重要来源信息的导航和理解。与此对应，有一些研究对如何理解这些线索，以支持作者或文档创建者设计符合用户期望和需求的文档感兴趣。Dillon 和 Schaap 认为，体裁分析主要关注认知和社会过程的相互作用，而框架理论可解释个人如何从不断重现的事件或交流过程中提取规则，并最终在面对相似情境下理解不完全的信息时采用这些规则。因此，文档中的体裁形式可视为促进对文本线索的解释和理解且引导探索的框架结构，使得用户可估计元素之间的位置和关系。作者通过实验探索这一过程，发现有学术论文经验的读者，在去掉段落线索后，可非常准确地估计从论文抽取的独立文本段落的位置，其准确性显著高于没有经验的用户[34]。Toms 等的研究、Rho 和 Gedeon 的研究以及 Turner 的研究扩展了 Dillon 和 Schaap 的研究，这些学者研究了人们如何回应数字化呈现的信息以及如何设计可改进用户立即的和直觉的信息获取[22][27][35][36][37]。

3.2 基于篇章结构的信息空间导航

功能语言学中的体裁（文体）类型被证明可用于支持用户在信息空间导航的结果线索，Dillon 及其同事的系列研究主要从用户认知的角度围绕语篇的逻辑结构和语义结构对用户迷航问题和导航需求进行研究。

Vaughan 和 Dillon 提出“形状”的概念，构建用户对于信息空间的思维表达从而探索网页信息资源的空间及语义线索及其对用户的影响。研究发现其中一个形态方案设计支持最终用户已有的知识结构，另一个设计否定对于结构的期望。反复接触某一空间可增加交互的表现[17]。

Dillon 提出将用户在信息社会生产和消费情境下的社会认知经历产生的语义知识自上而下的应用的新方法。作者在“形状”概念的基础上，假设任何大小的信息空间都有空间及语义特征，即除了识别位置和布局外，用户直接认识内容和含义并对其产生反应。作者设计实验，让用户描述他们与数字空间交互的记忆，或提取他们对信息空间形式和布局的理解。这些数据清晰的指向记忆中空间和语义构件的交互。例如，当要求描述曾交互的信息空间，用户会采用可传递关系、阐释和纯虚的空间链接术语，如位置和顺序。完全分离两种形式的表述是罕见的，对信息空间的用户而言是人工完成的。用户很容易从一种信息空间转移到另一种，因为这都是服务于其任务带来的需求的。实际上最好是在两者之外考虑信息空间的用户模型[6]。

Dillon 指出以往研究表明，内在和外在空间及语义表达形成信息空间形态模型。在用户开始接触新信息空间的阶段，该交互预测模型可帮助用户在空间中寻找可返回的关键点或路标[37][38]。随着这一模式在纸质和电子空间中出现[39]，大部分超媒体研究者都将这样的行为理解为研究界面外部空间属性，如链接、特征和浏览区等特征的研究，我们至少应该关注语义角色。语义距离在理解作为交互形式之一的信息检索相关性评估中也是关键要素[40]，然而这一形式不像信息空间的导航一样要进行链接选择[6]。

在空间和语义交互过程模型中，信息呈现被用户感知，然后对当前的内容和格式创建信息空间动态的工作模型，相关的空间属性（布局、图像位置、文本长度、视窗大小、导航图标等）与刚处理信息的内存激活和自上而下应用的信息体裁语义属性（期望形式、风格、顺序、含义等），从而为交互任务信息空间的创建持续更新和可修改的动态表达。因而，不同的用户可能应用不同的语义过程来创建和维持信息空间的工作模型，对于某种形式和具体空间的经验会承担这种过程，缺乏经验会导致更多依靠空间属性。错误的表现来源于用户模型中缺乏某种细节，分析错误的类型能提示用户对某种线索的依赖。如：新手往往瞄准文本标题的词语作为整个文档位置的提示是一种认知心理学家早已熟悉的匹配偏向。因此，形态可以被操作化为用户形成信息空间的工作模型的结构组成。尽管本研究中形态的概念在地理信息系统中最为显著，在基于文本或自然语言环境下没有这么明显或概念化。这样的属性在信息空间中是内隐的，但一部分界面设计问题是提供改进的外显的表达从而与人的处理趋势相兼容[6]。

3.3 网络体裁交互中的用户差异及影响

Vaughan 和 Dillon 指出，专家不断探索信息生成和消费的社群所共同理解的知识，而新手只能从没有任何参考形式或结构的语言中进行逻辑推理[11]。Dillon 在 Dillon and Schaap 实证研究[25]的基础上，提出形式或体裁的内在结构可以由这类语篇的专家形成而无需外在线索。这些用户通过信息空间而并非物理空间进行导航。对于这些用户而言，更像是从所呈现的信息和通用形式的匹配来抽取结构，而这一通用形式是经过长期的社会化和训练而内化形成的。因而，设计信息空间来描述形态形成过程对于训练学科领域的新手进行意义构建有相当的好处[6]。

Dillon 指出，对于新手而言，与新的信息空间的交互必然受到空间信息的引领。因而，界面应该传递外在的链接、布局和空间的高层组织以使迷航机会最小化。主流超媒体文献对策有有用的建议，但这不足以用于所有情况，只适用于少数或不频繁使用的空间。我们搜集的所有关于空间—语义问题的证据表明，空间线索与语义信息一起可作为用户总结信息空间的规则。人类认知系统一直将已有知识应用到新的信息中，即使是以前没有见过的信息形式，其体裁也是立即开始形成了。因此，我们需要研究在用户总结新空间的规则时，空间因素如何与语义因素交互？当然，语义和空间构建的交互似乎能更好地解释空间能力与超媒体环境下用户行为相关的混合展示[6]。

除了用户的知识基础的显著差别外，可能存在基于能力或偏好的深层心理差别来处理语义或空间线索，或按照权重的语义和空间线索。这一可能性不仅通过模型可以看出，而且教育学研究也明确指出，超媒体对于不同类型学习者的影响[41]。

4　数字和网络环境下的体裁分析与自动识别

4.1　数字和网络环境下的体裁分析

Freund 对数字体裁进行了详细介绍[42]，指出虽然文学体裁的概念早在古代已被用于文本分类，但体裁功能识别的方法在过去几十年才刚刚发展起来。该方法将体裁视为交际活动[43]，即：体裁是具有相似实质和形式，并可在重复情境下出现的典型的交际性行动[44]。体裁类型在综合形式、内容和/或目标等文档特征的基础上得以识别，其中，形式可以从媒介、结构和语言特征等方面提取[4]。有研究尤其关注数字体裁，将交互作为数字体裁形式特征的一个方面[45][46]。然而，体裁并非单纯是一组文档或作品的特征的反映，还是传统规范的表达[47]，是特定社群内的社会构建，因而他们是环境的载体，他们表达文档中“谁、是什么、在哪里、何时、为何和如何”等元素，使得这些信息在人们将其应用到真实世界情景时尤其有用[48]。

Askehave 和 Nielsen 在 Swales 三层级体裁模型的基础上，面向公司主页这一数字体裁构建了阅读和导航二维模型。作者将多媒体元素整合到体裁概念中，认为公司主页的交际目的能通过导航模式和阅读模式实现。阅读模式下主页的典型语轮包括：吸引注意、祝贺、识别发信者、提示内容结构、细节内容、建立可信性、建立联系、建立话语社群和促进外部组织[49]。

领域和体裁之间有清晰的联系，“不同学科或语篇社群发展特别的文档类型以适应他们特别的需求”[50]。在特定领域或社群的实践中普遍采用的体裁集合称为体裁生态[47]或体裁库[4]。体裁库可帮助相互理解，使得文档在社群成员之间得以理解[4]。可见体裁在这方面尤其有价值，在“文档的物理面貌”上提供可视化的线索，这些线索包含“区别性的、稳定的特征，可以告知用户关于某文档的特性”[13]。当一类特定体裁承载了关于特定信息对象的环境信息时，体裁库作为一个整体在特定领域可发挥信息搜寻和检索环境的功能。

近年来，有研究提出通过网络体裁自动识别支持目的性信息检索的方法[51][52][53][54]。Crowston 和 Williams 对 837 个网页进行分析发现了 48 种不同的代表性体裁[8]。在另一个研究中，研究人员对 184 名使用网络搜寻所需信息的被试者进行访谈，以检验所检索的信息的体裁和搜寻目的之间是否存在关联。研究者首先要求被试者描述其问题，并对所需的有用信息产生期望。研究者从网络检索和搜集网页并由被试者对这些网页的特征、相关性和效用评价进行评估。研究人员对着 1234 个所检索的网页的体裁进行分类，从检索文档集合中识别出 116 种不同的体裁。在这个集合中，有 158 个网页的体裁没有被分类，且研究人员和被试者之间对于网页分类的一致性少于50%。该研究发现搜寻类型和体裁之间的正向相关关系，一些体裁集合趋于被选择为特定类型的搜索[53]。Rosso关注如何建立一个易于识别的体裁集合以支持教育领域的网络检索。作者采用卡片分类和命名的方法，识别了包括18个常见体裁的类型体系和标签。在要求被试者按照类型体系对一组文档进行分类时，被试者间的一致性超过70%，这意味着创建网络体裁分类体系是可能的[52]。

一些实验系统曾提出或发展应用体裁相关理论的系统[55][56][57]，但大部分情况下这些系统都只是通过体裁过滤或对结果进行分类。因而这些系统假设搜寻者在搜索时是可以指认出他们偏好的体裁。考虑人类信息需求的非常状态，这一假设是无力的。信息检索领域正通过TREC的High Accuracy Retrieval of Document（HARD）track开始关注体裁和搜寻任务之间的关系，从而探索未来搜寻系统的路向[58]。

4.2 基于修辞结构的跨文档结构理论

计算语言学在修辞结构理论的基础上，着力探讨文本信息单元及其关系的自动识别，可为数字和网络文档的体裁结构的划分提供参考。相关研究涉及文档结构研究和跨文档结构研究，前者是后者的基础。

早在1986年，Trigg和Mark就提出TEXTNET作为文档结构划分的系统与方法，旨在改进多学科论文的管理和存储，被认为是引导多文档模型的首批研究之一。该研究目标在于通过捕抓文本片段和信息层级（如领域和子领域）之间的语义关系从而揭示潜在结构[59]。该研究提出从文本片段和论题两个层面实现文档内容的细粒度组织。其中，文本片段表示文本的一部分，可以是句子、段落甚至文档；内容表格是指向多于一个片段的指示器，相当于一个子领域或论题。通过构建文本片段和主题两类不同类型的节点，从而从主题层面和内容层面对文本片段进行标引，并实现这两个层面关系的链接和语义网络构建，使得相邻文本片段的关系变得明显。在此方法的基础上，作者开发了应用界面，用户可通过点选节点之间的链接和文本片段的起始信息利用该语义网络，此外用户还可以按线性顺序对文本节点进行浏览[60]。

Trigg 和 Weiser 从逻辑结构的角度提出文本片段的长度可以从一个句子到整个文档，而若干段落组成的片段通常较为合适，当片段太大阻碍用户从链接到片断中的部分内容时应该将该片段划分为若干更小的片段，而当片段太小则所有链接可直接在父节点完成，因而可合并片段。作者提出通过用户划分的方法实现，在已有片段的基础上让用户进一步进行划分。在主题层面上，通过片段集合的大小形成不同范围的论题，从而形成具有层级关系的论题层级[59]。

Trigg 和 Weiser 从用户的角度考虑了链接走向的问题。作者描述了用户的三种可能的思想状态：按照思维走向进行，垂直偏离思维走向，和思维走向分叉。对于按照思维走向进行的阅读，可包括从某主题到相关主题下的归纳类文本片段，从例子和有启发的思想等文本片段到形式化，从理论到应用或简单的在主题间的跳转而实现；对于垂直偏离思维走向，并非所有用户所需但可以获得新领域的例子和解释，并获得更多细节。通常对于同一论文偏离的选择会很不相同。对于思维走向分叉，多重选择情况下向外链接的选择通常取决于读者的兴趣和专业水平。一些选择只留有一个节点的空间，让用户在相同主题的两个版本间选择。有时思维分叉更复杂和遥远，也许不再回到主路上。总之，用户按照顺序的、可能分叉的和可能偏离的方向与文本进行交互。然而，并不清楚用户如何区分这些思维形态。一个解决方法是采用固定的节点顺序，即路径。总体而言作者创建默认的路径以供新手使用[59]。

TEXTNET 系统的文本获取由文本精读、文本构成和修改、读者批评和链接及物理顺序阅读等部分组成。其中，文本精度部分可为读者的阅读顺序提供几种选择，包括：①首页开始按顺序阅读；②通过目录定位，从某章节开始阅读；③采用关键词索引跳转到文档某点；④一旦在文档某点，读者可以跳读，即通过阅读每章的头尾段落或每段的头尾句子；⑤采用索引跳到其他相关点；⑥采用目录前进到新主题；⑦根据读者当前兴趣、理解、耐性、挫折等水平采用上述形成的变化和组合。例如，一个转移到感兴趣项目的快捷的方式是通过目录跳转和在特定水平的文档间跳转[59]。

Radev 在修辞结构理论、Trigg 等[59][60]体裁的单文档语篇结构理论和其他多文档相关研究的基础上提出跨文档结构理论，该模型通过探索不同用户的偏好进行设计并应用于多文档摘要[61]。

McKeown 和 Radev 于 1995 年和 1998 年的研究，根据 Trigg 和 Allan 提出的链接关系[59][60][62]，提出一组语义关系和基于这些关系的多文档摘要模型[63][64]，与 Trigg 和 Allan 两个的研究不同，McKeown 和 Radev 于 1995 年和 1998 年的研究提出的关系建立在文本单元之间，因为这些单元不必是句子或段落等固定的片段。在他们的模型中，文本信息在预先定义好包含属性和值的结构的模板中被组织，对应特定主题的信息。例如，他们研究关于恐怖主义的文本，相关模板则以袭击地点、死亡人数量、犯罪者等信息进行填充。按照他们的建议，模板被自动填充，而模板间的语义关系则由人工建立。

化柏林以学术期刊论文为研究对象，通过相似性判定识别文章的新句子，对文章的新句子进行句子内部结构及主题语义分析，从而确定句子的主题及语义，然后通过句子之间的关联关系分析和文章的篇章结构分析确定句子的知识元隶属，并对知识的属性进行标记，如定义、概念属性、研究方法、实验数据、研究结果、研究结论等[65]。

Radev 在跨文档结构理论的基础上，提出一组 24 个关系以为多文档现象建模，这些关系可能应用到任何文本单元之中（词、短语、句子、段落或更大的文本部分）。在 CST 中关系有两种不同的方向：对称的和非对称的。方向取决于关系的语义属性：当两文本片段收到关系的相同方向的影响时发生对称的方向（例如文本单元间的等价关系），当一个文本单元影响另一个时发生非对称方向（例如文本单元详细论述另一单元的内容）[61]。

Afantenos 等也探索了相同领域文档的不同文本单元之间的语义关系。Afantenos 提出基于模板的信息抽取方法，与 McKeow 和

Radev 及 Radev 的研究不同，作者认为关系按照主题不同而应更具体。例如，足球匹配的类目，关系应该描述事件随时间的发展，也指出其相似性和差异性。为此，作者将关系分为两类：共时的与历时的。共时关系描述一个事件在特定时间段的多来源的信息。这些关系与 CST 中提出的关系非常类似。与共时关系类似的是识别、等价、论述等。历时关系是指某时期内，某来源信息的时间的发展或进步。例如，对于某队比赛过程的讨论课描述为历时关系，如稳定性或差异性。一方面，稳定性描述观点的持久性或不同时期对事实的陈述（如足球队的表现在几分钟前和几分钟后相当）。另一方面，差异性描述不同时期某事实的某观点或陈述的变化（如某足球队的表现在某时间点好，然后变差）[66]。

Marsi 和 Krahmer 构建丹麦语料库中句子对的语义关系分类体系。作者采用五种相互独立的关系：等同、概括、具体、重述和交叉[67]。Miyabe，Takamura 和 Okumura 提出一个按照句子的相似性识别句子间等同和翻译关系的方法[68]。Zahri 和 Fukumoto 提出多文档摘要方法，该方法包含摘要产生修辞关系的链接分析。作者采用 SVM 的机器学习方法识别以下关系：识别、释义（相当于等同关系）、包容、重叠和阐释[69]。Kumar，Salim 和 Raza 提出采用机器学习的方法自动检测 CST 的关系，尤其是识别、重叠、包含和描述关系[70]。

5 结　语

通过上述回顾，我们可以看到，随着网络和数字环境下交互式查询与检索研究的发展，人与信息单元的交互逐渐成为研究的焦点。功能语言学领域的体裁理论作为面向社会认知和交流的理论基础，为学科领域用户对于信息单元语言功能和交流目标的认知提供了基础，从而为交互式检索研究和基于修辞结构的信息单元自动识别研究提供了共同基础。随着信息单元自动识别精确度的提高，基于信息单元的交互可为信息资源细粒度组织与聚合研究提供理论和方法基础，有望成为日后信息组织与检索领域的发展方向之一。

参考文献

[1] Halliday M A, Hasan R. Language, context and text: Aspects of language in a social-smiotic perspective [M]. Victoria: Deakin University, 1985.

[2] 董育宁. 新闻评论语篇的语言研究 [D]. 复旦大学, 2007.

[3] Swales J M. Genre analysis: English in academic and research settings [M]. Cambridge, UK: Cambridge University Press, 1990.

[4] Orlikowski W J, Yates J. Genre repertoire: The structuring of communicative practices in organizations [J]. Administrative Science Quarterlys, 1994, 39 (4): 541-574.

[5] 王水莲. 体裁、体裁分析与体裁教学法 [J]. 外语教学, 2001 (4): 82-86.

[6] Dillon A. Spatial-Semantics: How users derive shape from information space [J]. Journal of the American Society for Information Science, 2000, 51 (6): 521-528.

[7] Mann W C, Thompson S. Discourse description: Diverse linguistic analysis of a fund-raising text [C]. Amersterdam Philadelphia: John Benjamins Publishing Company, 1992.

[8] Crowston K, Williams M. Reproduced and emergent genres of communication on the World Wide Web [C]. In Proceedings of the 30th Hawwaii International Conference on System Sciences, 2000.

[9] Dillon A. Why information has shape [J]. Bulletin of the American Society for Information Science and Technology, 2008, 34 (5): 17-19.

[10] Toms E G, Campbell D G. Genre as interface metaphor: Exploiting form and function in digital environments [C]. In

Proceedings of the 32th Hawaii International Conference on System Sciences, 1999.

[11] Vaughan M W, Dilion A. The role of genre in shaping our understanding of digital documents [C]. In Proceedings of 61th Annual Meeting of the American Society for Information Science, 1998: 559-566.

[12] Toms E G. Recognizing digital genre [J]. Bulletin of the American Society for Information Science and Technology, 2001, 27 (3): 20-22.

[13] Vaughan M W, Dilion A. Why structure and genre matter for users of digital information: A longitudinal experiment with readers of a web-based newspaper [C]. International Journal of Human-computer Studies, 2006 (64): 502-526.

[14] Vaughan M W. Identifying regularities in users' conceptions of information spaces: Designing for structural genre conventions and mental representations of structure for web-based newspapers [D]. Indiana University, 1999.

[15] Keane MT, O'brien M, Smyth B. Are people biased in their use of search engines? [J] Communications of the ACM, 2008, 51 (2): 49-52.

[16] Bazerman C. Speech acts, genres and activity systems: How texts organize activity and people [A]. In C. Bazerman and P Prior (Eds.). What writing does and how it dose it: An introduction to analyzing texts in honour of Peter Ingwersen. Copenhagen: Det Informationsvidenskabelige Akademi, 2004: 309-339.

[17] Vaughan M W, Dillon A. Learning the shape of information: A longitudinal study of Web-news reading [C]. ACM, 2000: 236-237.

[18] Dillon A. TIME-A multi-level framework for the Design and evaluation of digital libraries [J]. International Journal of Digital Libraries, 1999, 2 (2/3): 170-177.

[19] Vaughan M W. Identifying regularities in users' conceptions of information spaces: Designing for structural genre conventions and mental representations of structure forweb-based newspapers [D]. Indiana University, 1999.

[20] Symonenko S. Websites through genre lenses: Recognizing emergent regularities in websites content structure [D]. Syracuse University, 2007.

[21] Swales J M. Research genres: Explorations and applications [M]. Cambridge, UK: Cambridge University Press, 2004.

[22] Lewin B A, Fine J, Young L. Expository discourse: A genre based approach to social science research texts [M]. London: Continuum, 2001.

[23] Hartley J. From structured abstracts to structured articles: A modest proposal [J]. Journal of Technical Writing & Communication, 1999, 29 (3): 255-270.

[24] Vaughan M W, Dilion A. The role of genre in shaping our understanding of digital documents [C]. In Proceedings of 61th Annual Meeting of the American Society for Information Science, 1998: 559-566.

[25] Dillon A, Shaap D. Expertise and the perception of shape in information [J]. Journal of the American Society for Information Science, 1996, 47 (10): 786-788.

[26] 温有奎，焦玉英. 基于知识元的知识发现 [M]. 西安：西安电子科技大学出版社，2011.

[27] Bohn R, Short J. How much information? 2009 report on American Consumers [R/OL]. 2010. http://hmi.ucsd.edu/pdf/HMI_2009_ConsumerReport_Dec9_2009.pdf [2013-11-4].

[28] Bishop AP. Neumann L J, Star S L, et al. Digital libraries: Situating use in changing information infrastructure [J]. Journal of the American Society for Information Science, 2000, 51 (4): 394-413.

[29] Sandusky R J, Tenopir C. Finding and using journal-article components: Impacts of disaggregation on teaching and research practice [J]. Journal of the American Society for Information Science and Technology, 2008, 59 (6): 970-982.

[30] Zhang L, Kopak R, Freund L, et al. A taxonomy of functional units for information use of scholarly journal articles [J]. Proceedings of the American Society for Information Science and Technology, 2010, 47 (1): 1-10.

[31] Zhang L. Grasping the structure of journal articles: Utilizing the functions of information units [J]. Journal of the American society for information science and technology, 2012, 63 (3): 469-480.

[32] Ryan T, Field R, Olfman L. The evolution of US state government home pages from 1997 to 2002 [J]. International Journal of Human Computer Studies, 2003, 59 (4): 403-430.

[33] Fry J, Talja S. The intellectual and social organization of academic fields and the shape of digital resources [J]. Journal of Information Science, 2007, 33 (2): 115-133.

[34] Dillon A, Shaap D. Expertise and the perception of shape in information [J]. Journal of the American Society for Informaiton Science, 1996, 47 (10): 786-788.

[35] Turner P. Towards an account of intuitiveness [J]. Behavior Information Technology, 2008, 27 (6): 475-482.

[36] Rho Y J, Gedeon T D. Academic articles on the web: reading patterns and formats [J]. International Journal of Human Computer Interaction, 2000, 12 (2): 219-240.

[37] Lee E, Whalen T, Mcewen S, et al. Optimizingthe design of menu pages for information retrieval [J]. Ergonomics, 1984, 27 (10), 1051-1069.

[38] Norman K. The psychology of menu selection [M]. Norwood, NJ: Ablex, 1991.

[39] Mcknight C, Dillon A, Richardson J. A comparison of linear and hypertext formats in information retrieval [A]. In R. McAleese & C. Green (Eds.), HYPERTEXT: State of the art, Oxford: Intellect, 1990: 10-19.

[40] Brooks T. People, words and perceptions, a phenomenological investigation of textuality [J]. Journal of the American Society for Information Science, 1995, 46 (2): 103-115.

[41] Dillon A, Gabbard R. Hypermedia as an educational technology: A review of the empirical literature on learner comprehension, control and style [J]. Review of Educational Research, 1998, 68 (3): 322-349.

[42] Freund L S. Exploiting task-document relations in support of information retrieval in the workplace [D]. University of Toronto, 2008.

[43] Bazerman C, Little J, Chavkin T. The production of information for genre activity spaces [J]. Written Communication, 2003, 20 (4): 455-477.

[44] Yates J, Orlikowski W J. Genres of organizational communication: A structurational approach to studying communication and media [J]. Academy of Management Review, 1992, 17 (2): 299-326.

[45] Askehave I, Nielsen A E. What are the characteristics of digital genres? - Genre theory from a multi-modal perspective [C]. In Proceedings of the 38th Hawaii International Conference on System Sciences, IEEE Computer Society. 2005 (4).

[46] Shepherd M, Watters C. The functionality attribute of cybergenres [C]. In Proceedings of the 32nd Hawaii International Conference on System Sciences (HICSS '99), Maui, Hawai: IEEE Computer Society, 1999.

[47] Spinuzzi C. Tracing genres through organizations: A sociocultural approach to information design [M]. Cambridge, MA: MIT

Press, 2003.

[48] Yoshioka T, Herman G, Yates J, et al. Genre taxonomy: a knowledge repository of communicative actions [C]. ACM Transactions on Information Systems, 2001, 19 (4): 431-456.

[49] Askehave I, Nielsen A E. What are the characteristics of digital genres? - Genre theory from a multi-modal perspective [C]. In Proceedings of the 38th Hawaii International Conference on System Sciences, IEEE Computer Society. 2005 (4).

[50] HjØrland B. Domain analysis in information science: Eleven approaches [J]. Journal of Documentation, 2002, 58 (4): 422-462.

[51] Karlgren J. Non-topical factors in information access [C]. In P. DeBra & J. J. Leggett (Eds.), Proceedings of WebNet 99 - World Conference on the WWW and Internet, Honolulu, Hawaii, USA: Charlottesville, VA: Association for the Advancement of Computing in Eduction (AACE), 1999 (1): 27-31.

[52] Rosso M. Using genre to improve web search [D]. The University of North Carolina at Chapel Hill, 2005.

[53] Roussinov D G, Crowston K, Nilan M, et al. Genre based navigation on the Web [C]. Paper presented at the Hawai'i International Conference on Systems Sciences, Maui, Hawai'i, 2001.

[54] Shepherd M, Watters C, Kennedy A. Cybergenre: Automatic identification of home pages on the Web [J]. Journal of Web Engineering, 2004, 3 (3-4), 236-251.

[55] Bretan I, Dewe J, Hallberg A, et al. Web-specific genre visualization [C]. In H. A. Maurer & R. G. Olson (Eds.), Proceedings of WebNet 98 - World Conference on the WWW and Internet & Intranet, Orlando, Florida, USA, November 7-12, 1998: AACE.

[56] Glover E J, Lawrence S, Gordon M D, et al. Web search: Your way [C]. Communications of the ACM, 2001, 44 (12): 97-102.

[57] Roussinov D G, Chen H. Information navigation on the web by clustering and summarizing query results [C]. Information Processing & Management, 2001 (37): 789-816.

[58] Belkin N J, Muresan G, Zhang X-M. Investigating the effect of the use of user's context on IR performance [C]. Paper presented at the Workshop on Information Retrieval in Context (IRiX) at SIGIR 2004, Sheffield, England, 2004.

[59] Trigg R, Weiser M. TEXTNET: A network-based approach to text handling [C]. ACM Transactions on Information Systems (TOIS), 1986, 4 (1): 1-23.

[60] Trigg R H. A network-based approach to text handling for the on-line scientific community [D]. University of Maryland at College Park, 1983.

[61] Radev D R. A common theory of information fusion from multiple text sources step one: Cross-document structure [C]. Proceedings of the 1st SIGdial workshop on Discourse and dialogue-Volume 10. Association for Computational Linguistics, 2000: 74-83.

[62] Allan J. Automatic hypertext link typing [C]. In Proceeding of the 7th Conference on Hypertext , 1996: 42-52.

[63] Mckeown K, Radev D R. Generating summaries of multiple news articles [C]. Proceedings of 18th Annual International ACM-SIGIR Conference Onresearch and Development, 1995: 74-82.

[64] Mckeown K, Radev D R. Generating natural language summaries from multiple on-line sources [J]. Computational Linguistics-Special Issue on NLG, 1998, 24 (3): 469-550.

[65] 化柏林．针对中文学术文献的情报方法术语抽取 [J]. 现代图书情报技术, 2013 (6): 68-75.

[66] Afantenos S D, Doura I, Kapellou E, et al. Exploiting cross-document relations for multi-document evolving summarization [C]. In Proceedings of the 3rd Hellenic Conference on Artificial Intelligence, 2004: 410-419.

[67] Marsi E, Krahmer E. Classification of semantic relations by humans and machines [C]. In Proceedings of ACL Workshop on Empirical Modeling of semantic equivalence and Entailment, 2005: 1-6.

[68] Miyabe Y, Takamura H, Okumura M. Identifying a cross-document relation between sentences [C]. In Proceedings of 3rd IJCNLP , 2008: 141-148.

[69] Zahri N A H B, Fukumoto F. Multi-document summarization using link analysis based on rhetorical relations between sentences [A]. Computational Linguistics and Intelligent Text Processing. Springer Berlin Heidelberg, 2011: 328-338.

[70] Kumar Y J, Salim N, Raza B. Cross-document structural relationship identification using supervised machine learning [J]. Applied Soft Computing. 2012, 12 (10): 3124-3131.

【作者简介】

曹树金，管理学博士，中山大学资讯管理学院教授、博士生导师，教育部新世纪优秀人才支持计划入选者。兼任国家社会科学基金学科规划评审专家，全国科技名词审定委员会图书馆、情报与文献学名词审定委员会专家，教育部高等学校保密管理专业教学指导分委会委员，中国索引协会副理事长，中国社会科学情报学会副理事长，中国图书馆学会理事及信息组织专业委员会副主任，中国科技情报学会理事，广东省图书馆学会副理事长及学术委员会主任，广东社会科学情报学会

副会长，广东科技情报学会常务理事及情报教育专业委员会主任，广东省公共文化服务体系建设专家组专家，《中国图书馆分类法》编委等。研究方向为：信息组织与信息检索、用户信息行为、网络情报学、电子商务与电子政务的信息管理、企业信息化、图书馆战略管理、保密学理论等，发表论文共100余篇。

马翠嫦，图书馆学博士，中山大学图书馆副研究馆员。研究方向为网络信息组织、用户行为等，发表论文共10余篇。

大数据环境下信息分析研究进展*

卢小宾[1]　郭亚军[2]
（1. 中国人民大学信息资源管理学院；
2. 郑州航空工业管理学院信息科学学院）

【摘　要】世界已经进入“大数据时代”，以大数据为代表的新一轮信息化浪潮将重塑信息分析理论，推动信息分析技术创新。本文在总结大数据分析与传统信息分析差异的基础上，论述了大数据分析理论、大数据分析方法、大数据分析技术等信息分析重点领域的研究进展，探讨了大数据环境下信息分析研究将越来越侧重于定量分析、实时分析、协同分析以及用户参与分析等发展趋势。

【关键词】信息分析　大数据　大数据分析　研究进展

Research Progress of Information Analysis in Big Data Environment

Xiaobin Lu[1]　Yajun Guo[2]
（1. School of Information Management, Renmin University of China;
2. School of Information Sciences, Zhengzhou University of Aeronautics）

【Abstract】The world has entered the era of big data, the new round of informatization tide represented by big data will reshape the

* 本文系国家社会科学基金重大项目“云计算环境下的信息资源集成与服务研究”（项目编号：12&ZD220）和国家社会科学基金青年项目“大数据环境下数字出版知识服务研究”（项目编号：14CTQ028）研究成果之一。

information analysis theory, and promote the innovation of information analysis technology. The paper discusses the research progress of the key areas of information analysis include big data analysis theory, big data analysis method, and big data analysis technique on the basis of summing up the difference between big data analysis and traditional information analysis. Finally, the paper inquires into that the development trend of the research of information analysis in big data environment will be more and more focused on the quantitative analysis, real-time analysis, collaborative analysis and user involvement analysis.

【**Keywords**】information analysis big data big data analysis research progress

信息分析（information analysis，亦称情报分析、情报研究或情报调研）是根据用户的特定需求，对原生信息进行有针对性的选择、分析、综合、预测，为用户提供系统、准确、及时、大流量的知识与信息的科学研究活动。它是在现代信息分析活动快速发展的背景下，于20世纪50年代由情报科学中派生出来的一门新兴学科。随着信息社会和信息经济的发展，信息分析已经从科技领域拓展到经济、社会、文化等各个领域。目前，在国民经济和社会发展过程中，无论是决策活动、管理活动，还是创新活动，都离不开信息分析活动的支持。在当今竞争日趋激烈的现代社会里，信息分析已成为提升个人、组织乃至国家竞争力的重要手段[1]。

半个多世纪以来，随着信息环境的变化和信息技术的发展，信息分析工作也发生了巨大的变革。目前，以大数据为代表的新一轮信息化浪潮将重塑信息分析理论，推动信息分析技术与方法创新，拉开信息分析产业革命的序幕。

1 大数据对信息分析的影响

世界已经进入“大数据时代”，大数据正以难以想象的速度带来新一轮信息化革命，大数据充斥着现代社会的各个领域，影响甚至改变我们的生活。大数据与信息分析存在着天然的联系，大数据产生价值的实质性环节就是信息分析。大数据环境下信息分析发生了重大变革，大数据分析与传统信息分析的差异突出体现在分析对象、分析模式、分析工具、分析结果等方面。

1.1　分析对象变革：从随机样本到全体数据

大数据分析对象与传统信息分析对象虽然都是数据，但大数据分析的是全体数据，而不是随机样本[2]。这在规模和结构上均发生了巨大的变化。

从规模上看，过去受到信息记录、存储、分析工具的限制，我们只能收集少量样本数据进行信息分析，准确分析大量数据是一种挑战；如今信息技术水平已经有了非常大的提升，我们可以处理的数据量大大增加。传统信息分析的数据量是以 MB、GB 为基本处理单位，而大数据分析的数据量则是 PB、EB、ZB 级，中国人民大学孟小峰和慈祥将二者的区别形象地类比为“池塘捕鱼”和“大海捕鱼”[3]。

从结构上看，传统信息分析的数据种类单一，一般是单纯的由文字、图像、声音、视频等组成的二维数据，并且以结构化数据为主。大数据分析则数据种类繁多，一般由文字、声音、视频、多媒体、流媒体等组成，多是自动化或半自动化生成，包含着结构化、半结构化以及非结构化的数据，并且半结构化和非结构化数据占据越来越大的比例。

1.2　分析模式变革：从“先假设，后关系”到“先数据，后关联”

传统信息分析一般遵循的是“先假设，后关系”的分析模式，先假设某种关系存在，然后根据假设针对性地分析数据并计算变量之间的相关关系。大数据环境下，数据量巨大，变量数目往往数不胜数，“先假设，后关系”的分析模式难以适用，转而采取“先数据，后关联”的分析模式，挖掘和发现大容量数据中隐含的关联、规则和规律。

传统信息分析的数据量小且变量数目少，大部分的相关关系分析在于寻求线性关系，人们往往会构造回归方程探求现象之间的因果关系，解决“为什么”的问题。随着数据量的增加，相关关系也变得更加复杂，经过大数据分析，我们能够发现数据的非线性关系，通过对事物相关关系的挖掘与发现，解决“是什么”的问题。相关关系分析在很多情况下可以取代因果关系起作用，即使不能取代，也能指导因果关系的研究，如果我们不满足于知道“是什么”，就会在此方向指引下继续研究因果关系，找出背后的“为什么”。

1.3 分析工具变革：从数学模型到数据挖掘

传统信息分析是“池塘捕鱼”，一种或少数几种渔网基本就可以应对，也就是所谓的One Size Fits All。大数据分析则是“大海捕鱼”，不可能存在一种渔网能够捕获所有的鱼类，也就是说No Size Fits All[3]。大数据分析对工具的要求更高，工具的种类也更多。

传统信息分析只需要对有限的样本数据进行定量和定性分析，主要分析工具是数学模型和逻辑思维，选择合适的信息分析方法对样本进行处理是传统信息分析的关键。而大数据分析面对的是海量的数据，分析工具以数据挖掘为主，选择合适的数据和挖掘算法是大数据分析的关键[4]。

1.4 分析结果变革：从追求精确到拥抱混杂

传统信息分析希望尽可能用有限的样本数据全面准确地反映总体，分析数据的有限意味着细微的错误会被放大，甚至影响整个结果的准确性，这就要求所分析的数据精确，减少错误，保证质量。大数据分析让我们使用所有可获取的数据变成现实，但数据量的大幅增加也可能会导致一些错误的数据混杂进来，造成结果的不精确。在大数据环境下，我们应该接受纷繁复杂的各类数据，放宽容错的标准，不应一味追求数据的精确性，以免因小失大。数据库设计专家帕特·赫兰德（Pat Helland）认为，处理大数据会不可避免导致部分信息的缺少，但能快速得到想要的结果弥补了这个缺陷，他的观点是："如果你有足够多的数据，那么'足够好'真的足够好。"[5]

当我们在进行大数据分析时，不再需要担心某个数据点对整个分析的不利影响，不需要花费高昂的代价消除所有的不确定性，而是接受这些纷繁的数据并从中受益，从追求精准转变到拥抱混杂。

2 大数据环境下信息分析研究的重点领域

大数据环境下信息分析研究的重点领域是大数据分析，通过对相关文献的研究主题进行总结，可以发现大数据分析的主要研究内容包括以下几个方面：

2.1 大数据分析理论研究

2.1.1 大数据的概念与特征

大数据（Big Data）目前还没有一个统一的定义，众多研究机构和学者的表述各不相同，但对其内涵已经基本达成共识。其中较具代表性的定义是：

2008 年《自然》杂志（Nature）发表的大数据专刊中，大数据被定义为"代表着人类认知过程的进步，数据集的规模是无法在可容忍的时间内用目前的技术、方法和理论去获取、管理、处理的数据"[6]。

2011 年麦肯锡公司（McKinsey）发布的研究报告认为，大数据是指其大小超出了典型数据库软件的采集、储存、管理和分析等能力的数据集。该定义有两方面内涵：一是符合大数据标准的数据集大小是变化的，会随着时间推移、技术进步而增长；二是不同部门符合大数据标准的数据集大小会存在差别[7]。

2013 年牛津大学教授维克托·迈尔-舍恩伯格（Viktor Mayer-Schönberger）在《大数据时代》（Big Data：A Revolution That Will Transform How We Live，Work，and Think）一书中指出，大数据是人们在大规模数据的基础上可以做到的事情，而这些事情在小规模数据的基础上是无法完成的。大数据是人们获得新的认知、创造新的价值的源泉；大数据还是改变市场、组织机构，以及政府与公民关系的方法[2]。

维基百科给出的定义是，大数据是关于数据集（data sets）的一个宽泛的术语，这个数据集如此之大和复杂，以至于传统的数据处理程序无法处理[8]。

我国学者韩翠峰认为，大数据是结构化数据、半结构化数据以及非结构化数据的总和；大数据的“数据”着重在数据获取和数据应用方面，而不仅指数据存储[9]。

樊伟红等认为“大数据”不同于“海量数据”，即大数据并不仅仅意味着数量大，更在于它的第三个维度，也就是涉及数据流、结构化与非结构化数据的处理速度和效率的时间维度及速度维度。她认为“海量数据”只是“大数据”的一个方面，而“大数据”在内容上远远超越了“海量数据”[10]。

关于大数据的特征也存在多种形式的表述，从3V模型到4V理论，其本质都是对大数据中的“大”进行阐释。

早在2001年，IT咨询公司麦塔集团（Meta Group）的分析师道格·莱尼（Doug Laney）在一份研究报告中，将数据增长的挑战和机遇定义为3V：增长的volume（数据数量）、velocity（数据进出的速度）和variety（数据类型和来源的范围），也就是体量、速率和多样，这就是最早所谓的描述大数据特征的3V模型。Meta Group于2004年被高德纳（Gartner）收购，Gartner定义大数据的3V特征为：巨大的数据量（volume）、数据的快速处理（velocity）、多变的数据结构和类型（variety），这一描述得到广泛的认同。

2011年7月的大数据世界论坛上，美国IDC全球存储及大数据研究项目副总裁本杰明·武（Benjamin S. Woo）提出了大数据4V理论，即：容量（volume）、类型（variety）、速度（velocity）和价值（value），认为大数据还应当具有价值性，大数据的价值往往呈现出稀疏性的特点[11]。而IBM认为大数据需要具有真实性（veracity）[12]。

2.1.2 大数据分析的内涵与理念

大数据没有分析，就无法发挥其价值，大数据也就成了“大垃圾”。目前，约有95%的数据量因受限于人类数据分析解释能力和数据分析手段而被闲置。大数据分析可以发掘隐藏在大数据中的巨大价值，已经引起了广泛的关注。马费成在《情报学发展的历史回顾及前沿课题》一文中提出情报学需要研究的九个前沿性课题，将“大数据分析”排在了首位[13]。

大数据分析（big data analysis，BDA）是在大数据环境下，对数据科学的重新思考和新模式探索的产物。大数据分析是大数据理念与方法的核心，是对海量、类型多样、增长快速、内容真实的数据（即大数据）进行分析，从中找出可以帮助决策的隐藏模式、未知的相关关系以及其他有用信息的过程[14]。具体来讲，大数据分析是根据数据生成机制，对数据进行广泛的采集与存储，并对数据进行格式化清洗，以大数据分析模型为依据，在集成化大数据分析平台的支撑下，运用云计算技术调度计算分析资源，最终挖掘出大数据背后的模式或规律的数据分析过程[15]。大数据分析主要关注两方面内容：大数据本身及分析技术本身；如何将二者有机融合，以实现从大数据中提取有价值的情报并用以辅助决策之目的[16]。

维克托·迈尔-舍恩伯格（Viktor Mayer-Schönberger）[2]提出，大数据分析应该遵循三大基本理念：①要全体不要抽样。当数据处理技术已经发生了翻天覆地的变化时，在大数据时代进行抽样分析就像在汽车时代骑马一样。一切都改变了，我们需要的是所有的数据，“样本=总体”。②要效率不要绝对精确。执迷于精确性是信息缺乏时代和模拟时代的产物。只有5%的数据是结构化且能适用于传统数据库的，如果不接受混乱，剩下95%的非结构化数据都无法利用，只有接受不精确性，我们才能打开一扇从未涉足的世界的窗户。(3) 要相关不要因果。知道“是什么”就够了，没必要知道“为什么”。在大数据时代，我们不必非得知道现象背后的原因，而是要让数据自己“发声”。

2.2 大数据分析方法研究

大数据分析方法是大数据分析的核心研究内容之一，分析方法对分析结果具有关键作用，并将最终影响分析成果的应用。江信昱和王柏弟归纳出基于数据、流程、信息技术视角的三类大数据分析方法[17]。

2.2.1 基于数据视角的大数据分析方法

Soumendra Mohanty，Hsinchun Chen，Power D J 等分别从数据量、数据类型、数据分析需求等角度对大数据分析方法进行了分类。

Soumendra Mohanty 等在《大数据规则》（Big Data Imperatives：Enterprise Big Data Warehouse，BI Implementations and Analytics）[18]一书中，依照处理数据量从小至大的顺序，提出 8 种大数据分析方法：流分析（以预定模式及时处理数据流）、高速的数据采集（不转换任何格式，可稍晚处理）、链结分析（构建不同数据源的关系与链接）、罕见事件侦查（从庞大数据集中寻找特定模式）、数据聚合（对数据属性发展故事线或链接关系进行分析）、文本分析（如观点挖掘或社会网络分析等）、时间序列分析（通过模式侦测及事件发生概率来处理时空数据）、数据辩论（用于数据科学家探索大规模数据集）。

Hsinchun Chen 等[19]认为，商业智能分析经历了 3 个发展阶段：处理结构化程度较高的数据、处理网络上半结构化数据、处理移动数据。涵盖了 5 类核心分析方法：数据分析（涉及数据仓储、ETL、联机分析及数据挖掘等分析技术）、文本分析（涉及信息检索、查询处理、相关反馈等分析技术）、网站分析（涉及信息检索、网络爬虫、日志分析等分析技术）、网络分析（涉及信息计量、引用网络、数学网络模式等分析技术）、移动分析（可应用于个性化分析、游戏营销分析等）。

Power D J[20]依据分析需求将数值型数据的分析方法划分为 3 类：回顾性数据分析（采取历史数据及定量工具对未来作出推论）、预测性数据分析（可采取历史数据及仿真模型进行前瞻及预测分析）、规范性数据分析（采取实时数据及定量工具触发事件）。

2.2.2　基于流程视角的大数据分析方法

计算社区联盟（Computing Community Consortium）出版的白皮书《大数据的挑战与机会》（Challenges and Opportunities with Big Data）[21]将大数据分析的过程分为5个阶段，每一个阶段都包含相应的方法：数据获取及记录（从各种感知工具中获取数据，运用及时分析技术处理数据并过滤无用数据）、信息抽取及清洗（从异构数据源抽取有用信息，并转换为结构化的格式）、数据整合及表示（将数据结构与语义关系转换为机器可读取、自动解析的格式）、数据建模及分析（运用挖掘算法或知识发现等方法，从数据中挖掘出潜在规律及知识）、诠释（借助可视化分析技术，让用户容易解读分析结果）。

孟小峰和慈祥[3]将大数据处理流程分为数据抽取与集成、数据分析及数据解释3个阶段，并梳理了各阶段所使用的分析方法。现有的数据抽取与集成方法可分为基于物化或ETL的方法、基于联邦数据库或中间件的方法、基于数据流的方法以及基于搜索引擎的方法等4种类型；在数据分析方面，传统的数据挖掘、机器学习或统计分析面临数据规模、算法调整等困难，需要作出调整；在数据解释方面，传统的解释方法基本不可行，需要引入可视化技术或交互式的数据分析过程，提升数据解释能力。

2.2.3　基于信息技术视角的大数据分析方法

严霄凤和张德馨[22]依照收集、存储、管理、处理、分析、共享和可视化的流程，梳理出适用于大数据的关键技术，包括：遗传算法、神经网络、数据挖掘、回归分析、分类、聚类、关联规则、数据融合、机器学习、自然语言处理、情感分析、网络分析、空间分析、时间序列分析、分布式文件系统、分布式缓存、分布式数据库、非关系型数据库系统、可视化技术等多种方法与技术。

2.3　大数据分析技术研究

2.3.1　大数据处理系统

程学旗等[23]总结，目前人们对大数据的处理形式主要有：对静态数据的批量处理，对在线数据的实时处理（包括对流式数据的处理和实时交互计算），以及对图数据的综合处理。

（1）批量数据处理系统。批量数据的体量巨大，达到PB级别，数据以静态的形式存储在硬盘中，往往是从应用中沉淀下来的，精确度高，数据价值密度低，需要通过合理的算法才能抽取有用的价值。批量数据处理耗时长，不提供用户与系统的交互手段。Hadoop[24]是典型的大数据批量处理架构，由HDFS负责静态数据的存储，并通过MapReduce将计算逻辑分配到各数据节点进行数据计算和价值发现。

（2）流式数据处理系统。流式数据是一个无穷的数据序列，序列中的每一个元素来源各异，格式复杂，序列往往包含时序特性，或者有其他的有序标签。从数据库的角度而言，每一个元素可以看作是一个元组，而元素的特性则类比于元组的属性，流式数据的元组通常带有时间标签或其余含序属性，数据流中的数据格式可以是结构化的、半结构化的甚至是无结构化的，流式数据是活动的，随着时间的推移不断增长[25]。典型的流式数据处理系统有Twitter的Storm，Facebook的Scribe，Linkedin的Samza，Cloudera的Flume，Apache的Nutch。

（3）交互式数据处理系统。与非交互式数据处理相比，交互式数据处理灵活、直观、便于控制。系统与操作人员以人机对话的方式一问一答，直至获得最后处理结果。采用这种方式，存储在系统中的数据文件能够被及时处理修改，同时处理结果可以立刻被使用。交互式数据处理系统的典型代表是Berkeley的Spark系统和Google的Dremel系统。

（4）图数据处理系统。图数据中主要包括图中的节点以及连接节点的边，节点之间具有关联性。图数据的种类繁多，没有一个通用的图数据处理系统能满足所有领域的需求。图数据计算的强耦合性对图的规模日益增大达到上百万甚至上亿节点的大图数据计算提出了巨大的挑战。目前主要的图数据库有GraphLab、Giraph、Neo4j、HyperGraphDB、InfiniteGraph、Cassovary、Trinity以及Grappa等。

2.3.2 大数据分析关键技术

一般而言，大数据分析技术主要包括五个基本方面：可视化分析（analytic visualizations）、数据挖掘算法（data mining algorithms）、预测性分析能力（predictive analytic capabilities）、语义引擎（semantic engines）、数据质量和数据管理（data quality and master data management）。

（1）可视化分析。面向大数据主流应用的可视化技术主要包括文本可视化、网络可视化、时空数据可视化、多维数据可视化技术等[26]。可视化旨在将文本中蕴含的语义特征直观展现。网络可视化基于网络节点和连接的拓扑关系直观地展示网络中潜在的模式关系。时空数据可视化对时间与空间维度建立可视化表征，并对相关的模式及规律进行展示。多维数据可视化技术探索多维数据项的分布规律和模式，揭示不同维度属性之间的隐含关系[27]。

（2）数据挖掘算法。数据挖掘是从大量的、复杂的、不规则的、随机的、模糊的数据中获取隐含的、人们事先未发觉的、有潜在价值的信息和知识的过程[28]。数据挖掘的基本过程包括数据准备、数据挖掘、解释评估和知识运用。数据挖掘的分析方法包括聚类分析、分类和预测、关联分析等。近年来，大数据领域的数据挖掘研究进展主要体现在可扩展性、并行性、分布式算法等方面。

（3）预测性分析能力。预测分析是利用统计、建模、数据挖掘工具对已有数据进行研究以完成预测。预测过程主要考虑 3 个方面：计算复杂性、分类变量的因果关系以及预测模型的寻优。选择一个恰当的预测算法，需要考虑现有数据、预测形式、预测精度、实时性要求、可理解性和可操作性等因素。预测分析的成功与否取决于数据质量、数据科学家和预测分析软件。

（4）语义引擎。面对非结构化数据与异构数据等的多样性，需要工具去解析、提取、分析数据。语义引擎的设计旨在从文档中智能提取信息，从大数据中挖掘出特点，通过科学建模和输入新的数据，预测未来的数据。语义分析技术包括 3 个方面：通过语义识别处理非结构化的社会性信息；通过支持大规模程序计算的自动分析应对持续快速增长的大数据；通过人工智能对信息进行及时处理，提高数据处理的时效性。

(5) 数据质量和数据管理。数据质量是保证大数据能够有效发挥作用的关键。大数据的数据质量问题体现在不一致、不精确、不完整、过时等方面。数据清洗（data cleaning）是发现并纠正数据文件中的错误，提高数据质量的重要途径，包括检查数据一致性，处理无效数据和缺失数据、处理重复对象、检测逻辑错误等。大数据环境下，传统的关系型数据库在数据管理性能方面已不能胜任，并行处理是必由之路，MapReduce 和 NoSQL 更符合大数据管理要求。

3 大数据环境下信息分析研究的未来走向

大数据环境下信息分析研究将越来越侧重于定量分析、实时分析、协同分析以及用户参与分析。

3.1 定量分析成为信息分析的主流研究范式

图灵奖获得者、著名数据库专家 Jim Gray 认为，科学研究的范式先后经历了经验范式、理论范式和模拟范式，随着大数据时代的到来，这三种传统范式在一些新的研究领域已经无法很好的发挥作用，这便催生了科学研究的第四范式——数据范式[29]，即：先将获取和生成的大量数据经数据处理后，存储在超大容量的计算机中，科研人员运用数据管理的原理和方法对大数据库进行数据分析和挖掘，形成新数据库，并据此产生新的思维，研究出新的科研成果。

Duncan J. Watts[30]在《自然》杂志上撰文指出，借助社交网络和计算机分析技术，21 世纪的社会科学有可能实现定量化的研究，从而成为一门真正的自然科学。

大数据环境下，定量分析将成为信息分析的主流研究范式。大数据分析的任务是对数据去冗分类，去粗取精，从数据中挖掘出有价值的信息与知识，把大数据通过定量分析变成小数据[31]。

3.2　大数据实时分析成为信息分析的突出特色

从分析时机角度区分，信息分析可以分为历史分析和实时分析。历史分析是对历史静态数据做分析，实时分析是对变化着的数据作分析。传统信息分析提供准确可靠的决策参考要以充足的分析时间为前提，虽然在动态跟踪时会使用实时更新的数据，但在规律总结与趋势分析时主要使用带有一定阶段性和滞后性的数据。大数据环境下，对信息分析既要求分析的准确性，又要求分析的时效性。

大数据技术的发展为实时分析提供了条件，实时大数据分析在很多领域已经得到广泛的应用，如舆情监测系统通过对网络舆情抓取和数据实时更新，及时辨别舆情风险并发出预警信号，做到早发现、早预警、早引导；电子商务网站根据用户当前浏览页面的点击行为，实时分析用户的购买动机，为用户准确推送商品推荐信息。

虽然对实时数据进行处理和实现实时预测并非易事，但大数据实时分析作为未来信息分析的突出特色，为信息分析提供了广阔的发展空间。

3.3　协同分析成为信息分析的发展趋势

协同论（synergetics）是20世纪70年代以来在多学科研究基础上逐渐形成和发展起来的一门新兴学科。赵凡和冉美丽提出，协同情报研究是指一项复杂的情报研究任务由多个部门的研究人员甚至是多个机构的研究人员，在分散的工作地点，主要通过众多现代化的信息技术和网络通信手段，共同协作完成的一种情报研究方式[32]。大数据环境下，尤其需要开展协同分析。

大数据协同分析首先体现在数据的协同收集上，大数据类型多种多样且数量庞大，靠单一机构或个人的能力很难完成对数据的收集处理工作，而是需要多人、多部门的合作与数据共享。其次，分析技术和工具的协同成为分析处理大规模、多类型数据集的必然要求，大数据环境下，信息分析问题越来越复杂，综合运用多种方法、技术和工具开展大数据分析的特征会越来越明显。最后，人员的跨界协同合作可以实现优势互补，使参与分析的人员发挥各自的能力，共同致力于任务的完成。

3.4 用户可以更深层次参与信息分析

一直以来，用户参与被认为是提高信息分析水平的有效途径，特别是用户参与早期的需求分析工作。用户参与会带来更多的信任、更高的控制感、更多的自我参与感或组织认同感，最终会提升用户对信息分析成果的满意度。

在大数据技术的支持下，用户可以更大程度上了解和参与具体的信息分析过程。主要途径有两种：一是采用人机交互技术，利用交互式的数据分析过程来引导用户逐步进行分析，使用户在得到结果的同时更好的理解分析过程和结果的由来；二是采用数据起源技术，可以帮助用户追溯整个数据分析的过程，有助于用户更好地理解信息分析结果。

参考文献

[1] 卢小宾，郭亚军．信息分析理论与实践［M］．北京：清华大学出版社，2013.

[2] Mayer-Schönberger V. Big data：A revolution that will transform how we live，work，and think［M］. Boston：Houghton Mifflin Harcourt Publishing Company，2013.

[3] 孟小峰，慈祥．大数据管理：概念、技术与挑战［J］．计算机研究与发展，2013，50（1）：146-169.

[4] 文庭孝，等．大数据时代的信息分析变革研究［J］．图书情报知识，2015，167（5）：66-73.

[5] Helland P. If you have too much data，then 'good enough' is good enough［J］. Communications of the Acm，2011，9（9）：40-47.

[6] Goldston D，et al. Big data：science in the petabyte era［J］. Nature，2008，455（9）：1-136.

[7] Manyika J, Chui M, Brown B, et al. Big data: The next frontier for innovation, competition, and productivity [R]. McKinsey Global Institute, 2011.

[8] Big Data [EB/OL]. [2015-11-01]. http://en.wikipedia.org/wiki/Big_data.

[9] 韩翠峰. 大数据带给图书馆的影响与挑战 [J]. 图书与情报, 2012 (5): 37-40.

[10] 樊伟红, 李晨晖, 张兴旺, 秦晓珠, 郭自宽. 图书馆需要怎样的"大数据" [J]. 图书馆杂志, 2012 (11): 63-68, 77.

[11] Woo B S. Big data: Finding answers where there are yet to be questions? [C]. BIG DATA World Forum, 2011.

[12] IBM. What is big data? [EB/OL]. [2015-11-01]. http://www-01.ibm.com/software/data/bigdata/what-is-big-data.html.

[13] 马费成. 情报学发展的历史回顾及前沿课题 [J]. 图书情报知识, 2013, 152 (2): 4-12.

[14] The White House. Big data across the federal government [EB/OL]. [2015-11-01]. http://www.whitehouse.gov/sites/default/files/microsites/ostp/big-data-fact-sheet-final.pdf.

[15] 官思发, 孟玺, 李宗洁, 刘扬. 大数据分析研究现状、问题与对策 [J]. 情报杂志, 2015, 34 (5): 98-104.

[16] Russom P. Big date analytics [R]. The Data Warehousing Institute, 2011.

[17] 江信昱, 王柏弟. 大数据分析的方法及其在情报研究中的适用性初探 [J]. 图书与情报, 2014 (5): 13-19.

[18] Mohanty S, Jagadeesh M, Srivatsa H. Big data imperatives: Enterprise big data warehouse, BI implementations and analytics [M]. New York: Apress, 2013.

[19] Chen H, Chiang R, Storey VC. Business intelligence and analytics: From big data to big impact [J]. MIS Quarterly, 2012, 36 (4): 1165-1188.

[20] Power D J. Using "big data" for analytics and decision support [J]. Journal of Decision Systems, 2014, 23 (2): 222-228.

[21] Computing community consortium. Challenges and opportunities with big data [R]. Washington DC: Computing Research Association, 2012.

[22] 严霄凤，张德馨．大数据研究 [J]. 计算机技术与发展，2013，23 (4)：168-172.

[23] 程学旗，靳小龙，王元卓，郭嘉丰，张铁赢，李国杰．大数据系统和分析技术综述 [J]. 软件学报，2014，25 (9)：1889-1908.

[24] Hadoop. http: //hadoop. apache. org/.

[25] Chakravarthy S, Jiang Q. Stream data processing: A quality of service perspective: Modeling, scheduling, load shedding, and complex event processing [M]. Berlin: Springer-Verlag, 2009.

[26] 高志鹏，牛琨，刘杰．面向大数据的分析技术 [J]. 北京邮电大学学报，2015，38 (3)：1-12.

[27] 任磊，杜一，马帅，张小龙，戴国忠．大数据可视分析综述 [J]. 软件学报，2014，25 (9)：1909-1936.

[28] 李平荣．大数据时代的数据挖掘技术与应用 [J]. 重庆三峡学院学报，2014，3 (3)：45-47.

[29] Hey T, Tansley S, Tolle K. The fourth paradigm: Data-intensive scientific discovery [M]. Redmond: Microsoft Research, 2009.

[30] Watts D J. A twenty-first century science [J]. Nature, 2007, 445 (7127): 489.

[31] 邬贺铨．大数据时代的机遇与挑战 [J]. 求是，2013 (4)：47-49.

[32] 赵凡，冉美丽．情报服务实践中的协同情报研究理论探讨 [J]. 图书情报知识，2007，116 (3)：65-68.

【作者简介】

卢小宾，管理学博士，中国人民大学信息资源管理学院教授、博士生导师、副院长，中国人民大学信息分析中心主任。全国图书情报专业学位教育指导委员会委员；中国科技情报学会常务理事，情报研究与咨询专业委员会主任；中国社科情报学会常务理事，学术委员会副主任；《情报学报》《图书情报工作》《情报科学》《情报资料工作》《图书情报知识》等核心期刊编委。主要研究领域：信息分析、信息咨询、信息服务、信息资源管理等。主要科研成果：先后主持国家社科重大项目、国家自然科学基金、国家社会科学基金、省部级科研项目 12 项，出版学术著作及教材 11 部，在国内外核心期刊发表学术论文百余篇，获国家及省部级奖 10 余项。

郭亚军，管理学博士，郑州航空工业管理学院副教授，中国人民大学信息分析中心研究员，河南省民航专家库专家，主要研究方向：信息分析、知识服务、大数据、数字出版等，出版专著 2 部，参编教材 4 部，发表论文 30 余篇。

移动购物应用信息架构研究

王　军[1]　沈奕娜[2]
（1. 北京大学信息管理系；2. 网宿科技股份有限公司）

【摘　要】信息架构是PC时代在网站的信息设计与运营管理的过程中发展起来的一个领域。移动设备的迅速普及和移动应用的急剧增长，使得移动信息架构成为亟需探索的研究课题。本文首先梳理了信息架构的研究现状，然后基于移动应用的特点，将移动信息架构的构成成分更新为组织系统、导航系统与交互系统。在此基础上，本文选择移动购物应用为分析对象，通过对广泛使用的21个购物Apps的用户界面和操作方式的全面解构，详细列举了移动购物应用的信息架构构成要素，进而可作为Apps的评价指标体系。

【关键词】购物应用　移动信息架构　信息架构元素　导航　交互　组织

Research on the Information Architecture of Mobile Shopping Apps

Jun Wang　Yina Shen
(1. Department of Information Management, Peking University; 2. ChinaNetCenter)

【Abstract】The information architecture (IA) is a research area developed from website design and management in PC era. Now Apps have become the object of IA studies due to the wide-spreading use of mobile equipments and the fast development of Apps market. In this paper we first overview the IA research development in recent years, then we define that the App IA is composed of organization system, navigation system and interaction system. After analyzing in details the user interface of 21 popular mobile shopping Apps, we propose a component framework for mobile shopping Apps which can be taken as the evaluation criteria.

【**Keywords**】shopping Apps mobile information architecture information architecture elements navigation interaction orgarization

1 引 言

随着智能手机的普及，移动端购物市场迅速发展。2014 年中国网络购物市场规模为 2.8 万亿元，其中移动端占比为 33%。预计 2016 年，移动端网购占比将超过 PC 端，成为网民购物的重要选择[1]。随着电信运营商、第三方支付等业务的日趋成熟，电子商务在移动互联网领域有望取得比 PC 端更广阔的前景。移动购物应用作为交易平台，重要性不言而喻。目前以淘宝、京东商城、唯品会等为代表的国内电商购物平台，都纷纷开发了移动购物应用(Apps)。目前国内的移动购物应用大多是网页内容和设计的平移。数据调查显示，用户在使用移动购物应用的过程中存在很多问题。例如，淘宝和天猫将所有的业务放在同一个应用中，虽然功能覆盖全面、信息量大，但是繁多的功能和庞大的业务结构给用户带来很大的负担。艾瑞调查发现，商品分类不清晰、功能难以找到、流程设计不合理等问题是阻碍用户使用移动应用购物的主要原因[2][3]。这些问题都属于信息架构设计方面的问题。传统的信息架构是以网站为研究对象的，通过对网站信息的有效标识、组织和结构化，从而让用户能方便地找到他们想要找的内容和功能[4]。目前的信息架构内容尚未针对移动端的特点作出相应的调整。移动端在操作界面、控制方式、应用场景等方面与桌面端存在质的区别，社交的兴起、移动的普及、搜索的强化，以及响应式设计的风行已经改变了如今的信息架构实践，信息架构的传统内容亟须更新。

本文通过考察移动购物应用这一典型的、拥有广泛用户群的Apps，更新了移动环境下信息架构的构成要素，包括组织系统、导航系统和交互系统；随后通过对国内现有购物 Apps 的深入解构和分析，提出一个系统的移动信息架构构成要素体系，为进一步构建评价移动信息架构的指标体系提供了参考。

2 相关研究综述

2.1 信息架构的定义

自 1989 年 R. S. Wurman[5] 提出“信息架构”（Information Architecture）的概念之后，信息架构已成为颇具规模的研究领域，众多领域专家以及相关的专业组织在不断推动该领域的研究发展，特别是“美国信息科学与技术协会”（ASIST），从 2000 年起，该组织已连续 15 年举办 IA 峰会邀请重要的学者对信息架构的相关问题进行定期探讨。研究主题包括了信息架构的理论研究、信息架构的实践、信息架构与相关领域（交互设计、用户体验、可用性测试等）的关系等。随着信息架构内容的丰富和深入，信息架构的内涵也得以逐渐明确。“信息架构协会”（Information Architecture Institute）的定义是：信息架构是共享信息环境的结构设计，是为支持可用性和可寻找性而组织、标记网站、网络、在线社区、软件的艺术与科学，是致力于将设计原则和架构引入数字环境的一个新兴的实践性强的学科领域[6]。Peter Morville 和 Louis Rosenfeld 进一步提出，信息架构是网站和企业网络的组织系统、标签系统、搜索系统以及导航系统的组合[4]。Jesse James Garrett 指出，信息架构着重于设计组织分类和导航的结构，从而让用户可以高效率、有效地浏览网站的内容[7]。

国内的信息架构研究始于对国外研究成果的引介和吸收，随后逐渐发展出自己的理解和研究内容。周晓英定义信息架构是组织信息和设计信息环境、信息空间或信息体系结构，以满足用户信息需求的一门艺术和科学[8]。马费成将信息架构的内涵概括为：① 信息系统内组织、标引、导航和检索体系设计的总和；②为帮助用户访问信息内容并完成任务而进行的信息空间结构设计；③ 为帮助人们查找、管理信息而对网站进行构造与分类的艺术和科学；④将建筑设计原理引入数字领域的新兴学科和行业[9]。赖茂生认为，信息架构的内涵概括起来为一个空间、两种方法、三个基本阶段、四种系统、五种强调[10]。

上述学者对信息架构的定义虽各有表征，但其内涵是一贯的。简要地说，经典信息架构（IA）就是为了可用性和可寻性，从而对信息环境的结构进行设计，它由组织系统、导航系统、检索系统以及标识系统构成。

吕红和马海群采用文献计量分析方法对2002—2010年间国内发表的信息架构方面的论文进行了系统梳理和评价，指出国内的信息架构研究存在着三方面的问题：① 研究者主要集中在高校，企业力量薄弱，因此实践性不高；② 过分强调网站信息架构，对其他信息集合的讨论较少；③缺乏与交互设计、可用性测试等相关科学的结合[11]。

2.2 移动端信息架构研究现状

移动端的信息架构研究目前尚处于初级阶段，相关讨论多散见于博客文章，博客作者基于自己的实践经验进行总结和讨论。较有参考价值的博客有：UX Booth 提到手机的信息架构设计，介绍了流行的导航结构样式库，包括层级式、辐射式、套娃式等[12]；设计人晓生在其博客上发布了7篇博文来谈移动产品信息架构，关注了手机用户行为模式、移动产品首页元素、首页信息曝光率、路径、导航、类目等问题[13]。Peter Morville 指出移动端信息架构设计的组织原则没有发生变化，但是导航模式发生了很大的变化[14]。

也有一些设计界的学术/学位论文讨论到移动端信息架构的功能要素[15]、菜单设计、架构样式[16]、层级跳转、导航变化[17]、信息层级等方面。李世国从功能要素点、信息架构样式、层级跳转三个角度讨论了智能手机浏览器的信息架构[18]。杨涛分析了移动信息工具菜单界面的逻辑条理[19]。沈瑞月研究了手机语音通信部分功能的信息架构设计[20]。尉玉龙采用卡片分类法对移动平板应用功能点的信息层级进行了梳理[21]。张艳定义手机信息架构主要分为以下部分：信息组织系统（组织方案、组织结构）、信息导航系统（全局导航、局部导航、语境导航）、信息路径、信息展示系统、信息检索、隐喻[22]。武倩指出页面是移动信息架构的重要元素[23]。Manoharan 通过调研和实验提出了能让原生 Apps 以及 Web Apps 的信息内容在手机上更好展现的信息架构方法，但是在内容上比较偏向技术使用，利用计算机技术让信息架构更好地完成适配[24]。此外各移动平台的界面设计准则对导航等信息架构元素也有一定的规定，例如 iOS Human Interface 针对不同的应用结构定义了三种导航样式，分别为层级式、扁平式、内容/体验主导式[25]。总的来说，目前对移动端信息架构的研究比较零散，偏重于界面设计和视觉元素，缺乏理论性的探讨和明确的定义。

2.3 信息架构评价指标体系

现有的信息架构评价研究大多是面向网站的，基本上可归为两种类型：

（1）基于信息架构构成要素来建立相应的评测方法或指标体系。例如，Steve Toub 从站点结构、信息分组、标识三方面汇总了信息架构的评测方法[26]。甘利人参考 Argus Associates[27] 的方法建立指标框架，采用层次分析法为评价指标赋予权重以计算网站信息架构的得分[28][29]。也有研究者构建定性的指标体系，杨艳萍从结构、分类和标识三方面来评价信息架构[30]。解素芳从信息资源质量、信息服务质量和信息系统质量三方面来评价高校档案馆的信息架构建设[31]。针对 Web2.0 的特点，江正华提出了 IA2.0，在传统信息架构评价要素之外，增加了信息环境和用户体验作为一级指标[32][33]。叶晓峰指出网站 IA2.0 包含导航、内容、元数据三个模型[34]。

（2）与可用性测试或者用户体验结合的信息架构评价：在这

类研究中将信息架构作为可用性评价体系的一部分。例如，马费成参照了网站有效性评价对照表，建立了由启发式评价和用户测试两种方法构成的评级方案[35][36]，该方案被运用于对服务型网站的评价[37]。赵宇翔综合网站有效性评价对照表和信息架构评价指标，构建了一套评价图书馆网站的指标体系，其中三级指标用到了信息架构指标[38]。也有研究者将可用性测试方法（卡片分类法、用户测试、启发式评估等）运用于信息架构的不同要素，如 Gullikson 应用用户测试方法对学术网站的信息分类、标识呈现和导航三方面进行了评价[39]。Kurniawan 使用卡片分类法和聚类分析定义了老人健康信息网站的最佳信息架构实践[40]。Jeffcoat King 使用用户测试方法对图书馆网站的分类架构进行评估[41]。Nada Savitch 采用卡片分类法对面向痴呆病人的网站信息分类进行研究。

归纳总结现有的国内外信息架构评价方法，可以发现信息架构的不同构成要素要用不同的方法来评价：评估组织系统用卡片分类法、用户测试和启发式评估；评估标识系统用用户实验法和设计标识法；评估导航系统用用户实验法；评估检索系统用可用性评估[42][43][44][45][46]。

移动端的信息架构评价指标体系是一个新的课题，目前能找的相关文献很少。Viljamaa 采用卡片分类法对移动多媒体设备的信息架构样式进行了对比，并提出最佳信息架构模型[47]。杨衍民从信息架构的四要素分析了手机信息架构的构成，提出了移动信息架构设计的评估标准、评估方法以及评估内容（产品结构是否清晰、产品流程是否流畅）[48]。李乐兴采用卡片分类法、试验法，对高校移动图书馆的组织系统、标识系统等进行评价[49]。

总的来说，现有的信息架构评价研究存在以下三个问题：

①研究对象多为网站，所提出的指标体系不适用于移动应用。对移动信息架构的构成及其定义缺乏理论分析与探讨，分析较为零散，没有形成完整的体系。

②研究方法以理论分析居多，在指标体系的构建过程中缺乏实际应用的支撑，构建后亦缺乏用户检验和实践修正，导致指标体系主观性较强，可操作性较弱。

③引入可用性评估方法的方案，评估内容虽值得借鉴，但评估方法大多为定性方法，操作上过于复杂，考察的案例不具有普适性，难以推广。

3 移动信息架构的构成分析

经典的信息架构以网站为研究对象，Rosenfeld 与 Morville 为此所提出的信息架构四大构成要素广为人知，即：组织系统、导航系统、搜索系统、标识系统。从 PC 端到移动端，设备在尺寸大小、操控方式、应用场景等方面产生了质的变化。移动端网站需要重新设计，而不是原网站内容的平移和裁剪，这已经成为移动端设计的共识[50]。运行在移动设备上的原生应用，专为手持设备设计，更加体现出自己的特色，加上移动端应用快速迭代更新的需求，这些都使得移动端信息架构呈现出不同于 PC 端的特性。逐一分析经典信息架构的四大构成要素在移动端上的适用性：

①组织系统是经过对信息空间中信息资源的理解，将信息资源进行分类、重组、命名。在移动端呈现的信息更需要组织，虽然利用的屏幕展现空间大大缩小，但是要展现的内容并未随之减少，移动端的组织系统更需要精心设计。

②标识系统（又称为标签系统）是对网站上信息对象的表示和命名。移动端基本上沿用了桌面标识系统的基本原则。为适配在桌面显示的网站而开发的移动产品，如移动购物应用，常常沿袭对应桌面产品已有的命名方式，以保证信息对象在多屏上的一致性，因此，移动端的标识系统并不被特别强调。对事物的命名是进一步对事物进行组织的基础，换句话说，标识系统是组织系统的基石，可作为组织系统的一部分来看待，特别是在显示空间受限的手持设备屏幕上。

③与桌面产品相比，移动产品对导航系统提出了更强的范式约束。三大手机系统 iOS、Android、Windows Phone 各自都提供了详尽的导航功能控件，而且要求应用开发者予以遵循，以凸显手机操作平台的统一风格与特色。例如，移动应用有 7 种通用导航样式：

跳板式、列表菜单式、选项卡式、陈列馆式、仪表式、隐喻式、超级菜单式。以选项卡导航样式为例，iOS 对于出现的位置、大小和比例都有相应的规则。在有限尺寸的屏幕上要呈现大量的信息，导航系统的作用至为关键。

④搜索系统在移动端的独立地位被削弱。一方面是因为屏幕尺寸有限，另一方面是因为触屏输入的不便利，在移动应用里搜索系统更多的是作为导航系统的辅助手段来呈现的[51]。因此在移动端可以将搜索系统并入导航系统。

在上述经典的信息架构组件之外，交互设计在移动应用的设计与开发中的地位十分凸显。触摸设备的普及使得人们与设备的交互从鼠标加键盘跃迁到触摸和感知（重力感应、磁力感应等）。交互设计的倡导者 Alan Cooper 指出，信息架构关注内容的结构，但同时也关注用来访问内容的行为以及内容如何呈现给使用者，其中用来访问内容的行为就涉及交互设计的内容[52]。Web2.0 时代，用户不再是单纯的信息接受者，用户和网站或应用之间是双向的“沟通”，尤其在使用移动 Apps 时用户常表现出复杂的行为，这时就需要交互设计来对这些操作的结构进行设定。在移动 Apps 的设计中，一方面要关注信息架构，以更好地组织页面；另一方面要关注交互设计，从而为功能元素设计出适当的行为。事实上，已有学者将交互的概念纳入了信息架构的考察中[32][53]，有些学者在对信息架构的评价中也提出了互动性等相关指标[31]。在移动设备上，信息架构师和交互设计师关注的内容越来越相近。如果说信息架构的目标是信息的可寻性和可用性，那么交互设计就是易用性。因此，在移动应用的信息架构构件中，除了组织系统和导航系统，还应包括交互系统，涉及用户与信息空间的互动和对信息对象的操作，包括管理、评价等行为。

综上所述，基于移动应用本身特点以及人们使用移动应用的行为特点，移动信息架构可分为三大构件：组织系统、导航系统和交互系统。各子系统的含义如图 1 所示。

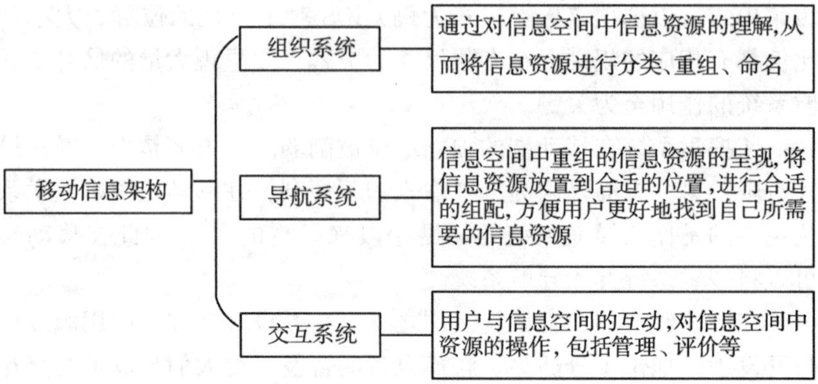

图1　移动信息架构要素

4　移动购物信息架构的构成要素

之所以选择移动购物应用作为研究对象，一方面是因为要建立一个通用的移动信息架构体系需要对各种类型的移动应用进行逐一的要素分解与提取，工作量艰巨；另一方面，购物 Apps 是移动应用的典型代表，具备图 1 所示理论模型的所有成分，详解如下：

落实到每一个具体的应用，其信息架构设计各有侧重。基本上可将目前市场上数量庞大的移动应用分为两个大类：内容浏览型和功能操作型。新闻、视频、旅游、购物、教育等类型等属于内容浏览型 Apps，这类 Apps 以呈现大量的信息内容为首要目标，比较强调运用信息架构的方法对信息进行归类整理，组织系统和导航系统的设计是其关键；日程、地图、社交、工具、游戏等属于功能操作型 Apps，这类 Apps 以功能部署、操作便利为设计的首要目标，侧重通过任务分析方法将功能模块进行分解和组织以方便用户达到目标[49]，交互设计是其重点。

购物类 Apps 是安装量和使用率最大的 Apps 类别之一。因有大量的商品信息要呈现，它在内容组织上与信息类网站类似；同时，它还包含诸多的功能性元素（浏览、搜索、订购、付款、评价、推荐等)，具有复杂的交互行为。设计者既需要关注信息架构，以更好地组织页面；也要关注交互设计，为功能元素设计出适当的行为。因此，移动购物应用的信息架构设计涉及的问题较为全面，也更加复杂。本文选择购物应用为分析对象，研究结果对功能操作型和内容浏览型应用都有所借鉴。

4.1 调研对象

经过对国内 Apps 市场的广泛调研，本文选择了 21 个购物 Apps 作为分析对象（详见表 1)，覆盖了国内的所有主流电商平台。分析工作以 App 的 iOS 版本为考察对象，每一个 App 的所有页面元素都被提炼出来，按照组织系统、导航系统、交互系统的大类分别予以归并。随后，参考经典的信息架构构成要素，重新构建适用于购物 Apps 的构成要素体系。

表 1　**移动购物应用调研对象**

平台类型	服务内容	Apps 名称
C2C	全面商品	淘宝
B2C	综合商城	天猫、京东、亚马逊、1 号店、苏宁易购、国美在线、易迅
	垂直商店：服装鞋帽，美妆	唯品会、聚美优品、凡客、梦芭莎、银泰百货、麦包包
	社会化电商导购	美丽说、蘑菇街
B2B	全面商品	阿里巴巴、慧聪家电
O2O	食品酒水、票务，各种线下实体店的服务	大众点评
B2T		美团网、百度糯米

4.2 组织系统

经典的信息架构组织系统包括组织体系、组织结构、标签云图三方面内容，组织体系又分为精确组织体系和模糊组织体系[4]。在购物 Apps 的情境下，客观组织体系与主观组织体系分别对应着精确组织和模糊组织。

4.2.1 客观组织体系

客观组织体系包括三类组织模式：字母顺序、时间和地点，这类组织模式为所组织的信息资源确定了唯一的页面位置。在购物应用上则体现为按照以下的顺序来组织商品或店铺：名称或品牌的字母顺序、上市时间或者活动的截止时间、收货地址范围、商家距离买家位置的远近等。

4.2.2 主观组织体系

主观组织体系包括四类组织元素：主题、任务、用户和隐喻，这类组织模式具有主观和个性化的色彩。例如，不同店家对同一主题理解不同，就会将待展现资源归类到不同的主题下，甚至同时归类到多个主题下，这对于基于任务、用户、隐喻的组织方式也类似。

①主题。购物平台常采用主题的方式来组织商品，一则提供更多的途径帮助买家找到商品，二则实现促销的目的。常用的主题类型有：场景（宠物文娱、旅游出行、居家生活等）、社会角色（白领、学生、淑女等）、产品特征（例如，服装有女神美衣、韩范控等）、产品功效（例如，化妆品有保湿、美白；保健品有明目、清火等）。

②任务。购物应用里常见的任务有：购物车、付款、收藏、联系客服等。应尽量将相关的任务放置在相同的页面内。

③用户。可以将商品/店铺根据适用的人群来分组，例如：男性、女性、老人、儿童等。还可以为每一个用户定制高度个性化的组织方式。

④隐喻。为了形象化并节省显示空间，隐喻式的图标设计是常见的手段，如购物车、扫一扫等。

4.2.3 组织结构

经典信息架构面向大型网站设计，它的组织结构包括等级结构、数据库模式以及超文本结构[4]。等级结构是移动购物应用在展现大量信息时所常用的方式，可基于被组织的信息对象的类型，将等级结构进一步细分为功能型等级结构和内容型等级结构。层级结构的合理性、深度和广度都是用来评价组织结构的指标。在表1所列的调研对象中，页面等级结构的深度以不超过三层为常见，而广度可以拓展到7~10之间。

数据库模式和超文本结构的组织结构对于小尺寸的移动设备来说过于复杂，在移动Apps上较少采用。

4.2.4　推荐

对于购物类应用，推荐是最常见的页面元素，包括大众标签和首页定制。大众标签是根据用户（包括店家和买家）添加的标签而形成的，常根据对应的用户量来确定标签的显示大小，以此反映受欢迎的程度。首页是购物应用实施推荐最重要的位置，购物应用非常重视首页内容的定制，包括促销、团购、活动、专题馆等。首页的内容常见的有5类：促销推广（如秒杀、甩卖等），主题（如女装馆、男装馆、宠物生活、开学狂购），个性化（如根据浏览历史挖掘用户个性化需求），大众偏好（最新、最热、爆款、流行），广告商品。

首页定制模块的评价，可从以下几个方面进行：内容的丰富度、各组件在首页上占比、比例是否协调、位置是否合适、推荐的准确度。目前各个电商平台推出的移动应用在首页的设计和运营上大同小异，风格基本一致。也有共同的缺陷和问题，即都在首页堆积过多的内容争夺用户的眼球，导致首页信息杂乱和认知疲劳。

4.2.5　标识

如第3节所述，标识系统在移动信息架构构成模型中被并入组织系统。标识系统实现对信息对象的命名，这对于购物Apps尤为关键，如何在小屏幕上简洁地命名？如何达到广告效应？都是流量转化的关键。

标识的评价有三个方面：可理解性、生动性和一致性。移动端用户大多利用碎片化时间来使用购物Apps，因此对他们来说内容的可理解性、生动性等就成为他们能够快速找到自己需要商品的关键。生动性是指用词贴近用户的日常生活，一些商家采用网络用语和俏皮话来提升购物的乐趣，吸引用户；一致性要求在应用内前后对功能和内容的命名保持一致，同时还需遵照业界命名规范并与桌面端产品保持一致。图 2 展现了以上所讨论的购物 Apps 的信息架构组织系统的构成元素。

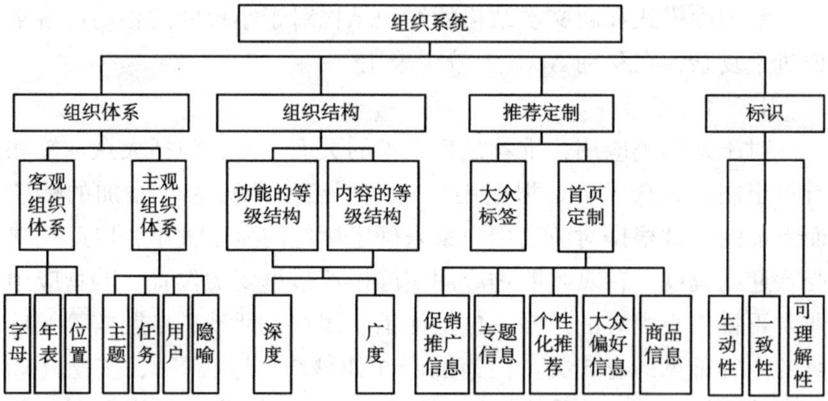

图 2　移动购物应用组织系统的构成要素

4.3　导航系统

经典信息架构的导航系统包括全站导航、区域导航、网站地图/目录、网站索引、网站指南、网站向导、辅助性导航、情景式导航及社会化导航[4]。移动设计提倡轻应用，尽量减少搭载功能以减轻容量，没有子站点和主站点的区分，上述全站导航、区域导航等的概念不适用，如图 3 所示。Christina Wodtke 将导航系统划分为结构性导航、关联性导航、可用性导航[4]。其中结构性导航标识内容的层次结构，关联导航联系相关内容，可用性导航实现页面与功能之间的关联，例如登录、查看用户信息等。Wodtke 的定义简洁而实用，更适合购物 Apps 的特点。

4.3.1　页面结构

导航系统首先需要确定内容之间的逻辑关系，即页面结构，这是后续导航功能设计的基础。页面结构的评价有两个方面：一是页

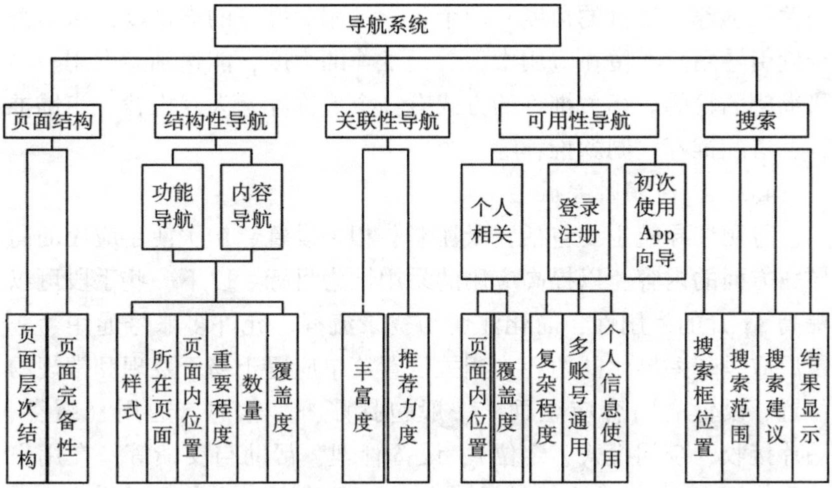

图 3　移动购物应用导航系统构成要素

面的完备性，一般购物应用中必要的页面包括首页、搜索、类目、购物车、个人账户、商品详情、专题以及消息页面；二是页面层次结构的合理性，移动购物应用页面层次一般不超过 5 层。

4.3.2　结构性导航

结构性导航有两个目标：一是帮助用户顺利地找到应用中的功能并完成相关任务，如加入购物车、付款等；二是引导用户发现并浏览所需要的内容。因此可进一步将结构性导航细分为功能导航和内容导航。

结构性导航关注用户在移动购物应用层次结构中的跳转，评价的重点是其可用性，包括：导航的样式、所在页面、页面内的位置、重要程度、数量、覆盖度，这几个方面是影响结构性导航可用性的要素，只有设计出样式合理、位置适宜、内容覆盖全面的结构性导航，用户才能顺利地完成整个应用的浏览。

4.3.3　关联性导航

掌握了应用的整体结构，就需要进一步引导用户发现更多他们感兴趣的内容，这时候就需要关联导航帮助用户访问相关的内容。

关联性导航关注用户在一次浏览后能否进一步浏览相关信息，亦称为关联推荐。评价的角度有两个：一是相关推荐的丰富度，从多个维度引导用户滞留在应用中；二是推荐的力度，能达到激发用户购买欲望的目的。相关推荐的方式有：个人推荐、大众推荐、店铺推荐、搭配推荐、同款推荐等。

4.3.4 可用性导航

可用性导航主要包括登录注册、相关设置、初次使用应用的向导三方面的内容，以提高应用的易用性为目标。以下一些手段可以提高 Apps 的易用性：简化注册与登录流程、允许多账号通用、登录后应呈现差异化的内容；相关设置菜单应置于易于发现和常规的位置、设置的内容应全面，一般包括账户、信息、通用（缓存、图片接收、夜间模式、定位）、设备管理、帮助与反馈等；在用户首次使用 Apps 时，应提供操作向导，帮助用户探索应用的核心功能。

4.3.5 搜索

导航的功能就是帮助用户找到所需信息。在移动购物的情境下，趋势是将搜索与导航相融合，故在移动信息架构中将搜索功能置于导航系统之下。搜索的评测角度有：搜索框位置、搜索范围、搜索建议、搜索结果。搜索框的位置应醒目，还可提供扫一扫的功能替代搜索输入；搜索对象的范围可包括商品、用户、店铺；搜索结果可根据价格、信用、销量、上市时间、活动时间、人气、距离等排序，可按照地区、分类、价格、商品类型、促销形式、配送方式等角度来筛选；搜索时应提示相关搜索词或给出进一步的搜索建议。

4.4 交互系统

交互系统是移动信息架构的重要组成部分，它定义了用户与信息空间的互动行为。对设计者而言，无论是移动应用还是网站，用户的浏览都是以页面为单位的。如果说组织系统定义了一个页面内信息资源之间的关系，那么导航系统就是定义页面间可能存在的路径，而交互系统是设计用户在实现预期目标的过程中与页面间的互动行为。交互设计让产品和它的使用者之间发生关系，从而使得系统的行为符合使用者的预期并实现使用者的目标。

在触屏时代，交互设计已经发展为一个博大精深的领域，它以提高用户体验为目标，内容涉及手势操作、界面设计、视觉设计、动效设计等多个方面。在信息架构的框架下讨论交互，其目的是为了有效地达成信息架构的目标而非提升用户体验。在移动购物应用的语境下，交互系统包括页面内的定位、页面间的跳转、与购物相关的关键动作等用户频繁执行的动作，如图 4 所示。

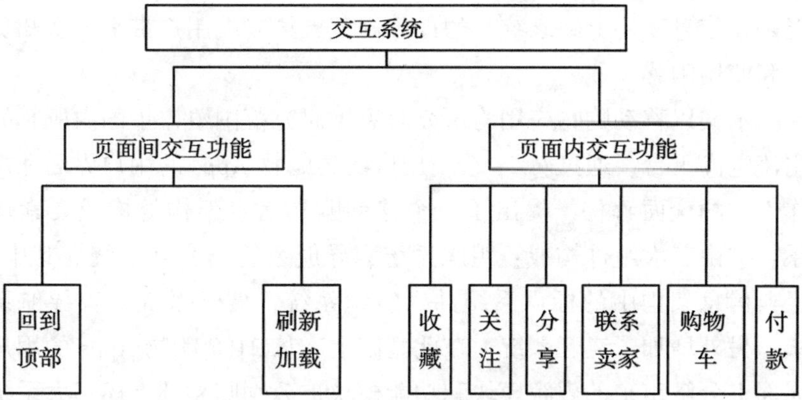

图 4　移动购物应用交互系统构成要素

页面间的交互功能主要是加载与返回：因手机宽度有限，而购物应用要展示的内容多，一个页面常需多屏加载，相应地，也就有回到顶部的跳转。

页面内交互本质上是用户在购买路径上的行为转换，应有清晰的逻辑顺序设计，例如，浏览→加入购物车→付款。页内交互功能的位置和大小应根据其重要度安排，例如，加入购物车较收藏重要，因此将“加入购物车”放在结构导航上，将“收藏”放在商品图片右下角，方便用户点击操作。功能使用后应使图标的状态有所变化，反映操作的执行状态。

5 结语

信息架构是与信息组织一脉相承的一个研究方向，它是在大型网站的设计、管理和运营过程中逐渐成熟起来的一个研究领域。随着移动设备的普及，信息架构的关注焦点逐渐转移到移动应用的设计上。移动应用要在有限的屏幕上呈现内容、与用户的交互更为密切、使用场景更为复杂，这些特点要求对原有信息架构的构成要素予以重新审视。移动应用数量的惊人增长造就了应用市场的繁荣，但是在信息架构上缺乏统一的设计规范，给终端用户带来了认知负担和使用困惑。

本文以移动购物应用为研究对象，研究范围覆盖了国内所有的主流电商平台。通过对 21 个使用广泛的购物 Apps 的用户界面和操作方式的全面解构，提出了一个移动购物信息架构的构成要素体系，它由三大组件构成：组织系统、导航系统与交互系统。其中，经典信息架构中的标识系统并入组织系统，搜索系统并入导航系统，另外增加了交互系统。在此基础上，从 21 个购物 Apps 的用户界面上分解出来的内容模块和功能模块被分别归类到上述三大系统中，形成了最终的构成要素体系。这样的研究方法不可避免地带来一些局限性：对现有 Apps 的分析不能涵盖未来的变化，将之作为评价指标体系尚待实际评测的检验，购物 Apps 的信息架构未必适用于其他种类的 Apps。本文的研究成果可作为进一步研究移动信息架构的参考，为 Apps 的设计团队提供借鉴，推动 Apps 市场的健康发展。

参考文献

[1] 艾瑞咨询. 2014 年中国网购规模达 2. 8 万亿 [EB/OL]. [2014-08-10]. http://www. zgswcn. com/2015/0202/580738. shtml.
[2] 艾瑞咨询. 中国移动购物用户调研报告简版 2014 年 [R]. 北

京：艾瑞咨询集团，2014.

[3] 艾瑞咨询. 中国移动购物行业研究报告简版 2014 年 [R]. 北京：艾瑞咨询集团，2014.

[4] Rosenfeld L, Morville P. Web 信息架构：设计大型网站 [J]. 2008.

[5] Wurman R S. Information anxiety [M]. California: Doubleday, 1989.

[6] The Information Architecture Institute. What is IA? [EB/OL]. [2015-05-02]. http://iainstitute. org/en/learn/resources/what_ is_ ia. php.

[7] Jesse James Garrett 著. 用户体验的要素以用户为中心的 Web 设计（原书第 2 版）[M]. 北京：机械工业出版社，2011.

[8] 周晓英. 信息构建（IA）——情报学研究的新热点 [J]. 情报资料工作，2002（5）：6-8.

[9] 马费成，姜婷婷. 信息构建对当代情报学发展的影响 [J]. 图书馆论坛，2003（6）：20-25.

[10] 赖茂生. 关于信息构建（IA）的十个问题 [J]. 江西图书馆学刊，2004（1）：1-3.

[11] 吕红，马海群. 近 8 年我国信息构建论文的文献计量统计分析与评价 [J]. 情报科学，2010（10）：1526-1531.

[12] The UX Booth. Designing for Mobile, Part 1: Information Architecture [EB/OL]. [2015-03-02] http://www. uxbooth. com/articles/designing-for-mobile-part-1-information-architecture/.

[13] 晓生和他的小伙伴们. 移动产品信息架构 [EB/OL]. [2015-03-02]. http://daichuanqing. com/? s=信息架构.

[14] The UX Booth. Putting the "Twingle" in Information Architecture [EB/OL]. [2015-03-02] http://www. uxbooth. com/articles/putting-twingle-information-architecture/.

[15] 靳文奎. 基于 Android 系统智能手机浏览器交互界面的对比研

究［D］. 江南大学，2013.
［16］王赛兰. 基于移动端信息架构的用户体验设计［A］. 工业设计研究辑刊（第二辑）［C］. 2014.
［17］印缘. 信息架构对于用户体验感知影响的研究［D］. 湖南师范大学，2014.
［18］李世国，靳文奎，孙辛欣. 智能手机浏览器信息架构设计研究［J］. 包装工程，2013（6）：45-49.
［19］杨涛. 浅析移动信息工具中信息架构的设计［J］. 艺术与设计（理论），2009（4）：155-157.
［20］沈瑞月. 中老年移动通信产品的设计信息架构研究［D］. 上海交通大学，2010.
［21］尉玉龙. 基于卡片分类法的移动平板应用信息架构研究［D］. 湖南大学，2013.
［22］张艳. 基于用户认知风格的手机信息构建研究［D］. 上海交通大学，2007.
［23］武倩. 电商移动应用的引导性设计研究［D］. 华东理工大学，2014.
［24］Manoharan S. On an information architecture for mobile appslications［C］//UBICOMM 2011，The Fifth International Conference on Mobile Ubiquitous Computing，Systems，Services and Technologies，2011：258-261.
［25］iOS Human Interface. Navigation［EB/OL］.［2015-02-02］https：//developer. Appsle. com.
［26］Steve Toub，Argus Associates. Evaluating information architecture［EB/OL］.［2015-02-02］. http：//argus-acia. com/white_papers/current_paper. html.
［27］甘利人，郑小芳，束乾倩. 我国四大数据库网站 IA 评价研究（一）［J］. 图书情报工作，2004（8）：26-29.
［28］甘利人，郑小芳，束乾倩. 我国四大数据库网站 IA 评价研究（二）［J］. 图书情报工作，2004（9）：28-29，96.

[29] Argus Associates. Analyzing the Analysts [EB/OL]. [2015-02-02]. http://argus-acia. com/white _ papers/evaluating _ ia. html.

[30] 杨艳萍. 网站信息构建评价初探 [J]. 情报理论与实践, 2004 (4): 418-420.

[31] 解素芳, 王朋, 焦淑静. 基于信息构建的高校档案馆网站评价指标体系设计 [J]. 档案学通讯, 2010 (6): 53-56.

[32] 江正华. Web2.0 环境下的 IA2.0 理论探析 [J]. 图书馆理论与实践, 2014 (3): 46-54.

[33] 江正华. Web2.0 环境下的 IA2.0 应用研究——网站 IA2.0 评估模型的构建 [J]. 图书馆理论与实践, 2014 (9): 72-79.

[34] 叶晓峰, 刘记. Web2.0 环境下的信息构建研究 (Ⅱ) ——网站 IA2.0 的评估: 以博客站点为例 [J]. 图书情报知识, 2007 (5): 74-79.

[35] 马费成, 姜婷婷. 信息构建评价初析 [J]. 图书馆论坛, 2005 (6): 48-53.

[36] 姜婷婷. 网站信息构建的评价 [D]. 武汉大学, 2005.

[37] 齐燕, 赵新力, 朱礼军. 关于网站信息构建及其评价的现状及探讨 [J]. 情报理论与实践, 2007 (4): 548-551.

[38] 赵宇翔. 公共图书馆网站信息构建可用性评价研究 [J]. 现代图书情报技术, 2007 (3): 60-64.

[39] Gullikson S, Blades R, Bragdon M, et al. The impact of information architecture on academic web site usability [J]. The Electronic Library, 1999, 17 (5).

[40] Kurniawan S H, Zaphiris P. Web health information architecture for older users [J]. It & Society, 2003, 1 (3): 42-63.

[41] Jeffcoat King H, Jannik C M. Redesigning for usability: Information architecture and usability testing for Georgia Tech Library's website [J]. OCLC Systems & Services: International Digital Library Perspectives, 2005, 21 (3): 235-243.

[42] Savitch N, Zaphiris P. Accessible websites for people with dementia: A preliminary investigation into information architecture [M] //Computers Helping People with Special Needs. Springer Berlin Heidelberg, 2006.

[43] 张新民，胡红亮，王艳，梁战平，张传本，郑力. 网站信息架构的评估 [J]. 现代图书情报技术，2004 (3): 51-55.

[44] 罗志会. C2C 电子商务网站信息构建的评价研究 [D]. 南京航空航天大学，2008.

[45] 班孝林. 基于信息构建（IA）的网站评价及实证研究 [D]. 吉林大学，2007.

[46] 刘丽群，王刚飓. 基于用户体验的中国新闻网站信息架构研究 [J]. 中国媒体发展研究报告，2012 (00): 330-336.

[47] Viljamaa T P, Vaittinen T, Anttila A. Towards an optimal information architecture model for mobile multimedia devices [M] //Human Interface and the Management of Information. Interacting in Information Environments. Springer Berlin Heidelberg, 2007.

[48] 杨衍民. 手机应用程序产品的信息架构设计研究 [D]. 湖南大学，2011.

[49] 李乐兴. 移动图书馆信息构建研究 [D]. 南京航空航天大学，2014.

[50] Andy Clarke. Redesign the Web [M]. Germany: DE Druck Europa GmbHa, 2012.

[51] 晓生. 手机产品的信息架构 [EB/OL]. [2015-03-02]. http://daichuanqing. com/index. php/archives/2052.

[52] Alan Cooper, Robert Reimann , David Cronin 著. About Face3 交互设计精髓 [M]. 北京：电子工业出版社，2012.

[53] 程帆. 基于信息构建的网站评价——Web2. 0 环境下的研究 [D]. 重庆大学，2010.

[54] Christina Wodtke, Austin Govella. 锦绣蓝图 怎样规划令人流连忘返的网站 [M]. 北京：人民邮电出版社，2009.

【作者简介】

王军，计算机科学博士，北京大学信息系教授，北京市优秀教师。长期从事知识组织、数据挖掘、数字图书馆、信息产品设计等领域的研究教学工作，相关论著发表于信息科学领域的国际顶级会议和期刊，包括 JASIST、JCDL、CIKM、情报学报、图书馆学报等。荣获美国 OCLC/ALISE 国际基金、教育部人文社科成果奖、教育部新世纪人才。曾多次在 Berkeley、UIUC、Syracuse、香港中文大学等高校举行学术报告，被英国国家艺术与人文研究理事会聘请为国际评审委员。

沈奕娜（通信作者），北京大学信息管理系情报学硕士，现供职于网宿科技股份有限公司，产品工程师。

知识融合国内外研究综述

唐晓波[1,2]　叶晨孟[1]　魏　巍[1]　朱　娟[1]
（1. 武汉大学信息资源研究中心；2. 武汉大学信息管理学院）

【摘　要】 本文系统梳理了国内外知识融合相关研究，并从概念与内涵、方法与实现路径、系统研究、应用研究四个方面进行了总结与归纳。概念与内涵方面，将知识融合的功能概括为针对多源、结构复杂、层次不一的知识，采用转换、集成、提取与合并等方法，建立统一的知识模式并获取新知识，以提供高质量的知识服务。方法与实践路径方面，分为元知识集和本体库构建、融合算法、融合结果的控制与评价反馈三个方面。系统方面，主要介绍了KRAFT模型及其他相关研究。应用方面，归纳为产品设计、决策支持、知识服务三个领域。最后，本文对目前的研究进行了述评。

【关键词】 知识融合　方法与实现路径　系统研究　应用研究

A Review on Knowledge Fusion

Xiaobo Tang[1,2]　Chenmeng Ye[1]　Wei Wei[1]　Juan Zhu[1]
(1. Center for Studies of Information Resources, Wuhan University;
2. School of Information Management, Wuhan University)

【Abstract】 This paper summarized the research about knowledge fusion home and abroad. The summarization included 4 parts, i. e. concepts and connotation, methods and implementation path, systematic study, application study. About concepts and connotation, the function of knowledge fusion was defined as converting, integrating, exacting and combining multisource, baroque, multilevel knowledge into unique knowledge pattern so as to have new knowledge for high-quality knowledge services. About methods and implementation path, contained the building of meta knowledge base and ontology, fusion algorithm, the control and assessment of fusion results. About the system, this paper mainly introduced KRAFT model and other related models. About application, it covered product design, decision support and knowledge service. At last, this paper gave a short summary about the whole paper.

【**Keywords**】knowledge fusion　methods and implementation path　systematic study　application study

知识在知识经济社会中是创造价值的重要源泉，但是随着知识总量的激增，如何从繁杂的知识库中科学高效地利用知识已经成为了一大难题。知识融合（knowledge fusion）提供了一个可行的解决方案。随着计算机网络技术、数据库技术的发展，知识融合愈来愈受到人们的重视。本文从四个方面归纳分析了知识融合的相关研究，即知识融合的概念与内涵、方法与实现路径、系统研究、应用研究四个方面。其中知识融合的概念与内涵厘清了知识融合与相关概念之间的关系；方法与实现路径是知识融合的核心，决定了知识融合的效果和效率；系统研究是知识融合的技术方法与实践的结合；应用研究是知识融合在生产实践中发挥效力的基础前提。

1　知识融合的概念与内涵

知识融合的概念于 20 世纪 90 年代在信息融合的基础上被提出，虽然现有的文献对于知识融合的定义尚未统一，但其功能都可以概括为：针对多源、结构复杂、层次不一的知识，采用转换、集成、提取与合并等方法，建立统一的知识模式并获取新知识，以提供高质量的知识服务（见图 1）。

知识融合是知识科学与信息融合的交叉学科，其研究对象主要

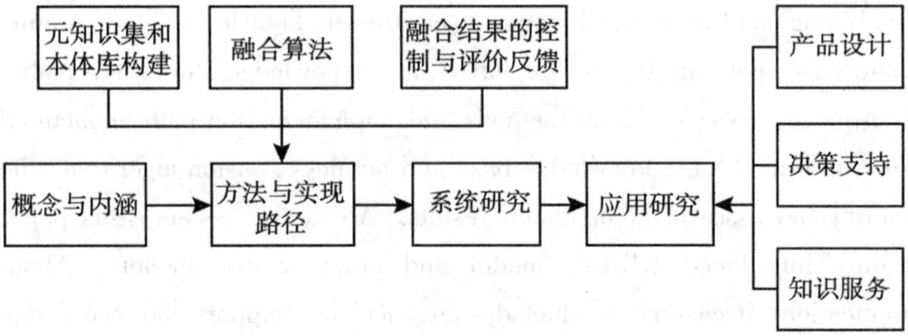

图 1　知识融合研究思路

针对知识，而采用的基本思想和实现技术主要来源于信息融合。知识融合与信息融合在处理对象的结构和功能目标上完全一致，都是通过对来自多源的对象个体进行综合分析，得到新的可用性更强的同类对象。不同之处在于，信息融合的处理对象内容一般是数据化信息，例如传感器信号序列；而知识融合则针对知识对象实体，例如规则库等。此外，前者相对侧重结果的实时可用性，所以一般结果对象信息的规模较小；而后者相对强调知识的模糊性和服务质量，所以结果一般不是单一的对象个体，而是对象集合甚至空间。

知识融合又和知识科学中的知识集成、知识共享等模块有较为密切的关系，三者之间有部分重叠的内容，例如都要对知识进行组织，基本目的都是要实现知识共享和重用。因此在研究方法方面，知识融合可以与其他两个模块相互借鉴。知识融合与二者的最大区别在于，知识融合希望通过适合的算法模型产生基于现有知识的新知识，并能够通过应用反馈对新的知识进行合理评估，从而提高不同知识对象之间的协同工作能力。

2　知识融合的方法与实现路径

要实现理想的融合过程需要解决三个基本问题，即知识结构的差异性、知识更新的随机性和知识扩展的开放性。如果知识元素的表示结构存在差异，则很难直接进行处理，为了解决知识异构的问题，现阶段研究大多采用本体论的相关技术将知识库转化为本体库或知识元集合，将知识元素统一为对象化表示处理；知识更新的随机性[1]是指知识处理过程中，一个系统的知识应该向什么方向演变是无法预知的，所以很难给出具有特定趋势指导的融合算法，为此，在融合算法中，要尽可能构造各种随机改动的操作，根据应用结果的反馈来判断改动的成功与否；知识扩展的开放性是指知识元素的结合可能是两个对象之间，也可能是多个对象之间发生的，而融合的结果一般并不是唯一的[2]，可能会是一个相当庞大的规模，所以在进行知识融合处理的同时，必须考虑如何对运算后的知识元素规模进行有效合理的控制[3]。本文将从元知识集和本体库构建、融合算法、融合结果的控制与评价反馈三个方面对知识融合方法的国内外研究现状进行梳理。

2.1 元知识集和本体的构建相关研究进展

在知识融合过程中，本体提供了知识表示的方法和便于领域知识描述的潜在关系，但如何发现知识融合所需的知识源并辨别它们的有用性，则是解决知识融合的首要问题[4]。元知识的概念尚未有统一的形式化定义，一般理解为"关于知识的知识"，即专门用来显性地描述知识库中知识元素特征的知识元素实体。元知识集中的元素对应知识对象的不同结构特征，这种表示方式可以描述不同层次知识元素的结构，更有利于进行知识对象的融合处理。采用元知识和本体库协同工作的数据机制，将知识元素统一为对象化表示处理，通过引入本体论和元知识的方法消除了知识对象表示上的差异，形成知识融合的数据基础，同时强调知识内涵的融合处理，而不是构成知识的结构化元素的简单组合[5]。

在研究进展方面，Eloi Bosse[6]提出了 KNOWMES 模型，通过本体的构建，实现了信息融合的高层融合；Laskey[7]等用 OWL 表示概率本体，设计了 PR-OWL（概率本体描述语言）进行基于语义内容的知识表示，实现了多个噪声信息源的融合；左秀然[8]进行了以本体论为基础的本体映射研究，利用相似度计算来判断概念的相似性，再将相似度高的本体进行映射；朱玉屏等[9]建立了一种基于本体的产品设计知识模型，应用于制造行业产品设计中，帮助制造企业缩短产品设计周期和提高开发质量，同时也有利于产品设计知识的共享和重用；沈旺等[10]提出了基于本体的数字参考咨询知识融合方法，以解决参考咨询服务过程中由于异构数据源造成的知识正确性低、完整性差、冗余度高等问题；Erik Blasch 等[11]基于信息融合构建了动态图像开发的语义本体。

2.2 融合算法的相关研究进展

融合算法是实现知识融合的关键，直接影响融合效果[12]。融合算法的目标是通过某种可流程化实现的处理过程将已有的知识元素按照约定的规则进行比较、合并和协调等融合运算，从而产生出新的可用知识对象内容，并同时对原有的知识元素进行优化[5]。

根据融合过程的动因，可以将融合算法划分为两大类，即被动型和主动型[3][5]。所谓被动型，是指融合算法中的启发式规则和适应度都是针对具体应用求解问题的，这类融合算法本质上对应于在知识空间进行的搜索算法，即对知识对象演变的趋势有一个以问题求解为主的导向。被动型和具体应用结合比较紧密，融合算法的处理结果规模也相对较小，但是可能会忽略一些有潜在作用的新知识元素。而主动型融合算法，则主要是针对已有知识对象内涵之间潜在的联系，即直接在现有知识的基础上按照知识对象的概念化约束条件生成新知识，这一生成过程并不直接以具体应用求解为驱动，或者并不以此为主要目标，但其结果可能恰好满足某种需求（直接或间接)。从算法设计目标上来看，主动型融合是一种构造型算法，此类算法的运算规模要比被动型大，但是能够较好地兼顾知识的开放性和随机性。

目前，在研究进展方面，很多研究将信息融合处理技术移植到知识融合处理中，构造知识融合算法。基于 Bayes 方法、D-S 理论、模糊集理论的 3 种知识融合方法是融合决策处理的流行方法，都是建立在以集合或体制框架为研究对象的数学理论基础上，它们都考虑了知识源获取的不确定性。通过融合处理，在一定程度上降低了知识的不确定性，提高了融合结果的可靠性和置信度[13]。国内外基于这三种理论的知识融合算法研究颇多：Eugene Santos Jr. 等[14]提出了以贝叶斯知识库（BKBs）为基础的概率模型和贝叶斯知识融合算法，将来自不同渠道、不同时间和不同视角下的内外部知识融合为统一可靠的新知识库；韩立岩等[15]将信息熵的概念引入到基础概率分配的确定中，推导出基于D-S证据组合理论的知识融合公式，该方法能有效降低企业失败预警方法的不确定性；胡蓓[16]采用信息融合的DSmT技术，对集群内外部知识源的知识进行融合，DSmT超越了Dempster-Shafer理论的局限，提出了一种新的一般性融合规则，能很好地适应静态的和动态的融合问题，而且可以在任何结构（离散、连续）上应用。很多学者采用优化算法：缑锦[5]在知识融合的若干关键技术研究中提出基于遗传算法和蚁群算法的知识融合算法，扩展了知识规模，丰富了知识储备，并采用参数反馈检验机制，根据新知识的有效性，控制了无用知识的产生；Yu Tianbiao 等[17]将遗传算法引入知识融合，构建了协同技术服务模型；Martens D. 等[18]综合知识融合过程中软性约束和硬性约束的特点，提出基于蚁群算法的知识分类技术。

也有很多学者进行基于融合规则的融合算法研究。基于融合规则的知识融合方法在融合处理对象的选择上强调“符合什么条件的知识对象可进行融合”，以此来降低完全不可用结果出现的概率。Gregoire 结合一些自定义逻辑运算规则，提出了特定约束下进行知识融合的逻辑规则的形式化模型并应用到一些实际知识背景，该类方法将知识库看作蕴含规则的有序集合，序关系按照指定的约束生成，合并和融合对应的逻辑运算需要满足若干约定前提；胡晓等[19]提出了消解术语冲突的逻辑树融合方法，消除谓词冲突的频率融合法以及用于消除语义冲突的句法融合法；Borhgoff U. M. 等[20]利用融合规则的方式，给出知识融合的相关理论，将多条多粒度异构的知识进行融合，形成综合考虑多个学科背景知识的新知识。

2.3 融合结果的控制与评价反馈

由于知识融合的结果往往是一个规模庞大的知识集，而其中有些知识是无用的，甚至是不符合逻辑的，所以在融合规则指导下的知识融合，其产生的新知识的有效性还需进一步通过评价机制予以提高。知识结构的合理性是通过应用效果反馈得到的，所以在知识融合基本步骤完成之后，还要根据应用中与实际问题匹配的结果进行评估与参数校正，以达到系统自适应的目的[21]。

对知识融合效果的评价也是国内学者研究的一个热点，徐赐军等[4]针对知识融合产生的新知识规模庞大的问题，提出了一个基于本体的融合知识测度指标，并运用基于信息扩散原理的评价机制提高融合知识的准确性；周元珂[22]在现有的可有效评估成对约束形式的实例层知识的指标基础上，提出可有效评估属性排序形式的属性层知识的指标；李进等[23]研究了决策级数据融合的可靠性验证方法；王海栋等[24]使用反馈自适应机制自动校正置信度因子，避免初始置信度设置的主观性。

3 知识融合体系框架模型的相关研究

3.1 知识融合体系框架模型国外相关研究

KRAFT 系统是首个从设计理论、设计方法到实证应用的知识融合系统。KRAFT 系统是由英国工程与自然科学研究委员会和英国电信共同赞助的项目。该项目的研究目的是能使异构数据库和知识系统的信息得到共享和重用，KRAFT 系统认为数据融合系统由外部组件和内部组件两部分构成，外部组件包括服务对象和服务资源，内部组件是融合系统的核心，由接口、路由和融合三部分构成，分别用 W、F、M 表示。W 是服务对象和服务资源之间的接口，F 负责系统内部的消息路由，而 M 则是知识融合的核心功能对象，主要功能包括异构数据源的集成、根据语义对知识进行转换、知识一致性的检查和处理、基于本体的知识等价转换等。这种体系结构支持的知识融合过程的关键就在于将抽取的知识转化为统一的知识模式，从而为具体的应用服务，融合过程的本质是知识模式的不断集成和转换。

Dominik Fisch[25]认为知识融合有三个层次，分为数据层知识融合、模型层知识融合以及参数层知识融合，并且构建了模型层的知识融合框架。Alexander Smirnov[26]从知识的自动获取、知识的表示和存储以及知识融合处理流程三个角度着手来构建基于上下文的知识融合模型，并认为知识融合有七个层次：简单融合、扩展融合、实例融合、参数融合、适应性融合、分面融合和历史融合。Lauro Snidaro[27]认为在海事监测中，异常事件是重要的影响因素，于是将异常事件融入数据融合模型 JDL 模型（A. N. Steinberg，J. Llinas），并利用马尔科夫逻辑网络（Markov Logic Networks，MLNs）对不确定性知识进行编码来推断证据可靠性。Marco Fontani[28]构建了一个基于背景知识的多线索知识融合框架，在不提高成本的前提下提高了融合效率。Kun Yue[29]主要考虑融合效率和实时性，采用定性概率网络（QPN）、定性抽象的贝叶斯网络以及时间序列构建了不确定知识的融合框架。Jihong Liu[30]为了实现集团内部知识共享，在知识组织模型的基础上，通过本体映射和融合，提出了一种面向知识融合服务的体系结构，在这一结构中知识被打包为云制造服务平台，用户可以各取所需，获得优质的知识服务。

3.2 知识融合体系框架模型国内相关研究

国内关于知识融合体系框架模型的研究大多数是基于 KRAFT 模型演变而来，具有代表性的有缑锦[5]，他认为知识融合系统主要包括四个功能模块：本体库和元知识集的构建、融合算法的设计和实现、解知识空间的生成和演化以及基于应用反馈的评估和参数校正。从功能模块的过程化处理角度来看，首先对分布的知识源进行处理，结合知识融合系统的特点构造各领域知识或分布式知识库对应的元知识集合本体；当本体管理完成本体映射目录和全局本体库之后，融合模块采用融合算法对规范化表示的元知识集进行融合处理，结合本体库和背景知识产生的约束集构建解知识空间；解知识空间中的知识元素按照一定的规律进行演化，结合实际应用问题在解知识空间中进行搜索，得到需要的新知识对象；最后通过知识应用的反馈结构对融合系统的相关参数进行优化调整。

Nengfu Xie[31] 提出了知识融合与同步的信息共享框架（Knowledge Fusion & Synchronization Framework，KFSF）。KFSF 在逻辑上分为四个部分，分别是信息源、初级融合、知识融合和知识同步。其中，信息源是整个框架的信息来源，初级融合模块是整个系统的基础，为各个领域的信息源建立相应的本体以及在该领域下存在的逻辑规则和语义词典，其中全局和局部概念空间采用 RDF 表示，并且完成了异构信息源的集成；知识融合模块是整个框架的主要功能，主要完成信息集成结果的综合处理；知识同步模块为知识体与信息源信息保持同步提供变化检测，确保变化信息能够及时地传递给用户。

徐赐军[4]针对知识融合过程中融合知识语义的合理性及其有效性，提出了一个利用融合知识测度提高新知识语义内涵和控制融合结果规模，并运用基于信息扩散原理的评价机制提高融合知识准确性的知识融合框架。在这一框架中，包括元知识集的构建、知识测度指标的确定、知识融合算法的设计和融合知识的后处理 4 个核心功能。数据类型包括分布式知识源的本体库、知识库、元知识集、指导融合算法过程的融合规则库、知识构成的约束集以及存储融合知识后处理结果的解知识空间和衍生知识库。若知识融合是主动型的，则用户只需通过接口输入融合算法的参数；若知识融合是被动型的，则由专业人员根据领域本体对用户的问题进行规范化定义，并设置相关参数。知识融合系统首先根据输入的问题提取分布式知识库中的相关知识源，并根据各领域本体构建元知识集；然后根据元知识集中的知识元素来分析知识测度指标的参数；知识融合模块根据测度指标的分析启动相应的融合算法，并在相关融合规则指导下构建解知识空间；最后结合实际应用问题，通过融合知识后处理模块中的知识约束集得到理想的知识对象，并通过新知识的应用反馈评估进一步优化融合知识。

在知识管理领域，知识源是供体，知识源具有多样性、多层次性和无限扩展性。鉴于知识源的这些特性，周芳[12]提出了多层次的知识融合框架，将知识融合体系分为知识层融合、方法层融合和思想层融合。基本知识层融合是对不同的观察获得的知识进行融合，原始数据是该层知识融合的主体，如对数据、报表所记载的内容进行相关特征提取、属性判断、滤波优化等；方法层融合是指用不同方式对同一知识源进行观察、理解和提取，将从不同视角下获得的知识进行融合，得到基于多种方法集成后的融合知识；思想层融合是将人的个性化理念、视点直接作用于待处理的客体中，并与其他处理方法或思想进行融合，以充分发掘和运用人的智慧的潜能，提高融合质量和效果。实现知识分层融合可以适应不同应用场合的融合需求。

沈旺[10]认为基于本体的数字参考咨询知识融合可分为三个步骤：首先是问题分析，在领域本体映射基础上分析问题中包含的知识点，构建问题空间，表达为统一的描述；其次是知识抽取、清理和匹配，从异构数据库中获取大量的与问题相关的知识，但是这些知识是庞杂无序的，可能存在各种矛盾的事实、数据和观点，同时还包含着未被直接表达的潜在知识；最后是知识的融合，对获得的海量知识进行知识融合处理，构建解空间，完全或部分解决用户的问题，从而为用户提供完整、正确、及时的知识需求。

4　知识融合的应用

知识融合技术最初应用于军事领域，随后逐渐应用到其他非军事领域，目前知识融合技术被广泛应用于产品设计、决策支持和知识服务等领域。

4.1　在产品设计领域的应用

在快速变化的市场环境下，产品升级换代的速度愈来愈快。如何从知识管理的角度提高对设计知识的积累和重用，进而提高企业产品开发的效率和质量，已经成为了关系企业竞争力和发展前景的重要问题。目前，产品设计从经验设计转变为基于网络的计算机分析、知识融合的优化设计，产品设计应用的知识已不再是单一的学科知识，而是交叉的多学科综合知识。在此背景之下，知识融合技术越来越多地应用到产品设计领域中去。

缑锦[5]将知识融合应用于个性化产品的协同定制。基于知识的个性化产品协同定制能够实现客户与设计、材料、物流等主体间的间接交流和共享，在保证定制产品数据一致性的前提下，提高系统的灵活性，特别是各主体群信息按照领域对应到知识库之后，其内部之间可以协同工作，也能够满足复杂性较高的客户需求。顾邦军等[32]开发了一个以高速贴标机为实例的基于 JSP 和 JAVA 的 Web 系统的以实现知识融合的应用。Wang Yishou[33]将知识融合技术应用于卫星舱的布局设计。在传统的技术手段下，卫星舱的布局设计一直都是个难题，一个成功的卫星舱布局设计依赖于工程师们丰富的经验和智慧、过去的经验以及先进的信息技术的支持。该文通过知识融合技术，将在线的人类知识、先验知识和计算机知识进行融合，设计出了一种可行的方法来解决卫星舱布局设计问题。朱玉屏等[9]将知识融合应用于机械产品的设计。此研究建立了一种基于本体的产品设计知识模型，并将该知识模型应用于制造行业产品——数控机床的设计中，帮助制造企业缩短产品设计周期和提高开发质量，同时也有利于产品设计知识的共享和重用。

4.2 在决策支持领域的应用

决策支持系统能够为企业提供各种决策信息以及问题的解决方案，从而提高了企业决策面对动态的内外部环境的应对能力，提高企业决策的质量与效率。目前，决策支持系统逐步结合人工智能技术向智能决策支持系统转变。在此背景下，知识融合技术在决策支持系统的智能化过程中发挥了重要的作用。

夏荣菲等[34]将知识融合应用于船舶能耗决策支持系统的研究。以船舶能耗为对象，应用系统辨识理论，建立重点设备能耗模型库；以方法、经验和案例为基础，建立船舶能耗知识库；融合模型库、知识库、关系数据库等多源知识，建立船舶能耗评价与决策支持系统。实现了船舶航运管理、船舶操纵控制、航线设计以及船舶设计等各个过程的决策支持。Alexander Smirnov，Tatiana Levashova，Nikolay Shilov[26]将知识融合技术应用于火警监控决策支持系统。陈超[35]将融合技术应用于网络安全态势评估领域，在基于规则的网络安全态势评估架构的基础上引入规则评价和规则融合，设计了基于知识获取和规则融合的态势评估架构，给出了态势评估总体结构；针对网络环境中数据的不确定性，分析了粗糙集理论在处理不确定性问题上的优势，给出评估架构中基于粗糙集的知识获取结构；针对规则匹配中出现的多匹配规则，分析了D-S证据理论在多源信息融合方面的优势，给出评估架构中基于D-S证据理论的规则融合结构。徐晓等[36]将知识融合应用于制造决策领域。此研究将知识融入到粗糙集模型中，在传统粗糙集（ORSM）以不可分辨关系处理数据的基础上，对知识进行建模，将知识映射为函数关系，建立一个基于不可分辨函数关系的综合分析信息和知识的新型粗糙集模型，即知识融合粗糙集模型（KBRSM）。张景强[37]以知识管理的知识融合为指导思想，进行了技术服务知识融合理论的研究与分析，以面向对象的知识表示方法构建了制造技术知识元和知识库；进行了遗传融合算法的设计以实现技术服务知识融合，并对知识融合实验结果进行了概念分析。应用JSP技术开发了一个具有知识融合特点的协同技术服务系统，实现了技术服务中文档、图纸、模型、资料等制造技术知识服务功能。知识管理规划中所包含的制造技术知识涉及制造对象知识、制造方法知识、制造决策知识、制造过程知识以及制造理论知识等。

4.3 在知识服务领域的应用

在知识经济背景下，知识在社会的发展、技术的进步、企业的竞争中发挥出了极其重要的作用。与此同时，信息服务逐渐向知识服务转变。知识融合为知识服务的实践与发展奠定了技术基础，目前主要应用于数字参考咨询、科研团队知识管理、自动问答系统、文本分类等方面。

沈旺等[10]提出了一个数字参考咨询知识融合框架。利用知识融合技术，解决异构数据的结构异构性、语义矛盾性等问题，在知识层面上进行新的知识发现和知识挖掘，就能有效提高对数字参考咨询知识管理的效率，改善数字参考咨询的服务效果。赵丽梅[38]将知识融合理论应用于高校科研团队内部知识整合问题，丰富和完善面向知识创新的高校科研团队内部知识整合研究的理论和方法，为高校科研团队知识整合的顺利进行提供决策依据。李良富[39]等设计实现了基于知识融合的金融领域汉语自动问答系统 FAQAS，该系统实现了基于多领域本体驱动的知识融合，通过对用户的问句进行句法分析、语义块分析、规则推理和实例推理等处理，最终在本体层面中直接提取满意的答案。针对 FAQAS 系统在用户问句约束和处理效率方面的不足，缑锦[5]应用知识融合技术完成了新的自动应答服务系统（KFAA）的设计和实现。代六玲等[40]将知识融合应用于在线文本分类。对于某一特定类别，使用一定数量的语义中心代表该类的训练文本集，并在此基础上训练语义 SVM；通过动态调整语义中心达到分类知识的积累；在 SMO 算法的基础上实现减量和增量学习，并以此实现语义 SVM 的快速在线学习，解决了将 SVM 用于在线文本分类时的存储和效率问题。

5 结　语

从既有的研究来看，知识融合的研究已经取得了初步的进展。但是在以下方面，知识融合的研究仍然具有进步的空间：

(1) 缺乏适应大数据环境的主动型知识融合算法研究。

相对信息融合技术，知识融合从理论到实践尚不成熟，是一项需要深入探讨的新技术。目前的许多研究是将信息融合处理技术移植到知识融合处理中构造或改进知识融合算法；融合算法大多是针对某个应用领域的需求驱动的被动型融合，而主动型的融合过程支持知识对象之间的自发融合，一方面便于为潜在的需求提供服务，另一方面也可以不断优化知识对象本身的结构与内涵。适应大数据环境特点，合理高效的主动型知识融合算法研究有待进一步深入开展。

(2) 缺乏获得广泛认可的知识融合体系。

知识融合是一项跨学科的研究领域，吸引了计算机科学、管理学、图书情报学、医学、工程科学等众多学科的关注。在广泛的研究当中，不同学科背景的学者都试图提出知识融合体系，但目前尚未出现获得广泛认可的统一的知识融合模型。因此，如何提出一个统一的知识融合体系仍然值得探讨。

（3）知识融合应用研究领域广泛，但不够深入。

知识融合技术的应用领域主要涵盖了产品设计、决策支持和知识服务。产品设计和决策支持基本上是基于某一具体领域，针对的用户对象是某些专业领域的人员。知识服务主要是基于网络，对象是不具备专业能力的普通用户，关于这方面的研究还相对较少，尤其是随着大数据时代的到来，对于知识服务有需求的人越来越多，对于知识服务质量的需求越来越高，如何将技术理论与需求完美地结合，这是知识融合应用研究亟待解决的问题。

参考文献

[1] Russell S, Norvig P. Artificial intelligence [M]. Beijing: Posts & Telecom Press, 2010.

[2] Gregoire E. Fusing Legal Knowledge [A]. In: Proc. of the 14th IEEE int. Conf. on Information Reuse and Integration [C]. Les Vegas, 2004: 522-529.

[3] 郭强，关欣，曹昕莹，张政超，何友．知识融合理论研究发展与展望［J］．中国电子科学研究院学报，2012（6）：252-257.

[4] 徐赐军，李爱平．基于本体的融合知识测度分析［J］．控制与决策，2014（9）：1649-1654.

[5] 缑锦．知识融合中若干关键技术研究［D］．杭州：浙江大学，2005.

[6] Bosse E, Valin P, Boury-Brisset A, Grenier D. Exploitation of a priori knowledge for information fusion [J]. Information Fusion 2006, 7 (2): 161-175.

[7] Laskey K B, Costa P C G, Janssen T. Probabilistic ontologies for knowledge fusion [C] //Proceedings of the 11th International Conference on Information Fusion, Cologne, 2008: 1-8.

[8] 左秀然. 基于概念相似度的本体映射系统研究 [D]. 武汉: 武汉理工大学, 2008.

[9] 朱玉屏, 刘丽兰. 基于知识融合技术的产品设计知识模型研究 [J]. 计算机应用研究, 2009 (9): 3235-3238.

[10] 沈旺, 李亚峰, 侯昊辰. 数字参考咨询知识融合框架研究 [J]. 图书情报工作, 2013 (10): 139-143.

[11] Blasch E, Salerno J, Kadar I, Hintz K, Biermann J, Chong C, Das S. Resource management coordination with level 2/3 fusion issues and challenges [J]. Aerospace & Electronic System Magazine IEEE, 2008, 23 (3): 32-45.

[12] 周芳, 刘玉战, 韩立岩. 基于模糊集理论的知识融合方法研究 [J]. 北京理工大学学报, 2013 (6): 67-72.

[13] 周芳, 王鹏波, 韩立岩. 多源知识融合处理算法 [J]. 北京航空航天大学学报, 2013 (1): 109-114.

[14] Jr E S, Wilkinson J T, Santos E E. Bayesian knowledge fusion [C]. Proceedings of Twenty-Second International FLAIRS Conference, 2009.

[15] 韩立岩. 基于 D-S 证据理论的知识融合及其应用 [J]. 北京航空航天大学学报, 2006 (1): 65-73.

[16] 胡蓓, 王聪颖. 基于信息融合的发展中国家高技术产业集群知识融合与创新模型研究 [J]. 图书情报工作, 2009 (7): 38-41, 73.

[17] Yu T B, Ding J M, Song Y H, Wang N, Wang W S. Research on model of cooperative technology service based on genetic fusion algorithm [C]. 2012 International Conference on Management Science & Engineering (19th) September 20-22, 2012 Dallas, USA: 1673-1679.

[18] Martens D, De Backer M, Haesen R, Baesens B, Mues C, Vanthienen J. Ant-Based approach to the knowledge fusion [M]. Heideibery: Springer, 2006.

[19] 胡晓, 胡洁, 彭颖红, 李晟, 曹兆敏. 语义级知识融合中的

冲突消解方法［J］．上海交通大学学报，2009（11）：1730-1733.

［20］Borkar V，Carey M J，Li C. Inside big data management：Ogres，onions，or parfaits［C］//Proceedings of the 15th International Conference on Extending Database Technology. ACM，2012：3-14.

［21］缑锦．基于元信息和本体论的知识融合算法［J］．计算机辅助设计与图形学学报，2006（6）：819-823.

［22］周元珂，邵峰晶，吴舜尧．评估属性层知识和实例层知识融合效果的有效指标［J］．青岛大学学报，2014（2）：29-38.

［23］李进，赵宇，黄敏．基于决策级数据融合的可靠性综合验证方法［J］．北京航空航天大学学报，2010（5）：275-279.

［24］王海栋，郑骁庆，张红俊．基于置信度理论的网络知识融合系统和应用［J］．计算机系统应用，2011（20）：1-6.

［25］Fisch D，Kalkowski E，Sick B. Knowledge fusion for probabilistic generative classifiers with data mining applications［J］. IEEE Transactions on Knowledge and Data Engineering，2014（3）：652-666.

［26］Smirnov A，Levashova T，Shilov N. Patterns for context-based knowledge fusion in decision support systems［J］. Information Fusion，2015（21）：114-129.

［27］Snidaro L，Visentini I，Bryan K. Fusion uncertain knowledge and evidence for maritime situational awareness via Markov Logic Networks［J］. Information Fusion，2015（21）：159-172.

［28］Fontani M，Argones-Rua E，Troncoso C，Barni M. The watchful forensic analyst：Multi-clue information fusion with background knowledge［C］. IEEE International Workshop on Information Forensics & Security 2013：120-125.

［29］Kun Y，Qian W H，Fu X D，Li J，Liu W Y. Qualitative probabilistic network-based fusion of time-series uncertain knowledge［J］. Soft Comput，2014（3）：152-159.

[30] Liu J H, Bo L. An ontology-based architecture for service-orientated design knowledge fusion in group corporation cloud manufacturing [C]. Proceedings of the 2012 IEEE 16th International Conference on Computer Supported Cooperative Work in Design, 2012: 811-816.

[31] Xie N F, Cao C G, Guo H Y. A knowledge fusion model for web information [C]. Proceedings of the 2005 IEEE/WIC/ACM International Conference on Web Intelligence (WI'05) 0-7695-2415-X/05 $20.00 2005 IEEE: 67-72.

[32] 顾邦军. 网络环境下虚拟产品设计的知识融合技术研究 [D]. 衡阳: 南华大学, 2007.

[33] Wang Y S, Teng H F. Knowledge fusion design method: Satellite module layout [J]. Chinese Journal of Aeronautics, 2009, 22 (1): 32-42.

[34] 夏荣菲, 万隆君. 基于知识融合的船舶能耗决策支持系统 [J]. 船舶工程, 2014 (S1): 166-169.

[35] 陈超. 基于知识获取与规则融合的网络安全态势评估技术研究 [D]. 解放军信息工程大学, 2013.

[36] 徐晓, 翟敬梅, 刘海涛. 制造决策的知识融合粗糙集模型 [J]. 华南理工大学学报 (自然科学版), 2011 (08): 36-41.

[37] 张景强. 基于知识融合的协同技术服务研究 [D]. 沈阳: 东北大学, 2009.

[38] 赵丽梅. 面向知识创新的高校科研团队内部知识整合研究 [D]. 哈尔滨: 哈尔滨工业大学, 2013.

[39] 李良富, 樊孝忠, 李宏乔, 顾益军. 知识是如何驱动 Q/A 系统的 [J]. 计算机工程与应用, 2004 (20): 70-73, 98.

[40] 代六玲, 李雪梅, 黄河燕. 基于知识融合的在线文本分类算法——语义 SVM [J]. 华南理工大学学报 (自然科学版), 2004 (S1): 67-72.

【作者简介】

唐晓波，教授，博士生导师。曾任武汉大学信息管理学院信息管理科学系主任。现任武汉大学信息系统研究中心主任、国际信息系统协会中国分会理事、湖北省信息学会常务理事、武汉市系统工程学会理事。近年来，发表学术论文 80 余篇，出版著作 4 部。主持国家自然科学基金面上项目、教育部人文社会科学重点基地重大项目、教育部人文社会科学规划项目以及横向项目近 20 项，参加国家自然科学基金重点项目、教育部重大攻关项目。主要研究方向：商务智能、管理信息系统、知识组织、情报研究。

叶晨孟，武汉大学信息管理学院硕士研究生，研究方向：知识组织与情报研究。

魏巍，武汉大学信息管理学院博士研究生，研究方向：知识组织与情报研究。

朱娟，武汉大学信息管理学院博士研究生，研究方向：知识组织与情报研究。

国外信息系统成功模型应用研究现状及进展*

王文韬　查先进　郭　佳
（武汉大学信息管理学院）

【摘　要】在信息系统研究领域，如何衡量信息系统成功一直是研究者关注的焦点问题。DeLone 和 McLean 于 2003 年发表的论文“The DeLone and McLean model of information systems success：A ten-year update”提出了更新的信息系统成功模型，对信息系统成功研究产生了巨大影响。本研究针对引用了该文且被 SSCI（Social Sciences Citation Index）数据库收录的期刊论文，结合论文发表年代、发文作者、发文作者机构、发文国家/地区、发文领域和 ESI 论文等进行了统计分析。同时，结合关键词词频统计，总结出近三年来信息系统成功模型应用研究热点主要包括电子商务、企业资源计划、社会化媒体、医疗健康、知识管理等。最后，通过对施引文献的内容分析，发现信息系统成功模型的应用领域越来越广，并被越来越多地应用到移动互联网环境。

【关键词】信息系统成功　D&M 模型　研究现状　研究热点　研究趋势

* 本文系国家自然科学基金项目“认知转变和 IT 社会结构视角下互联网用户适应性信息行为影响规律及优化研究”（71573195）和国家自然科学基金项目“需求和能力调节下的网络信息行为影响规律及优化研究”（编号：71373193）的研究成果之一。

Review on the Status and Progress of Foreign Information Systems Success Model Application Research

Wentao Wang Xianjin Zha Jia Guo
(School of Information Management, Wuhan University)

【**Abstract**】 In the research field of information systems, how to measure information system success has long been the focus of researchers. The paper "The DeLone and McLean model of information systems success: A ten-year update" by DeLone and McLean (2003) proposed the updated information systems success model, which has played an important role in information systems success research. In the current study, for the papers that not only cited this paper but also were indexed by Social Sciences Citation Index (SSCI), a statistical analysis was performed in terms of the publication year, author, institution, country/region, domain, and ESI papers, etc. Meanwhile, based on the word frequency statistics of keywords, main research hotspot issues in foreign information systems success research were summarized, namely, electronic commerce, enterprise resource planning, social media, health care and knowledge management. Finally, the content analysis of relative papers indicates that the updated information systems success model has extensive application areas and has been extensively applied in the context of the mobile Internet.

【**Keywords**】 information systems success D&M model research status research hotspots research trends

1 引 言

随着信息和通信技术的快速发展及其在各行各业应用的广泛渗透，无处不在的信息系统（ubiquitous information systems，UIS）成为信息资源存储和开发利用的重要形式[1]。然而，信息系统都成功了吗？信息系统成功的研究作为信息系统效益评估的一个侧面，很早就受到学者的关注。早期的相关研究，如 Shannon 和 Weaver 对信息系统中信息的分层论述[2]，Mason 对信息系统中信息质量的影响研究等[3]。1980 年美国费城召开的第一届信息系统国际会议（International Conference on Information Systems，ICIS）中，首次提出了信息系统中变量研究的重要性，在此之后关于信息系统成功的研究也逐渐增多。Delean 和 Mclean 在对此前有关信息系统成功研究进行总结、归纳的基础上，于 1992 年提出了 D&M 信息系统成功模型，并在 2003 年对模型进行了改进，提出了更新的 D&M（2003）信息系统成功模型[4]。

D&M（2003）信息系统成功模型的提出对信息系统成功领域的研究具有重要影响，在这之后，很多学者对该模型进行了研究，一些学者则将该模型应用到不同领域对具体的问题进行探讨。研究领域包括经济[5][6][7][8]、政治[9][10]、医疗[11][12]、教育[13][14][15]、计算机科学[16][17]、管理学[18][19][20][21][22][23][24]等。本文以提出 D&M（2003）信息系统成功模型的原始文献“The DeLone and McLean model of information systems success：A ten-year update”为线索，通过对 SSCI 数据库中该文献的施引文献进行统计和分析，探讨国外信息系统成功模型应用研究的现状与进展。如无特别说明，本研究所指的国外信息系统成功模型应用研究论文是指在国外英文期刊上发表的研究论文。

2 研究方法和数据搜集

2.1 研究方法

2.1.1 文献计量学方法

本研究采取文献计量学方法，以“The DeLone and McLean model of information systems success：A ten-year update”为“标题”，在 Web of Science 数据库中选中 SSCI（Social Sciences

Citation Index，社会科学引文索引）数据库，检索时间段为 1990 年至今，通过对检索到的相关数据进行统计和分析，进行论文发表年代分析、发文作者分析、发文作者机构分析、发文国家/地区分析、发文领域分析及 ESI 高水平论文分析等。SSCI 作为 Web of Science 中的三大数据库之一，由美国科学信息研究所创建，主要收录来自世界不同国家和地区的社会科学研究论文，涉及经济、法律、历史、心理学、情报学和图书馆学等多个领域。本研究基于该数据库中的数据进行文献计量分析，其结论具有一定的参考价值。

2.1.2 内容分析法

内容分析法注重在文献搜集统计的基础上，对文献内容进行客观、系统和全面的分析。本研究对上述文献计量数据进行搜集统计后，将文献发表年份限制在 2013—2015 年，对搜集到的文献内容进行分析和处理，对 2013—2015 年间信息系统成功模型应用研究论文进行关键词词频统计，再人工去重，如同义词、近义词等，并剔除如“study”“research”等没有实际指代意义的词之后，得到近年来信息系统成功模型应用研究热点关键词分析表，并对研究热点和新兴的研究方向进行探讨。通过内容分析法，客观、系统和全面地分析信息系统成功模型应用研究的现状和发展。

2.2 数据搜集

在 Web of Science 数据库中进行检索时，检索框中选择“标题”，并输入“The DeLone and McLean model of information systems success: A ten-year update”；时间跨度选择“所有年份”（检索时间为 2015 年 8 月 29 日）；“更多设置”中只勾选“Social Sciences Citation Index（SSCI）—1990 年至今”。通过对 SSCI 数据库的检索发现，该论文共被引用了 1408 次，施引文献有 1360 篇论文。通过全部被引频次计数可知，“检索范围：Social Science Citation Index（SSCI）”中共有 907 篇施引文献。

3 信息系统成功模型应用研究现状

通过 Web of Science 数据库中的“分析检索结果”功能对检索到的 907 篇施引文献进行文献计量分析。

3.1 论文发表年代分析

从论文发表年份来看（见图 1），2004 年作为引用发文量增长的起点，揭开了国外信息系统成功模型研究的序幕。在 2004—2009 年间，引用发文量呈逐年增长趋势，发文量年同比增长率均已超过 18%，体现了业界对该研究的重视；在 2009 年发文量达到 86 篇，出现了信息系统成功模型研究的第一个小高峰；在 2010—2015 年间，引用发文量围绕 2012 年 133 篇发文量历史最高峰值有所波动；除 2010 年 78 篇发文量有所回落低于 2009 年发文量外，2011—2015 年都保持 96 篇及以上的发文量，引用发文量达到一个相对稳定的高位横向整理阶段，这表明该领域研究热度不减，有延续维持研究热度的趋势。

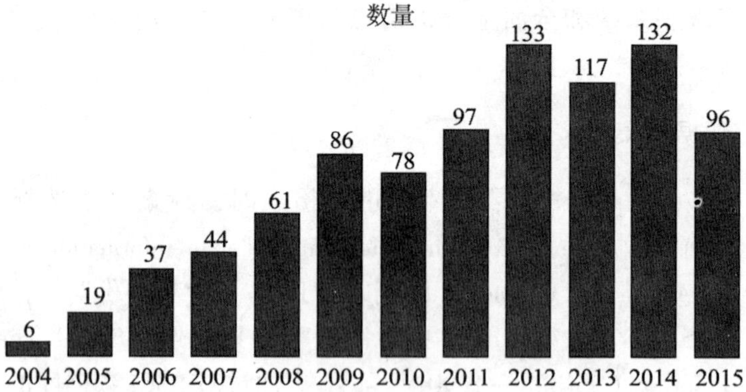

图 1　施引文献发文量年份统计

3.2 发文作者分析

在检索到的 907 篇施引文献中，通过考查著者发文信息，再经人工过滤筛选，最终按发文量排序整理统计出发文作者分布情况，此处仅列出排名前 25 位的作者（见表 1）。其中最多施引文献的作者是 Lin，Hsiu-Fen，共发表了 12 篇文献，之后排名靠前的作者依次为 Wang，Yi-Shun（11 篇）、Venkatesh，Viswanath（11 篇）、Dwivedi，Yogesh K（9 篇）、Lai，Jung-Yu（9 篇）、Chiu，Chao-Min（9 篇）、Brown，Susan A（8 篇）、Hu，Paul Jen-Hwa（8 篇）、Kim，Jeoungkun（8 篇）、Lee，Heeseok（8 篇）、Lee，JinKyu（8 篇）、Park，Eunil（8 篇）。根据统计结果显示这些作者的施引文献约占施引文献总量的 13%。根据普赖斯理论，计算核心著者的公式为：$m \cong 0.749 \times \sqrt{n_{max}}$（式中 n_{max} 为发文最多的著者论文数，m 为核心著者最低发文量），表 1 显示，发文最多的著者论文数为 12 篇，$m \cong 2.59$，因此本文将发表文章数量在 3 篇及以上的作者界定为重要著者，统计得到的核心著者已超过百名，由此看来，在信息系统成功模型的研究与应用中，已形成一批比较有影响力而且研究有持续力的重要著者。

表 1　　**施引文献发文作者统计**

作者	发文量	百分比（%）
Lin HF	12	1.323
Venkatesh V	11	1.213
Wang YS	11	1.213
Chiu YK	9	0.992
Dwivedi YK	9	0.992
Lai JY	9	0.992
Brown SA	8	0.882
Hu PJH	8	0.882
Kim J	8	0.882

续表

作者	发文量	百分比（%）
Lee H	8	0.882
Lee J	8	0.882
Park E	8	0.882
Wang ETG	8	0.882
Chen HC	7	0.772
Cheung CMK	7	0.772
Hsu MH	7	0.772
Lee S	7	0.772
Rai A	7	0.772
Tsai WH	7	0.772
Yen DC	7	0.772
Benbasti	6	0.662
Bernroider EWN	6	0.662
Jiang JJ	6	0.662
Prybutok VR	6	0.662
Straub DW	6	0.662

3.3 机构分析

通过对发文机构发文量统计分析（见表2）可看出，发文较多的机构由大学和研究机构组成，其中大学是信息系统成功模型研究的绝对主要力量，这些高等院校对于该领域研究重视程度较高，同时研究能力较强，并已取得一定研究成果。在前25位发文机构的统计中，24个为大学，只有韩国科学技术高级研究所为研究所机构。在24个发文的大学机构中，从地域分布来看，主要以来自中国台湾地区的大学和来自美国的大学居多，如台湾“中央大学”、中正大学、中山大学、台湾成功大学和台湾科技大学等；来自美国的大学如阿肯色州大学、威斯康星大学和亚利桑那大学等。此外，亚洲地区的韩国成均馆大学、中国大陆地区的武汉大学等都是信息系统成功模型发文机构的重要组成部分。

表 2　　　　**发文机构发文量统计**

发 文 机 构	发文量	百分比（%）
Natl Cent Univ 台湾“中央大学”	32	3.528
Georgia State Univ 乔治亚州立大学	28	3.087
Natl Chung Cheng Univ 中正大学	21	2.315
City Univ Hong Kong 香港城市大学	19	2.095
Korea Adv Inst Sci Technol 韩国科学技术高级研究所	17	1.874
Natl Sun Yat Sen Univ “中山大学”	17	1.874
Univ Arkansas 阿肯色州大学	17	1.874
Univ Wisconsin 威斯康星大学	17	1.874
Natl Cheng Kung Univ 台湾成功大学	16	1.764
Queensland Univ Technol 昆士兰科技大学	15	1.654
Univ British Columbia 英属哥伦比亚大学	15	1.654
Hong Kong Polyech Univ 香港理工大学	14	1.544
Natl Taiwan Univ Sci Technol 台湾科技大学	13	1.433
Univ Arizona 亚利桑那大学	13	1.433
Univ Nebraska 内布拉斯加大学	13	1.433
Chia Nan Univ Pharm Sci 台湾嘉南药理科技大学	12	1.323
Natl Kaohsiung First Univ Sci Technol 高雄第一科技大学	12	1.323
Natl Univ Singapore 新加坡国立大学	12	1.323
Natl Changhua Univ Educ 彰化师范大学	11	1.213
Natl Taiwan Univ 台湾大学	10	1.103
Sungkyunkwan Univ 韩国成均馆大学	10	1.103
Univ Colorado 科罗拉多大学	10	1.103
Wuhan Univ 武汉大学	10	1.103
Swansea Univ 斯旺西大学	9	0.992

3.4 国家/地区分析

通过以检索文献的国家/地区为对象进行统计发现，共有64个国家/地区发表了信息系统成功研究相关的论文。通过对前25个国家或地区进行筛选（见表3），发现美国以33%的发文量排名第一，排在第二的为中国台湾地区，落后美国10个百分点，中国大陆地区则以93篇文献占发文量的10%，尚不足美国发文量的三分之一。根据表3数据经过统计得出，在发文量前25个国家或地区中，包括15个欧洲国家和地区，欧洲与美国在信息系统成功模型研究中具有领先地位。尤其是美国研究成果数量突出，体现了在这一领域较强的科研能力。但以中国台湾地区、中国大陆地区及韩国为代表的亚洲地区，在信息系统成功模型研究中已占有一席之地，形成一股具有上升势头的研究力量。

表3　国家/地区发文量统计

国家/地区	篇数	百分比（%）	国家/地区	篇数	百分比（%）
美国	303	33.407	瑞士	14	1.544
中国台湾	209	23.043	芬兰	13	1.433
中国大陆	93	10.254	希腊	11	1.213
韩国	87	9.592	土耳其	11	1.213
澳大利亚	57	6.284	西班牙	10	1.103
英国	52	5.733	阿联酋	10	1.103
加拿大	48	5.292	威尔士	10	1.103
德国	24	2.646	丹麦	9	0.992
荷兰	24	2.646	法国	8	0.882
马来西亚	23	2.536	伊朗	8	0.882
瑞典	19	2.095	挪威	8	0.882
奥地利	17	1.874	斯洛文尼亚	8	0.882
新加坡	17	1.874			

3.5 领域分析

通过对施引文献在学科领域中的分布分析可知（见表4），计算机科学与信息系统、图书情报学在信息系统成功模型研究领域中占了大多数篇幅，二者共发文659篇，占发文量的72%，说明信息系统成功模型主要还是计算机科学、信息系统和图书情报专业领域研究的主题。但随着现代学科间的联系和交叉越来越紧密，信息系统成功模型研究也出现在了其他领域，如表4中所示，信息系统成功研究在管理学、经济学、心理学、教育学等人文社会科学中也有一定的应用。从不同领域的文献内容来看，计算机科学与信息系统领域的研究更多的是对信息系统成功影响因素及模型的探讨[25][26][27]。而在管理学[24]、经济学[28]、心理学[29]、医学[30]、教育学[31]等领域的信息系统成功研究则主要是将信息系统成功模型应用在该领域中，并解决一些具体问题。

表4　　研究领域发文量统计

研究领域	发文量	百分比(%)
Computer Science Information Systems 计算机科学与信息系统	337	37.155
Information Science Library Science 图书情报学	322	35.502
Management 管理学	250	27.563
Computer Science Interdisciplinary Applications 计算机科学与跨学科应用	100	11.025
Business 商学	91	10.033
Medical Informatics 医学信息学	70	7.718
Operations Research Management Science 运筹学与管理科学	65	7.166
Education Educational Research 教育学与教育研究	51	5.623

续表

研究领域	发文量	百分比(%)
Computer Science Artificial Intelligence 计算机科学与人工智能	49	5.402
Psychology Multidisciplinary 综合心理学	45	4.961
Health Care Sciences Services 卫生保健科学与服务	43	4.741
Engineering Industrial 工业工程	42	4.631
Computer Science Cybernetics 计算机科学与控制论	40	4.410
Psychology Experimental 心理学实验	39	4.300
Ergonomics 人类工程学	37	4.079
Computer Science Software Engineering 计算机科学与软件工程	20	2.205
Computer Science Theory Methods 计算机科学与理论方法	16	1.764
Telecommunications 电信学	16	1.764
Hospitality Leisure Sport Tourism 酒店休闲与体育旅游	14	1.544
Communication 传播学	13	1.433
Engineering Electrical Electronic 电气与电子工程	13	1.433
Nursing 护理	12	1.323
Health Policy Services 健康政策与服务	10	1.103
Engineering Manufacturing 工程制造	9	0.992
Psychology Social 社会心理学	8	0.882

3.6 ESI 高水平论文分析

ESI（Essential Science Indicators）即基本科学指标数据库，是由美国学术信息出版机构美国科技研究所（ISI）在 2001 年推出的用户跟踪学科发展趋势和衡量科研绩效的评价分析工具。其评价逻辑主要是通过 SSCI、SCI 数据库中近 11 年来的科研成果统计为评价对象，按照被引频次的高低排出居世界前 1%的研究作者、机构和论文等。当然也可对某一期刊、国家或地区等的高被引论文进行检索。本研究中对 907 篇施引文献进行检索，共出现了 10 篇高水平论文（见表 5）。

表 5　**ESI 论文基本信息**

论文作者	论文题目	被引频次
Chiu, Chao-Min; Hsu, Meng-Hsiang; Wang, Eric T. G.	Understanding knowledge sharing in virtual communities: An integration of social capital and social cognitive theories	447
Gregor, Shirley	The nature of theory in information systems	369
Benbasat, Izak; Barki, Henri	Quo vadis, TAM?	199
Burton-Jones, Andrew; Straub, Detmar W., Jr.	Reconceptualizing system usage: An approach and empirical test	163
Holden, Richard J.; Karsh, Ben-Tzion	The Technology Acceptance Model: Its past and its future in health care	162
Petter, Stacie; DeLone, William; McLean, Ephraim	Measuring information systems success: Models, dimensions, measures, and interrelationships	151
Venkatesh, Viswanath; Brown, Susan A.; Maruping, Likoebe M	Predicting different conceptualizations of system use: The competing roles of behavioral intention, facilitating conditions, and behavioral expectation	113
Chiu, Chao-Min; Wang, Eric T. G	Understanding Web-based learning continuance intention: The role of subjective task value	98

续表

论文作者	论文题目	被引频次
Klein, Richard; Rai, Arun	Interfirm Strategic Information Flows in Logistics Supply Chain Relationships	85
Archer, N. Fevrier-Thomas, U. Lokker, C.	Personal health records: A scoping review	83

从 ESI 收录的高水平论文的发表时间来看，集中在 2006—2011 年这 6 年中，ESI 高水平论文在这 6 年中的发布数量如表 6 所示。一般来讲，发文时间越早，被引次数越高，因而发文数量最多的两年 2006 年和 2008 年是正常的分布规律。从所有 ESI 高水平论文的被引情况分析，可以了解论文的受关注程度。被引次数越高，该 ESI 高水平论文的受关注度也越高。当然如前分析，越早发表的论文在被引次数上较占优势。如表 5 所示，被引次数最高的论文名称是“Understanding knowledge sharing in virtual communities: An integration of social capital and social cognitive theories”，被引次数高达 447 次。从这 10 篇 ESI 高水平论文的被引次数区间分布来看，被引次数在 400 次以上的论文有 1 篇，被引次数在 300 次以上的论文有 1 篇，被引次数在 100 次以上有 5 篇，被引次数在 100 次以下的有 3 篇。可见，越是优秀的论文，数量越是少，这也符合布拉德福定律的分布规律。

表 6 **ESI 高水平论文发文时间分布**

论文发表时间（年）	2006	2007	2008	2009	2010	2011
高水平论文数量（篇）	3	1	3	1	1	1

另外，从 ESI 高水平论文被引次数的年度分布可以分析该研究领域研究热度的变化。如图 2 所示，这 10 篇 ESI 高水平论文的年被引次数呈逐年增长趋势（因数据采集时间为 2015 年 8 月 29 日，

所以 2015 年数据小于去年，但可推测整个年度的被引次数会呈继续增长态势)。这表明信息系统模型研究领域的热度持续不减，得到了相关学者的重视，研究成果也在不断增长。

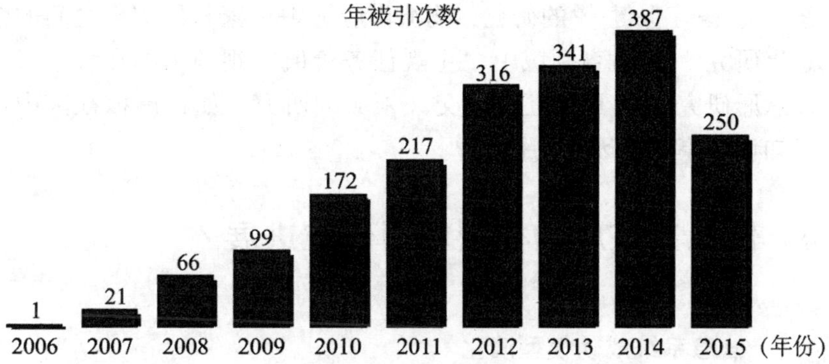

图 2　ESI 高水平论文的年被引次数分布

这 10 篇 ESI 高水平论文中有些是对信息系统成功模型及变量纬度的探讨，还有些则是对现实中具体问题的分析。前者如 Gregor 从信息系统理论研究的目标视角出发，总结出信息系统理论的五种类型，分别为：用于分析（analysis)、用于解释（explanation)、用于预测（prediction)、用于解释和预测（explanation and prediction) 及用于设计和执行（design and action)[32]。Jones 和 Straub 则针对信息系统成功影响变量之一的系统使用变量进行了研究，提出系统使用虽在 D&M 模型中多次强调，但却没有具体的概念。因此，他们通过定义和选择两阶段研究来明确系统使用的概念、基本假设和功能等[33]。Venkatesh 等对组织员工使用新信息系统的行为进行研究，提出评估系统使用中的 3 个关键因素，分别是持续时间、频率和强度，并进一步探讨了员工行为意愿、有利条件和行为期望与评估系统使用三要素间的关系[34]。Petter 等则对 D&M 模型相关的实证研究进行梳理和总结，分别对个人和组织视角下信息系统成功模型的应用进行研究[35]。不同的学者对信息系统及信息系统成功的研究，特别是在不同的环境下，可能会提出不同的影响变量，如

Benbasat 和 Barki 指出了信息系统研究领域对 TAM 模型的过分关注，且很多研究在不同环境下将 TAM 模型衍生出了多个变量，使得 TAM 理论混乱，不利于信息系统理论体系的形成[36]。

对现实中具体问题的分析，如在医疗领域中，对个人健康档案[37]、医疗保健[38]的研究，物流供应链中买家与供应商之间的信息流研究[39]，教育领域中“主观任务价值”视角下的在线学习持续意愿研究[40]。此外还有些交叉领域的研究，如在虚拟社区中针对知识共享影响因素的探讨[41]。

4 信息系统成功模型应用研究进展

4.1 信息系统成功模型演化

4.1.1 早期信息系统成功研究

以时间轴为分类标准，本文将 D&M 信息系统成功模型的研究主要分为三个阶段，第一阶段为 D&M（1992）模型提出前的研究，其中最具代表性的包括 Shannon-Weaver 模型、Mason 关于信息影响分层研究以及 1980 年第一届信息系统国际会议（ICIS）提出信息系统中变量研究的重要性 。

在 Shannon-Weaver 模型中，他们将信息分为三层，分别是技术层、语义层和效用层[2]。技术层描述的是信息系统生产信息的有效性和准确性；语义层描述的则是信息系统传达的信息是否与预设的一致；效用层则描述了信息系统的使用对于个人和组织的影响。

Mason 则针对信息系统的输出提出了一个评估框架，将信息系统输出分为技术层输出（technical level output）、语义层输出（semantic level output）、功能层输出（functional output）和影响或实用层输出（influence or pragmatic level output）[3]。

还有些学者对信息系统影响因素进行了探讨，如 Zani 在《管理信息系统蓝图》（The blueprint of MIS）中提出的“The key success variables”，探讨了什么是公司管理者决定使用信息系统的关键要素[43]。Rockart 针对企业管理中有效信息的获取和企业效率提高提出了关键成功要素（Critical success factors，CSF），通过关键成功要素法的应用，管理者可以明确管理方向，得出关键成功要素，明确所需的信息，从而限制搜集不必要的数据[43]。Zumd 将影响 MIS 成功的要素分为三类，分别是用户性能（user performance）、信息系统使用（MIS usage）和用户满意（user satisfaction）[44]。Ives 和 Olson 将 MIS 的输出结果变量分为两类，分别是系统质量（system quality）和系统接受（system acceptance）。系统接受主要是指系统使用、系统对用户行为的影响和信息满意等[45]。

直到 1980 年第一届信息系统国际会议（ICIS）上，明确提出了信息系统研究中一个重要的议题即对影响信息系统的独立变量的研究，Peters 指出只有明确信息系统成功开发和应用的关键变量，才能更好地维护和优化信息系统[46]。

4.1.2 D&M（1992）信息系统成功模型

根据以上研究发现，不同的学者对信息系统研究选择的切入点不尽相同，对于信息系统成功评估也没有统一的框架和标准。在这种情况下，Delone 和 McLean 在对 1981 年到 1987 年间关于 MIS 的论文进行研究的基础上，将信息系统成功相关影响因素的研究进行梳理，于 1992 年首次提出了信息系统成功模型——D&M 模型（见图 3）。在模型中，他们将多种影响信息系统成功的因素通过归纳分为六类，分别是系统质量、信息质量、系统使用、用户满意、个人影响和组织影响，这六个要素彼此间没有优先级，共同影响着信息系统成功[47]。系统质量主要是评估信息系统自身运行的过程，其一般通过易用性、可靠性、功能性、可移植性、灵活性、数据质量、整合性等指标体现；信息质量则用来评估信息系统输出信息的质量，主要通过信息的准确性、完整性、时效性、持续性和相关等指标体现；系统使用则是信息系统成功中最常用的评估要素之一；用户满意是指用户在使用信息系统后的真实感受和满意程度，这也是用户决定是否使用该信息系统的重要影响要素。此前，一些学者曾尝试通过多维度的方法来评估用户满意，如 Swanson 使用 16 个指标来分解用户满意[48]，Pearson 则开发了 36 维度的用户满意评估指标[49]。当然用户满意中的“用户”具体所指也是信息系统成功中需要进一步研究的。个人影响主要表现在个人在使用信息系统后的行为变化，由于个人影响与个人绩效行为相关，因此，在影响信息系统成功多个要素中，个人影响可能是最难去定义的，当然最为直接的影响主要表现为提高个人决策效率。组织影响即信息系统使用对组织绩效的影响，由于个人影响难以定义和量化，而多个个人绩效表现直接影响着组织表现，因此，一些学者直接对信息系统使用对组织的影响进行了研究，如 Chismar 和 Kriebel 提出评估信息系统使用与组织销售额和投资回报率的影响[50]。随着科学技术的进步，信息系统功能呈现多样化和综合性，信息系统成功对于组织的影响可能更易观察和具化，未来，这也是组织影响因素在信息系统成功研究中值得探讨的内容。

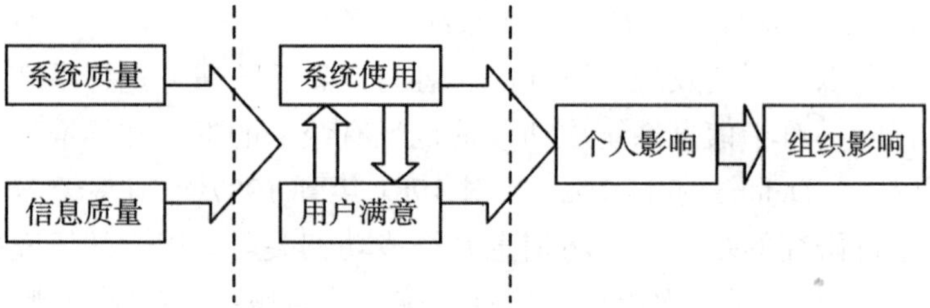

图 3　D&M（1992）信息系统成功模型

考虑到信息系统成功模型在现实中的应用，模型中的影响因素必须足够完整和简洁。所谓完整是能够全面地囊括影响信息系统成功的多种因素，如信息质量、系统质量和用户满意等；所谓简洁则是对影响因素的提炼必须合理，在现实应用中可以找到合理归类潜变量。因此，在 D&M 信息系统成功模型中，共提出了六类影响因素，并提出了在选择影响信息系统成功模型影响因素的时候还应考虑到一些权变变量，如组织的战略、结构、规模和环境等，还有诸如个体性格和技术应用等[47]。

4.1.3　D&M（2003）信息系统成功模型

由于在 D&M（1992）信息系统成功模型中，并没有通过实证研究来验证模型中关系的假设及各要素间正向影响关系的强弱，且没有对这些权变变量进行更深入的探讨。因此，在 2003 年 Delone 和 Mclean 提出了“升级版”的信息系统成功模型[51]（见图 4）。D&M（2003）信息系统成功模型主要是在原有模型的基础上更注重模型的应用效果、有效性和面临的挑战等。事实上，在 1992—2003 年已有很多学者以 D&M（1992）信息系统成功模型为基础研究信息系统成功模型，并进行了相关实证研究，如 Seddon 和 Kiew 对使用过大学会计系统的 104 位用户进行研究发现，系统质量与用户使用和个人影响间、信息质量与用户满意和个人影响间都存在显著性影响关系，这与 D&M（1992）信息系统成功模型中的假设一致[52]。Rai 等则通过实证研究得出，D&M（1992）信息系统成功模型中的所有路径系数都呈显著性，证明了 D&M（1992）信息系统成功模型的科学性[53]。Delone 和 Mclean 也对利用 D&M（1992）信息系统成功模型进行的相关实证研究进行了归纳，如验证系统使用和个人影响间显著性关系的研究[54][55][56][57]，系统质量与个人影响、信息质量与个人影响间显著性关系的研究[58][59][60][61]用来佐证其科学性。但也有些学者在研究中对 D&M（1992）信息系统成功模型提出了异议，如 Seddon 指出系统使用不应归纳到信息系统成功中，他强调使用作为一种行为应作为一个过程而不是因果关系应用到模型中[62]。但 Delone 和 Mclean 依然认为系统使用应属于信息系统成功影响因素之一，只有用户使用了信息系统，才会产生个人影响和利益。当然这种使用可以理解为多维因素，如 Young 和 Benamati 认为对电子商务系统的使用应包括信息使用和客户服务使用等[63]。

在 D&M（2003）信息系统成功模型中（见图 4），Delone 和 Mclean 将质量维度分为信息质量、系统质量和服务质量三个变量，这三个变量又分别影响着用户使用和用户满意。在 D&M（1992）信息系统成功模型中并没有对系统使用进行明确解释，是自愿还是非自愿使用，是知情还是不知情情况下的使用等，都没有明确的说明。因此在 D&M（2003）信息系统成功模型中，Delone 和 Mclean 将系统使用明确为使用意愿，该变量不仅代表着一个行为也说明了用户的态度。系统使用变量的转变也有助于其在实践评估中的应用。用户使用系统并满意之后自然会产生纯收益，这对系统使用者和赞助商都是有积极作用的，这一积极效果又将促进用户继续使用该信息系统，形成一个良性的循环。如果“净收益”（net benefits）结果不够理想，可能会导致用户减少甚至是拒绝使用该信息系统，因此明确在不同的应用领域中的信息系统利益相关者对于信息系统成功评估研究者来说十分重要。

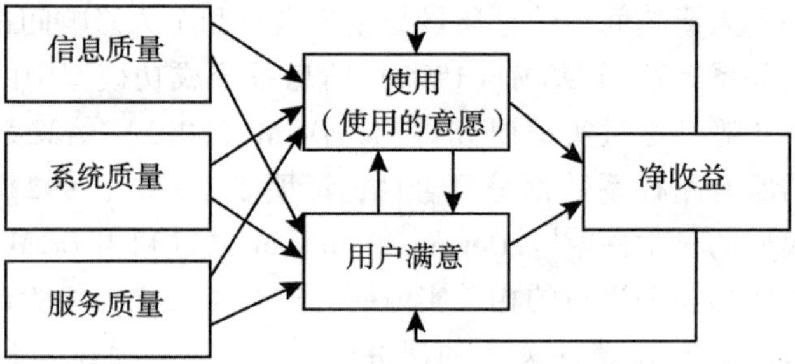

图 4　D&M（2003）信息系统成功模型

因此，Delone 和 Mclean 针对电子商务环境下的纯收益提出了一些具体的评估指标，如成本节约、扩大市场、销售增量、降低搜索成本等，对于 6 个影响变量在电子商务环境下也有具体的解释[64]，如电子商务环境下的系统质量可通过易用性、可用性、可靠性、适用性、功能性、响应时间、灵活性、数据质量等指标来评估；信息质量则应具有个性化、完整性、相关性、易于用户理解等特性，并能保证用户购买过程的安全；对服务质量来说，不管提供服务质量的是一个新的组织部门还是网络服务提供商，最为重要的都是提供优质的服务来提高用户数量和销售额；使用则可通过网页访问、网址点击、信息检索和交易执行等方面来体现；用户满意则包括用户使用该系统的整个过程，如信息检索、购买、付款和售后服务等环节；最后，纯收益是对于电子商务环境下，信息系统应用到各个环节用户利益的评估，如客户、供应商、雇员、组织者、市场、行业、环境甚至社会。

经过十年的发展，D&M（2003）信息系统成功模型除了对D&M（1992）信息系统成功模型进行了一些调整和完善，还希望D&M信息系统成功模型能够更好地应用到不同环境中。虽然在这过程中还有些学者提出了其他信息系统成功模型，如上文提到的由Seddon提出的信息系统成功模型（见图5），还有Jennex等提出的OMIS成功模型[65]等。但这些模型依然是以D&M（1992）信息系统成功模型为基础的演化或延生。

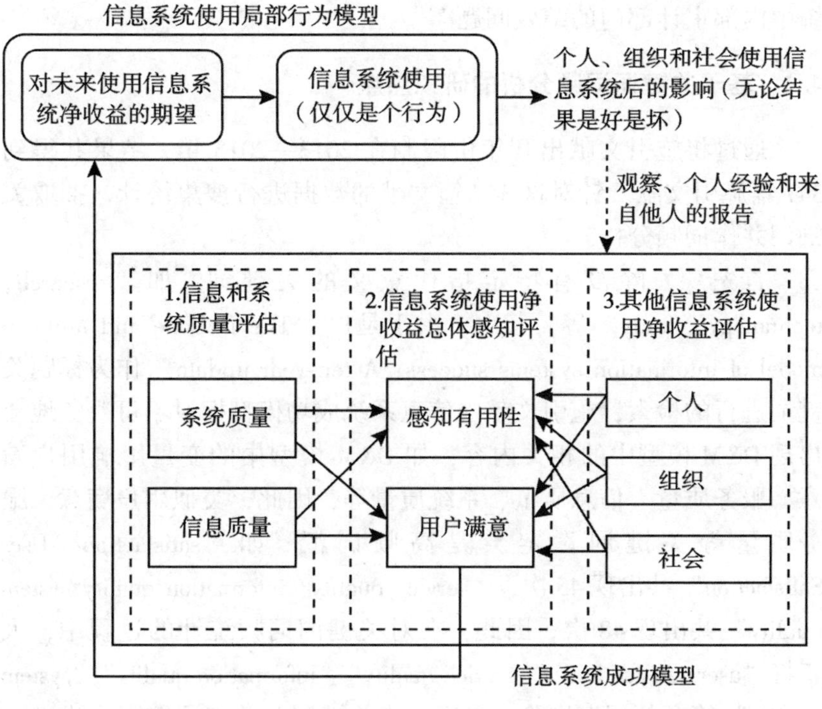

图5　Seddon信息系统成功模型[62]

通过对信息系统成功模型的研究进行梳理可知，D&M信息系统成功模型在信息系统成功研究中占有重要地位，并被越来越多的学者接受去分析具体的问题，如Yoon和Occeña通过实证研究分析了C2C（consumer-to-consumer）市场中影响用户信任的影响因素，并从性别和年龄等指标探讨了用户感知差异[66]。Ghobakhloo 则对 B2B 电子商务信息系统成功进行了研究，他们从供应链网络的视角出发，通过对 122 个供应链单位的实证数据调研分析发现，除系统质量、信息质量等变量，电子商务平台的准备状态（readiness）即经济和技术资源的可用性与电子商务平台的成功也具有显著性的影响关系[67]。Beck 等则从组织机构的社交媒体中知识交换的知识获取者和知识贡献者为什么以及如何进行知识共享行为进行探讨[68]。Tsai 等以台湾一些公司为实证研究对象，探讨了在企业资源计划系统中内部审计部门的绩效问题[69]。

4.2 基于关键词词频分析的研究热点

通过将施引文献出刊年份限制在 2013—2015 年，结果共得到 347 篇施引文献。针对这 347 篇文献的数据进行搜集统计，抽取关键词并作词频分析。

首先，去除没有特定指代意义的关键词，如“research，technology，study”等。其次，由于是以“The DeLone and McLean model of information systems success：A ten-year update”作为标题关键词进行的检索，施引文献中信息系统成功模型探讨不可避免地会出现 D&M 模型中的相关内容，如 D&M 模型中的变量影响用户满意、服务质量、信息质量、系统质量等，因此，类似用户满意、服务质量等关键词肯定会是高频词汇，如“satisfaction/ User Satisfaction”共出现 45 次，“service quality/ information quality system quality”共出现 48 次，因此，在对关键词词频统计的过程中，人工将“user satisfaction”“service quality”“information quality”“system quality”等高频词汇剔除。最后，将关键词及关键词缩写形式进行合并，如“E-Commerce”和“Electronic commerce”“enterprise resource planning”和“ERP”，对相同意思的不同表达方式，或同属一类研究范围关键词取较大概念范围词进行概括合并，如“online shopping”归为“Electronic Commerce”一类并合并。对高频关键词进行了重新编辑，得到详细高频词汇统计及归类（见表 7）。

表 7 **关键词词频统计**

研究归类	关键词	出现频次
在线学习	E-learning	9
	E-learning system	2
社交网络、社交媒体	Social media	8
	Virtual communities	7
	Social networks	6
	Facebook	4
	Twitter	2
电子商务	E-Commerce	13
	online shopping	3
	group-buying	3
网站质量	Website Quality	7
ERP	enterprise resource planning	11
电子政务	e-government	5
知识管理	Knowledge sharing	5
	Knowledge management	4
	Knowledge management systems	3
医疗健康	Electronic Health Records	8
	hospital information system	7
	Nurses	6
	Health information systems	4
	health care	2
	Mobile health	2
交互学习	Interactive learning environments	4
云计算	cloud computing	3
数字鸿沟	Digital divide	3

通过表7可见，D&M信息系统成功模型研究的热点，主要集中在在线学习[70][71]、企业资源计划[72][73][74]、电子商务[75][76][77]、社交网络和社交媒体[102][103][104]、知识管理[78][79]和医疗健康[80][81][82[]等研究范围。这些研究对象在一定程度上反映了近年来信息系统成功模型的应用已经涉及教育、经济、政治、医疗和互联网等各个领域，进一步展现了模型具有良好的应用性。信息系统成功模型在施引文献中的实际应用主要是通过两种方式：一种主要是利用D&M信息系统成功模型中的相关变量或概念为指导对现实中具体问题进行的研究；另一种则是D&M信息系统成功模型与其他模型相结合或者加入其他变量探讨实际问题。下面通过实例来展示这两种形式在研究热点中的应用。

第一种应用：Lin大多研究都是针对网络环境下的信息系统成功的分析，如通过对232名学生进行调查分析，研究结果发现，系统质量、信息质量和服务质量对于学生在线学习系统的成功都具有显著影响[83]；对网络环境下通过组织间和组织内两方面来探究组织间信息系统成功的影响变量[84]。Lee等通过实证研究台湾202位信息系统管理者对研究模型中构面进行测试，并利用结构方程技术对研究模型进行评估，研究发现，环境因素中的“交易伙伴影响”变量及组织因素中的变量对组织间系统计划成功都具有显著性影响[85]。Dwivedi等则将信息系统成功模型应用到图书馆领域中，探讨了射频技术（radio frequency identification，RFID）在图书馆中的应用，分析了RFID系统的信息质量、系统质量和服务质量对用户使用及用户满意的影响，研究得出，射频技术在图书馆管理与服务中是十分受欢迎的技术之一[86]。Nguyen L，Bellucci E，Nguyen L T基于信息系统成功模型，评估电子病历中信息系统的作用和偶然性因素的影响[93]。此外，还有学者将信息系统成功模型应用到其他领域的研究，如对网络环境下的电子商务[87]、电子政务[88]、虚拟社区[89][90]、移动银行[91]、知识管理[92]等领域进行了探究。

第二种应用：Wu C H，Chen S C通过构建包含信息质量、系统质量、功能质量和社会影响的概念框架，去探索影响Facebook用户教育性使用意愿的关键因素[102]。Shareef等利用结构方程模型的方法，将 TAM 与 D&M 模型的结合对台湾地区的 B2C（business-to-consumer）电子商务系统用户持续使用意愿进行了研究，研究发现 D&M 信息系统成功模型中的信息质量、系统质量和服务质量对用户感知有用和用户满意都具有正向的影响[93]。Wang 等则通过将 D&M 信息系统成功模型与教育技术成功模型相结合，对在线博客学习系统的影响因素进行了研究，由于在线博客学习对于网络环境的特殊要求，该研究将信息质量这一变量分为内容质量和链接质量两个维度，并分别分析了它们与用户满意及系统使用的关系[94]。

另外对云计算[95]、数字鸿沟[96]、网页质量[95][97]等问题的探讨，则表明信息系统成功研究越来越具体到现实的问题中。当然，其中也出现了很多学科间交叉的研究，如 Hsieh 通过将云存储云计算与医疗行业相结合，研究专业医疗团队在使用云技术的接受情况和存在偏见等[98]。My-Trinh 等则基于归因理论对在线旅游社区的用户使用意愿进行了研究，研究得出高质量的信息服务可以为用户提供良好的信息反馈，有助于提高在线旅游社区的用户粘性[99]。Liaw 和 Huang 从交互环境视角下对在线学习系统的应用进行研究，对 196 名大学生在使用在线学习系统数月后进行问卷调查，通过实证研究发现，感知有用和感知满意等在线学习系统成功影响因素都受到交互学习环境的影响[100]。

4.3 研究趋势展望

通过对近三年（2013—2015 年）施引文献的关键词词频统计和相关文献内容阅读分析后发现，D&M 信息系统成功模型研究趋势主要表现在两个方面：

趋势之一主要体现在研究方向上，在互联网领域如虚拟社区、在线学习；医疗领域如医疗健康系统、电子病历；经济领域如电子商务；政治领域如电子政务等。这些研究中有的是直接利用 D&M 信息系统成功模型作为理论基础对具体问题进行的分析，更多一些则是通过将 D&M 信息系统成功模型与相关理论结合对实际问题的探究。无论如何，信息系统成功模型的研究在多个领域和许多实际问题中的应用趋势不可阻挡。

趋势之二体现在研究平台上，通过对2013—2015年的施引文献内容进行分析不难发现，其中以移动平台为研究对象的信息系统成功研究探讨逐渐增多[101][102][103]，这与时下移动终端设备及移动终端应用的普及是相辅相成的。如Ryu等对用户面向移动平台如Google或Apple提供的应用平台使用忠诚的影响因素进行的研究，通过研究发现满意是用户忠实使用某一移动平台的重要影响变量，而移动平台的软件开发水平则决定了用户的满意度，研究还发现可信度与忠诚度之间并没有直接的影响[104]；Jung则对用户在泛在学习环境中使用智能手机的满意度和绩效影响变量展开研究，这也说明了移动智能终端设备作为当下及未来用户用于学习的重要工具之一[105]。Okazaki等学者则对移动环境下医疗监控问题进行了探究，研究发现自我效能和兼容性是用户使用移动医疗监控信息系统的重要影响变量[106]。Pu则对移动图书馆APP的设计和应用进行了研究[107]。

5 结 语

随着信息系统在人们生活、工作和娱乐活动中广泛的应用和渗透，信息系统成功研究已受到越来越多的学者关注。DeLone和McLean于2003年发表的论文“The DeLone and McLean model of information systems success：A ten-year update”提出了更新的信息系统成功模型，对信息系统成功研究产生了巨大影响。本研究针对引用了该文且被SSCI数据库收录的期刊论文，结合论文发表年代、发文作者、发文作者机构、发文国家/地区、发文领域和ESI论文等进行了统计分析。同时，结合关键词词频统计总结出近三年来信息系统成功模型应用研究的热点。最后，通过对施引文献的内容分析，发现信息系统成功模型的应用领域和应用环境越来越广。展望未来，面对移动互联网和物联网等新环境，信息系统的成功还会不断地面临新的问题，有待国内外相关学者积极开展系统和深入的研究，推动各类信息系统在实际应用中获得成功。

参考文献

[1] Vodanovich S, Sundaram D, Myers M. Research commentary-digital natives and ubiquitous information systems [J]. Information Systems Research, 2010, 21 (4): 711-723.

[2] Shannon C E, Weaver W. The mathematical theory of communication [M]. Urbana, IL: University of Illinois Press, 1949.

[3] Mason R O. Measuring information output: A communication systems approach [J]. Information & Management, 1978, 1 (78): 219-234.

[4] DeLone W H, McLean E R. The DeLone and McLean model of information systems success: A ten-year update [J]. Journal of Management Information Systems, 2003, 19 (4): 9-30.

[5] Hong S, Katerattanakul P, Hong S K, et al. Usage and perceived impact of data warehouses: A study in Korean financial companies [J]. International Journal of Information Technology & Decision Making, 2006, 5 (2): 297-315.

[6] Lai J Y. Assessment of employees' perceptions of service quality and satisfaction with e-business [J]. International Journal of Human-Computer Studies, 2006, 64 (9): 926-938.

[7] Wang Y S, Liao Y W. The conceptualization and measurement of m-commerce user satisfaction [J]. Computers in Human Behavior, 2007, 23 (1): 381-398.

[8] Lin H F. The impact of website quality dimensions on customer satisfaction in the B2C e-commerce context [J]. Total Quality Management and Business Excellence, 2007, 18 (4): 363-378.

[9] Gil-García J R, Pardo T A. E-government success factors: Mapping practical tools to theoretical foundations [J]. Government Information Quarterly, 2005, 22 (2): 187-216.

[10] Prybutok V R, Zhang X, Ryan S D. Evaluating leadership, IT quality, and net benefits in an e-government environment [J]. Information & Management, 2008, 45 (3): 143-152.

[11] Connell N A D, Young T P. Evaluating healthcare information systems through an "enterprise" perspective [J]. Information & Management, 2007, 44 (4): 433-440.

[12] Shahmoradi L, Ahmadi M, Haghani H. Determining the most important evaluation indicators of healthcare information systems (HCIS) in Iran [J]. Health Information Management Journal, 2007, 36 (1): 13-22.

[13] Ong C S, Lai J Y. Gender differences in perceptions and relationships among dominants of e-learning acceptance [J]. Computers in Human Behavior, 2006, 22 (5): 816-829.

[14] Wang Y S, Wang H Y, Shee D Y. Measuring e-learning systems success in an organizational context: Scale development and validation [J]. Computers in Human Behavior, 2007, 23 (4): 1792-1808.

[15] Lin H F. Measuring online learning systems success: Applying the updated DeLone and McLean model [J]. Cyberpsychology & Behavior, 2007, 10 (6): 817-820.

[16] Barczak G, Sultan F, Hultink E J. Determinants of IT usage and new product performance * [J]. Journal of Product Innovation Management, 2007, 24 (6): 600-613.

[17] Cui L, Zhang C, Zhang C, et al. Exploring IT adoption process in shanghai firms: An empirical study [J]. Journal of Global Information Management, 2008, 16 (2): 1-17.

[18] Avlonitis G J, Panagopoulos N G. Antecedents and consequences of CRM technology acceptance in the sales force [J]. Industrial Marketing Management, 2005, 34 (4): 355-368.

[19] Xue Y, Liang H, Boulton W R, et al. ERP implementation failures in China: Case studies with implications for ERP vendors

[J]. International Journal of Production Economics, 2005, 97 (3): 279-295.

[20] Wu J H, Wang Y M. Measuring ERP success: The ultimate users' view [J]. International Journal of Operations & Production Management, 2006, 26 (8): 882-903.

[21] Wang E T G, Ying T C, Jiang J J, et al. Group cohesion in organizational innovation: An empirical examination of ERP implementation [J]. Information and Software Technology, 2006, 48 (4): 235-244.

[22] Lin H Y, Hsu P Y, Ting P H. ERP systems success: An integration of IS success model and balanced scorecard [J]. Journal of Research and Practice in Information Technology, 2006, 38 (3): 215-228.

[23] Chiu C M, Hsu M H, Wang E T G. Understanding knowledge sharing in virtual communities: An integration of social capital and social cognitive theories [J]. Decision Support Systems, 2006, 42 (3): 1872-1888.

[24] Kulkarni U R, Ravindran S, Freeze R. A knowledge management success model: Theoretical development and empirical validation [J]. Journal of Management Information Systems, 2006, 23 (3): 309-347.

[25] Petter S, DeLone W, McLean E. Measuring information systems success: Models, dimensions, measures, and interrelationships [J]. European Journal of Information Systems, 2008, 17 (3): 236-263.

[26] Kulkarni U R, Ravindran S, Freeze R. A knowledge management success model: Theoretical development and empirical validation [J]. Journal of Management Information Systems, 2006, 23 (3): 309-347.

[27] Wu J H, Wang Y M. Measuring KMS success: A respecification of the DeLone and McLean's model [J]. Information &

Management, 2006, 43 (6): 728-739.

[28] Ha S H, Noh M J, Choi S B. Difference in the adoption of internet open markets between transition and established market economies [J]. Electronic Commerce Research, 2014, 14 (4): 531-558.

[29] Song J, Kim J, Jones D R, et al. Application discoverability and user satisfaction in mobile application stores: An environmental psychology perspective [J]. Decision Support Systems, 2014 (59): 37-51.

[30] Flynn D, Gregory P, Makki H, et al. Expectations and experiences of eHealth in primary care: A qualitative practice-based investigation [J]. International Journal of Medical Informatics, 2009, 78 (9): 588-604.

[31] Wu C H, Chen S C. Understanding the relationships of critical factors to Facebook educational usage intention [J]. Internet Research, 2015, 25 (2): 262-278.

[32] Gregor S. The nature of theory in information systems [J]. MIS Quarterly, 2006: 611-642.

[33] Burton-Jones A, Straub Jr D W. Reconceptualizing system usage: An approach and empirical test [J]. Information Systems Research, 2006, 17 (3): 228-246.

[34] Venkatesh V, Brown S A, Maruping L M, et al. Predicting different conceptualizations of system use: The competing roles of behavioral intention, facilitating conditions, and behavioral expectation [J]. MIS Quarterly, 2008: 483-502.

[35] Petter S, DeLone W, McLean E. Measuring information systems success: Models, dimensions, measures, and interrelationships [J]. European Journal of Information Systems, 2008, 17 (3): 236-263.

[36] Benbasat I, Barki H. Quo vadis TAM? [J]. Journal of the Association for Information Systems, 2007, 8 (4): 211-218.

[37] Archer N, Fevrier-Thomas U, Lokker C, et al. Personal health records: A scoping review [J]. Journal of the American Medical Informatics Association, 2011, 18 (4): 515-522.

[38] Holden R J, Karsh B T. The technology acceptance model: Its past and its future in health care [J]. Journal of Biomedical Informatics, 2010, 43 (1): 159-172.

[39] Klein R, Rai A. Interfirm strategic information flows in logistics supply chain relationships [J]. MIS Quarterly, 2009: 735-762.

[40] Chiu C M, Wang E T G. Understanding Web-based learning continuance intention: The role of subjective task value [J]. Information & Management, 2008, 45 (3): 194-201.

[41] Chiu C M, Hsu M H, Wang E T G. Understanding knowledge sharing in virtual communities: An integration of social capital and social cognitive theories [J]. Decision Support Systems, 2006, 42 (3): 1872-1888.

[42] Zani W. Blueprint for MIS [J]. Harvard Business Review, 1970, 48 (6): 95-100.

[43] Rockart JF. Chief executives define their own data needs [J]. Harvard Business Review, 1979, 57 (2): 81-93.

[44] Zmud, Rober W. Individual differences and MIS success: A review of the empirical literature [J]. Management science, 1979 (25): 966-979.

[45] Ives B, Olson M H. User involvement and MIS success: A review of research [J]. Management Science, 1984, 30 (5): 586-603.

[46] Keen P. MIS research: Reference disciplines and a cumulative tradition [C]. Proceedings of International Conference on Information Systems, Philadelphia, PA. 1980: 9-18.

[47] Delone W H, Mclean E R. Information systems success: The quest for the dependent variable [J]. Information Systems Research, 1992, 3 (1): 60-95.

[48] Swanson E Burton. Management information system appreciation and involvement [J]. Management Science, 1974 (21): 178-188.

[49] Bailey J E, Pearson S W. Development of a tool for measuring and analyzing computer user satisfaction [J]. Management Science, 1983, 29 (5): 530-545.

[50] Chismar W G, Kriebel C H. A method for assessing the economic impact of information systems technology on organizations [C]. Proceedings of the Sixth International Conference on Information Systems. Indianapolis Indiana, 1985: 45-56.

[51] DeLone W H, McLean E R. The DeLone and McLean model of information systems success: A ten-year update [J]. Journal of Management Information Systems, 2003, 19 (4): 9-30.

[52] Sedon P, Kiew M. A partial test and development of the DeLone and McLean model of IS success [C]. Proceeding of the Fifteenth International Conference on Information Systems, 1995: 99-110.

[53] Rai A, Lang S S, Welker R B. Assessing the validity of IS success models: An empirical test and theoretical analysis [J]. Information Systems Research, 2002, 13 (1): 50-69.

[54] Guimaraes T, Igbaria M. Client/server system success: Exploring the human side [J]. Decision Sciences, 1997, 28 (4): 851-876.

[55] Igbaria M, Tan M. The consequences of information technology acceptance on subsequent individual performance [J]. Information & Management, 1997, 32 (3): 113-121.

[56] Torkzadeh G, Doll W J. The development of a tool for measuring the perceived impact of information technology on work [J]. Omega-international Journal of Management Science, 1999, 27 (3): 327-339.

[57] Weill P, Vitale M. Assessing the health of an information systems applications portfolio: An example from process manufacturing

[J]. MIS Quarterly, 1999: 601-624.

[58] Goodhue D L, Thompson R L. Task-technology fit and individual performance [J]. MIS Quarterly, 1995: 213-236.

[59] Etezadi-Amoli J, Farhoomand A F. A structural model of end user computing satisfaction and user performance [J]. Information & Management, 1996, 30 (2): 65-73.

[60] Teo T S H, Wong P K. An empirical study of the performance impact of computerization in the retail industry [J]. Omega, 1998, 26 (5): 611-621.

[61] Wixom B H, Watson H J. An empirical investigation of the factors affecting data warehousing success [J]. MIS Quarterly, 2001: 17-41.

[62] Seddon P B. A respecification and extension of the DeLone and McLean model of IS success [J]. Information Systems Research, 1997, 8 (3): 240-253.

[63] Young D, Benamati J. Differences in public Web sites: The current state of large US firms [J]. Journal of Electronic Commerce Research, 2000, 1 (3): 94-105.

[64] Delone W H, Mclean E R. Measuring e-commerce success: Applying the DeLone & McLean information systems success model [J]. International Journal of Electronic Commerce, 2004, 9 (1): 31-47.

[65] Jennex M, Olfman L, Panthawi P, et al. An organizational memory information systems success model: An extension of DeLone and McLean's I/S success model [C]. Proceedings of the Thirty-First Hawaii International Conference on. IEEE, 1998 (1): 157-165.

[66] Yoon H S, Occeña L G. Influencing factors of trust in consumer-to-consumer electronic commerce with gender and age [J]. International Journal of Information Management, 2015, 35 (3): 352-363.

[67] Ghobakhloo M, Hong T S, Standing C. Business-to-business

electronic commerce success: A supply network perspective [J]. Journal of Organizational Computing and Electronic Commerce, 2014, 24 (4): 312-341.

[68] Beck R, Pahlke I, Seebach C. Knowledge exchange and symbolic action in social media-enabled electronic networks of practice: A multilevel perspective on knowledge seekers and contributors [J]. Management Information Systems Quarterly, 2014, 38 (4): 1245-1270.

[69] Tsai W H, Chen H C, Chang J C, et al. Performance of the internal audit department under ERP systems: Empirical evidence from Taiwanese firms [J]. Enterprise Information Systems, 2015, 9 (7): 725-742.

[70] Poelmans S, Wessa P. A constructivist approach in a blended e-learning environment for statistics [J]. Interactive Learning Environments, 2015, 23 (3): 385-401.

[71] Goo J, Huang C D, Koo C. Learning for healthy outcomes: Exploration and exploitation with electronic medical records [J]. Information & Management, 2015, 52 (5): 550-562.

[72] Tsai W H, Chou Y W, Leu J D, et al. Investigation of the mediating effects of IT governance-value delivery on service quality and ERP performance [J]. Enterprise Information Systems, 2015, 9 (2): 139-160.

[73] Al-Jabri I M. Antecedents of user satisfaction with ERP systems: Mediation analyses [J]. Kybernetes, 2015, 44 (1): 107-123.

[74] Seddon P B. A respecification and extension of the DeLone and McLean model of IS success [J]. Information Systems Research, 1997, 8 (3): 240-253.

[75] Rouibah K, Lowry P B, Almutairi L. Dimensions of business-to-consumer (B2C) systems success in Kuwait: Testing a modified DeLone and McLean IS success model in an e-commerce context [J]. Journal of Global Information Management (JGIM), 2015, 23 (3): 41-71.

[76] Sun J, Yang Z, Wang Y, et al. Rethinking e-commerce service quality does Website quality still suffice? [J]. The Journal of Computer Information Systems, 2015, 55 (4): 62-72.

[77] Chen Y, Yan X, Fan W. Examining the effects of decomposed perceived risk on consumer's online shopping behavior: A field study in China [J]. Engineering Economics, 2015, 26 (3): 315-326.

[78] Matayong S, Kamil Mahmood A. The review of approaches to knowledge management system studies [J]. Journal of Knowledge Management, 2013, 17 (3): 472-490.

[79] Luo S H, Lee G G. Key factors for knowledge management implementation [J]. Social Behavior and Personality: An International Journal, 2013, 41 (3): 463-475.

[80] Esmaeilzadeh P, Sambasivan M, Kumar N, et al. Adoption of clinical decision support systems in a developing country: Antecedents and outcomes of physician's threat to perceived professional autonomy [J]. International Journal of Medical Informatics, 2015, 84 (8) 8: 548-560.

[81] Ancker J S, Kern L M, Edwards A, et al. How is the electronic health record being used? Use of EHR data to assess physician-level variability in technology use [J]. Journal of the American Medical Informatics Association, 2014, 21 (6): 1001-1008.

[82] Nguyen L, Bellucci E, Nguyen L T. Electronic health records implementation: An evaluation of information system impact and contingency factors [J]. International Journal of Medical Informatics, 2014, 83 (11): 779-796.

[83] Lin H F. Measuring online learning systems success: Applying the updated DeLone and McLean model [J]. Cyberpsychology & Behavior the Impact of the Internet Multimedia & Virtual Reality on Behavior & Society, 2007, 10 (6): 817-820.

[84] Lin H F. Interorganizational and organizational determinants of

planning effectiveness for Internet-based interorganizational systems [J]. Information & Management, 2006, 43 (4): 423-433.

[85] Lee G G, Lin H F, Pai J C. Influence of environmental and organizational factors on the success of internet-based interorganizational systems planning [J]. Internet Research, 2005, 15 (5): 527-543.

[86] Dwivedi Y K, Kapoor K K, Williams M D, et al. RFID systems in libraries: An empirical examination of factors affecting system use and user satisfaction [J]. International Journal of Information Management, 2013, 33 (2): 367-377.

[87] Wang Y S. Assessing e-commerce systems success: A respecification and validation of the DeLone and McLean model of IS success [J]. Information Systems Journal, 2008, 18 (5): 529-557.

[88] Rana N P, Dwivedi Y K, Williams M D, et al. Investigating success of an e-government initiative: Validation of an integrated IS success model [J]. Information Systems Frontiers, 2015, 17 (1): 127-142.

[89] Hsiufen Lin. The role of online and offline features in sustaining virtual communities: An empirical study [J]. Internet Research, 2007, 17 (2): 119-138.

[90] Lee G G. Determinants of success for online communities: An empirical study [J]. Behaviour & Information Technology, 2006, 25 (6): 479-488.

[91] Lin H F. Determining the relative importance of mobile banking quality factors [J]. Computer Standards & Interfaces, 2013, 35 (2): 195 - 204.

[92] Lin H F. Antecedents of the stage-based knowledge management evolution [J]. Journal of Knowledge Management, 2011, 15

(1): 136-155.

[93] Shareef M A, Kumar V, Kumar U, et al. E-government adoption model (GAM): Differing service maturity levels [J]. Government Information Quarterly, 2011, 28 (1): 17-35.

[94] Wang Y S, Li H T, Li C R, et al. A model for assessing blog-based learning systems success [J]. Online Information Review, 2014, 38 (7): 969-990.

[95] Garrison G, Wakefield R L, Kim S. The effects of IT capabilities and delivery model on cloud computing success and firm performance for cloud supported processes and operations [J]. International Journal of Information Management, 2015, 35 (4): 377-393.

[96] Venkatesh V, Sykes T A. Digital divide initiative success in developing countries: A longitudinal field study in a village in India [J]. Information Systems Research, 2013, 24 (2): 239-260.

[97] Ecer F. A hybrid banking websites quality evaluation model using AHP and COPRAS-G: A Turkey case [J]. Technological and Economic Development of Economy, 2014, 20 (4): 758-782.

[98] Hsieh P J. Healthcare professionals' use of health clouds: Integrating technology acceptance and status quo bias perspectives [J]. International Journal of Medical Informatics, 2015, 84 (7): 512-523.

[99] Bui M T, Jeng D J F, Lin C. The importance of attribution connecting online travel communities with online travel agents [J]. Cornell Hospitality Quarterly, 2014 (56): 285-297.

[100] Liaw S S, Huang H M. Perceived satisfaction, perceived usefulness and interactive learning environments as predictors to self-regulation in e-learning environments [J]. Computers & Education, 2013, 60 (1): 14-24.

[101] Soror A A, Hammer B I, Steelman Z R, et al. Good habits gone bad: Explaining negative consequences associated with the use

of mobile phones from a dual-systems perspective [J]. Information Systems Journal, 2015 (4): 403-427.

[102] Kim C, Lee I S, Wang T, et al. Evaluating effects of mobile CRM on employees' performance [J]. Industrial Management & Data Systems, 2015, 115 (4): 740-764.

[103] Koo C, Chung N, Kim H W. Examining explorative and exploitative uses of smartphones: a user competence perspective [J]. Information Technology & People, 2015, 28 (1): 133-162.

[104] Ryu M H, Kim J, Kim S. Factors affecting application developers' loyalty to mobile platforms [J]. Computers in Human Behavior, 2014 (40): 78-85.

[105] Jung H J. Ubiquitous learning: Determinants impacting learners' satisfaction and performance with smartphones [J]. Language Learning and Technology, 2014, 18 (3): 97-119.

[106] Okazaki S, Castañeda J A, Sanz S, et al. Physicians' appraisal of mobile health monitoring [J]. The Service Industries Journal, 2013, 33 (13-14): 1326-1344.

[107] Pu Y H, Chiu P S, Chen T S, et al. The design and implementation of a Mobile Library APP system [J]. Library Hi Tech, 2015, 33 (1): 15-31.

【作者简介】

王文韬，男，1986年生，武汉大学信息管理学院情报学专业博士研究生，研究方向为信息资源管理、信息分析、信息行为、信息系统。在国内外重要期刊发表学术论文20余篇，其中2篇论文发表在SSCI/SCI收录的国际期刊上。

查先进，男，1967 年生，博士，珞珈特聘教授，博士生导师，教育部“新世纪优秀人才支持计划”获得者。兼任中国信息经济学会常务理事、中国科学技术情报学会理事、中国科学技术情报学会情报理论方法与教育培训专业委员会副主任委员、国际信息科学和技术协会（ASIS&T）会员、国际信息系统协会（AIS）会员、湖北省信息学会理事等职。研究方向为信息分析、竞争情报、信息资源管理、信息行为、信息系统。在国内外重要期刊发表学术论文 90 余篇，其中近 20 篇论文发表在 SSCI/SCI 收录的国际期刊上。

郭佳，女，1987 年生，武汉大学信息管理学院情报学专业硕士研究生，研究方向为信息资源管理、信息分析、信息行为、信息系统。

科学交流发展研究

邓仲华　黄　鑫
（武汉大学信息管理学院）

【摘　要】 交流是科学的重要组成部分，科学交流随着科学的发展而发展。过去，传统的科学交流过程以纸质文献为主体。现在，科学交流受到开放存取理念的影响正在发生巨大的变革。未来，数据密集型科研范式为科学交流的发展指明了方向。本文介绍了科学交流的基本概念，研究了科学交流模型的演变及发展，开放存取理念对科学交流的影响，以及数据密集型科研范式环境下的科学交流未来发展趋势。

【关键词】 科学交流　科学交流模型　开放存取　数据密集型科学

Scholarly Communication Development Research

Zhonghua Deng　Xin Huang
（School of Information Management, Wuhan University）

【Abstract】 Communication is an important part of science, the development of scholarly communication is along with the development of science. In the past, the traditional scholarly communication process use paper as the main body. Now, scholarly communication is affected by the concept of open access is undergoing tremendous changes. In the future, data intensive scientific research paradigm will point out the direction for the development of scholarly communication. This paper introduces the basic concept of scholarly communication, studies the evolution and development of scholarly communication model, the influences of open access on the scholarly communication and the future of scholarly communication under the influence of data-intensive scientific paradigm.

【**Keywords**】scientific research scientific research model open access data-intensive science

1 引 言

科学交流和科学密不可分，在科学的发展历程中，科学交流也呈现着与之相适应的形态。传统的科学交流是以期刊为核心，包括从研究开始、研究结束、稿件提交、专家评审、最终论文出版和保存的一系列过程。在网络和数字技术出现以后，科学发展日新月异，对科学交流的需求也与日俱增，传统的科学交流模式已经不能满足数字科研环境下的科学交流需求，于是诞生了电子期刊、电子预印本、学术博客、电子会议等以网络为基础的科学交流模式。之后，开放存取理念的提出、机构知识库的建立再次极大地推动了科学交流的发展。在开放存取理念的影响下，科学论文出版时间缩短，论文引用速度和引用率提高，科学交流更具效率。而近年来随着数据采集成本的下降，科研数据呈现爆发式增长，科学在朝着计算化和数据化的方向发展，科学研究在经历了以自然实验为主的第一范式实验科学、以理论的假设推理为主的第二范式理论科学和以计算模拟为主的第三范式实验科学之后，进入了以数据为核心的数据密集型科学研究范式时代[1]，在数据密集型科研范式的影响下，以数据为核心的科学交流体系将成为未来的发展趋势。

2 科学交流的概述

2.1 科学交流的定义

科学的研究过程需要大量的数据、信息和知识交换，科学交流渗透于科学成果的产生、认证、传播和保存的整个过程。英国的诺贝尔生理学与医学奖获得者 Francis Crick 曾于 1979 年指出“科学的精要是交流”[2]。苏联科学情报学者米哈依洛夫在 1976 年给出科学交流的定义：“人类社会中提供、传递和获取科学情报的过程是科学赖以存在和发展的基本机制，这些过程被统称为科学交流”[3]。同期，1979 年伽尔维在“Communication：The Essence of Science”一文中认为科学交流即是科学家在科研活动中发生的信息交互活动[4]。较新的定义则是由 2014 年美国大学与研究图书馆协会给出的：科学交流（scholarly communication）是一个通过其进行科学成果的创作、评价、传播以及保存以促进学术发展和共享的系统[5]。

2.2 科学交流的功能

在科学交流的发展历程中，学者们对科学交流功能的定义较为一致。F. Rowland 在“Print journals：Fit for the future?”一文中将科学交流的功能概括为：①信息传播（dissemination of information），是科学交流的基本功能；②质量控制（quality control），包括同行评审和筛选；③规范化存档（the canonical archive），建立规范化标准，保存科学成果；④认定（recognition of authors），对作者的科学贡献进行认定并授予荣誉[4]。而后 H. E. Roosendaal 等在“Forces and functions in scientific communication：An analysis of their interplay”一文中指出科学交流系统必须执行五点功能：①注册（registration），用于确定科学发现和学术成果的优先权，这些成果通常体现在科研工作者创作的科学出版物中；②认证（certification），利用质量评价体系和相关科学标准对已注册的科学发现和科研成果进行检验以确定其质量和价值；③通告(awareness)，向科学系统中的科研工作者通告最新的声明和发现，确保科研工作者可以及时获取最新的研究成果；④存档(archiving)，长期保存科学记录供未来使用，图书馆在科学记录存档中扮演了非常重要的角色；⑤奖励（rewards)，根据发表刊物级别的不同以及被引用情况来对科研工作者进行奖励[5]。

2.3 科学的正式交流和非正式交流

美国社会科学家 Menzel[8] 系统研究了科学交流过程，较早地提出了科学的“正式交流过程”和“非正式交流过程”。Menzel 认为，正式交流过程是借助科学文献进行科学交流的过程，例如科学图书、科学译文、科学报告以及科技说明书等，而非正式交流过程则是指科学家之间的对话、参观、演讲、讨论等。之后，联合国教科文组织和国际科学联盟理事会 ICSU 合作提出了 UNISIST 科学交流模型，同样将科学交流分为正式交流、非正式交流和表单交流，而其中的核心则是正式交流。同期，俄罗斯情报科学家米哈依洛夫认为区分正式交流和非正式交流的依据在于科学过程是否涉及科学文献的交流，并提出了非正式交流的五种过程和正式交流的四种过程[3]。

科学研究进入 Web2.0 时代之后，Web2.0 时代的科学正式交流不再局限于图书、期刊、报纸、会议文献、技术报告、学位论文、专利等渠道，新的渠道例如数据库、电子期刊、电子图书、电子报纸、电子版工具书以及权威网站等可靠信息源也在科学正式交流过程中发挥着重要作用[9]。另外，Søndergaard 将在线数字交流归类为科学正式交流之中[10]，包括预印本数据库、全文数据库、出版站点、科学研究服务器、虚拟图书馆、搜索引擎以及元数据搜索工具等形式。其中，预印本是指在正式出版之前或在同行评议之前就在互联网上发布的文献，传播速度快是它的最大优势。科学的正式交流过程作为科学交流的中心，徐佳宁[11] 总结了科学正式交流过程的特点：①服务面广；② 汇集知识多样化；③文献经过同行评议，可靠性高；④科学知识更为完整、系统；⑤科学知识妥善保存，方便他人重用和检索。

相对于科学的正式交流过程，科学的非正式交流过程是指正式交流之外的，仅发生于信息创造者和信息接收者之间，不借助正式的文献系统和专业工作者的交流过程。非正式交流过程在形式上具有偶然性，在内容上具有广泛性和多样性，既包括未经审核的初步实验数据，也包括未经验证的科学假想，既可以是隐性知识，也可以是显性知识。传统的非正式交流形式主要有交谈、书信、电话、参观访问等，而在 Web2.0 时代，电子邮件、学术论坛、学术博客、维基百科等非正式交流形式正在被科学家广泛使用。科学非正式交流过程的特点有：①传播速度快。相对于正式交流过程的提交、接收、审核直到出版发布的繁琐流程，非正式交流的传播更为直接快速。②信息互动性强。学术博客、维基百科等非正式科学交流平台为科学家提供了实时的反馈和互动功能，思想的碰撞有利于促进科研进程的推进。③推动学术信息的自组织。通过个人科学观点、科学数据、科学猜想等在网络上的发布及互动，科学信息经过自组织而变得有序化，逐渐形成科学资源体系[12]。

2.4 科学交流的系统结构

Gerhard Fröhlich 认为科学交流过程具有系统性[13]。Poultney 和 Van Raan 认为科学交流具有双重系统结构：第一重是免费的科学交流空间，例如预印本等初步交流方式，它的特点是拥有较快的科学传播速度；第二重则是以正式出版物为主的科学交流空间，包括同行评议、认证、科学成果的保存等。相对于第一重免费交流空间，第二重交流空间拥有更为正式的评价和存档功能[14][15]。此外，徐丽芳提出了科学交流的多维子系统结构，将科学交流系统划分为科学信息发生子系统、科学信息出版子系统、科学信息组织子系统、科学信息传递子系统、科学信息保存子系统、科学信息检索子系统以及科学信息吸收利用子系统等[16]。

3 科学交流的模型发展

模型是简化并认识对象的有效手段，复杂的自然现象和社会现象可以通过建立模型得到简明的揭示和反映。在科学交流活动中，随着科学的发展，科学交流模型也在不断变化，自20世纪70年代以来，科学家对科学交流模型的研究从未中断。最早在1970年由Garvey和Griffith通过对心理学领域科学交流的观察，提出了Garvey-Griffith科学交流模型[4]，初步探索了科学交流的通用过程。次年联合国教科文组织UNESCO和国际科学联盟发布了UNISIST科学交流模型，描述了信息通过多种方式从生产者到使用者的过程。2003年Fjordback Søndergaard等人对UNISIST模型进行了扩展，并提出了Søndergaard模型[17][18]。2005年瑞典经济商业管理学院的Björk教授发布了科学交流的生命周期模型[19]（Scholarly Communication Life-cycle model，即SCLC模型），从赞助研发、开始研究、交流成果和知识应用四个环节来描述科学交流的整个过程。近年来，基于开放存取OA的科学交流模型成为研究热点，Herbert Van de Sompel通过对在线预印本数据库arXiv中科学信息交流路径的研究提出了科学交流的通用路径模型[20]，黄如花[21]于2008年提出了基于开放存取出版技术的科学信息交流供应链模型，蔡迎春[22]以机构知识库为中心提出了基于开放式存取OA的网络结构科学交流模型。

3.1 Garvey-Griffith科学交流模型

20世纪70年代，约翰霍普金斯大学的Garvey和Griffith通过对心理学领域科学家的研究提出了Garvey-Griffith模型[12]，如图1所示。

作为最早被总结概括的科学交流模型，Garvey-Griffith模型描述了从研究开始、研究完成、举办学术讨论会、稿件提交和预印本发布、审核之后的期刊出版、创建索引以及年度评审等一系列科学研究活动。此外，该模型最早发现了科学非正式交流过程在科学交

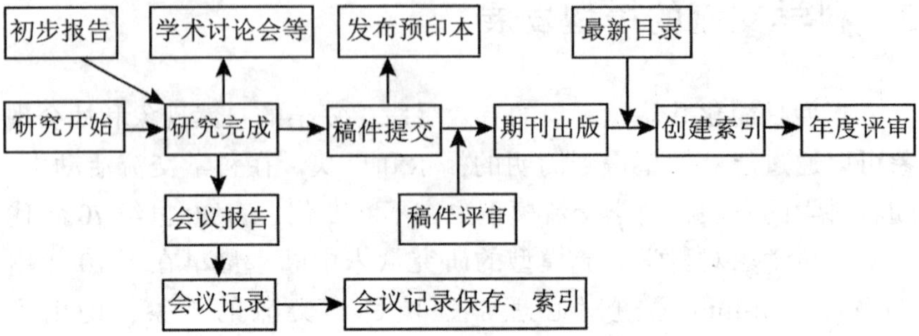

图 1　Garvey-Griffith 的科学交流模型

流系统中的重要作用，并将其纳入模型中。

Garvey-Griffith 模型对科学交流的基础过程作了较为全面的概况，但由于其并非诞生于计算机普及的时代，模型里没有涉及网络环境下的科学交流元素。Hurd 研究了网络环境下的科学交流过程，对 Garvey-Griffith 模型进行了多次修正。他于 1996 年引入了电子会议、电子预印本、科学服务器、数据库和电子出版等元素，以原模型为框架构建了网络时代的 Garvey-Griffith 模型[23]。2004 年，他再次以"大科学"时代为基础，引入开放获取、网络自出版、跨库链接和机构知识库等新元素，并定义了数字环境中的科研工作者、图书馆、图书馆员、出版商等角色在科学交流过程中的具体工作内容，提出了数字时代的 Garvey-Griffith 科学交流模型[24]。如图 2 所示。

Hurd 不仅在模型中强调了电子预印本、机构知识库、开放存档、参考文献链接等元素在数字时代科学交流体系中的重要性，还定义了科学家、多级出版商、大学、图书馆和图书馆员、专业组织以及新的参与者在科学交流系统中的职能。①科学家：创建并通过服务器列表、网络会议、预印本存档和网页来传播新知识；②多级出版商：出版电子期刊和数据库、支持通过参考文献链接的知识获取、打破按期出版、发展搜索引擎、提供回溯服务；③大学：与 SPARC 合作、建立机构知识库、建立电子预印本库、建立科学家个人网站、管理本地知识；④图书馆和图书馆员：对科学资源授

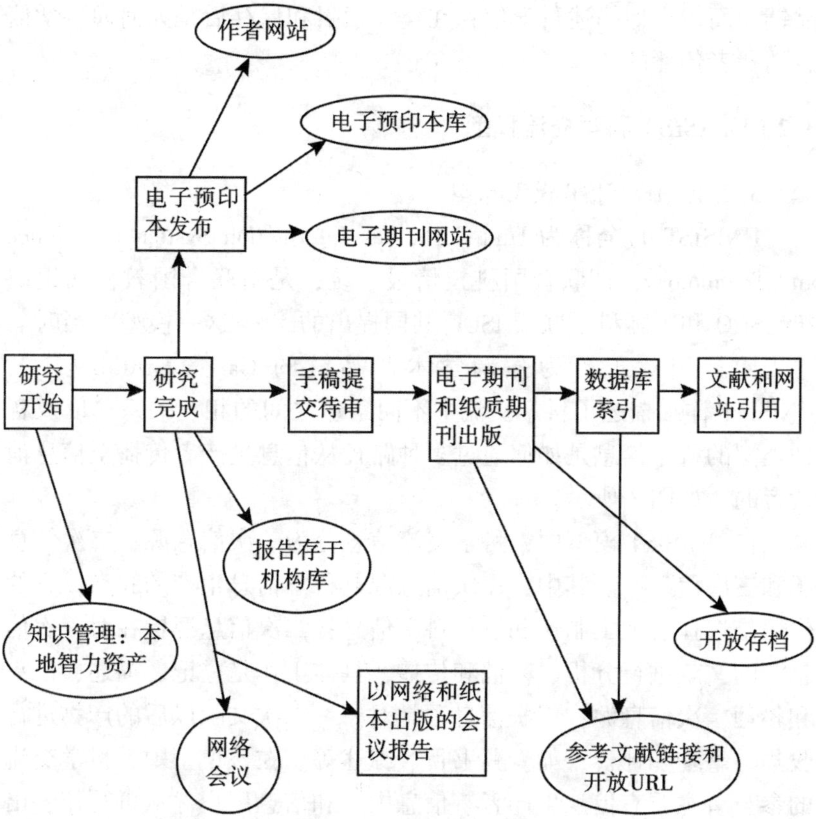

图 2　Hurd 提出的数字时代科学交流模型

权、组织和帮助资源获取、引导信息搜寻、为科研访问者提供技术支持、新出版模式的合作和软件开发、建立数字馆藏、数字内容存档；⑤专业组织：举办实体的和虚拟会议、SPARC 合作者、多级电子文献出版、电子内容存档；⑥新参与者：DOI 注册、整合内容、开放存取。

Hurd 修正后的 Garvey-Griffith 模型对科学交流活动中信息流动过程以及交流路径的改变作了准确的概括，及时地反映了科学交流系统变革，促进了电子预印本、开放式存取、机构知识库等科学交流新模式的发展，定义了数字环境下各角色在科学交流系统中应发挥的作用。但相比于其他科学交流模型，该模型过多地强调学术产品链，而较少地描述科学信息在建立索引和保存后是如何向科学信息消费者传播的。

3.2 UNISIST 科学交流模型

3.2.1 UNISIST 模型原型

UNISIST 的全称为 United Nations Information System in Science and Technology，即联合国科技情报系统，是由联合国教科文组织 UNESCO 和国际科学联盟 ISCU 共同提出的[25]。这一模型在当时非常先进，相对于更为强调学术产品链的 Garvey-Griffith 模型，UNISIST 详细描述了科学交流中不同角色之间的相互关系，以及各种类型的科学信息是如何通过多种路径从信息生产者传播至信息消费者的。如图 3 所示。

在 UNISIST 模型中，科学交流信息分为一次信息源、二次信息源和三次信息源。其中，一次信息源是科学信息生产的起点，它的作用是选择、加工制作和发行科学信息；二次信息源旨在对一次信息源的文献进行分析、存储和传播，具体工作是登记、描述、汇集和整理一次信息源；三次信息源是对一、二次文献以后的产物进行收集、整理和评价，如专题书目、综述等。在该模型中，科学交流的参与者主要有信息生产者、信息中介和信息用户，从事写作、出版、存储、检索和利用等科学研究活动。科学信息用户与科学信息生产者通常是同一个群体，只是它们作为生产者和作为用户时的需求不同。模型中的信息中心、数据交换中心和数据中心则是信息中介，信息中心功能是同时生产二次文献和三次文献，数据交换中心的任务是分析、存储和传播非正式出版的文献，数据中心的任务是处理原始的科学信息，这些信息与出版过程并行，或者早于出版过程产生[26]。

UNISIST 模型将科学交流过程分为三种：非正式交流过程、正式交流过程和表单过程。其中，非正式交流过程包括交谈、手稿、通信等交流方式。而正式交流过程有两种：正式出版文献和未出版的文献。正式出版的文献包括图书、期刊、学位论文、专利等，它

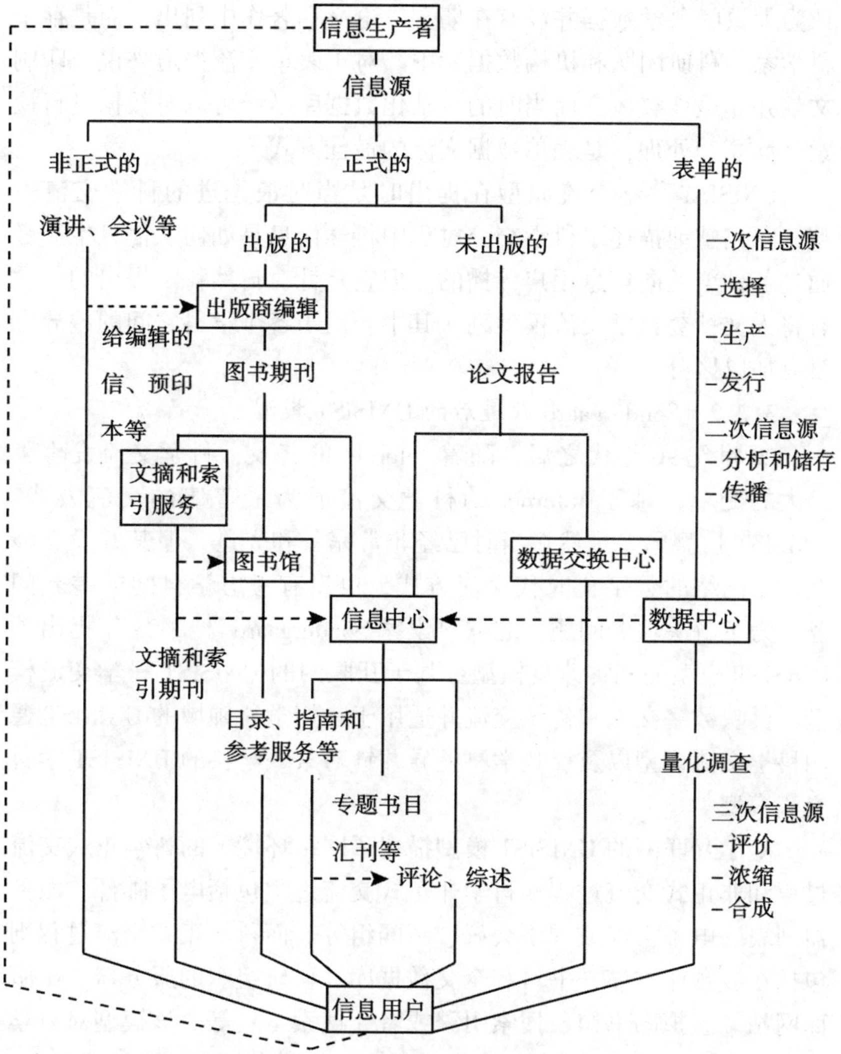

图 3 UNISIST 科学交流模型

们由信息生产者创作，然后通过出版商出版，接着再通过文摘和索引服务、图书馆和信息中心等传播至信息消费者。表单过程是指表格数据交流，所交流的数据是以表格形式呈现的资料。UNISIST 模型将表单渠道作为一种独立的交流方式单独列出，是因为 UNISIST 认为大量的科学数据并没有在期刊、论文和著作中列出，而是存于科学家、科研团队和机构数据库中。对于表单交流渠道来说，印刷文献并非最佳载体，而当时的自动化数据库已经可以对数据进行检索、计算和处理，是表单数据交流的最佳方式。

UNISIST 科学交流原型在提出时是当时最先进的科学交流模型，它完整地描述了科学交流过程中科学信息是如何从信息生产者通过各种渠道向信息用户传播的。但它是针对自然科学提出的，没有将人文社会科学交流模型列入其中，对于各个学科之间的差异也没有加以区分。

3.2.2 Søndergaard 改进后的 UNISIST 模型

20 世纪 90 年代之后，随着 Internet 的普及，科学交流发生了巨大的变革，基于 Internet 的科学交流成为最普遍的交流方式。UNISIST 模型原型虽然在当时已经非常完备和先进，但其并没有涉及基于网络的数字化时代交流方式，也没有考虑学科间的差异问题。为了解决这个问题，北欧科学家 Søndergaard 于 2003 年提出了 UNISIST 模型的三种改良模型：基于互联网的 UNISIST 科学交流模型、反映数字交流和传统交流并适用于一切学科领域的 UNISIST 通用科学交流模型以及反映学科差异并针对某一学科的 UNISIST 学科交流模型[18]。

基于互联网的 UNISIST 模型描述了网络环境下的科学正式交流过程和非正式交流过程。科学非正式交流过程包括电子邮件、服务器列表、电子会议或网络会议、新闻组等。而科学正式交流过程则包括在线预印本库、书目和全文数据库、科研组织的服务器、出版商网站、虚拟图书馆、搜索引擎或者元搜索工具等。该模型对科学正式交流过程中的科学文献作出定义：①电子期刊和在线期刊。Søndergaard 认为电子期刊是只以电子和数字形式存在的期刊，而在线期刊则是纸质期刊的网络版本。在网络科学交流时代的早期，此类期刊的科学价值难以被验证，只能属于迅速传递信息的非正式交流过程，但现在随着加入同行评议的数字期刊越来越多，电子期刊和在线期刊的科学价值可以得到认证，已经归属于科学正式交流过程。②预印本。预印本是在正式出版之前或者在同行评议之前就发布的文献，较快的传播速度是其优点。近年来，随着电子预印本服务器的建立，电子预印本这一科学交流方式得到广泛应用。③灰色文献和未出版文献。例如学位论文、报告等，常见于机构服务器上。这类文献的获取更为容易，费用也较低。基于互联网的UNISIST科学交流模型在原模型的基础上去除了数据中心，添加了各种网络环境中的新技术，如预印本数据库、虚拟图书馆、搜索引擎、元数据搜索引擎、网络主题目录和数据交换中心等，更为完整地描述了网络时代的科学信息交流过程。

UNISIST通用科学交流模型把互联网上的各种组织单元和文献单元并行添加进原模型，将原模型和基于互联网的UNISIST模型进行整合，组成了包含网络交流过程和传统交流过程的多回路交流模型。在该模型中，信息流在传统交流通道和网络交流通道上同时流动，从信息生产者向信息用户扩散。该模型认为：即使是在网络环境中，科学交流仍然应该分为正式交流过程和非正式交流过程。对于网络时代新兴的科学交流元素，应该根据它们在现实中的用法来将其归纳进正式交流过程和非正式交流过程。在该模型中，科学非正式交流过程和科学正式交流过程的划分与基于互联网的UNISIST模型相近，科学非正式交流过程包括电子邮件、邮件列表服务器、新闻组、电子会议或网络视频会议等方式，正式交流过程则包括预印本数据库、书目或全文数据库、科研组织服务器、出版商网站、搜索引擎和元搜索引擎等方式。一、二、三次文献的说法得以沿用，但在一次文献中增添了书评这种正式交流方式，在二次文献中增加了词典和叙词表，在三次文献中增加了手册和百科全书等。而且，该模型试图打通模型的学科适用性。社会科学和自然科学的交流方式并不相同，对于社会科学而言，学术专著和书评具有不可替代的作用，而对于自然科学来说，科研数据、期刊论文则是重点。通用UNISIST科学交流模型基于互联网技术新增加了多种信息机构和文献种类，阐述了网络时代各个学科的信息交流过程，衍生了针对特定学科差异的UNISIST学科交流模型。

UNISIST学科交流模型是反映某一具体学科领域科学信息交流

情况而设计的UNISIST修正模型[17]。如图4所示。

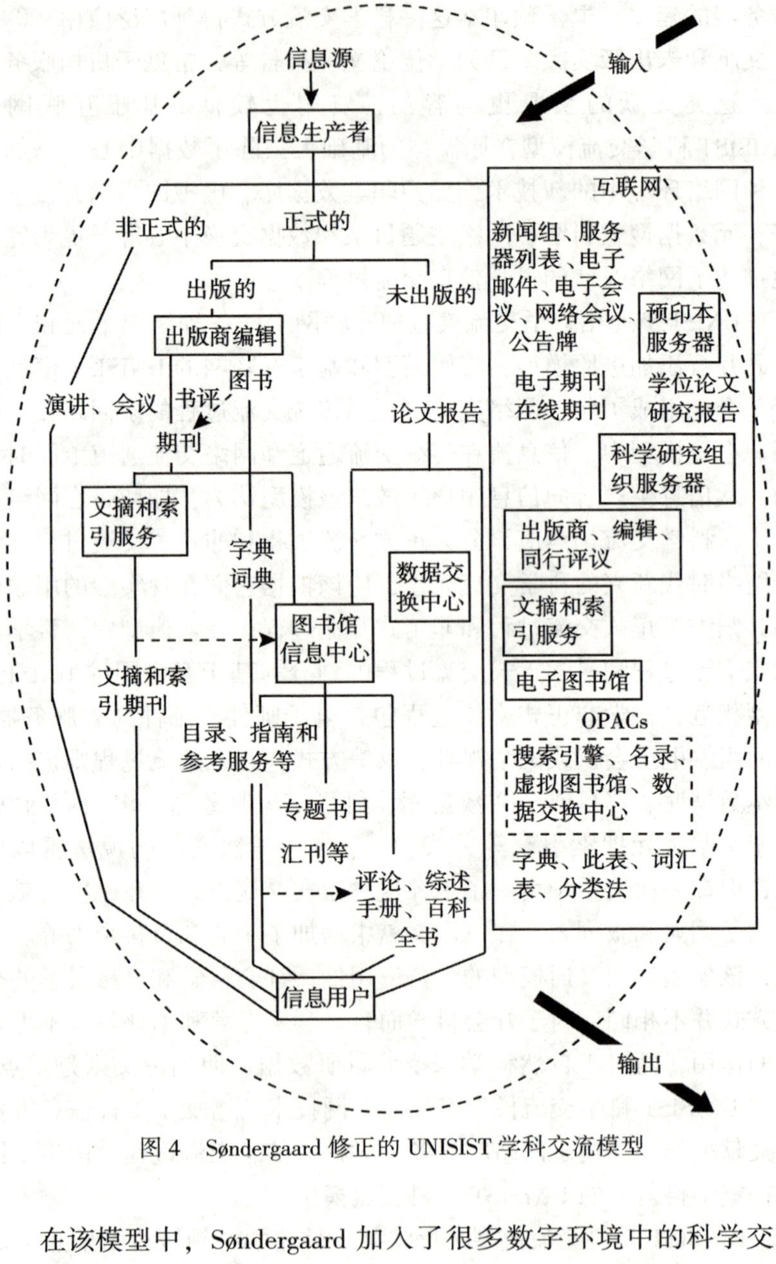

图4　Søndergaard修正的UNISIST学科交流模型

在该模型中，Søndergaard加入了很多数字环境中的科学交流新技术和新元素，科学的非正式交流过程包括传统会议、新闻组、列表服务器、电子邮件、电子会议或网络会议、公告牌等，而科学的正式交流过程包括未正式出版发行的论文报告、电子期刊、电子图书馆、虚拟图书馆、搜索引擎、在线期刊、预印本等。该模型认为，科学交流中的每个角色元素都是在为了达到共同目标、解决共同问题而组织起来的相互合作的群体，每个特定的学科领域都有其独特的交流结构、交流方式和出版物，建立科学交流模型的目标是对每个学科独特的交流体系和结构进行详细描述，区分不同领域的科学信息交流路径，检验每一种信息元素和交流过程角色对于该学科所具有的价值。因此，该模型是一个完全基于学科分析的科学交流模型，通过将整个学科交流模型用虚线椭圆包括来表示一个特定的学科领域。椭圆之外的输入和输出则表示学科领域之间通常是开放且相互联系的，由此形成了由自然科学和人文社会科学组成的科学整体。

总的来说，UNISIST 原型及 Søndergaard 的改进模型都可谓是较为完整的科学交流模型。UNISIST 原型最早明确将科学正式交流过程和科学非正式交流过程写入到模型中，强调了以正式交流过程和非正式交流过程为主的科学交流方式。此外，它还最早对科学信息交流过程中的各种机构和角色任务进行了明确的界定，为科学信息交流模型的发展提供了坚实的理论基础。而 Søndergaard 的改进使得 UNISIST 模型在网络和数字时代仍然具有较好的适应性和很高的理论价值。

3.3 科学交流的生命周期模型 SCLC

科学交流的生命周期模型 SCLC 的全称为 Scientific Communication Lifecycle Model，是 2000 年到 2006 年欧盟资助的科学信息交流自组织机构库 SciX 和芬兰科学院资助的开放科学交流 OACS 两个项目的共同研究成果，由芬兰的 Björk 教授于 2004 年首次提出[27]。2005 年发展至第三版本[28]。2007 年，Björk 再次对模型进行升级[19]。其 A0 综合图如图 5 所示。

SCLC 模型是基于图形化建模语言 IDEF0 建立的，IDEF0 建模

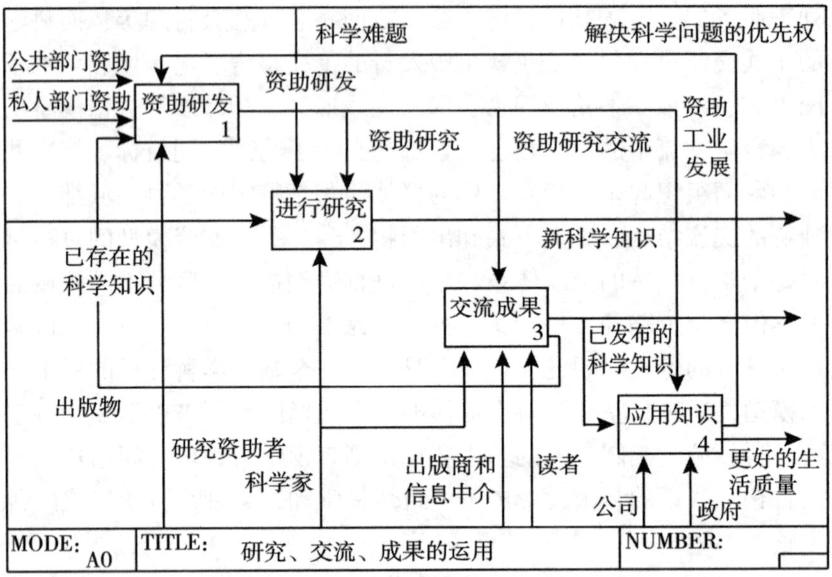

图 5　SCLC 模型——A0 综合图：研究、交流、成果的运用

语言可以以结构化的方式来描述系统功能和各功能之间的相互关系，为使用者提供更为直观的结构化图形以了解系统的运作方式和各功能所需的各项资源。通过使用 IDEF0 建模语言，SCLC 模型详细的阐释了科学交流中的科学研究过程、交流过程和成果应用活动，目的是为政策制定者提供了一个详细的路线图，涵盖从开始研究到应用研究成果再到改善日常生活的整个科学交流价值链。SCLC 模型包括科学正式交流过程、非正式交流过程以及原始数据的出版，重点关注以正式出版物为主的科学正式交流过程，例如同行评议期刊的出版索引过程、用户获取文献的活动、开放获取期刊和电子预印本文库等网络数字时代新的交流方式。SCLC 模型有五大要素：活动、输入、输出、机制和控制。整个科学交流过程分为资助研发、进行研究、交流成果和应用知识四阶段，每一个阶段都有自己的输入、输出、控制和机制。而每个阶段的子活动又可以分解为不同的子阶段，同样具有自己的输入、输出、控制和机制，以

此构成等级式的图表。例如，A0 结构图中的资助研发阶段又可以分为 A11、A12……阶段，而 A11 阶段又可以分为 A111、A112……阶段。SCLC 的 7.0 模型版本一共包含 53 个图表，190 个活动。2008 年，英国联合信息系统委员会 JISC 资助的澳大利亚维多利亚大学和英国拉夫堡大学两个团队对 SCLC 模型进行修正升级，提出了科学出版的经济模型 EI-ASPM[29]。相对于原型，该经济模型对 SCLC 模型中每处活动的花费作了经济分析，从经济和利益的角度重新描述了 SCLC 模型。

相比较于 Garvey-Griffith 模型和 UNISIST 模型，SCLC 生命周期模型同样加入了数字时代的科学交流元素，不同的是：它将科学交流过程结构化和层次化，并从经济和利益的角度对科学交流过程中的各个活动、输入、输出、控制和机制进行评估和分析。

3.4 基于开放存取 OA 的科学交流模型

3.4.1 基于电子预印本库 arXiv 的科学交流通用路径模型

数字时代的科学交流环境正在变化，开放存取 OA、电子预印本库、机构知识库等技术对科学交流系统产生了深远的影响。2004 年，Van de Sompel 等人将科学交流系统的注册、确认、认知、归档、奖励五种功能与数字技术融合，在开放存取理念的影响下，以电子预印本库 arXiv 为基础，从价值链的角度提出了科学交流的通用路径模型[20]。如图 6 所示。

该模型描绘了某一科学交流单元从提交进入 arXiv，然后经过各个功能节点的过程，包括注册提交个人成果、验证该成果的有效性、发布并扩散其研究成果、保存研究成果以及通过评价获得奖励。每一个箭头代表一个信息流，箭头的方向指示了进入系统后的交流单元在科学交流系统中的演变过程。

该模型与传统学术交流模型的区别是该模型将数字化技术和开放存取理念融入到学术交流的每个节点功能之中。在注册节点，该模型允许科学家将自己的手稿提交至电子预印本库中；在验证节点，该模型提供了一种经由潜在提交者同行评议的验证渠道，另外，其他志愿者的评议也同样作为验证标准；在通知节点，该模型

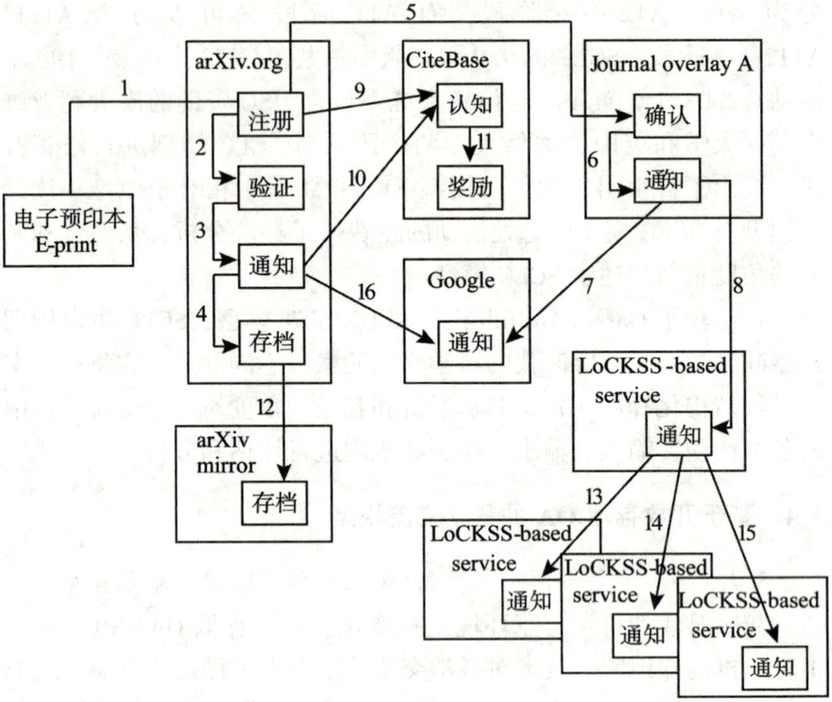

图 6　基于电子预印本库 arXiv 的科学交流模型

通过开放已经提交的手稿、允许搜索引擎索引内容，以及将研究成果通知相关学者等数字化方式来实现认知功能；在存档节点，通过对分布式镜像系统的操作来确保科研成果的有效备份；在奖励节点，传统的学术评价是通过作者在 ISI 收录的期刊中发表论文的次数及其影响因子等方式来确定奖励的标准，而该模型使用了一个支持在线搜索的引文搜索引擎 CiteBase，它可以在科研成果注册时对其监控，也可以提取科研成果的引用指标，从而确定科研奖励的标准。

基于 arXiv 的科学交流模型是一个通用的路径模型，它从科学交流的注册、验证、通知、存档和奖励五个功能的角度描述了开放存取理念下科学交流的基本步骤，具有很强的数字化特征[30]。

3.4.2 基于开放存取出版技术的科学交流供应链模型

科学信息的出版作为科学交流的重要环节，正随着科学交流的发展而发生巨大变革，基于开放存取 OA 的科学出版技术已经受到学术界、图书馆界和出版界的广泛关注。开放存取出版技术作数字时代的新型出版技术，打破了传统出版行业中出版商对科学交流信息的垄断，进一步满足了数字时代科学研究人员对科学信息交流更高层次的需求，对科学信息交流产生了深远的影响。2008 年，黄如花等针对传统科学交流体系中出版模式的弊端，结合数字时代开放存取出版技术对科学信息交流过程中各个环节的影响，提出了开放存取环境下科学信息的供应链模型[21]。如图 7 所示。

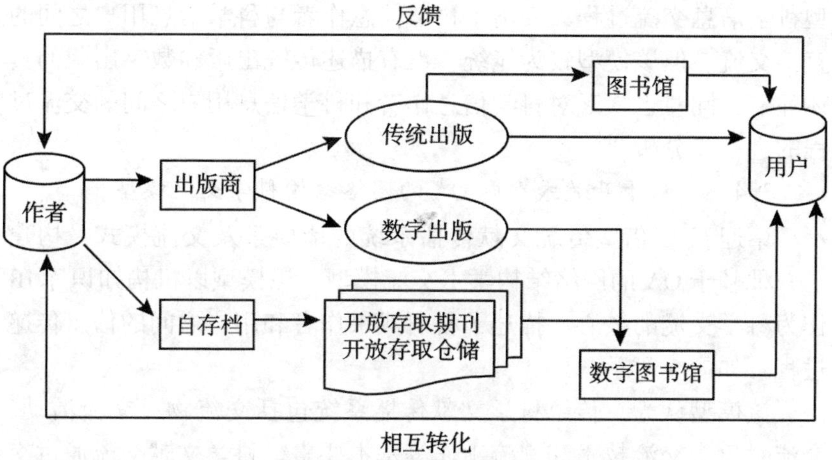

图 7 开放存取环境下科学信息的供应链模型

该模型认为：①开放存取出版环境下的科学信息交流更具开放性。开放存取出版提供了开放存取期刊和作者自存档两大新型科学交流途径，还包括个人网站、学术博客、论坛、维基等多种交流途径。②开放存取出版环境下的科学信息交流更有效率。开放存取出版利用先进的数字出版技术，通过网络发布科学信息，省去传统出版模式中的排版、印刷、销售等步骤，简化了出版流程，缩短了出版周期，信息传播速度大幅增加。③开放存取出版环境下的科学信息交流具有更强的交互性。相对于传统的出版模式，开放存取出版允许科研成果作者和科学信息用户直接进行交流对话，用户可以对科研成果提出建议，而作者则可以实时的对建议作出反馈，另外，在开放存取出版环境中，科学信息的生产者和用户身份是可以相互转化的，科学信息生产者同时也是科学信息用户，而科学信息用户同时也是科学信息生产者。④开放存取出版环境下的科学信息交流内容更为丰富。开放存取出版向科研人员提供了一个科学信息交流平台，不仅包括科研论文、会议报告等传统交流内容，同时电子预印本、非结构化科研数据等科学信息的交流也更为便捷。

该模型描述了传统出版、数字出版和开放存取出版相结合的新型科学信息交流过程，突出了科学信息作者与科学信息用户之间的直接交流。但该模型较为笼统，没有描述传统出版和数字出版的具体环节，同时也缺乏对科学信息作者和科学信息用户之间的交流过程的进一步分析[31]。

3.4.3 基于开放式存取 OA 的网络结构科学交流模型

蔡迎春[22]借鉴传统文献传播系统的诸要素及交流模式，构建了一种基于 OA 的网络结构学术交流模型。该模型以机构知识库 IR 作为科学交流的核心，描述了科研成果作者和用户之间的信息传递过程。如图 8 所示。

该模型认为，传统科学文献传播系统包括交流物、交流活动、交流对象、交流技术和交流工作等基本要素。科学文献交流通过交流工作和交流技术，将文献从生产者手中传递到消费者及用户手中。该模型中的 A、B、C 三个过程指的是科学文献的生产领域、服务领域和利用领域，它们之间是相互连接和紧密结合的。在开放式存取环境下，机构知识库作为交流技术和交流工作的统一体，其交流物即是通过知识积聚而存储在机构知识库中的数字版本科学成果，交流对象则是学术研究成果的作者和用户。与传统文献交流模式不同的是，该模型融合了新型数字化技术，能够自动完成科研成果的提交、审核、存储、索引等过程，通过检索、浏览、下载等知识传递活动，实现知识共享，并利用机构知识库的特点，将交流对

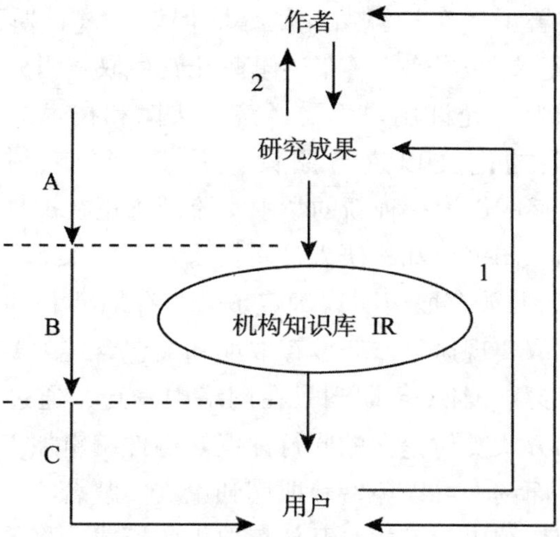

图 8 基于 OA 的网络结构交流模型

象按研究成果生成与利用的关系划分成“用户”和“作者”，增加了过程①：用户对已发布科研成果的评价反馈；过程②：作者接收用户的反馈，不断地修缮科研成果；过程③：研究成果通过用户利用，融入其知识创造活动，推动科学研究的发展。

4 开放存取环境下的科学交流发展

4.1 开放存取的概念

开放存取 OA（Open Acess）是一种学术信息免费共享的理念与出版机制，是学术交流机制演进的结果。随着科学研究进入网络和数字时代，传统的学术交流系统已经完全不能满足数字科研环境下的科学交流需求，为促进科学交流的发展、提高科学研究的效率、提升科研成果的有效利用、满足学术及出版等各界人士对科研成果自由获取与交流的迫切需求，20 世纪 90 年代末，学术界、出版界和图书情报界发起了开放存取运动，各国政府也对此持肯定态度，以欧美为代表的发达国家和以巴西、印度、中国为代表的发展中国家先后签署了《布达佩斯开放存取倡议》《百斯达声明》和《柏林宣言》等文件[32][33]。《布达佩斯开放存取声明》(BOAI)将开放存取解释为“允许用户不受经济、法律和技术的限制免费获取公共网络上的论文以进行阅读、下载、复制、打印和搜索等[34]”，开放存取作为一种新的学术交流理念正在被越来越多的国内外学术机构、图书馆和科研人员所接受。

《布达佩斯开放存取声明》确定了开放存取期刊和开放存取仓储两种开放存取实现途径。开放存取期刊又包含纯 OA 期刊和复合 OA 期刊两种形式。纯 OA 期刊只在网络中发行，通过作者付费或者机构赞助的方式支付论文的同行评议、稿件编辑加工、电子期刊出版等费用，而读者可以免费获取期刊论文。复合 OA 期刊指一个期刊同时使用传统出版模式和开放存取出版模式，将传统期刊在数字化之后发布至网络，以提高期刊影响力。例如，美国的科学公共图书馆可为科研人员提供免费的科技期刊获取服务。OA 仓储是指科学研究机构或作者将未发表或已经在传统期刊中发表的论文等科研成果作为开放式的电子档案储存，供用户免费访问和使用，例如，电子预印本库 arXiv 是一种典型的 OA 仓储，作者可以在线提交个人科研成果，经同行评议和专家评议验证该成果的有效性之后，公开发布并扩散，保存研究成果以及通过评价获得奖励。

除了科学研究论文，其他的科研资源如电子图书、教学视频、课件及其他教学资料、政府信息等，也正在实现开放存取。哈佛大学可以为老师和同学提供高水平学位论文开放获取服务。麻省理工大学图书馆创建了开放课件，哈佛 Berkman 中心创建了开放教学与学习资料，还有印度教育改革联盟发起的全国性的开放教育项目及中国开放教育协会创建的各种开放资源等。在政府信息资源开放获取方面，Carl Malamud 于 2007 年 5 月启动的 Public Resource Org 项目，专注于收集美国政府部门发布的公共领域的信息，并提供开放获取[35]。

4.2 开放存取环境下的科学交流发展

4.2.1 开放存取科学交流系统的优势

相对于传统科学交流系统，开放存取环境下的科学交流系统拥有诸多优势。李金林[36]等从系统意义、运行模式、论文时效性、论文严谨度、论文影响力、论文版权和用户认可度等方面将开放存取科学交流系统和传统科学交流系统相对比，认为开放存取科学交流系统在加速科研进程、扩大科学影响、提高科研效率、缩短出版时间、提高论文引用速度和引用率、提高科学交流效率等方面具有优势。①加速推动科学发展。在传统科学交流模式中，出版商作为科学交流系统中的重要角色，可以通过控制版权、付费获取获得高额利润，一定程度上延缓了科学的发展速度。而开放存取科学交流系统不以营利为目的，免费科学资源的检索、获取和传播更为直接，加速推进了科学的发展。②促进科研作者和用户之间的互动。相对于传统科学交流系统中科学信息从科研作者到信息用户的单向流动，开放存取科学交流系统可以让信息用户和科研作者进行直接沟通，信息用户可以对科研作者在线发布的研究成果即时作出评价或提出建议，科研作者则可以及时接收反馈并作出修正和升级，双方更为密切的互动交流，可以促进新思想的产生，提高科学交流效率。③提高论文引用速度和引用率，扩大科学影响。更快的出版速度会带来更快的传播速度，论文引用率和学术知名度也会更高。在传统科学交流系统中科研成果的传播需要经过提交、评审、出版、获取一系列过程，知识获取存在时滞性。而开放存取科学交流系统利用最新的网络和数字技术，简化了传统编辑工作中的校对、印刷等程序，通过网络进行投稿、审稿、返修等，缩短了科研成果的出版周期，提高了论文引用速度。马景娣[37]对 ISI 引文数据库所收录的开放存取期刊进行了研究，通过对 ISI 收录的 239 种 OA 期刊的影响因子和即时指数进行比较，得出 OA 期刊相对于传统印刷期刊论文引用速度更快的结论。

4.2.2 开放存取环境下的科研人员

开放存取作为数字科学环境下的科学交流新模式，很大程度上对科研人员的科研活动起到了推动和促进作用。曾元祥等[38]从信息获取、成果发表和学术影响力三个方面分析了开放存取对科研人员的影响。李金林[36]等从对科研作者和科研读者的角度分析了开放存取对科研人员的影响。

（1）更便捷的科学资源获取。

科研人员以了解研究领域内最新科研信息作为科研的起点。开放存取给科研人员获取科研信息带来了积极的影响，它能使广大的科研人员免费、快速地获取、掌握世界范围内最新的相关领域研究成果及学术发展动态。一方面，开放存取模式下机构知识库、电子预印本库的建立为科研人员提供了一个及时获取科学资源的平台，使科研人员能够更快速地了解最前沿的学术动态，满足其方便、快捷地获取科研信息的需求；另一方面，开放存取模式大大降低了科研人员获取科学资源的成本。开放存取倡导的是一种开放共享的理念，科研人员免费获取科研资源是其最主要的特征与价值所在。

（2）加速科研成果的出版。

科研成果的提交、评价和发布是科学交流过程的重要环节。开放存取的提出颠覆了传统学术科研成果的出版方式，科研成果出版速度更快，出版方式更为多元，从广度和速度上促进了科研成果的传播。

（3）加速学术影响力增长。

学术影响力很大程度上与科研成果的引用速度和引用率有关，而引用速度和引用率又取决于科研成果的传播速度和广度。在传统学术交流系统中，科技期刊发布方式单一、出版周期长、传播范围受限，研究人员学术影响力的提升受到制约，而科学交流的开放存取模式可以极大地促进科研人员及其研究成果学术影响力的提升。虽然开放存取期刊发展时间较短，但和传统印刷期刊相比，OA 期刊更高的浏览量、下载量及被引频率表明了开放存取技术会加速推进科研人员学术影响力的增长。例如，在电子工程和数学领域，发表于同一种期刊中 OA 论文的平均被引次数为非 OA 论文的 1.5~2 倍。英国联合信息系统委员会的一项调查表明，多数科研人员支持 OA 期刊能够扩大其论文读者群的观点[39]。Kristin Antelman 通过对哲学、政治学、电气工程和数学4类学科领域中开放存取论文引用率的调查发现，开放获取的论文具有更大的研究影响力[40]。

目前，开放存取对科研用户特别是科学信息作者也存在一些负面影响，开放存取采用“作者付费出版、用户免费使用”的付费模式无疑会给作者增加经济压力，对于经费较为欠缺的欠发达地区研究机构问题将更为明显。长期以往可能会导致部分地区机构的科研边缘化，对科研的全球化趋势不利。

4.2.3 开放存取环境下的图书馆和科研机构

张晓蒙[41]认为，开放存取环境下的图书馆资金压力更为减缓、馆藏资源更为丰富、服务方式更为多元。图书馆收集、保存和整理已经发布的开放存取资源，或者在图书馆资源主页上提供开放存取数据库的链接，从而获得那些无需付费的科学文献，扩充图书馆的数字馆藏，这既节约了科学文献的购置费用又为丰富图书馆馆藏资源作出了重要贡献。另外，在开放存取环境下，图书馆资源内容和结构、用户信息需求以及学术交流方式都在变化，图书馆的服务也呈现着内容多样化、服务对象广泛化、服务模式集成化的趋势，并为科研用户增加了数字仓储服务、版权服务、在线出版、数据监护等服务。

孙希波[35]认为，开放存取对科研机构的影响主要体现在更高学术影响力和更密切的机构间交流两个方面。开放环境下的科研机构通过建立机构知识库、创办OA期刊，提供机构学术成果的开放获取，在提高作者学术影响力的同时，也将提升科研机构的知名度。同时，在开放存取环境下，科学资源通过网络逐渐集中起来，形成更为开放的学术交流平台。高校和科研机构的研究人员能够便捷地获取领域内最新的研究成果，各高校和科研机构之间的学术交流活动将更加密切。

4.2.4 开放存取环境下的出版商

开放存取技术的实施给出版商带来的冲击是巨大的。孙希波[35]从科学交流地位削弱、竞争压力增大和影响力变化三个方面论述了开放存取环境下出版商的变化。首先，传统的主导地位被削弱。在传统学术交流系统中，学术期刊的出版发行必须经过出版商，出版商掌握着大量科学成果的版权。开放存取的多元化出版模式使得学术成果的出版不再必须经过出版商这一环节，削弱了出版商在科学出版中的主导地位，夺回了科学成果版权，动摇了以出版商为主导的学术交流局面。其次，竞争压力增大。在开放存取环境下，大量最新科研成果的在线免费获取在一定程度上影响了出版商的发行量和稿源，导致出版商利润的降低和市场份额的缩小，增加了出版商的生存压力。最后，科学影响力扩大。在开放存取环境下，传统出版商纷纷从单一的印刷出版转向在线出版和印刷出版的混合出版模式，出版模式的多元化无疑会增加出版商的科学影响力。

夏莉霞[42]等从出版市场主体多元化、学术出版物价格变化和版权政策三个方面研究了开放存取对出版商的影响。首先，随着OA期刊的发展，政府、大学、研究机构等组织在科学文献出版中扮演着越来越重要的角色，传统出版商的垄断地位得以动摇。其次，学术出版物价格下降。自20世纪90年代以来，随着不断兼并和收购，商业出版者日益垄断期刊市场，大幅度提高期刊价格，导致所谓的“学术期刊危机”。而开放存取的出现极大地改善了这个问题，由于用户在网上获取学术资源十分便捷，传统学术期刊在学术研究工作中的地位降低，各大传统出版机构的期刊发行量逐年下降，迫使商业出版机构不得不降低学术期刊的价格。最后，OA出版模式对版权的政策较为宽松，科研作者可以越过出版商直接向科研用户授权，赋予了作者和用户更多权力，促进科学信息的广泛传播。

4.3 机构知识库模式下的科学交流发展

机构知识库IR（Institutional Repository）是科研机构建立的数字仓库，用于保存机构内的科研资源，包括学术论文、实验数据、学位论文、电子预印本、科学数据库、会议录、教学课件等，它可以提供跨库的无缝检索，实现科学资源的整合并提供服务，是开放存取理念下的一种以数据库为核心的新的科学交流模式。

4.3.1 机构知识库的概念

目前有很多专家、学者对机构知识库作出了不同的定义，SPARC 高级顾问 Crow 认为“机构知识库是收集与保存一所大学或多所高校研究成果的数字资源集合[43]”。麻省理工学院图书馆的 Workbook 认为：“机构知识库是一个具有一系列服务功能的数据库，获取、存储、索引、保存和发布学术机构中以数字形式存在的学术研究内容[44]。”CNI 执行主任 Lynch 认为：“机构知识库是数字时代学术研究的基础设施，一个大学的 IR 是学校为师生员工所提供的一系列服务，目的是用于管理和发布由本机构及其成员所创造的数字资料[45]。”

4.3.2 机构知识库的科学交流功能

蔡迎春[22]通过将机构知识库和传统科学交流模式相比较，认为机构知识库作为科学交流的新模式，具有更为优越的科学交流性能、客观的分析评价功能、较强的信息反馈机制，以及便捷的知识共享功能。

①优越的科学交流性能。机构知识库所保存的科研资源的获取更为便捷，学术交流过程更具效率。

② 客观的分析评价功能。IR 将机构内部所有的科研资源进行整合集成，通过对各种科研资源历史版本的保存，展现机构发展的脉络，可以用来评价机构学术能力，也可以预测机构研究趋势，加深了科研访问者对科研机构的了解。

③较强的信息反馈机制。相对于传统学术交流的简单反馈机制，IR 的学术交流反馈机制可以在科研作者和科研用户之间形成网状互动的结构，不同研究人员或研究机构的思维交汇推动着科学研究的发展，学术信息发出者与接收者之间的角色在科学交流过程中不断互换，思想的碰撞会推动科研进程，加速科研成果的产出。

④便捷的知识共享功能。为多个机构知识库内的所有科学资源设置元数据，制定统一的标记协议对其进行标记，以实现搜索引擎可以对全部机构知识库进行搜索，并以恰当的方式显示给用户，为用户提供便捷的获取途径，促进了知识的有效传递，实现知识在更广范围的共享和利用。

4.3.3 机构知识库对科学交流的推进

机构知识库的出现很大程度上推动了科学交流的发展，马漫江[46]作出了归纳：

（1）机构知识库为科学交流的发展提供了一个高效的科研资源保存和交流平台。随着科学技术的不断发展，科学成果需要被完善保存。机构知识库作为一种新的学术交流模式，它可以安全的、完整地保存机构内科学研究发展的历程。通过建立机构知识库，借助先进的管理技术，收集机构内所拥有的各种学术资源，以开放存取为理念，提供出版、发布、检索、获取等服务，可以有效推动科学交流的发展。

（2）提高科学交流效率，促进科学研究发展。机构知识库促进科学研究资源在研究人员之间免费、快速的传播，是机构知识库的一项重要功能。机构知识库在获得作者授权后，以数字形式保存并传播其研究成果，可以加速机构内学术研究成果的向外传播、展示机构科学研究的深度与广度，有效地提高了科研交流效率和机构知名度。

（3）通过收割、汇集、索引实现科学交流与资源共享。机构知识库是基于 OAI-PMH 元数据收割协议的开放系统，能够处理复杂的数字对象，支持数字对象的元数据管理，保障和满足机构内外的资源服务需求。对机构知识库的元数据进行收割、汇集、索引并提供全文链接是机构知识库服务的一个重要内容。机构知识库还可以将机构外的电子预印本库、开放期刊等在线科学资源连接在一起，通过统一检索服务向科研工作者提供更为丰富的科学资源。

5 数据密集型科学研究范式环境下的科学交流发展趋势

随着以博客、社交网络、基于位置的服务 LBS 为代表的新型信息发布方式的不断涌现，以及云计算、物联网等技术的兴起，数据正以前所未有的速度在不断地增长和累积，科学家不仅通过对广泛的数据进行实时、动态的监测与分析来解决以前难以解决的科学难题，更是把数据作为科学研究的对象和工具，基于数据来思考、设计和实施科学研究。G. Bell[47]从生物学、天文学和物理学等学科的角度，阐述了数据的爆发式增长给科学研究带来的巨大变革。数据指引着科学未来的发展方向，如何建立以海量科学数据为核心的数据密集型科研范式是科学界关注的重大问题。在数据的洪流中，在数据密集型科研范式环境下，科学交流将迎来变革式的发展。

5.1 数据密集型科学研究范式的兴起

传统的科学研究在经历了以自然实验为主的第一范式实验科学、以理论的假设推理为主的第二范式理论科学和以计算与模拟为主的第三范式计算科学之后，迎来了数据密集型计算科学范式即科学研究第四范式[1]。

（1）第一范式实验科学。实验科学是最早出现的科研范式，大多是对自然现象进行重复实验而得到成果，少有系统的理论归纳。例如，爱迪生测试几千种材料而发明钨丝灯泡、富兰克林收集雷电而发明避雷针等都属于典型的实验科学。

（2）第二范式理论科学。理论科学是在实验科学的基础上发展而来，理论科学强调对现象的理论总结和概括，强调普遍原理的发现而不是针对单个现象的研究实验。科研流程是先由重复发生的现象提出假设理论，然后设计不同变量下的多次实验，并使用假设理论对实验结果进行预测，实验结果是否和预测结果一致以及在实验过程中产生的新现象将会检验与修正假设理论，假设理论在经过无数的实验与修正后才会上升至定理和真理。

（3）第三范式计算科学。随着 20 世纪计算机的发明和计算能力的不断增强，科学从理论推理转向计算仿真，计算科学被认为是实验科学和理论科学的扩展，是通过计算机分析和模拟来解决科学问题的新范式。当研究范围由微观原理发现扩大至区域复杂系统研究例如天气预报、自然灾害的预测时，计算和仿真模拟研究方法体现出巨大的优势。但随着更加精密的数据采集仪器的出现，实验数据呈现爆发式增长，由此引出了数据密集型计算科学，即科研第四范式。

(4) 第四范式数据密集型计算科学。科研第四范式是以数据为核心的研究范式，数据是科学研究的对象和工具，相对于传统科学研究对精确的原始数据和严密的假设检验过程的要求，数据密集型科研范式下的科研发现不再追求绝对精确的原始数据，也不再依赖严密的假设检验过程，海量原始数据的采集能力以及云计算所带来的强大集群计算和存储资源正在建立以数据密集型计算为中心的科学研究，更多复杂无序的相关关系的发现以及学科间更为密切的交流合作产生了科学研究的新方法[48]。

5.2 科学交流模式的转变

自科学交流活动进入网络时代以来，基于网络的科学交流带来了丰富的科学交流方式和高效的资源共享体系。随着科学进入数据密集型时代，数据在科研活动中逐渐成为科学交流的核心，科学交流方式和内容也在发生转变。

(1) 科学交流内容的转变。虽然数据一直以来都是科学研究中的关键因素，但传统的科学交流多以由分析处理数据而获得的研究论文作为主要交流内容，在数据密集型科研环境下，科研数据在科研活动中的重要性与日俱增，科研数据已经被认为是重要的科研成果，和科研论文同为科学交流的核心内容，各种类型的结构化、半结构化、非结构化数据，如视频、音频、图片开始嵌入到各类科研交流活动中。例如，期刊论文中不仅可以使用文字、表格、图片来记录实验，还可以使用视频、音频等数据来描述研究过程。另外，在跨学科的科学交流活动中，由于学科间的数据类型、研究方法等差异较大，数据作为科研活动的基础，此时跨学科数据交流就显得更为重要。科学界正在积极探讨并探索实施将数据集整合进科学信息系统的所有功能：数据的登记、认证、发现、存储和奖励。F. Berman[49]研究了科学家对于数据的可信赖性以及长期储存重要性的关注程度。R. Ruusalepp[50]等研究了支持共享数据发现的基础设施需求，M. Altman[51]研究了数据引用格式的标准，体现了数据作为独立的科研成果正在逐渐受到认可。

(2) 科学交流方式的转变。传统方式的科学交流以科技期刊的出版、举办科学交流会议、开设学术讲座等方式为主，随着近年来信息技术的快速发展，出现了以电子期刊、电子图书馆、学术博客、学术论坛等基于网络的科学交流新形式。网络科学交流的出现很大程度上丰富了科学交流方式，例如，查询他人学术成果、下载电子图书、关注科研机构网站、RSS 科研专题订阅等交流行为也对科研活动产生了积极的影响，但也存在着资源分散、管理混乱、缺乏规范等问题。现阶段的科学交流在网络科学交流的基础上朝着开放式科学交流发展，开放式科学交流的核心是科研数据和科研论文等学术资源的开放获取，包括开放数据、开放信息、开放知识等内容，目标是实现开放创新。科研数据、软件、硬件、文献等学术成果被集成在学术平台上，科研用户通过网络从集成学术平台上主动共享或获取他人所共享的数据、软件、文献等学术资源，开放式科学交流对于消除“数据鸿沟”、推动知识创新等方面具有重要意义。而当科学进入数据密集型科研时代后，科学研究需要多领域知识的融合，科技领域之间需要建立连接，多学科研究和跨领域合作将成为科学交流的新方式，跨学科跨国界的大型科研项目合作将成为引领学科发展的核心力量[52]。

5.3 科研用户对于科学交流的新需求

科研人员只靠个体或小研究团体就能完成从数据收集到论文写作全部工作的研究方式已经衰落，而由大量的分散研究团体为了共同的项目而进行跨时间和跨空间合作的时代已经到来。在科研第四范式环境下，科研活动中科研人员对于科学信息交流的需求显得更为迫切。这种需求主要体现在更为开放便捷的科学资源获取以及联系更为紧密的科研团体间的交流合作上。

(1) 更开放便捷的数据获取。特别是跨学科数据资源的获取，数据作为科学研究活动的重要组成部分，是科学交流的目的之一。传统的科学交流活动以期刊、会议作为主要交流方式，以学术成果的出版为主，鲜有科学数据的储存，这加大了后续科研工作者查阅获取相关实验数据的难度。在科研第四范式环境下，科学家需求的不仅仅是学术研究的最终成果，学术成果所使用的数据，所涉及的科学交流过程也是非常重要的。

（2）科研团体之间的交流合作[53]。科学研究合作方式正在由学科内的小范围团体合作向跨学科跨国境的更大规模合作方式转变。海量的学术文献使得研究人员不能全面阅读了解所有领域的相关文献，需要有服务来帮助科研人员阅读和过滤信息，由于研究人员越来越需要跨学科地吸收和处理文献、链接不同领域的知识点，这种需求将孤立的科研发现结合在一起，从而发现新的知识，这点需求在跨学科研究领域非常明显。

5.4 数据密集型科研范式环境下的科学交流体系变化

（1）新型科学记录。科学记录是对科学研究全过程的描述，科学记录的首要目标是交流，科研工作者通过各自的学术记录来互相分享科学观点。它的另一目标是组织，学科即是通过大量科学记录的积累、关联而形成的。科学记录还是一种媒介，用以串联跨空间和跨时间的大规模科研合作。它还是一种手段，通过对科学记录的评议可以确定科学成果的版权和价值，通过科学记录中的科学问题的重复验证可以对科学错误进行识别和纠正。

在科学第一范式和第二范式时期，科学记录主要以科技期刊、会议演讲、会议记录以及科学基础数据为主，这些记录分散的储存于各个图书馆、档案馆和科研机构的资料室中，不仅获取不便，科学成果的重复验证难度也非常大，这一阶段的科学记录方式以科学成果的储藏为主。到了 20 世纪科研第三范式阶段，随着网络和计算技术的出现，用于科学实验的数据在不断增加，但它们只能被总结性的写入科学出版物中，依赖复杂的软件对科学进行重复验证仍然具有较大难度，这一阶段的科学记录以部分数据、期刊论文为主。而在数据密集型科研范式下，科学记录将不再完全以期刊论文为核心，Lynch[54][55]对数据密集型科研范式影响下的新型科学记录做了研究：①以数据为核心的科学记录。随着科学进入数据密集型时代，数据拥有前所未有的重要性，数据和软件必须被完整写入科学记录，数据将以复杂的形态与科学论文交织，论文的创作过程将更充分地考虑数据的采集、筛选和分析过程，对科学研究过程中实验数据的完整记录使得科学成果更容易重复验证，为后续的扩展研究做好基础。② 参考数据集的引用。参考数据集是独立于科学研究，受学科内认可并被大量引用的通用数据集，是随着科研的发展而不断更新的。与传统的科学研究不同，数据密集型科研范式下的参考数据集将以计算的方式进行引用，而不是单纯的通过阅读引用。在参考数据集被更新时，可能引发新的计算，结果可能导致科学成果的重新评估。以计算方式引用的参考数据集的论文比起单纯通过阅读来引用参考数据集的论文，受到参考数据集更新所带来的混乱将会大大减少。③可以被计算的科学记录。相对于传统以部分数据和科学文献为主的科学记录，数据密集型科研范式下的科学记录以数据为核心，数据和文本的挖掘、信息的检索、过滤及聚类使得科学记录可以被计算。科学家在进行科研活动时，运用计算工具对科学记录的计算可以获取更为结构化的支撑某一科学理论的论文体系和数据集。

（2）跨学科科学资源的知识发现。由于研究人员越来越需要跨学科的吸收和处理文献、链接不同领域的知识点来发现新的知识，海量的科学文献使得科学家不可能全部阅读与其科学研究领域有关的全部文献，需要利用机器来对科学信息进行过滤。这一需求在生命科学、遗传学、分子生物学、生物化学和医药化学等跨学科性较强的领域更为凸显。A. Ruttenberg[56]认为，缺乏统一结构化的数据已经成为阻碍生物和医学领域将基础性研究成果转化为临床领域应用的主要因素。D. Shotton[57]等认为更高级的文本分析技术正在应用到从文献中抽取实体和实体间的关系，共享的知识本体可以被用来实现统一知识表达，这一方式可以对原来只能由人去阅读的文献所包含信息进行分析以发现新的知识。国际概念网络联盟提出要建立一个全球性的跨学科平台，讨论、设计并实现大规模、分布式复杂数据的互操作性和可用性的解决方案，该联盟的成立代表了科学界对面向机器操作的内容处理技术的关注和重视。通过对跨学科复杂知识的机器处理，可以帮助科学家对复杂知识体系进行推理以促进知识发现、避免重复研究、发现解决科学问题的新途径。Ginsparg[52]认为科学交流体系正在数据密集型科研的影响下迅速转变，科学研究不再以小型科研团队为主体，跨多个学科领域的科研群体将会引领科研变革，成为科学研究的核心力量。

（3）数据与文献的语义集成。在数据密集型科研范式环境下，科研成果的论证往往需要大量的科研数据支持，期刊在刊出文献的同时，也在变成包含文献、数据和其他实验细节的网站。科研第四范式环境下的科研活动需要对数据相关的文献和支持文献的数据进行集成，通过数据关联、语义标记等技术，可以方便科研人员在阅读科研文献时直接获取支持文献的数据，也可以在搜索科研数据时链接至相关研究文献。例如，美国国立生物技术信息中心 NCBI 主持的生命科学数据库检索系统 Entrez[58]，它将核酸和蛋白序列、三维结构、文献以及基因组等不同类型的数据库有机地链接在一起，用户可以从一个 DNA 序列查询到蛋白产物以及相关文献，再通过点击“Related Articles”链接至其它相关文献，还能使用“Related Sequence”工具找到与查询所得蛋白质序列同源的其他蛋白质序列，并且利用相关软件直接显示分子三维结构图形。

（4）以数据溯源为主的学术成果演变跟踪。传统的科学交流体系中，学术引文图被用于说明新知识对原有知识的使用情况，揭示科学研究的动态变化，发现科学关联，对学科发展趋势进行预测。但是，学术引文图的覆盖范围经常只包括学科内的各类期刊，少有学科外的知识引用，覆盖类型也以期刊论文为主，少有实验数据的引用。更大的问题是，对学术成果在整个科学体系中的演变过程没有明确的、可记录、可视化的跟踪，也不涉及演变性质等信息。如何向科研工作者更清晰地展示学术成果的动态变化、关系和交互过程，数据溯源信息共享机制是一种更好的解决方案。科研数据的溯源包含了科研数据的试验产生过程、原始数据源信息和演变过程[59]。科研数据溯源信息的保存对科研活动至关重要，它包括作者、试验过程、原始数据源、演变流程图等属性，溯源信息的缺失会降低数据可信度，影响数据的共享，导致数据价值降低。溯源信息的保存一方面可以用来学习和了解科研数据的产生过程，另一方面更是为了保证科研数据的准确性，以支持可重复的科学实验和演变过程推理。在科研第四范式环境下，语义技术、元数据技术和可视化技术可以被用来加工整合科研数据溯源信息以支持学术研究的系列成果发现及其影响力评价。

6 结 语

科学交流体系是动态发展的体系，科学交流的模式最早以纸质文献为主要载体，在网络与数字技术的基础上，科学交流增加了电子预印本、学术博客、电子邮件、电子会议或网络会议、全文数据库等新元素和新渠道。随着近年开放存取理念的提出，论文期刊等科学资源的在线免费获取，在线电子预印本交流平台的开放，机构知识库的建立，科学交流正在发生巨大的变革。本文最后基于数据密集型科研范式的概念，研究了数据密集型科研范式指引下的科学交流未来发展方向。目前，数据密集型科研范式这一概念目前国内研究论文较少，国外的研究主要体现在科学数据的管理、科学数据的共享、跨学科科研合作与知识发现以及国际数据政策等问题，没有解决或难以解决的问题还有很多。作为科学的重要组成部分，科学交流的变革式发展将极大地推动世界范围内科学的发展进程。

参考文献

[1] Tony Hey, Stewart Tansley, Kristin Tolle. The fourth paradigm: Data-intensive scientific discovery [M]. Microsoft research, Redmond, Washington, 2009.

[2] Mlhan I V, Rao. Agricultural knowledge transfer in india: A study of prevailing communication channels [J]. Library Philosophy and

Practice, 2007: 1-11.

[3] 米哈依洛夫，乔尔内等．徐新民等译．科学交流与情报学[M]. 北京：科学技术文献出版社，1980.

[4] Garvey W D. Communication: The essence of science [M]. Elmsford, NY: Pergamon Press, 1979.

[5] ACRL. Integrating scholarly communication into your library [EB/OL]. [2015-09-20]. http://acrl.ala.org/scholcomm/.

[6] Rowland F. Print journals: Fit for the future? [J/OL]. [2015-8-20]. http://www.ariadne.ac.uk/issue7/fytton/.

[7] Roosendaal H E, Peter A, Geurts Th M. Forces and functions in scientific communication: An analysis of their interplay [EB/OL]. [2015-6-30]. http://doc.utwente.nl/60395/1/Roo sendaal 97forces.pdf.

[8] Menzel H. Planned and unplanned scientific communication [C] // Proceedings of the International Conference on Scientific Information. Washington, D. C: National Academy of Sciences, National Research Council, 1959: 199-243.

[9] 贾二鹏．Web2.0 对科学交流的影响及效果分析 [J]. 情报探索，2009 (7): 40-42.

[10] Søndergaard T F, Andersen J, Hjørland B. Documents and the communication of scientific and scholarly information: Revising and updating the UNISIST model [J]. Journal of Documentation, 2003: 278 - 320.

[11] 徐佳宁．数字环境下科学交流系统重组与功能实现 [M]. 北京：光明日报出版社，2010.

[12] Garvey W D, Griffith B C. Communication and information processing within scientific disciplines: Empirical findings for Psychology [J]. Information Storage and Retrieval, 1972 (8): 123-126.

[13] Fröhlich G. The (Surplus) value of scientific communication

[EB/OL]. [2015-07-30]. http://eprints.rclis.org/8924/1/SurplusValueScienComm.pdf.

[14] Poultney R W. Front-Ends are the way to go [N]. Europhysics News, 1996 (27): 24-25.

[15] Van Raan A F. Bibiometrics and internet: Some oberservations and expections [J]. Scientometrics, 2001 (50): 59-63.

[16] 徐丽芳. 科学交流系统的要素、结构、功能及其演进 [J]. 图书情报知识, 2008 (6): 114-117.

[17] Hjørland B, Søndergaard T F, Andersen J. UNISIST model and knowledge domains [J]. Encyclopedia of Library and Information Science, 2005 (4): 1-4.

[18] Søndergaard T F, Andersen J, Hjørland B. Documents and the communication of scientific and scholarlu information: Revising and updating the UNISIST model [J]. Journal of Documentation, 2003, 59 (3): 278-320.

[19] Björk B-C. A model of scientific communication as a global distributed information system [J]. Information Research, 2007, 12 (2): 1-48.

[20] Van de Sompel, Payette S, Erickson J, et al. Rethinking scholarly communication: Building the system that scholars deserve [J]. D-Lib Magazine, 2004, 10 (9).

[21] 黄如花, 冯晴. 论开放存取出版对科学信息交流和利用的影响 [J]. 出版科学, 2008 (3): 75-78.

[22] 蔡迎春. 机构知识库: 基于开放存取的学术交流机制 [J]. 情报理论与实践, 2008 (5): 680-683.

[23] Crawford S Y, Hurd J M, Weller A C. From print to electronic: the transformation of scientific communication [M]. Medford, NJ: Information Today, Inc., 1996.

[24] Hurd J M. Scientific communication: New roles and new players [J]. Science & Technology Libraries, 2004 (25): 5-22.

[25] Unesco. UNISIST: Study report on the feasibility of a World Science Information System [J]. New York: UNIPUB Inc., 1971: 30.
[26] 徐丽芳. UNISIST模型及其数字化发展 [J]. 图书情报工作, 2008 (10): 65-69.
[27] Björk B-C., Hedlund T. A formalized model of the scientific publication process [J]. Online Information Review, 2004, 28 (1): 8-21.
[28] Björk B-C. A life model of the scientific communication process [J]. Learned Publishing, 2005 (3): 165-176.
[29] Houghton J W, Rasmussen B, Sheehan P J, et al. Economic implications of alternative scholarly publishing models: Exploring the costs and benefits [EB/OL]. [2014-09-15]. http://www.jisc.ac.uk/media/documents/publications/rpteconomicoapublishing.pdf.
[30] 孙玉伟. 数字环境下科学交流模型的分析与述评 [J]. 大学图书馆学报, 2010 (1): 41-45.
[31] 胡德华, 韩欢. 学术交流模型研究 [J]. 图书情报工作, 2010, 54 (2): 26-30.
[32] 胡德华, 尹加帮, 陶雯. 发展中国家的开放存取期刊研究 [J]. 情报杂志, 2007 (2): 140- 142.
[33] 赵莉莉. 国内两大开放存取系统的对比研究——奇迹文库和中国预印本服务系统 [J]. 现代情报, 2007 (9): 48-50.
[34] Budapest Open Access Initiative [EB/OL]. [2015-05-06]. http://www.soros.org/openaccess/read.shtml.
[35] 孙希波. 开放存取对学术交流系统的影响 [J]. 现代情报, 2009 (10): 29-30.
[36] 李金林, 张秋菊, 冉仑. 开放存取对学术交流系统的影响分析 [J]. 图书馆论坛, 2013 (3): 13-17.
[37] 马景娣. ISI引文数据库收录的开放存取期刊 [J]. 中国科技

期刊研究，2005，16（5）：624.

[38] 曾元祥，方卿．论开放存取对学术交流的影响（一）——基于科研人员视角的分析［J］．信息资源管理学报，2011（3）：53-56.

[39] Swan A，Brown S. Open access self-archiving：An author study［EB/OL］．［2014-09-22］．http：//cogprints. org/4385/1/jisc2. pdf.

[40] Antelman K. Do open-access articles have a greater research impact？［EB/OL］．［2014-08- 09］．http：//www. socolar. com/man/NewsUpload/200726948375274. pdf.

[41] 张晓蒙，方卿．论开放存取对学术交流的影响（二）——基于图书情报角的分析［J］．信息资源管理学报，2011（3）：57-61.

[42] 夏莉霞，方卿．论开放存取对学术交流的影响（三）——基于学术出版机构视角的分析［J］．信息资源管理学报，2011（3）：62-66.

[43] Crow R. The case for institutional repositories A SPARC position paper［EB/OL］．［2014-08- 06］．http：//www. arlorg/spare/IR/ir. html.

[44] Barton M R，Waters M M. Creating an institutional repositories LEADIRS workbook［EB/OL］．［2012-03-05］．http：//www. Dspace. org/implement/leadirs. pdf.

[45] Lynch C A. Institutional repositories essential infrastructure for scholarship in the digital age［J］．ARI，2003：1-7.

[46] 马漫江．机构知识库：学术交流与资源共享新模式［J］．高校图书馆工作，2007（1）：10-13.

[47] Bell G，Hey T，Szalay A. Beyond the data deluge［J］．Science，2009（323）：1297-1298.

[48] Szalay A，Gray J. 2020 Computing：Science in an exponential world［J］．Nature，2006（440）：413-414.

[49] Berman F. Got data? : A guide to data preservation in the information age [J]. Commun. ACM, 2008, 51 (12): 50-56.

[50] Ruusalepp R. Infrastructure planning and data curation: A comparative study of international approaches to enabling the sharing of research data [J]. JISC, 2008: 3-103.

[51] Altman M, King G. A proposed standard for the scholarly citation ofquantitative data [J]. D-Lib Magazine, 2007, 13 (3): 1-9.

[52] Ginsparg P. Next generation implications of open access [J/OL]. CTWatch Quarterly, 2007 (3). http: //www. ctwatch. org/quarterly/articles/2007/08/next-generation-implications-of- open-access/.

[53] 赵蓉英，温芳芳．科研合作与知识交流 [J]. 图书情报工作，2011 (20): 6-10.

[54] Lynch C A. The shape of the scientific article in the developing cyber infrastructure [J/OL]. CTWatch, 2007 (3). http: //www. ctwatch. org/quarterly/articles/2007/08/the-shape-of- the-scientific-article-in-the-developing-cyberinfrastructure/.

[55] Lynch C A. Open computation: Beyond human-reader-centric views of scholarly literatures [J/OL]. Chandos Publishing, 2006: 185-193. http: //old. cni. org/staff/cliffpubs/OpenComput ation. htm.

[56] Ruttenberg A, Clark T, Bug W, et al. Advancing translational research with the Semantic Web [J]. BMC Bioinf ormatics, 2007, 8 (3): 1-16.

[57] Shotton D, Portwin K, Klyne G, et al. Adventures in semantic publishing: Exemplar semantic enhancements of a research article [J]. PLoS Computational Biology, 2009 (5): 1- 17.

[58] http: //www. ncbi. nlm. nih. gov.

[59] Bose R, Frew J. Lineage retrieval for scientific data processing: A survey [J]. ACM Computing Surveys, 2005 (37): 1-28.

【作者简介】

邓仲华，男，博士，武汉大学信息管理学院教授，博士生导师。长期从事信息系统理论及开发技术的研究，对商务、政务、企事业管理等各类系统的开发与项目管理，经验丰富。

黄鑫，男，1990 年生，武汉大学在读博士生，研究方向为数据组织与管理。

基于社会网络视角的信息系统研究综述

吴 江 施 立 曾敏讷
（武汉大学信息管理学院）

【摘 要】近几年来，信息系统的发展日渐成熟，并且广泛运用于各个领域。与此同时，随着工业化、城市化的进行和新的通信技术的兴起，社会呈现越来越网络化的趋势，社会网络也逐渐成为热门话题。本文对众多信息系统核心期刊中有关社会网络的文献进行了搜索、查阅和统计分类。首先简单介绍了信息系统和社会网络的基本概念以及目前的研究现状。然后将信息系统按业务类型划分成企业网络信息系统、社交网络信息系统以及公共服务网络信息系统，并简单介绍了各个领域最新文献的研究内容和研究要点。最后，对所有的研究现状进行了总结并且对未来的研究趋势提出了看法。

【关键词】信息系统 社会网络 社会网络分析 社会资本

A Review of Information Systems Research on Online Social Network

Jiang Wu Li Shi Minne Zeng
(School of Information Management, Wuhan University)

【**Abstract**】The development of information system becomes more and more mature in recent years, and it's widely used in various fields. With the rise of industrialization, urbanization and new communication technology, society becomes more networked and social network is regarded as a popular topic. It's helpful for better development of information system by using ways of social network analysis. Therefore, we searched and classified papers relating to information systems research on online social network. This article is separated by business type into enterprise network, social network and public service network information system. Then the latest research content and main point in all fields are introduced briefly. At last, the conclusion of research status shows up and we predict future research tendency.

【Keywords】 information system social network social network analysis social capital

1 引 言

随着互联网技术的迅速发展以及大数据时代悄然来临，信息系统（information system，IS）已成为世界上许多领域必不可少的关键技术之一。概括来说，信息系统分为数据处理系统、管理信息系统、决策支持系统、专家系统和虚拟办公室五种类型。信息系统在我们生活中随处可见，专家学者对信息系统的研究和探索的方向非常宽广，形式多种多样。在 Web 2.0 的发展下，社会网络引起了人们的关注。从 19 世纪 70 年代以来，社会网络分析也渐渐成为学者们研究的热点。通过对于社会网络的分析，可以探索出一种结构的社会形态是如何影响其他社会单元的关键特征，例如创新、变革等。

目前，越来越多学者将信息系统和社会网络进行结合分析。从研究者关注热点的聚合度来划分，关于信息系统设计和开发方面，研究主题可以分为信息系统模式改善探讨和开发语言及思路的进展研究；关于系统使用角度，可以发现，从 20 世纪 42%的文献主题关于社交网站系统研究，发展到在近年来企业和其他业务日趋强化信息系统使用的背景下，文献中占比 34%的研究企业信息系统，以及 18%的文献研究关于教育、公共服务等。同时，2014 年以来，随着大数据和移动互联网的发展，移动网络和智能设备的主题文献也在不断增加。

利用社会网络相关理论和分析方法探究不同类型信息系统的发展机制和效应，利用网络结构、规模、密度探讨系统设计构念、使用者关系间的发展情况，能够有效地为系统设计方提供符合用户需求的设计思路，并且从不同种类系统用户关系的演化过程可以摸索出优化系统使用效果和减少学习成本的方法，从而不断提高工作效率并且改善各业务方满意度而产生双赢的结果。本文将着眼于系统归纳近年来学者以社会网络视角对于信息系统研究的文献主题发展情况，第一部分将介绍信息系统和社会网络的概况，从概念、特点和研究现状角度进行介绍；第二部分从企业网络、社交网络、公共服务中教育和医疗网络角度介绍三类业务信息系统在社会网络视角下的文献核心观点以及分析方法；第三部分对于前文进行总结并对未来研究趋势和热点提出看法。

2 研究概况

2.1 信息系统研究概况

信息系统在企业中运用非常广泛，也吸引了学者们的关注。学者普遍认为，在一个充满活力的市场竞争中，企业必须经常调整自己的竞争策略和信息系统。提高一个企业信息系统的战略适应度是信息系统管理部门在至少 20 年内的主要目标[1]。在金融机构中，信息系统的各项应用可能会具有攻击性并且成为金融机构内部的威胁[2]。学者对信息系统在其他领域也有许多研究。在卫生保健信息系统中，不同的拥护者之间的关系网络以及互动，使整个信息系统构成一个连贯的、有意义的整体，是推动信息系统被接受的动力[3]。在跨文化跨组织的信息系统中，其系统的实施是一个动态的过程，包括在两种不同的制度设定中所产生的识别、理解、管理调控，规范和认知挑战[4]。

目前大多数的信息系统学术研究都致力于对信息系统的早期使用和持续使用进行探索，但是对于终止信息系统使用的研究非常稀少[5]。因此有部分学者开始对使用信息系统的终止意图以及意义进行研究。研究表明，信息系统性能的不足、辅助系统可用度的有限性、低水平的技术集成是增加取代现有的信息系统意图的关键决定因素[6]。

与信息系统相关的业务，包括信息系统的整合并购研究[7]、信息系统开发中的专业知识整合与创新[8]、连环收购如何构造组织知识信息系统的集成[9]、信息系统外包项目的非正式控制的有效推广[10]等以及信息系统的功能，如信息系统、身份识别和身份之间的相互作用[11]、信息系统的吸收能力[12]等研究都是目前比较热门的信息系统研究方向。

2.2 社会网络研究概况

2.2.1 网络和社会网络的概念

对于网络和社会网络的概念众多学者都有自己的见解。Rogers 和 Kincaid[13]认为网络就是在一个系统中每个个体之间的所有相关联结形成的整体。Boyd [14]认为社会网络是主体获取信息、资源、社会支持以便识别与利用机会的机会结构。Thorelli[15]认为网络是两个或两个以上的组织间的长期关系，这种关系既非市场交易关系，也不是同一正式组织结构下的层级关系，而是介于两者之间的关系。这些学者对于网络和社会网络有不同的看法，但是可以归纳出，社会网络是强调特定时空范围内人、组织之间的一类相互关系。社会网络静态上体现为一种组织结构，但是动态中是在互动中不断演变甚至重构的。社会网络表现为一定的关系特征，没有固定发展的方向。这类关系网络是以信息交流为目的而存在，关系网络和虚拟网络都不受时间的限制。社会网络中节点体现为利益集中，节点中包含资源和信息，可以通过关系来引起信息和资源的流动。

2.2.2 社会网络分析

社会网络分析有助于对社会网络的理解，这是 19 世纪 70 年代后在社会学领域产生的新话题。社会网络分析则是从结构的角度侧重于社会网络强度及其影响因素。在社会网络分析中，“网络”可视为行动者的一系列社会关系或社会联系，由行动者和社会关系构成相对稳定的社会结构[16]。

（1）规模与位置。

社会网络的行动者与其他行动者存在一定的联系，规模测量是行动者与其他个体间关系的数量。关系的数量不是个体重要性的唯一指标，个体所处的位置也十分重要。并且，当行动者处于边缘位置时，桥梁位置比数量多少更为重要。位置可以表示为节点在网络中所处的结构位置和特性，表现在网络中的处境。

（2）强度与密度。

Granovetter[17]提出了“关系强度”的概念，强关系是在性别、年龄、教育水平、职业身份、收入水平等社会经济特征相似的个体间发展起来的，而弱关系是在社会经济特征不同的个体间发展起来的。网络中行动者之间关系的实际数量与最大可能数量的比例成为密度。网络密度表示网络中关系的稠密程度，测量的为联系本身。

社会网络的强度取决于行动者或网络成员的异质性[18]，异质性越大，社会网络在获取信息方面的作用也越大。同时，社会网络的强度还取决于社会关系的结构性状，比如个人在网络中的位置、个人的地位将决定社会资源的质量和数量，或个人拥有“结构洞”的数目。Burt[19]提出，网络成员间的关系断裂或不均等称作“结构洞”，拥有结构洞的人对于信息或资源的获取占绝对优势。

2.2.3　社会网络各领域研究

社会网络在发展中慢慢地演变成全球性的一项主流话题，对于社会、组织和经济都带来了不同的影响。学者们也在不同领域中基于社会网络的视角进行了有关研究。概括性的总结如附录 A 所示。

（1）SNS 服务。

社交网络是一类提供社交性服务的网络站点，有即时通信（IM）、博客、社区网站到视频类网站等多样性的分类。社交网站中是提供用户娱乐性交友和信息交流的平台，Tzuo-Ming[20]在探讨 Facebook 如何影响到同学关系的研究中发现，大学生在与其他同学联系前有确认其 Facebook 状态的习惯，并且移动平台利用谷歌系统的同步功能，提供给用户随时随地的信息检索功能。通过结构洞测量，网络社区中用户水平与社会网络结构的构建关系发现网络深度的增加能带来商业价值[21]。

近几年来，有关在线社会网络（online social network，OSN）的科研文献数目也是逐年递增。Katharina Berger[22]等人对 2003 年至 2013 年的部分信息系统期刊和会议中的有关 OSN 的论文文献进行了统计，得出了图 1 的结果。

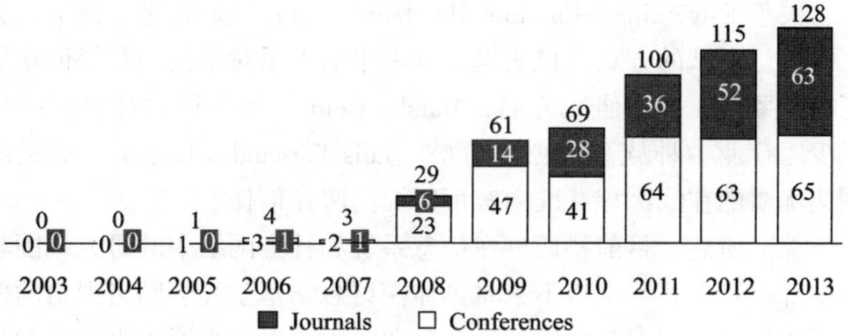

图 1　近年来发表在期刊（journals）和会议（conferences）中的在线社会网络论文文献数目对比图

由图 1 可以发现，从 2008 年开始，与 OSN 相关的科研开始逐渐兴起，并且每年都以极高的增长率逐年增加。前三年中，大部分的论文是在会议中发表的。而在后三年中，期刊中相关文献的发表率也开始迅速提升。由此可见，与在线社会网络相关的研究在未来的科研领域会得到更多的重视，地位也会越来越重要。

（2）信息技术角度。

信息技术的改进可以提高社会网络的分析效果，可以探索出新的方法联系社会单元，并利用 IT 构建创新型的社会联系。社交网络可解释和预测通过社会互动表示为节点之间的链接模式的网络结构，利用信息技术来进行网络分析可对于知识管理、战略管理、组织职能与创新领域进行探索，从社会意识对于用户的影响来看，IT 技能的增加可以有效增强社会单元中的沟通以及跨组织联系[16]。

（3）企业组织。

社会网络存在于不同的组织中，并且企业生产、供应链、客户关系管理等系统结构中都有涉及。从员工系统的利用来看，员工在企业社会网络的嵌入性增强会带来工作效率的增强以及对于信息系统认知理解程度的提高[23]。社会支持和关系的建立带来了社会贸易，关系网络的范围广度将带来不同的消费者人群[24]。

（4）多产业线。

对于不同的业务中社会网络的研究也十分活跃。例如教育业中，关于 E-learning，Caroline Haythornthwaite[25]提出创新利用社会网络进行考试的方式，说明电子学习中弱关系对于接触获得创新信息的重要性。医疗研究方面，Marsha Gold[26]提出通过社会网络可减少医疗业中种族和道德的分歧。Luis Fernandez-Luque[27]等提出创建优质的在线医疗社区内容可以提高医疗信任。

综上所述，目前科研界在信息系统和社会网络中的研究范围和角度都很宽广。本文接下来将具体探讨总结基于社会网络视角的信息系统研究，即在信息系统的各项业务中，以社会网络为基础的相关研究分析。

3 相关研究分类

信息系统种类繁多，利用社会网络视角对于信息系统进行研究的文献涉及多方面。按照业务类型进行划分可以分成三个角度：企业网络信息系统、社交网络信息系统以及公共服务网络信息系统。

3.1 企业网络信息系统

在前文提到的会议及期刊范围内，如图 2 所示，利用企业、员工、产品和社会网络作为关键字进行搜索，得到的利用社会网络视角对于企业系统进行研究的文献分布中，文献内容从公司整体发展入手的文献占比为 22%，客户方面涉及客户关系管理及客户服务，对于员工系统的探究涉及员工绩效系统、员工关系网络等，业务方面包含较为广泛，包括产品计划系统、产品推荐机制，以及生产配送方面和会计系统，等等。

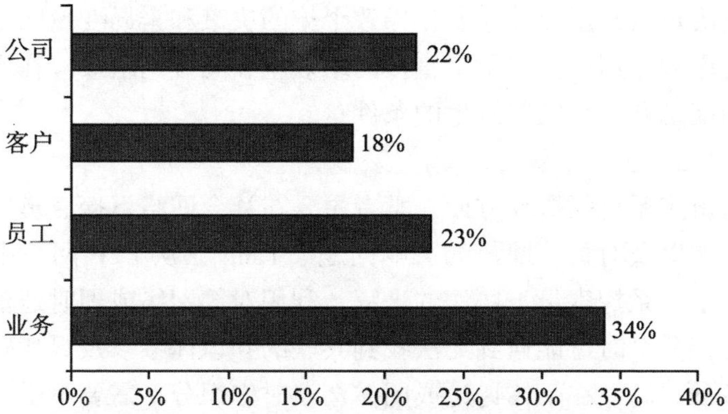

图 2　企业系统进行研究的文献分布情况

3.1.1　产品系统

从产品方面来看，产品研发部门最需要的是创新性。从产品分解角度看，产品研发团队中对于产品的设计以及开发程序的操作组成了产品生成过程。Kratzer[28]通过实验法探索团队网络对于产品研发的影响发现，网络效率（可以接触交流的/团队总人数）高的团队对于产品设计只需花费较少的时间和精力。团队中两个节点的连接沟通不需要花费大量精力在中间过程的传播上，能够节约大量的人力和时间成本。Burt[19]曾提出，一个开放的社会结构会带来更多的发展机会。对于关系强度大的团队来说，拥有更多机会进行观点阐述，同时一个拥有非严格上下级关系的团队能够让更多成员各抒己见，同时创新性更强。Storto[29]利用结构矩阵工具和社会网络分析的思路来研究产品研发过程的绩效问题，利用中心度探测均匀性的和非均匀性的信息在团队中的流通情况，发现信息在开发产品的过程中是呈分散式传播的，这些信息的分散性和不确定性并非完全危害性的，相比于模糊的信息这些可能带来更多的机会和创新。利用社会网络分析的视角进行研究，因为社会网络主要站在动态的角度探究产品设计和开发中的进程发展，探究沟通协调过程中产生的效率提升问题。从产品扩散角度看，鲜于波[30]等基于复杂网络对间接网络效应下产品扩散现象进行探讨，采用计算经济学建模方法研究在个体交往关系的复杂网络形成后，“软件”数量在厂商自行决定后，用户数量变化导致个体的决策和全局变量间存在双向交互影响作用，并展示了直接网络效应和间接网络效应在产品扩散中的区别和产品锁定发生的条件。

3.1.2　员工系统

对员工系统的探究方面，学者主要在社会网络下探究员工间的协作工作以及对员工绩效的影响问题。Yang[31]从P2P网络中员工知识分享体系探索员工协作的进程，利用对等网络或即时通信工具进行知识分享时可能遇到无法找到共联的知识体系以及寻找知识共享对象的难题，在个体讨论或团体会议时知识分享需要不受时空和地理的限制，利用社会网络理论概念，选取企业中150人作为调研对象，跟踪其利用对等网络及企业通讯工具进行显性和隐性知识交流的情况，对内容信息和交流关键词进行分类归纳后，发现知识分享系统中内容源的管理效果和质量控制对于知识分享的效率有正向影响。通过计算知识关系联系和企业关系联系，量化后建立矩阵从而分类知识内容以及知识传播者，得到克服员工知识分享难以高效实现的解决措施并且发现传递关系对知识分享带来的隐性效果。杨斌[32]在研究虚拟团队知识分享时，根据社会嵌入理论和知识共享过程，借助网络关系中互助导向的根本属性，提出知识共享平台为网络节点，虚拟团队在知识传递、吸收和反馈过程中结合社会网络分析导向进行知识创新的结构模型。Sykes[33]等从企业建议网络探究企业系统中员工绩效问题，从员工建议网络的角度对比企业使用ERP系统前后影响员工绩效的关键因素。从员工网络嵌入度和联系来解析员工的建议机制以及其中产生的沟通和友谊，将建议分解成工作流建议和软件层建议，再利用假设检验法发现建议网络对于员工知识技能有显著提升从而提升绩效以及工作满意度。杨隽萍[34]基于社会网络和企业知识理论研究浙江省创业者社会网络规模与网络的强度能促进企业发展，提供企业效益的问题。创业者和员工个体间知识的流动和共享以及对于网络的构建和维护效果越好，随之产生的绩效和收益越高。从个体进行工作搜寻行为来看，董占奎[35]在经典工作搜寻理论上，发现社会网络作为员工求职的重要信息渠道，对于搜索者来说资源能有效提高利用率，并且个体处于待业期时段大大减少，对于劳动力市场效率明显提高。

3.1.3 公司全局系统

从公司全局系统看，姚小涛[36]等在强关系和弱关系的理论假设基础上，提出社会关系能提高企业竞争优势，同时发现强弱关系在资源和信息传递过程中扮演的角色差异。Wu[37]等从 IBM、德勤等企业不断利用社交网络与公司内部成员、其他公司或用户之间创建强弱关系，这将有利于得知员工间的关系处理、战略层知识体系以及人力资源决策和资源分配方面的信息。企业间的社交与私人关系不同，强关系将有利于获得及时的信息支持反馈和信任建立，弱关系有利于招聘和其他公司信息传播。从强弱关系与职业亲密和私人亲密的角度构建矩阵，发现社交网络下员工不同关系状态带来的不同属性的亲密程度以及如何影响企业关系处理系统的机制。从产业角度看，梁潇[38]在 2008 年利用信息论加权的社会网络分析法对于三螺旋创新模式的信息流进行研究，利用信息流在产业与政府间的流动关系，介绍三重螺旋基本观点，提出结合中心度思想的结合创新信息活动的主体分布问题和具体算法。从用户角度看，Ju[39]等发现用户参与到公司 ERP 系统中的社交网络之后，可提高用户活跃度以及满意度。在 CRM 系统方面，Wu[40]等利用组织检测、进化追踪和组织生命周期进行建模来探究区别于传统客户关系管理的模式，以在社会团体中发现企业的潜在用户。从用户忠诚度角度看，Sun[41]在探究社会网络服务下用户信任、认知以及忠诚度的发展关系，企业可以建立依托于社会网络下客户服务的维持系统，与客户建立可信赖的关系并且传播企业广告信息。企业社区建立有益于提高用户信任，对于社区中用户的数据挖掘可将用户进行分类，对于不同用户进行个性化的产品推荐机制，同时及时解决用户困难以提高用户忠诚度。

3.2 社交网络信息系统

近年来，随着互联网的发展和普及，在线社交网络（online

social network, OSN）逐渐引起学术界的广泛研究。越来越多有关在线社交网络的文章在核心信息系统期刊上发表。以在线社交网络为关键词的文章比例从 2008 年到 2013 年上升了 31%之多。相关研究内容涵盖范围也非常广泛，包括在线社交网络的特征、用户体验、私密性、组织和社团中的在线社交网络以及在线社交网络的设计，等等[22]。

在线社交网络之所以会在各大信息系统期刊上发表，是因为在线社交网络背后，存在着许多不同的信息系统。有一些是由数据构成的信息系统，如 Facebook 后台数据库中，所有用户的信息、日志和照片等。利用这类信息，我们可以了解一个用户的情感、生活以及性格。还有一些是虚拟的信息系统，是一种以用户为节点、相互关系为连边的社交网络信息系统。利用这种系统，我们可以了解到不同用户或组织之间的关系、亲密度、信任度等，探索社会形态模式下的人与人之间的联系。

在线社交网络分析以及更宽泛的网络分析，都提供了一种丰富、严谨、系统的手段，让学者和组织领导者能够更好地评估他们的各种数据信息和系统。基于 Web 的服务，如 Facebook 等，也传递出新的手段，使人际关系更加透明和可追溯[16]。

笔者将目前许多核心信息系统期刊中与在线社交网络有关的文章进行汇总后，分成若干个不同的研究类型和方向，这些文章在一定程度上也标志着目前信息系统相关研究中社会网络视角的主流研究方向。

3.2.1 综述型文章

由于在线社交网络以及社会网络等相关研究内容都是最近几年才逐渐火热起来的研究热点，因此相关的综述型文章非常稀少。但也正因为此类文章稀少，才显得非常珍贵和重要。通过综述型的文章，其他学者可以更加了解在线社交网络所真正需要关注的研究点，以及更加明确今后相关的研究方向，便于抓住重点，避免重复的工作，提高研究效率。

Berger[22]等对目前与在线社交网络和信息系统的研究现状作了

初步的介绍和分析，并提出了四个有待解答的问题：

（1）在信息系统的学术领域中，有关在线社交网络的学术探讨近年来发展得如何？

（2）哪些信息系统的出版发行刊物是在线社交网络调查研究者最容易接受刊出的？

（3）目前已经有哪些与信息系统有关的在线社交网络研究领域被涵盖？

（4）有哪些潜在的研究领域还没有被相关信息系统研究所涵盖？

这篇文章的正文对上述四个问题进行了翔实的解答。作者以“在线社交网络”“社会网络服务”“社交网站”等关键词对2003年至2008年的研究文章进行搜索，并对从2008年至2013年相关研究的文章数量和期刊发表数量进行了比较，对已经开发和潜在的相关研究领域进行了概括总结，发现相关研究论文的刊登数量每年都在快速增长，其方向大致包括在线社交网络的特征、用户体验、私密性、组织和社团中的在线社交网络以及在线社交网络的设计等等。最后他们对这些不同研究方向未来可以继续进行的不同角度提出了自己的看法。

王乐[42]等的文章对目前国内外社交网络中的信息传播预测问题的研究进行了文献综述。他们认为与传统的传播方式不同，信息通过用户交互行为在社交网络中被大规模地迅速传播，这在一定程度上推动了市场营销、信息产业等的发展，但同时也增加了危害事件、不良信息、负面新闻等产生的突发性和频度，其引发的信息问题为互联网的安全运行带来了新的挑战。通过对信息传播进行预测，可以及早发现传播中的信息存在的潜在威胁，使得中国的信息行业能够更好地前进和发展。

文章首先简要介绍了社交网络的概念和信息传播的机制，然后分析并归纳了传播中用户、信息内容和用户间关系这3个影响因素以及与传播预测相关的几个主要特征，接着从基于感染过程、基于传播特征、基于统计推断和基于影响力这4个方面综合论述了当前国内外对于传播预测问题所研究及采用的模型和方法，最后进行总结并讨论未来的研究方向。

3.2.2 数据科学

每一个社交网站和社交媒体的背后，都有一个巨大的数据网络支持。学者们通过对数据网络中数据的分析，可以了解到数据科学中更深层的内容。

Shi[43]等通过技术和用户行为建模的方式，研究在用户自愿信息共享的背景下的微博等主要的社交网站。他们收集了详细的用户转发数据，并统计记录了用户的社会网络特征及其转发行为之间的关系。他们使用最大似然估计的方法以获得更多的结构模型。实证结果证实了弱关系更可能引起内容共享的社会交换过程。Park[44]等利用社会网络的观点以及大量的实证分析数据，提出了一种新的推理模式，解决了自我报告的资料很容易出现各种形式的弄虚作假的问题。自我报告资料的弄虚作假，往往严重威胁跨企业边界的完整性。为了缓解这一反复出现的困境，业务经理和分析师需要系统的方法，使他们能够准确地评估自我报告的数据质量。他们的研究结果还表明，熵评估起着重要的作用，能够进一步提高其推理模型的能力。Wattal[45]等运用经济学理论的网络外部性的概念，来补充解释社会影响力理论下其他人的使用是如何影响像博客一类的社会计算工具的使用的。这一研究也有助于不同类型的网络，如管理者、关系网络、位置网络和空间网络的博客使用的研究，结果也将帮助那些想管理并提高社交技术的使用的管理人员以及想进一步解构形式的研究人员。Weiss[46]认为参与式网络和社交网络应用的出现改变了我们的沟通行为和我们在网络上表达自己的方式。随着用户在自己的主页上显示的个人身份信息越来越多，社交网络应用程序提供者也获得了不少的利益，但同时，数据滥用的风险会威胁到个人用户的信息隐私以及供应商的商业模式。作者发表了维护社会网络应用的主要要求，并提出了一种隐私威胁模型，可以用来提高数据信息的隐私性。唐杰[47]等从大数据的特点着手，结合互联网络尤其是在线社交网络的发展趋势，介绍大数据在提升国家信息产业科学化水平、引领新型互联网经济发展、推动社会学与信息科学交叉发展等方面带来的重大机遇，分析在线社会网络中存在的关键问题，阐述网络大数据研究在语义理解与分析、多模态关联与融合、群体行为分析与挖掘、多维分析与可视化、系统的研发与集成等方面面临的巨大技术挑战，以及当前国内外在大数据分析和在线社交网络领域的主要研究工作。高梦超[48]等针对传统搜索引擎无法利用关键字检索技术直接索引社交网络平台信息的现状，基于众包模式，采用 C/S 架构，设计了社交网络数据采集模型。通过主题 Deep Web 爬虫的分布式机器节点自动向服务器请求爬虫任务并上传爬取数据，利用 Hadoop 分布式文件系统对爬取数据进行快速处理并存储结果数据。实验结果表明，主题 Deep Web 爬虫系统配置简单，支持功能扩展和目标信息直接获取，数据采集模型具有较快的数据获取速度及较高的信息检索效率。

3.2.3 社交网络的危害

目前大部分的科研文献都指向了社交网络优秀的、普遍的一面，然而众所周知，任何事物都有两面性，所以我们现在更需要关注日益普及的社交网络，对于人们生活和情感等是否会产生一些负面的作用。

Maier[49]等主要介绍和评价了社交网络服务使用的负面结果带来的社交过载。当社交网络服务的使用者觉得他们在使用社交网络服务中给予其好友过多的关注时，就会产生社交过载。因此，他们会对社交网络服务感到疲惫或不满意。除了生理反应的疲惫，还会降低使用社交服务的强度。社交过载产生的原因包括在社交网络上的朋友的数量、使用频率等。其结论是，社交超载是网络生活的一部分，人们需要合理控制参与网络社交的时间。Turel[50]等认为享受信息系统带来的乐趣已被确定为一个理想的现象，因为它可以驱动系统各个方面的使用。作者依靠几个理论机制，得出与以前的研究相一致的结论，表明享受乐趣可以带来积极的结果，如高投入。然而，它也可以发展成为一个强大的习惯，直到它成为一个“坏习惯”，逐渐形成一种强有力的“技术成瘾”。他们测试和验证这种双重效果的社交网络享受机制，并对潜在的双重性的管理信息系统的结构进行了讨论。刘杰[51]等对近年来大学生社交网络成瘾的原因和现状进行了阐述，他们认为社交网络成瘾是指由于过度使用社交网络，运用社交网络维护人际关系，对社交网络及社交网络关系产生心理依赖，以致影响个体的日常生活、工作及学业。这一成瘾行为会对大学生学习、生活产生诸多消极影响。然后他们对此提出了一些对策，例如，加强校园网络和学校活动建设，减少不良网络交际；采用“合理情绪疗法”，对大学生进行心理辅导；引导大学生健康网络使用及网络交往等。

社交网络的危害除了可能会让人成瘾，消耗大量时间外，还可能会泄露用户隐私。目前有不少学者开始注重社交网络的隐私方面的研究。吕少卿[52]等针对社交网络公开信息提出了一种隐私信息推测算法。通过对用户的好友关系网络进行社区发现，利用社区内一部分好友公开信息推测其他好友隐私信息。实验表明，该算法只需利用少量公开信息就能以较高的准确率推测出其他用户大量的隐私信息。付艳艳[53]等针对当前社交网络隐私属性匿名算法中存在的缺乏合理模型、属性分布特征扰动大、忽视社交结构和非敏感属性对敏感属性分布的影响等弱点，提出一种基于节点分割的隐私属性匿名算法。该算法通过分割节点的属性连接和社交连接，提高了节点的匿名性，降低了用户隐私属性泄露的风险。实验结果表明，该算法能够在保证数据可用性的同时，有效抵抗隐私属性泄露。

3.2.4 “脸书”上的探索

Facebook 是由美国人马克·扎克伯格等创建的一个社交网络服务网站，于 2004 年 2 月 4 日上线，目前是世界排名第一的照片分享站点。作为在线社交网站中重要的旗帜，学术界对于 Facebook 的研究热情也越来越高涨。

对于 Facebook 的研究方向有很多。Shim[54]等讨论了目前使用移动技术和社交网络进行教育时遇到的问题和未来的发展方向。探讨的主题包括历史课程的数字化教育、使用智能手机和平板电脑在教室里进行教育、社会化网络服务的发展和社会媒体的使用等。重点讨论了微博、谷歌、iPhone /iPad 和 Facebook 技术环境的未来发展方向。Chen[55]等主要研究了 Facebook 用户学习态度的形成以及成员态度与自我表露的关系。通过学习理论的理论，他们了解到影响用户对社交网络中源于经典条件作用、操作性条件反射和社会学习的相关因素的态度的关键原因。此外，他们还探索了成员的态度影响自我披露的程度的基本过程，以及提出了站点使用率对于态度和自我表露程度关系起到的中介作用的理论。该研究对其他在线社交网站的文献研究有一定帮助，并且为相关网站服务供应商提供了有用的用户行为分析。Tzuo-Ming[20]等认为移动设备，如智能手机和平板电脑接入互联网比以往任何时候都更容易，同时也为大学和校友的社交平台带来了新的机会。他们提出了一种将 Facebook 和大学校友整合的社会网络站点的移动平台。在这个平台的用户可以互相联系校友，他们可以从 Facebook 知道他们的最新状况，并从高校数据库中获取校友个人信息。此外，移动平台利用谷歌同步功能，为用户提供了一种无所不在的信息检索服务，该服务可以在任何地点、使用任何设备进行信息检索。Özgür Külcü[56]等研究了在土耳其使用 Facebook 的用户是如何保护自己的隐私信息的。由于在土耳其没有法律能够保护用户在社交网络上的隐私，因此这项研究是非常重要的。研究人员招募了 400 名信息专业人士，他们都是 KUTUP-L 组织的成员，研究人员对这些人员的 Facebook 隐私信息设置进行了分析以及得分计算。结果表明大部分的信息专业人士都会选择修改用户默认设置来保护个人隐私。Chiu[57]等调查研究了在线社交网络中用户的主观幸福感与忠诚度。在这项研究中，他们确定了网络外部性的四个组成部分：感知网络规模、外部的威望、兼容性和互补性，并提出了一系列的假设。其收集的 615 个有效的用户数据为这些假设提供了强有力的支持。研究结果表明，感知网络规模对用户的社交网络认同产生负面影响。网络外部性的其他组件对社交网络的认同和满意度具有积极影响，从而也对用户的主观幸福感和忠诚度产生积极的影响。车凯龙[58]等以 Facebook 和腾讯这两个社交网络巨头为例，对比分析了其在大数据方案解决、战略体系、产品服务、盈利模式等方面的不同。结论是 Facebook 对大数据的应用和挖掘比较深入，广告收入是其主要盈利来源；而腾讯在大数据方面起步比较晚，但其创新能力比较强，开发了诸多服务产品，其盈利主要来自于客户的增值服务。李金波[59]等通过对国外 100 家高校图书馆 Facebook 服务平台的网络调查，从建站时间、服务内容、提供的功能、应用程序、活跃度等方面对 Facebook 应用的现状进行分析，为国内高校图书馆建设社交网络平台进行服务提出了建议，并指出图书馆应用社交网络仍需深入研究和思考效果、隐私和安全 3 个主要问题。

3.2.5 预测和发现

在线社交网络中的许多信息和数据，都为这些网站的工作人员以及其他的科研人员提供了一种预测和发现的可能。研究人员可以通过对用户产生的各类数据以及偏好设置等，预测未来即将流行的趋势和发现优点及不足，以此来改善在线社交网络以及信息系统。

Yen-Liang Chen[60]等发现许多社交网站一直在积极探索使用共享用户信息的创新的广告策略。例如，Facebook 提供一种服务，允许营销人员利用用户的状态自动生成广告。这种做法的有效性取决于能否准确地预测一个广告对其读者的影响。对于这种性质的广告策略，广告的影响程度是由广告的特点，包括创作内容和时间以及广告创作者的特点共同决定的。他们提出了两种模型预测，即广告内容特点不同和作者相关特点不同，来预测广告的影响力。实证评估表明，所提出的预测模型能够提高预测的准确性。Xu[61]等阐述了一种新的方法，可以有效地从社交网站发现最有影响力的用户。特别是提出了从社交网络中挖掘有影响力网络的一般方法和发现最有影响力的用户群体的计算模型。从社交网站中提取的实际数据的实证评估表明，所提出的方法相较于基本方法可以有效地识别最有影响力的群体。Aihui Chen[62]等认为，为了了解用户在一个社交网站上的行为，在测量之前，首先需要识别和分析各种类型的在线社交行为。为了从整体上分析用户在一个社交网站的行为，他们进行了三项研究。首先，使用 Delphi 法则将用户在一个社交网站上的积极行为分成四大类；然后，设计了一个测量模型并用477名社交网站用户在线调查的收集数据对其进行验证；接着，使用基于承诺理论的预测模型来测试1242个回复数据。数据分析结果表明，情感承诺和持续承诺能够对社交网站上的积极行为进行良好的预测。丁宇新[63]等研究了如何利用社交关系推测用户的隐藏属性，他们采用基于图的半监督学习方法推测用户属性。为了提高预测的准确率，提出了利用属性聚集度评价属性推测的难易程度，并依用户节点标记的不同，设计不同的权重公式计算用户之间的关系强度。张亮[64]等选取豆瓣网和人人网两个在线社交网络为研究对象，在基于美食主题的社交网络中，进行影响力用户发现。研究发现，基于主题的社交网络具有明显的无标度性质，点度中心度可以作为基本的用户影响力指标。派系划分方法能够发现影响力用户连接的子群；割点分析能够刻画影响力用户的信息传播能力。最后，结合节点度与派系值两个影响力指标，将用户划分成精英、专家、潜水、不活跃四种类型，其中精英用户和专家用户为影响力用户。

综上，我们可以总结出，社交网络方面的研究目前依然处于火热的时期，大量相关的研究层出不穷，相信未来会有更多的优秀文章发表，其研究角度也会得到拓新。

3.3 公共服务网络信息系统

在搜索学者以社会网络视角对于公共服务内容进行研究的文献后，将公共服务方面研究归纳为教育、医疗两方面。教育文献以course、education、E-learning等作为关键字进行搜索，医疗研究文章以health、doctor、treatment等关键字进行搜索。

3.3.1 教育系统

以社会网络视角对于教育系统方面的研究主要分为三个方向：教育沟通工具、知识分享以及在线教育系统。随着社会网络发展带来的社交工具种类的增加，教育者之间也开始使用社交软件来进行教育沟通，Shim[54]等探究美国学校里老师和学生之间使用智能技术系统中的社交媒介工具，例如Twitter、Facebook等进行远程教育，以及将 Blog、WIKI 这类社会网络设备带入课堂所带来的影响及变化。从依赖电脑及投影设备的电子课堂开始发展到依赖网页 Web 端、远程教育，直到现在可利用移动智能设备进行教学，科技和社会网络的发展带动教育的效率，教育将不受时空影响，课程弹性增加随之增加教育的个人导向性。在这些优势下，美国很多学校发放并利用平板、Kindle 进行教学，但并非所有智能设备适用于教育系统中，调查中学生表示平板设备不适合在查看 PPT 时同步进行笔记。但是，将 Web2.0 时代下的社交设备引入至教育管理系统可以减少成本，并且使教学过程更加高效。李宝强[65]对用户网络学术资源利用进行探讨，利用 TAM 和任务技术适配模型以及系统使用经验和信任作为变量，研究网络信息资源利用情况和用户网络分布。在校内知识分享方面，Qifeng Liu[66]等学者对利用校内社交网络进行知识分享的机制。高效网络空间中，知识存储在数字资源如文档、照片、视频等。文献中设计和优化高效中知识共享机制，机制具有五大功能，包括利用用户的个人社交网络以方便传播数字资源，利用一个六元组模型的基础标注实现统一标识的数字资源传播，根据朋友的访问控制列表进行安全知识共享，通过多尺度评价数字资源，最后以协同过滤作为其核心理念利用社交图谱进行数字资源的个性化推荐。在专家库探讨方面，王曰芬[67]针对现有科技咨询专家库在信息索取、存储、抽取和检索利用中存在的局限性，探讨将先进的组织专家检索技术、社会网络分析技术和可视化技术引入到专家库的构建中，分析和设计基于社会网络的科技咨询专家库构建方案与流程。对于在线教育方面的讨论，Kuo[68]等对基于位置的社交网络在在线教育支持系统的运用研究，在电子学习支持系统利用 GPS 传感器获取学习者的位置信息，利用社区协作加强学习的合作性以及连贯性，增加与导师以及同学间的互动以提高用户对于移动学习的满意度。在分布式学习中，增加学者间的联系变得十分重要，加入基于位置的社会网络系统，可以对于环境进行感知，例如系统自动提示学者何种环境更适应于英语学习，共享自我位置信息可方便进行线下沟通。学习者可以在电子学习支持系统搜索谁参加同一门课程，或可与谁进行互助过程，这是利用社区的概念将在线学习者构建网络并且建立相关联系。对于学术团队的评估方面，汤建民[69]以科学研究领域为例，基于数据挖掘和可视化技术的学术研究团队的可视化评估和识别方法，实现统一的学术流程，同时用国内科学研究领域为例说明此方法的可行性和有效性。

3.3.2 医疗系统

对于医疗方面的研究可以从医疗信息系统、医疗信任以及医疗数据等方面来分类。Durst[70]等探究个人喜好、生活方式、环境以及社交网络对于肥胖的影响，将社交网络作为一项社会资本，通过概念模型分析个人社交网络中产生的内容关系，个体所得到的内容源机会或者限制访问资源对于其个人生活方式的影响。杨义[71]等对医学生亲密的社会网络进行研究，抽取四川省医学生进行调查探讨其内在的社会网络特征，对于开展大学生性教育提供参考。Menon[72]对于医疗信息系统有生产力进行研究，分析 IT 对于医疗信息系统的作用，将生产投入分为劳动力和资本，劳动力分为 IT 劳动力和医疗劳动力，资本分为医疗 IT 资本、医疗资本、IT 资本，调研后发现 IT 技术对于医疗系统有正向推动作用。Jang[73]等使用社会网络分析方法对近年来医疗保健和药品的研究随时间变化的关键词进行归纳分析，在国家医学图书馆数据库中检索 27500 余篇文献，并利用 meaical 作为关键词进行搜索，发现“分子序列”为近年来的核心关键词。在临床医学方面，Baglioni[74]等提出个性化的医药和系统生物学概念以开发出新的健康学理论，来对应于临床医学的药物治疗活性。学者们利用社交网络模式为临床医学量身定制一个新型框架，社交网络模型的实体包括：病人、病理学、全科医生、药物、诊断、门诊，结合中心度算法等概念进行临床医学模式的探索。在医疗信任方面，Luis Fernandez-Luque[27]等发现利用社交媒体平台寻找高质量的健康信息很困难，社交媒体中误导性医学信息泛滥，因此他们对在线健康信息社区中的内容进行研究，对 Youtube 中有关糖尿病的视频进行度量搜索后设置一个指标为“Health Trust”，并且验证该指标适用于对于糖尿病这一关键词进行搜索，同时也验证社会网络分析的方法能够用于识别值得信赖的在线健康信任社区。Gold[26]等人利用社会网络分析医疗计划系统项目中的减少和民族差异，利用大规模的公共和私营部门参与健康计划系统工作，来建立之间的组织合作关系。在预先测试中，发现组织者和一部分赞助商的联系，并且伴随项目的发展，研究他们之间的参与感知地位和感知贡献，随后发现组织者和小范围的赞助商为网络核心，不同的角色赞助商发挥不同的作用。从用户健康状态看，宫继兵[75]等基于概率因子图模型对于医疗社会网络中的用户健康状态进行检测，考虑社会关系、历史健康状态和用户属性对网络用户健康状态检测结果的影响，同时提出基于时空概率因子模型的用户健康状态检测和预测方法。

4 总结与展望

本文基于信息系统概念、研究现状以及近年来社会网络分析的研究热点，整理文献库中以社会网络视角分析各类信息系统的核心观点，将信息系统按业务类型划分成：企业网络、社交网络以及公共服务网络。在企业网络中，从企业产品研发和推荐系统、员工管理系统、企业绩效和内部关系管理，以及从用户的角度探讨在社会网络的理论和分析方法下企业的运作思路和效率变化；社交网络是社会网络概念产生以来的研究热点，从社交平台中研究综述的太背景下，引出对于社交网络数据、平台危害性和以 Facebook 为重点的文献核心观点，以及从社交平台用户的活跃程度对于用户行为的预测问题。在从社会网络视角下并不十分活跃的公共服务角度，整理归纳学者对于教育系统以及医疗系统的研究情况，教育中社会网络的引入对于教育模式的创新以及教育成本的减少和效率的提高带来了促进作用，医疗研究在文献库中展现出并不热门的现象，但从趋势看，越来越多的学者将关注点放在近来日趋发展的在线医疗、诊断中，从医疗信任关系、医疗信息传递的角度进行了有关研究。社会网络研究个体间不断变化的发展关系、各节点间信息和资源的流动关系，将社会网络的视角引入到信息系统的研究当中，可以对于系统和系统内广阔受众的运作方式和影响模式进行追踪探讨，从整理的情况来看，社会网络视角的研究将会跟随现今时事热点的变化而发展，在当今在线医疗、智能硬件、虚拟现实（VR）及互联网各业务的活跃发展下，学者们也在不断从社会网络理论和分析方法中了解新型产业的动态演化。

参考文献

[1] Mclaren T S, Head M M, Yuan Y, et al. A multilevel model for measuring fit between a firm's competitive strategies and information systems capabilities [J]. MIS Quarterly, 2011, 35 (4): 909-929.

[2] Wang J, Gupta M, Rao R. Insider threats in a financial institution: Analysis of attack-proneness of information systems applications [J]. Management Information Systems Quarterly, 2015, 39 (1): 91-112.

[3] Laere J V, Aggestam L. Understanding champion behaviour in a health-care information system development project - how multiple champions and champion behaviours build a coherent whole [J]. European Journal of Information Systems, 2016, 25 (1): 47-63.

[4] Hsu C, Lin Y T, Wang T. A legitimacy challenge of a cross-cultural interorganizational information system [J]. European Journal of Information Systems, 2015, 24 (3): 278-294.

[5] Turel O. Quitting the use of a habituated hedonic information system: A theoretical model and empirical examination of Facebook users [J]. European Journal of Information Systems, 2015, 24 (4): 431-446.

[6] Furneaux B, Wade M. An exploration of organizational level information systems discontinuance intentions [J]. MIS Quarterly,

2011, 35 (3): 573-598.

[7] Hedman J, Sarker S. Information system integration in mergers and acquisitions: Research ahead [J]. European Journal of Information Systems, 2015, 24 (2): 117-120.

[8] Tiwana A, Mclean E R. Expertise integration and creativity in information systems development [J]. Journal of Management Information Systems, 2005, 22 (1): 13-43.

[9] Henningsson S. Learning to acquire: How serial acquirers build organisational knowledge for information systems integration [J]. European Journal of Information Systems, 2015, 24 (2): 121-144.

[10] Wiener M, Remus U, Heumann J. The effective promotion of informal control in information systems offshoring projects [J]. European Journal of Information Systems, 2015, 24 (6): 569-587.

[11] Whitley E A, Gal U, Kjaergaard A. Who do you think you are? A Review of the complex interplay between information systems, identification and identity [J]. European Journal of Information Systems, 2014, 23 (1): 17-35.

[12] Roberts N, Galluch P S, Dinger M, et al. Absorptive capacity and information systems research: Review, synthesis, and directions for future research [J]. MIS Quarterly, 2012, 36 (2): 625-648.

[13] Rogers Y, Smith H, Brady M. Managing one's social network: Does age make a difference? [J]. Human-Computer Interaction, 2003: 551-558.

[14] Boyd D M, Ellison N B. Social network sites: Definition, history, and scholarship [J]. Journal of Computer-Mediated Communication, 2007, 13 (1): 210-230.

[15] Thorelli H B, Johansson J. International product positioning [J].

Journal of International Business Studies, 1985, 13 (3): 85-111.

[16] Oinas-Kukkonen H, Lyytinen K, Yoo Y. Social networks and information systems: Ongoing and future research streams [J]. Journal of the Association for Information Systems, 2010, 11 (2): 61-68.

[17] Granovetter M S. The strength of weak ties [J]. American Journal of Sociology, 1973, 78 (6): 347-367.

[18] Ozyar E, Gurdalli S. Social network analysis: A powerful strategy, also for the information sciences [J]. Journal of Information Science, 2002, 28 (6): 441-453.

[19] Burt R S. Structural holes: The social structural of competition [M]. Harvard University Press, 2010.

[20] Chen T-M. Integrating facebook and alumni into the social network mobile platform [J]. International Journal of Electronic Commerce Studies, 2014, 5 (1): 109-114.

[21] Ganley D, Lampe C. The ties that bind: Social network principles in online communities [J]. Decision Support Systems, 2009, 47 (3): 266-274.

[22] Berger K, Klier J, Klier M, et al. A review of information systems research on online social network [J]. Communications of the Association for Information Systems, 2014, 35: 145-172.

[23] Sykes T A, Gosain S. Model of acceptance with peer support: A social network perspective to understand employees' system use [J]. MIS Quarterly, 2009, 33 (2): 371-393.

[24] Turban E, Li Y-W, Ho Y-T, et al. What drives social commerce: The role of social support and relationship quality [J]. International Journal of Electronic Commerce, 2011, 16 (2): 69-90.

[25] Haythornthwaite C. Social network methods and measures for

examining e-learning [J]. Social Networks, 2005.

[26] Gold M, Doreian P, Taylor E F. Understanding a collaborative effort to reduce racial and ethnic disparities in health care: contributions from social network analysis [J]. Social Science & Medicine, 2008, 67 (6): 1018-1027.

[27] Fernandez-Luque L, Karlsen R, Melton G B. Health trust: A social network approach for retrieving online health videos [J]. Journal of Medical Internet Research, 2011, 14 (1): 270-276.

[28] Kratzer J, Leenders R T A J, Van Engelen J M L. A social network perspective on the management of product development programs [J]. The Journal of High Technology Management Research, 2009, 20 (2): 169-181.

[29] Storto C. Investigating information flows across complex product development stages by using social network analysis (SNA) [C] //Proceedings of the Complexity in Engineering, 2010, IEEE Transactions.

[30] 鲜于波，梅琳. 间接网络效应下的产品扩散——基于复杂网络和计算经济学的研究 [J]. 管理科学学报，2009，12 (1): 70-81.

[31] Yang S J H, Chen I Y L. A social network-based system for supporting interactive collaboration in knowledge sharing over peer-to-peer network [J]. International Journal of Human-Computer Studies, 2008, 66 (1): 36-50.

[32] 杨斌，王学东. 基于社会网络嵌入性视角的虚拟团队中知识共享过程研究 [J]. 情报科学，2009，12 (1): 1765-1769.

[33] Sykes T A, Venkatesh V, Johnson J L. Enterprise system implementation and employee: Understanding the role of advice networks [J]. MIS Quarterly, 2014, 38 (1): 51-72.

[34] 杨隽萍，唐鲁滨. 浙江省创业者社会网络对创业绩效影响研究——基于知识获取和转化的视角 [J]. 情报科学，2011，12

(1): 1876-1881.
[35] 董占奎，黄登仕. 社会网络环境下工作搜寻行为实验研究[J]. 管理科学学报，2013，16 (7): 1-12.
[36] 姚小涛，张田，席酉民. 强关系与弱关系——企业成长的社会关系依赖研究[J]. 管理科学学报，2008，11 (1): 143-152.
[37] Wu A, Dimicco J M, Millen D R. Detecting professional versus personal closeness using an enterprise social network site [C] //Proceedings of the International Conference on Human Factors in Computing Systems, Atlanta, Georgia, USA, 2010.
[38] 梁潇. 三螺旋创新模式中信息流主体研究——以信息论加权的社会网络分析法[J]. 情报科学，2008，26 (1): 115-119.
[39] Ju P H, Wei H L. The influence of user social network on user participation in ERP system implementation [J]. Communications of the ACM, 2013: 4094-4103.
[40] Wu B, Ye Q, Yang S, et al. Group CRM: A new telecom CRM framework from social network perspective [C] //Proceedings of the ACM First International Workshop on Complex Networks Meet Information & Knowledge Management, Hong Kong, China, 2009.
[41] Sun H G. The impact of social network service, trust and cognition on customer loyalty in internet shopping [J]. Journal of information management, 2011, 42 (2): 211-234.
[42] 王乐，王勇，王东安. 社交网络中信息传播预测的研究综述[J]. 信息网络安全，2015，(5): 47-55.
[43] Shi Z, Rui H, Whinston A B. Content sharing in a social broadcasting environment: Evidence from twitter [J]. MIS Quarterly, 2013, 38 (1): 123-142.
[44] Park S-H, Huh S-Y, Oh W, et al. A social network-based inference model for validating customer profile data [J]. MIS Quarterly, 2012, 36 (4): 1217-1237.
[45] Wattal S, Racherla P, Mandviwalla M. Network externalities and

technology use: A quantitative analysis of intraorganizational blogs [J]. Journal of Management Information Systems, 2010, 27 (1): 145-174.

[46] Weiss S. Privacy threat model for data portability in social network applications [J]. International Journal of Information Management, 2009, 29 (4): 249-254.

[47] 唐杰, 陈文光. 面向大社交数据的深度分析与挖掘 [J]. 科学通报(中文版), 2015, 60 (5/6): 509-519.

[48] 高梦超, 胡庆宝, 程耀东. 基于众包的社交网络数据采集模型设计与实现 [J]. 计算机工程, 2015, 41 (4): 36-40.

[49] Maier C, Laumer S, Eckhardt A, et al. Giving too much Social support: Social overload on social networking sites [J]. European Journal of Information Systems, 2014, 24 (5): 447-464.

[50] Turel O, Serenko A. The benefits and dangers of enjoyment with social networking websites [J]. European Journal of Information Systems, 2012, 21 (5): 512-528.

[51] 刘杰, 王冰莹. 大学生社交网络成瘾现状、原因及其对策 [J]. 学理论, 2014 (29): 218-219.

[52] 吕少卿, 张玉清, 倪平. 基于公开信息的社交网络隐私泄露 [J]. 通信学报, 2013 (1): 190-196.

[53] 付艳艳, 张敏, 冯登国. 基于节点分割的社交网络属性隐私保护 [J]. 软件学报, 2014, 25 (4): 768-780.

[54] Shim J P, Dekleva S, Guo C, et al. Twitter, Google, iPhone/iPad, and Facebook (TGIF) and smart technology environments: How well do educators communicate with students via TGIF? [J]. Communications of the Association for Information Systems, 2011, 29 (1): 657-672.

[55] Chen R, Sharma S K. Learning and self-disclosure behavior on social networking sites: The case of Facebook users [J]. European Journal of Information Systems, 2015, 24 (1): 93-106.

[56] Özgur K, Henkoğlu T. Privacy in social networks: An analysis of Facebook [J]. International Journal of Information Management, 2014, 34 (6): 761-769.

[57] Chiu C-M, Cheng H-L, Huang H-Y, et al. Exploring individuals' subjective well-being and loyalty towards social network sites from the perspective of network externalities: The Facebook case [J]. International Journal of Information Management, 2013, 33 (3): 539-552.

[58] 车凯龙, 铁茜. 国内外社交网络 (SNS) 大数据应用比较研究——以 Facebook 和腾讯为例 [J]. 图书馆学研究, 2014 (18): 18-23.

[59] 李金波, 李书宁. 国外高校图书馆社交网络应用调查与分析 [J]. 图书情报工作, 2012, 56 (3): 75-79.

[60] Chen Y L, Tang K, Wu C, et al. Predicting the influence of users' posted information for eWOM advertising in social networks [J]. Electronic Commerce Research and Applications, 2014, 13 (6): 431-439.

[61] Xu K, Guo X, Li J, et al. Discovering target groups in social networking sites: An effective method for maximizing joint influential power [J]. Electronic Commerce Research and Applications, 2012, 11 (4): 318-334.

[62] Chen A, Lu Y, Chau P Y, et al. Classifying, measuring, and predicting users'overall active behavior on social networking sites [J]. Journal of Management Information Systems, 2014, 31 (3): 213-253.

[63] 丁宇新, 肖骁, 吴美晶. 基于半监督学习的社交网络用户属性预测 [J]. 通信学报, 2014, 35 (8): 15-22.

[64] 张亮, 张峋. 基于主题的 Web2. 0 社交网络影响力用户发现 [J]. 情报杂志, 2015, 34 (6): 158-162.

[65] 李宝强, 孙建军, 成颖. 基于 TAM 扩展模型的用户网络学术信息资源利用初探 [J]. 情报学报, 2008, 27 (4): 596-606.

[66] Du Z, Fu X, Zhao C, et al. University campus social network system for knowledge sharing [J]. Computer Science and Information Systems, 2012, 9 (4): 1721-1737.

[67] 王曰芬, 王雪芬, 杨小晓. 基于社会网络的科技咨询专家库的构建方案与流程设计 [J]. 情报学报, 2012, 31 (2): 116-125.

[68] Kuo L, Yang H, Yu J, et al. Identifying the course role of in-service learning via the social network structure [J]. Wseas Transactions on Communications, 2010, 9 (9): 583-594.

[69] 汤建民. 学术研究团队的可视化识别及评估方法研究: 以科学学研究领域为例 [J]. 情报学报, 2010, 29 (2): 323-330.

[70] Durst C, Viol J, Wickramasinghe N. Online social networks, social capital and health-related behaviors: A state-of-the-art analysis [J]. Communications of the Association for Information Systems, 2013, 32 (5).

[71] 杨义, 叶运莉. 医学生亲密社会网络特征影响因素分析 [J]. 中国学校卫生, 2013, 34 (12).

[72] Menon N M, Lee B, Eldenburg L. Productivity of information systems in the healthcare industry [J]. Information Systems Research, 2000, 11 (1): 83-92.

[73] Jang H L, Lee Y S, An J Y. Application of social network analysis to health care sectors [J]. Healthcare Informatics Research, 2012, 18 (1): 44-56.

[74] Baglioni M, Pieroni S, Geraci F, et al. A new framework for distilling higher quality information from health data via social network analysis [C] //Proceedings of the International Conference on Data Mining Workshops, 2013. IEEE Computer Society.

[75] 宫继兵, 王睿, 王晓峰. 基于概率因子图模型的医疗社会网络用户健康状态检测方法 [J]. 计算机研究与发展, 2013, 50 (6): 1285-1296.

附录 A

基于社会网络视角的信息系统研究

	研究方法	焦点	研究对象	数据来源
		企业网络信息系统（产品系统）		
Kratzer 等（2009）	问卷调查	社会网络为产品研发带来的创新性	企业团队中不同的社会网络团体	问卷
Storto 等（2010）	内容分析 & 描述统计	社会网络为产品研发产生的信息流	汽车调温系统中的研发部门	文献、访谈
鲜于波，梅琳（2009）	建模 & 仿真分析	间接网络效应下的产品扩散现象	市场“软件”数量和用户选择	基准模型实验
		企业网络信息系统（员工系统）		
Yang 和 S. J. H.（2008）	模型分析 & 实验法	社会网络对员工隐性显性知识分享的影响	学校学生在特定情境下的打分表	实验法、访谈
杨斌，王学东（2011）	内容分析	虚拟团队员工的知识共享过程	不同数据库的相关文献	各文献数据库
Tracy 等（2014）	假设检验 & 问卷调查	建议网络下 ERP 对员工绩效的影响	大型组织事业单位下 87 名员工	访谈、问卷

续表

	研究方法	焦点	研究对象	数据来源
杨隽萍，唐鲁滨（2011）	问卷调查	社会网络对浙江创业者绩效影响	浙江创业者（创业项目成立 5~8 年）	问卷、访谈
董占奎，黄登仕（2013）	建模 & 实验法	社会网络环境下员工搜寻工作行为	60 名硕士研究生	实验法
		企业网络信息系统（公司全局系统）		
姚小涛，张田（2008）	内容分析 & 实证统计	强弱关系对企业成长的影响	250 家不同产业的企业负责人、员工	访谈
Anna Wu 等（2010）	内容分析 & 模型检验	社会网络站点使用后企业专业和私人关系转变模式	196 名企业 Beehive 社交系统使用者	访谈
梁潇（2008）	内容分析	利用三重螺旋模型探究社会网络下创新信息流问题	文献创作合集者（大学、产业、政府）	文献合著者的论文集
Ju，P. -H. W 等（2013）	文献分析 & 问卷调查	ERP 系统下用户网络和用户参与度问题	TSC 中 400 名员工和 300 名用户	调查问卷、访谈

续表

	研究方法	焦点	研究对象	数据来源
Wu，B 等（2009）	内容分析 & 问卷调查	CRM 在社会网络下的机制作用	中国三大城市组织中的用户交互	GCRM 系统中用户交互数据
Sun，H.-G.（2011）	假设检验 & 问卷调查	社会网络服务对在线交易中信任、认知和用户忠诚度的影响机制	200 名大学生和 200 名网民	问卷
		社交网络信息系统（综述型文章）		
Berger 等（2014）	文献分析	与信息系统有关的在线社交网络研究现状	不同数据库中的相关文献	各大文献数据库
王乐等（2015）	文献分析	国内外社交网络中的信息传播预测问题的研究现状	不同数据库中的相关文献	各大文献数据库
		社交网络信息系统（数据科学）		
Zhan Shi 等（2013）	建模 & 数据验证	社会传播中的内容传播	Twitter 中的用户转发数据	Twitter
Sung-Hyuk Park 等（2012）	建模 & 实证分析	自我报告资料中的虚假信息	2000 万个实际呼叫信息	一家全球最大的电信服务供应商

续表

	研究方法	焦点	研究对象	数据来源
Wattal 等（2010）	建模 & 定量分析	其他人的使用对像博客一类的社会计算工具的使用的影响	跨国公司员工的博客使用特征	一个大型的美国跨国公司的企业博客
Weiss 和 Stefan（2009）	建模 & 数据验证	数据滥用的风险对个人用户的信息隐私以及供应商的商业模式的威胁	社交网络数据	各大社交网站主页
唐杰和陈文光（2015）	文献分析	大社交数据的深度分析与挖掘	不同数据库中的相关文献	各大文献数据库
高梦超等（2015）	建模 & 数据验证	基于众包的社交网络数据采集	新浪微博数据	146 个志愿机器节点
		社交网络信息系统（社交网络的危害）		
Christian Maier 等（2014）	问卷调查	社交网络服务中的社交过载	23 个 SNS 使用者	问卷调查数据
Turel 和 Serenko（2012）	数据分析	享受社交网络的双重效果	194 个社交网络网站用户的数据集	社交网络网站用户

续表

	研究方法	焦点	研究对象	数据来源
刘杰和王冰莹（2014）	问卷调查	大学生社交网络成瘾	哈尔滨工业大学等学校大一至研二的学生	410 份问卷
吕少卿等（2013）	建模 & 数据验证	隐私信息推测算法	40 个好友关系网络	人人网
付艳艳等（2014）	建模 & 数据验证	基于节点分割的隐私属性匿名算法	Google+和 Last. FM 的用户数据集	Google+和 Last. FM
		社交网络信息系统（Facebook 上的探索）		
J. P. Shim 等（2011）	主题分析	使用移动技术和社交网络进行教育	相关移动技术科技主题知识	无
Rui Chen 和 Sharma（2015）	问卷调查	Facebook 用户学习态度的形成以及成员态度与自我表露的关系	Facebook 用户	822 份问卷
Ming Tzuo-Chen（2014）	理论模型	整合的社会网络站点的移动平台	Facebook 和大学校友	无
Külcü 和Henkoğlu（2014）	数据分析	Facebook 的用户如何保护自己的隐私信息	400 名信息专业人士的 Facebook 隐私信息设置	KUTUP-L 组织成员

续表

	研究方法	焦点	研究对象	数据来源
Chao-Min Chiu 等(2013)	建模 & 数据验证	在线社交网络中用户的主观幸福感与忠诚度	615 个有效的用户数据	Facebook
车凯龙和铁茜(2014)	数据分析	Facebook 和腾讯的大数据对比	Facebook 和腾讯	互联网
李金波和李书宁(2012)	在线调查	高校图书馆社交网络应用	608 所高校图书馆 Facebook 专页中排名前 100 的专页	高校图书馆 Facebook 专页
		社交网络信息系统(预测和发现)		
Yen-Liang Chen 等(2014)	建模 & 数据验证	预测社交网站中广告的影响力	社交网站中的广告数据	社交网站
Kaiquan Xu 等(2012)	建模 & 数据验证	从社交网站发现最有影响力的用户	Twitter 用户数据	Twitter
Aihui Chen 等(2014)	建模 & 数据验证	预测用户在社交网站上的行为	477 名社交网站用户在线调查的数据	社交网站
丁宇新等(2014)	提出计算方法并用数据进行验证	利用社交关系推测用户的隐藏属性	人人网用户数据	人人网

续表

	研究方法	焦点	研究对象	数据来源
张亮和张皡（2015）	提出计算方法并用数据进行验证	发现社交网络中有影响力的用户	豆瓣网和人人网美食主题社区数据	豆瓣网和人人网
		公共服务网络信息系统（教育系统）		
J. P. Shim, S. D（2011）	内容分析 & 文献分析	社交工具（Twitter、Face book 等）对于学生交流的影响	学生群体	文献数据库、访谈
李宝强等（2008）	内容分析 & 模型分析	用户网络学术信息资源利用率	各类学术数据库	文献数据库
王曰芬等（2012）	模型分析 & 流程设计	基于社会网络的科技咨询专家库构建	专家网络库	文献数据库
Kuo, L. -H（2010）	问卷调查	社会网络构建下服务类课程地位	250 余种课程分析	问卷
汤建民（2010）	假设检验 & 案例分析	学术研究团队的可视化识别与评估方法	文献集作者、数量和关键词等	文献数据库
		公共服务网络信息系统（医疗系统）		

续表

	研究方法	焦点	研究对象	数据来源
杨义和叶运莉（2013）	问卷调查	医学生亲密社会网络特征	2757 名医学生	问卷
Menon 等（2000）	文献分析 & 问卷调查	医疗信息系统生产率	1964—1994 年医院系统样本	问卷、访谈
Baglioni 等（2013）	内容分析 & 算法设计	社会网络下获取高质量医疗信息框架	医疗信息集群	文献数据库
Fernandez-Luqu 等（2012）	实验设计 & 内容分析	社交媒体下医疗信任变化问题	Youtube20 频道医疗视频和用户	视频用户数据
Gold，M 等（2008）	文献分析 & 邮件访谈	减少医疗中道德和民族差异方法探究	15 个医疗组织及成员	文献数据库、访谈
宫继兵和王睿（2013）	建模 & 实验设计	医疗社会网络用户健康状态检测方法	10 万 Twitter 用户数据	Twitter

【作者简介】

吴江，1978 年生，浙江东阳人，武汉大学信息管理学院副教授，硕士生导师，武汉大学珞珈青年学者，湖北省楚天学子，信息系统与电子商务系主任；清华大学模式识别与智能系统专业硕士、华中科技大学管理科学与工程博士、瑞士苏黎世联邦理工大学博士后、美国卡内基梅隆大学访问学者、美国亚利桑那大学访问学者。主要研究方向为社会网络计算、网络信息计量、在线医疗社区。

施立，男，武汉大学信息管理学院硕士研究生，研究方向：电子商务与社会网络。

曾敏讷，女，武汉大学信息管理学院硕士研究生，研究方向：社会网络与用户行为分析。

国内外云存储服务研究进展*

邓胜利　刘　瑾
（武汉大学信息资源研究中心）

【摘　要】本文从文献数量分布、研究主题词分布、理论与模型应用、个人云存储服务的使用、企业云存储产品的应用、云存储服务安全与实现技术、研究结论等方面，采用定量和定性相结合的方法，对国内外数据库中云存储行为研究的文献进行梳理和分析。研究发现：个人云存储服务的研究较少，但将成为未来一个重要的研究主题，应加强对个人层面的云存储服务的研究；单一的问卷调查和访谈调查的方法样本选取不得当将影响最终的研究结论，应寻求调查方法的多样性和严谨性；需要构建符合云存储技术特征的实证模型；云存储服务供应商应选择特定群体加强对云存储服务的宣传，在云存储服务带来方便的同时，必须加强对云存储服务安全隐患的重视。本文通过对国内外云存储服务行为研究现状的分析，借鉴国外研究的成功经验，为我国该领域的研究提供研究思路和理论基础。

【关键词】云存储　服务　研究进展

＊　本文系教育部人文社会科学重点研究基地重大项目“我国服务业信息化推进与保障机制研究”（批准号 No. 15JJD870001）和武汉大学 70 后学术团队项目“网络用户信息行为”的研究成果之一。

Research Progress of Cloud Storage Service at Home and Abroad

Shengli Deng　Jin Liu
(Center for Studies of Information Resources, Wuhan University)

【**Abstract**】 From the number of literature distribution, research topic word distribution, theory and the application of model, personal cloud storage service use, enterprise cloud storage application, security of cloud storage service and implementation technology, the research conclusion, using qualitative and quantitative methods, on domestic and international database of cloud storage behavior of literature review and analysis. It is found that the research on personal cloud storage service is not, but it is important to strengthen the research on cloud storage service. The single questionnaire survey and interview survey methods should be chosen to meet the needs of cloud storage technology, and it is necessary to strengthen the security of cloud storage service. Through the analysis of the status quo of the domestic and foreign cloud storage service behavior research, draw on the successful experience of foreign research, the research ideas and theoretical basis for the field of our country.

【**Keywords**】 cloud storage　service　research progress

1　引　言

随着大数据时代的到来，以及移动终端和无线网络的普及，由于其需求量大、使用方便、海量存储、跨平台数据同步和实时共享的特点，云存储服务已经引起了学术界等多个领域的广泛关注。作为云计算技术最普遍的应用，云存储服务是指用户在数据中心而不是本地设备上存储的数据资源，用户可以使用各种智能终端（笔记本电脑、智能手机、平板电脑等），随时随地通过网络来访问和使用这些资源。近年来，云存储服务被广泛应用于社会生活的各个方面，如企业信息化、电子政务、数字图书馆、档案管理、教学资源整合等，成为全球信息通信技术行业的一个中心问题。据移动互联网第三方数据挖掘和整合营销机构 iiMedia Research（艾媒咨询）发布的《2014 年中国个人云存储行业及用户行为研究报告》数据显示，2014 年中国个人云存储用户规模预计将达到 3.8 亿人，在各大公司的宣传推广下，随着用户习惯的养成，预计 2015 年中国个人云存储用户规模将达到 4.5 亿[1]。我国的个人云存储服务的宏观环境近年来也得到了极大的改善，政策上，政府对云计算的支持与推动正逐步从战略层面走向落实，2013 年 5 月，国家发改委发布了《关于加强和完善国家电子政务工程建设管理的意见》，特别指出要推进包括云计算在内的新技术在电子政务项目建设中的应用；经济上，居民收入的不断增加使得个人云存储付费用户的规模逐渐扩大，随着付费人群的增加，市场规模也逐渐扩大；社会环境上，2014 年中国智能手机用户规模达 5.56 亿，智能手机的快速普及也是推动个人云存储应用快速发展的重要因素之一；技术上，我国对云计算的基础设备和核心技术逐渐成熟使得用户需求得到了满足，增加了云存储服务的用户数量。

在云计算和信息技术的发展下，信息存储在不同设备、不同平台上已经被人们普遍接受，如何对不同平台上的个人信息进行有效管理成为了人们关心的新问题，同时个人云存储带来的安全性问题使得用户对云存储服务存在一些顾虑。从云存储服务提供者的角度，云存储服务市场竞争激烈，用户规模逐渐扩大但是用户分布十分不均匀，除了用户的个人偏好外，这一现象与云存储产品本身的性质和存在的问题有着很大的关系。本研究对如何正确理解个人用户的云存储服务行为，帮助云存储服务供应商有针对性地设计、营销，改进现有产品和服务的不足，增强用户信心，提高市场占有率，进而促进云存储服务的发展和使用有着重要意义。从云存储服务使用者的角度，当用户选择尝试或使用某项新的信息技术时，对产品的选择可能是随机的，也可能是对产品进行了解和使用后才作出选择，本研究将为用户对云存储服务的选择提供借鉴。目前已经有学者利用各种理论模型对云存储服务进行了大量的理论和实证研究，本文拟对外文数据库中云存储服务研究现状结合中文数据库中的相关文献进行分析，探讨国内外云存储服务的研究现状，以期对我国的相关研究提供参考意见。

2 相关概念与文献获取

云存储是近年来在应用领域的一个重大变革，它在网络上对用户数据进行维护、管理和备份，为用户提供了全新的业务服务模式。文章首先对云存储相关的概念云计算和云存储服务进行说明，然后对国内外云存储服务的总体研究概况进行统计分析，从全局上把握云存储服务的研究情况，最后选取部分研究文献作为样本展开全文的讨论。

2.1 相关概念

2.1.1 云计算

近几年来，“云计算”在我国社会各领域一直是一个热门词汇，而且随着信息系统网络的不断发展和大数据概念的兴起，云计算也逐渐走入到人们日常生活、工作中，“云”用来比喻需要通过超级计算能力处理的资源，云计算被称为信息技术的第三次革命，正在改变着人们利用信息的方式和习惯。云计算为信息技术带来新的变革，“云计算”的概念早在1983年就有了雏形，2006年，Google首席执行官Eric Schmidt在搜索引擎大会上首次提出“云计算”的概念[2]。从企业层面，最早提出“云计算”概念的是Dell公司，而Amazon创作于2006年的EC2产品是现今公认的最早的云计算产品[3]。紧接着，在2007年Google和IBM就率先开始了对云计算的研究，他们为多所世界上优秀大学的学生提供资金、设备、技术等的支持来开展对云计算的研究。从Google Trends搜索趋势看，“云计算”的概念从2007年下半年开始受到关注，国内对“云计算”的关注是从2008年第一季度开始的。2013年开始，随着智慧城市建设的逐渐展开，中国云存储市场规模继续增大。“十二五”期间，中央政府成立专项资金支持云计算产业的发展，而北京、上海、深圳等地都制定了2015年云计算的发展目标，国内著名的互联网企业如百度、阿里巴巴、网易也相继在近几年推出了自己的云计算产品和云计算发展计划。

云计算有很多定义，目前学术研究中引用较多的是美国国家标准与技术研究院（The US National Institute of Standards and Technology，NIST）的定义：云计算是一种按使用量付费的模式，这种模式提供可用的、便捷的、按需的网络访问，进入可配置的计算资源共享池（资源包括网络、服务器、存储、应用软件、服务），这些资源能够被快速提供，只需投入很少的管理工作，或与服务供应商进行很少的交互[4]。

2.1.2 云存储服务

在各种云服务中，云存储是一种与网络用户的需要最为密切相关的服务，因为它涉及用户的所有重要数据和备份文件的存储。云存储是在云计算概念的基础上延伸和发展出来的一个新的概念，云存储是指通过集群应用、网络技术或分布式文件系统等功能，将网络中大量各种不同类型的存储设备通过应用软件集合起来协同工作，共同对外提供数据存储和业务访问功能的服务系统[5]。简单来说，云存储就是将信息资源放到云端让用户进行存取的一种新兴方案，使用者可以在任何时间、任何地方，通过任何可连网的装置连接到云上，方便地存取数据。云存储服务是指云存储供应商提供的存储和存储相关的服务，云存储供应商包括托管服务提供商、电信运营商及云存储技术厂商，其提供的云存储服务可分为网盘、空间租赁服务、远程备份与容灾三大类。

泛在知识环境下，传统的文件存储服务已经无法满足用户对高效快捷管理信息方式的需求，用户的信息行为和管理信息的方式发生了变化，把从各种途径（笔记本电脑、平板电脑、手机等）获取的信息和资源通过网络存储在云端，可以随时随地的使用所存储的信息。目前，国内主流的个人云存储产品包括腾讯微云、百度云盘、联想云盘、华为云盘、阿里云、360 云盘等。国外主流的个人云存储产品有 Dropbox、Google drive、Box、iCloud、OneDrive、Amazon Cloud Drive 等。个人云存储市场的发展壮大，不仅归因于云计算技术的成熟、移动终端的普及，还有用户需求的原因。

2.2 国内外文献获取与分析

随着各国云计算技术的迅速发展，为了促进更多的互联网用户使用云存储服务进行信息存储，实现云计算发展的根本目标，世界各国已开始对云存储服务进行各种研究，特别是发达国家对云存储的研究非常热门，目前世界上云存储研究比较靠前的国家是美国、德国、韩国。中国国内云存储服务的起步虽然晚，但是研究进展迅速且取得了一定的成果。文章将分别对国内外云存储服务的研究文献进行统计分析，对比国内外云存储服务的发展现状。

2.2.1 国外研究现状

本文在武汉大学学术资源发现系统中使用 cloud storage service 为题名进行检索，在高级检索类型中限定为外文，年份不限，资源类型选择学术期刊，以此来获得外文数据库中关于云存储服务的相关文献研究情况，最终得到 187 条文献记录。

相关文献的时间分布如图 1 所示，结果显示 2010 年到 2015 年云存储相关的文献数量逐年增长（2015 年由于尚无法统计，获得的数据不完整，因此不纳入考虑范围），说明众多专家学者对云存储研究的热度持续上升。

图 2 为国外相关文献主题词分布，从相关研究文献的内容上看，云存储服务相关研究领域的热门关键词主要是云存储、云计算、数据加密、信息检索、信息存储、安全性、数据安全、云、数据完整性、存储等，研究内容主要集中在云存储的安全与技术方面。在学术界，云存储越来越受到人们的重视，成为当今计算机科学领域最重要的研究课题之一。然而，目前大多数研究侧重于理论研究或技术开发，而很少直接涉及用户对云存储的使用状况说明。此外，近年来的相关研究主要是针对业务层面的云计算技术的优势、劣势和效益分析，而很少有涉及针对个人用户使用云存储服务

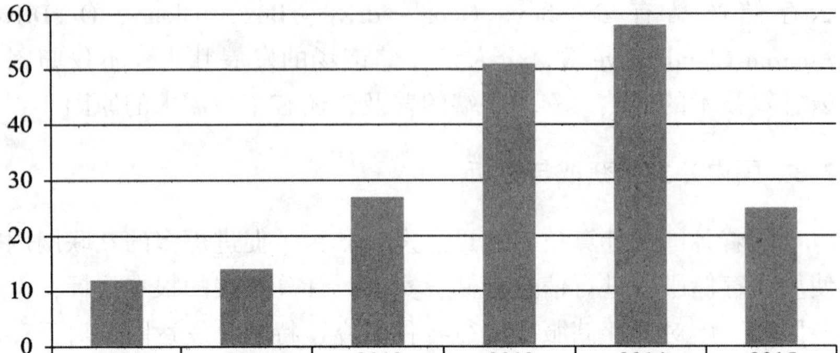

	2010	2011	2012	2013	2014	2015
■数量	12	14	27	51	58	25

图1 国外相关文献研究时间分布

的意图的相关的文献研究，个人云存储相关的文献研究数量还不多。

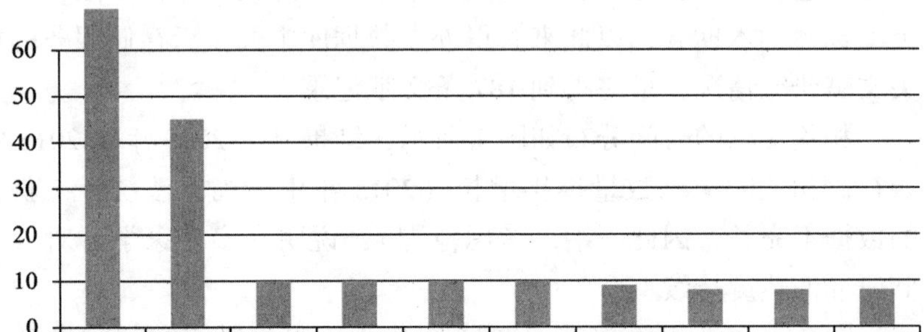

	cloud storage	cloud compting	data encryption	information retrieval	information storage	security	data security	cloud	data integrity	storage
■数量	69	45	10	10	10	10	9	8	8	8

图2 国外相关文献主题词分布

2.2.2 国内研究现状

云存储作为云计算的典型应用，是云计算技术的延伸和发展，本文于2015年12月1日以“云存储服务”为主题词在中国学术期刊网络出版总库（中国知网 CNKI）进行检索，检索截止日期为 2015 年 11 月 30 日，发表年度不限，共得到 132 条检索结果。

每年的文献数目变化情况见图 3 所示。由图中的变化情况可以看到，国内的云存储服务开始于 2008 年，而且文献数目呈现逐年上升的趋势（2015 年由于尚无法统计全，获得的数据不完整，因此不纳入考虑范围），国内对云存储的研究热度持续走高，云存储一直都是学术界的研究热点。

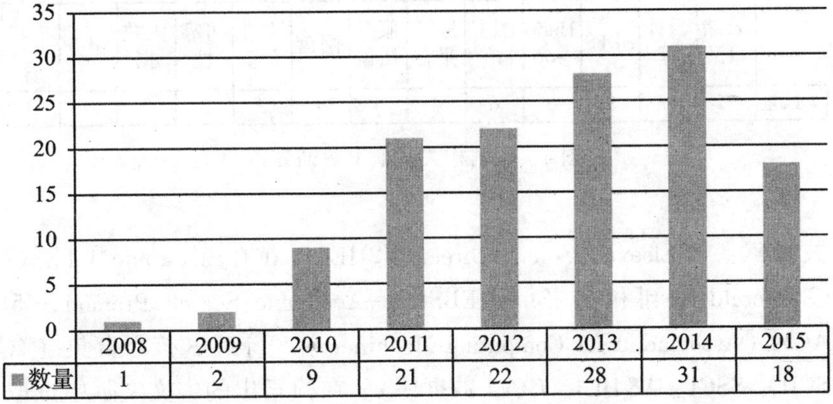

图 3　国内相关文献研究时间分布

图 4 为国内相关文献主题词分布，通过对国内和国外云存储相关文献的梳理和对比，可以发现现有关于个人云存储的研究主要集中在云系统设计、云安全、存储技术等方面，云存储服务和个人云存储市场发展状况的研究也有一部分，但是不够详细和深入，没有跟上时间发展的变化。另外，针对用户的研究开始有涉猎，但主要集中在用户对个人云存储技术的使用上，对用户在使用过程中遇到的问题、用户使用之后的反馈意见研究较少，且研究的内容都比较宏观，不够深入细致。

2.3　研究样本的选取

在检索出来的文献中，本文选取以下外文数据库中所得到的相

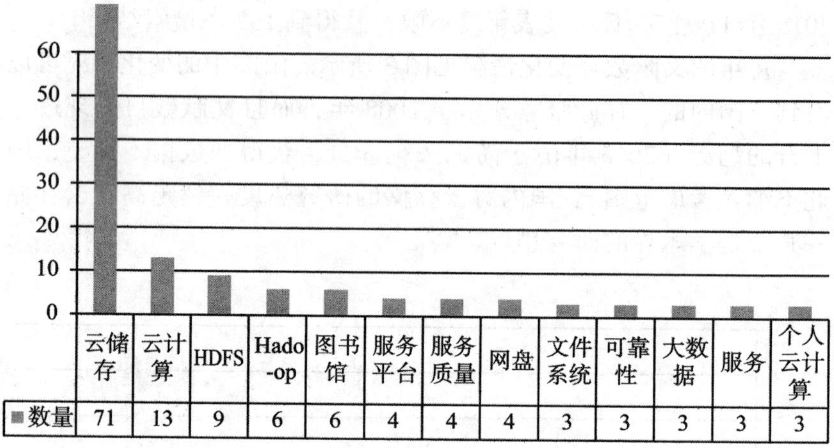

图 4　国内相关文献主题词分布

关文献：①Elsevier ScienceDirect；②IEEE/IET Electronic Library；③Emerald 期刊和丛书；④EBSCO—Academic Search Premier；⑤ACM（Association for Computing Machinery）；⑥WOS 核心合集（含 SCIE、SSCI、A&HCI、CPCI 数据库）。在检索出的中文文献中选取被引量排在前面的文章，然后对这些相关文献按以下条件进行处理：①对非学术研究性文献进行剔除；②对不是云存储服务、云存储服务影响因素的相关文献进行剔除；③对检索结果中的参考文献进行回溯检索。最终共获得相关外文文献 38 篇，中文文献 18 篇。

3　云存储服务研究的理论分析

有效的理论基础可以更好地反映国内外云存储服务的研究现状，笔者对所获得的 38 篇外文文献、18 篇中文文献所应用的理论进行了分析。

3.1　理论应用概况

在 38 篇外文文献中，仅有 12 篇有明显的理论基础，在 18 篇中文文献中有6篇有明显的理论基础，对这些文献中用到的理论进行统计分析（见图5），涉及10种理论和模型，包括技术接受模型（Technology Acceptance Model，TAM）、技术-组织-环境框架（Technology-Organization-Environment，TOE）、技术接受与使用统一理论（Unified Theory of Acceptance and Use of Technology，UTAUT）、创新扩散理论（Diffusion Of Innovation，DOI）、社会认知理论（Social Cognitive Theory，SCT）、技术接受扩展模型（TAM2）、TAM3、理性行为理论（Theory of Reasoned Action，TRA）、任务技术匹配模型（Task-Technology Fit，TTF）、美国顾客满意度指数模型（American Customer Satisfaction Index，ACSI）等。其中，TAM使用次数最多，此外TOE、UTAUT也是常用的模型，相比而言，其他理论在文献中出现频次较低。通过对文献内容进行分析发现，单篇文献所使用的理论或模型一般有多种，大多数研究是在原有理论或模型的基础上进行扩展和组合，生成新的模型。总体来看，云存储领域的研究对理论基础的应用还不够成熟，处于研究的初始阶段，未来还有很大的发展空间。由于云存储服务问题的复杂性，多种理论或模型的综合运用，会使模型更全面、更完整。

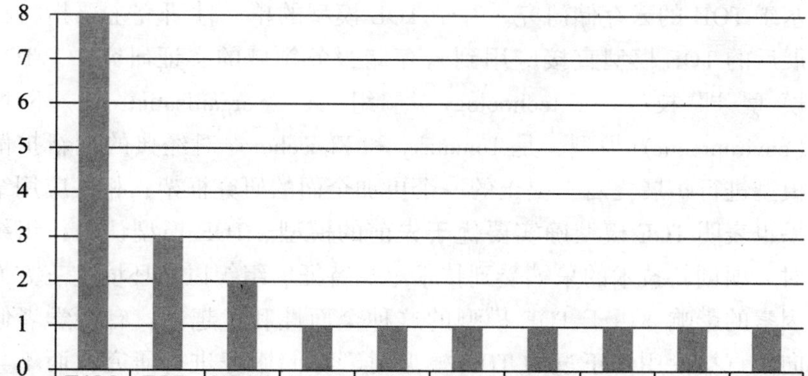

	TAM	TOE	UTAT	DOT	SCT	TAM3	TAM2	TRA	TTF	ASCI
■数量	8	3	2	1	1	1	1	1	1	1

图5 研究理论应用频次分布

3.2 理论应用分析

借鉴杨雅芬[6]对采纳理论模型的研究方法分类，将云存储服务研究分为单一理论、理论扩展式、理论组合式、整合式四种形式。单一性研究，指仅对单一的服务理论模型的内容进行研究，或是将单一的理论模型应用到云存储领域进行实证研究；扩展式研究，这类研究模型的主体是技术接受模型本身，通常还会加入信任、感知风险、用户满意度等因素对原有模型进行细化和扩展研究；组合式研究，指对来自不同模型的核心变量进行组合，从而构建新的研究模型，在研究过程中只关注各变量对使用意向的影响过程；整合式研究，这类研究需要将来自不同理论模型的核心变量进行重新整合之后构建新的研究模型，并对模型中各变量之间的相互影响关系进行研究。按照单一性研究、扩展式研究、组合式研究、整合式研究四种理论应用形式，将典型实证类文献基础理论选用情况进行整理，分析国内外云存储服务相关文献的理论应用情况。

3.2.1 单一性研究

在云存储服务领域，单一性研究比较简单，比较典型的例子有基于 TOE 的云存储研究。基于 TOE 模型的单一性研究主要指将扩展后的 TOE 模型直接应用到云存储服务领域的实证研究中。TOE 模型即技术（technology）、组织（organization）、环境（environment）模型，是 Tomatzky 和 Fleischer[7]对经典的创新扩散模型进行扩展之后，提出的一个更加全面的研究框架，相关应用结果也表明 TOE 模型确实要优于先前的模型。TOE 模型认为，组织对一项创新技术的采纳受到技术本身特征、组织以及环境这三方面因素的影响。由于 TOE 模型的这种全面性和优越性，有些学者倾向于直接使用修正过的 TOE 模型对云存储服务进行研究，而不与其他的理论模型组合进行使用。Alshamaila 等人[8]采用 TOE 理论基础进行定性的探索性研究，采用半结构化面试，收集在英国东北部 15 个不同的中小企业和服务供应商的数据，通过研究小型到中小型企业的云存储服务过程来帮助促进云存储服务的研究。最终得出结论，影响中小企业采用云存储服务的主要因素是：相对优势、不确定性、地理限制、兼容性、可试用性，大小，高层管理人员的支持，以前的经验，创新性、行业、市场范围，供应商的努力和外部计算支持。Warkentin 等人[9]认为 TOG 模型对感知风险有着正向的影响作用，在电子商务环境下，与感知风险相关的安全和隐私问题会对在线服务的使用产生阻碍作用。

国内主要使用 TAM 模型进行单一性研究。技术接受模型（Technology Acceptance Model，TAM）是 1989 年 Davis[10]运用理性行为理论研究用户对信息系统接受时所提出的一个模型，提出技术接受模型最初的目的是对计算机广泛接受的决定性因素做一个解释说明。技术接受模型提出了两个主要的决定因素：（1）感知的有用性（perceived usefulness），该指标反映一个人认为使用一个具体的云存储系统对他的工作效率提高的程度；（2）感知的易用性（perceived ease of use），该指标反映一个人认为使用一个具体的云存储系统的容易程度。孟凡静[11]采用 TEM 模型和 SEM 模型对可能影响个人云存储服务使用意愿的主要因素提出假设，并对这些影响因素进行分析验证，认为个人隐私风险、使用规范及复杂性是影响个人云存储服务使用意愿的主要因素，个人云存储服务应在技术服务体系上加强安全保障机制，在政策上健全相关法律规定。郭帅兵[12]通过问卷调查，结合 SPSS 和 AMOS 软件，实证分析了个人云存储服务的感知利得和感知利失对感知价值、使用意愿的影响，提出要加大对功能有用性和娱乐性的推广宣传，吸引更多的用户使用个人云存储服务。

在国外的研究中，Opitz[13]使用了一个修改后版本的通用技术接受模型 TAM2 研究了德国 IT 部门的云存储服务行为，将实际系统使用作为因变量，使用意图、感知有用性、感知易用性、社会规范、形象、工作相关作为调节变量，这些研究结果推进了理论发展，并有助于未来的研究，还提供了一个结构化的和更系统的方法研究云服务供应商如何建立他们的服务，促进他们的市场。Yang[14]基于任务技术匹配理论在台湾进行抽样调查分析个人云存储服务的影响因素，提出隐私保护的风险和隐私政策风险的云存储服务会对用户感知有用性和持续的意图产生负面的干扰影响。

3.2.2 扩展式研究

扩展式研究不涉及对最初始模型的改动，这类研究主要是在保留原始模型的基础上，增加相关变量之后进行研究，典型的例子有基于 TAM 的扩展研究和基于 UTAUT 的扩展研究。

由于 TAM 模型的局限性，感知有用性和感知易用性的外部影响因素在 TAM 模型中并没有得到完全的探索和研究，单凭 TAM 模型并不能完整地解释和分析用户对云存储服务的接受和使用行为。因此，相关研究人员通常会加入 DOI、SCT 等理论的核心变量作为模型的外部变量，以对 TAM 模型做进一步的细化和扩展研究。Shin[15]在 TAM 模型的基础上加入了行为目的和主观规范这两个变量，探讨云存储服务在政府机构的主要特点，调查了公共机构工作的用户看法。结果表明，用户的意图和行为在很大程度上影响了感知功能的云服务，这些功能也被发现是显著的云计算的有效性和易用性。Hung 等人[16]认为，主观规范（subjective norm，SN）的信念结构可以进一步扩展为外部影响、人际影响等。Suki 等人[17]和 Ozkan 等人[18]的研究发现人际影响会对用户的主观规范产生显著的正向影响，但外部影响所起的作用几乎可以忽略。

基于 UTAUT 的扩展研究，其实就是在计划行为理论（TPB）的基础上再引入一些用于预测用户个体行为的额外变量，作为第三层变量对用户云存储服务的行为意向进行解释。技术接受与使用统一理论（Unified Theory of Acceptance and Use of Technology，UTAUT）是 Venkatesh[19]等在对历年用户接受相关研究模型进行综合分析比较的基础上，基于用户使用信息技术意图的研究，吸收并整合计划行为理论（PRA）、技术接受模型（TAM）、社会认知理论（SCT）等八个理论及其扩展而提出的，包括四个核心变量：绩效期望、付出期望、社会影响和配合情况，目前该模型已广泛应用于用户认知行为的研究中。Cao 等人[20]结合云存储服务的独特性，修改技术的接受和使用的统一理论（UTAUT）模型，增加社会影响这一外部变量，评估云存储服务在中国特别是中国企业的应用，研究结果表明，感知风险、个人创新性、绩效期望、努力期望、社会影响对个人使用意愿的影响显著，用户使用意愿和外部便利条件对使用行为有显著影响。曹越[21]在UTAUT模型的基础上，结合云存储服务的特点，引入感知风险、感知费用、个人创新性三个影响因素，提出云存储服务用户采纳模型，并通过实证方法进行验证。结果表明，感知费用对于用户采纳意图的影响不显著，感知风险、个人创新性对个人使用意愿的影响显著，而性别、经验对云存储服务采纳没有显著影响。

3.2.3 组合式研究

与扩展式研究相似，组合式研究涉及的理论模型一般在两种以上，这类研究主要用于比较和确定各变量对用户对云存储服务使用意向所产生的影响程度，根据验证结果可以对各变量的影响效果作出简单的排序。

国外比较典型的组合式研究有Cegielski[22]和Lian[23]的研究。Ratten[24]结合TAM和SCT模型，基于涉及隐私和消费者创新性对消费者在云存储技术的形成技术创新采纳的影响，研究云存储服务行为中中美的对比研究。假设感知有用性、感知易用性、隐私顾虑、消费者创新精神分别对中国和美国用户云存储的使用意图有影响，研究结果表明，美国和中国消费者采用云存储服务的相似性要多于差异性，绩效期望、感知有用性和感知易用性可以帮助预测在美国和中国使用云存储服务的意图，但消费者的创新是在美国比在中国消费者中采用技术创新的更好的指标，社会影响力可以通过影响家人和朋友的社交网络来影响消费者对云存储服务的使用意图。Shin[25]等人结合TAM和TRA模型研究了用户云存储服务的体验感知。该研究以韩国的云存储终端用户市场为研究背景，定量分析显示这些服务，特别是作为一个基础服务（IaaS）的消费者采纳行为，用贝叶斯混合Logit模型和多元Probit模型分析一个联合调查来收集数据。从这一分析中发现，服务费和稳定性是影响用户云存储服务体验的最关键的因素，还分析了价格、稳定性和存储容量等云存储核心属性对终端设备和IaaS之间的关系，表明更大的存储容量的移动设备，如笔记本电脑比台式机更重要。

在国内的研究中，孙振曦[26]基于技术接受模型及任务技术匹配理论的整合理论研究了个人云存储软件使用意向的影响因素，从任务与技术匹配的角度来解释用户对于云存储认知信念以及使用意向的影响，结果表明，个人云存储的使用意向受到新技术背景下任务与技术特征的共同影响。TTF（任务技术适配模型 Task-Technology Fit）和 TAM 是用户行为研究非常有影响力的两种模型，但他们的关注重点是有所不同的，TTF 的研究关注的焦点在于使用行为或促进使用的绩效，而 TAM 的应用则更加关注意向和实际使用。TAM 的不足在于缺少对于任务的关注，对感知有用性在某种程度上的含义不够明确，而 TTF 模型的优势在于技术任务匹配与交互的高度重视，但是缺少对用户信念的关注，而如果将两者结合将是一个很好的模型。

3.2.4 整合式研究

与其他的研究相比，整合式研究是所有研究中比较复杂的一种，在构建研究模型的过程中，除了需要整合来自不同理论模型的变量之外，还要对各变量之间的相互关系重新进行设定，之后再进行实证研究。比较典型的整合式研究有 Alruwaie 等人[26]和 Stamati 等人[27]的研究。Gupta 等人[28]以前人的研究结果为基础，分析中小企业的云存储服务采纳行为，他们将安全和隐私、可靠性、成本节约、易用性、共享和协同等变量进行整合，构建出一个新的研究模型，这些变量来自于 SCT、DOI、TRA 等模型，同时对这几个研究变量之间的相互关系进行了重新设定。最终得出结论认为，易用性是企业关注的最大有利因素，其次是安全和隐私，然后是降低成本，第四个因素可靠性是可以被忽略的，由于中小企业不认为云存储可靠，因此并不想使用云共享和协同服务。刘金芝[29]等人基于之前的研究提出了一种基于云存储的可生存存储服务模型，文中对模型架构进行了详细设计和构造，并采用了一种存储服务模型可用性的度量方法进行了分析，该方法为资源分配失效概率模型，通过分析认为所提出的可生存云存储服务模型能够满足较高的可生存性的需要，为云存储服务领域的研究提供了新的思路。

4 研究主题分析

从性能需求上来看，云存储服务首先需要考虑的是数据的安全性、可靠性、存储效率等指标，而且由于云存储用户规模大、服务范围广、网络环境复杂多变等特点，实现高质量的云存储服务将面临更大的技术挑战。本章从个人云存储服务使用、企业云储存产品的应用、云存储服务的安全性和实现技术这几个方面对云存储服务的研究主题进行分析。

4.1 云存储服务的使用

随着云存储服务产品种类的增加、功能的提高和成本的下降，个人用户对其存储个人信息方面的需求越来越高，个人云存储是在个人信息管理云时代下新发展出来的一种管理模式，用户可以在云服务器上将个人信息存储在云端，在任何有网络的状态下都可以对信息进行存取。1945 年，Vannevar Bush 在他的文章“As We May Think”中首次提出“个人信息管理”的思想[30]，如今，个人云存储用户数量上升非常快，对云存储服务的研究也引起了众多学者的关注。本文所研究的 38 篇英文文献、18 篇中文文献中，有 13 篇英文文献、6 篇中文文献涉及个人云存储服务的使用，目前对用户云存储服务的研究开始展开，但对用户对云存储服务的评价及使用中存在的问题研究的反馈比较少。

国外的相关研究文献比较少，Gracia-Tinedo 等人[31] 以 DropBox、Box 和 SugarSync 这三个云存储产品为基础，研究其重要的性能差异、供应商、传输速度的日常模式及突然发生服务故障，来分析个人云存储用户的关注指标，帮助用户了解这些服务的性质。Zeithaml 等人[32] 指出利用服务质量评价可以对个体重复某一行为的意向进行预测，对个人云存储服务的使用状况进行了说明，文中的研究方法和研究结果可以对目前个人云存储服务的研究提供一些参考。个人云存储服务正在逐渐普及，市场上越来越多的供应商提供廉价的存储空间，云存储将很快产生大量的互联网流量，但是很少有人知道这样的系统的体系结构和性能，以及他们必须面对的工作量，Drago[33]连续42天收集了Dropbox和YouTube用户使用网络流量的对比，反映网络用户在不用环境中的工作量。

在国内的文献中，主要是在模型建立的基础上研究影响和提高个人云存储服务的因素，结合云存储的发展现状，为改善云存储服务提出建议。贺博[34]介绍了云存储市场的发展状况，列举了部分个人云存储的代表产品（Dropbox、iCloud、GoogleDrive等），同时描述了这些代表产品的特征。占南[35]等人主要是以美国顾客满意度指数为理论基础构建个人云存储用户满意度概念模型，探讨影响个人云存储服务用户满意度的主要因素，提出为优化和提升个人云存储服务应该树立良好的品牌形象和完善用户体验，提升行业的服务质量。周耀林[36]等人研究了基于个人云存储服务的数字存档策略，认为采用个人云存储产品实现个人数字存档能够降低存档成本、利于存档的集中管理并且存档安全性较高。

4.2 云存储产品的应用

近年来，随着移动互联网的迅速发展，许多业内著名的互联网公司不约而同地将目光集中在云存储市场，云存储公司频频获得风投青睐，市场逐渐升温。亚马逊、微软、苹果等企业巨头早已推出了云存储服务，随后谷歌公司也正式推出在线存储服务Google Drive。云存储市场前景广阔，在国内，目前腾讯、百度、360、迅雷、新浪、盛大、金山等公司也已相继推出了云存储和网盘服务。

国外对于云存储产品设计类的文章比较多，Gonzalez[37]等人开发了一个SkyCDS原型，采用合成的工作量和实际案例评估的痕迹，通过使用模拟工具，基于特征的指标评估了订阅排队模式。评估结果显示了SkyCDS性能方面的可行性、可靠性和存储空间的盈利能力，它也显示了通过风险评估这种新的方式来比较的存储及传递选项。也有文章对现有云存储产品进行改进，提出发展方案，Han[38]对在8年间存储在Amazon S3和Glacier的检索数据的成本分析进行了详细的讨论，对Amazon S3和Glacier对比其他的云存储解决方案的独特性和优势比较，分析表明云存储在数字保存方面可以是非常有用的，最后提出策略建议以尽量减少使用云存储的成本。Ruiz-Alvarez[39]提出了一个新的、自动化的方法来选择最佳匹配每个数据集的一个给定的应用程序的云存储服务。Selimi[40]等人报告了一个可以永久性地在社区网络中运行的一个真正的分布式云，在那里对于实验中部署的分布式文件系统可以作为非均匀分布的云资源的一部分系统。

国内对云存储产品的研究主要是产品性能介绍等方面。如黄丽珺[41]介绍了国外的云存储服务公司 Amazon、Dropbox、JustCloud、GoogleDrive 和 iCloud，分别指出他们的优势和功能特殊性，随后指出国内的云存储服务起步相对较晚，但发展迅速，并介绍了国内具有代表性的几个云存储服务如 115 网盘、奇虎 360 公司推出的 360 安全卫士、百度公司的百度云网盘、腾讯公司的腾讯微云，并对国内外云存储产品进行了对比。宋宁等人[42]在云编辑概念界定的基础上，以谷歌云端硬盘（Google Drive）与微软云端硬盘（OneDrive）的云存储服务为例，对云编辑这一功能在不同云存储服务中进行深入对比分析，指出其目前云编辑保存实时性不够，并提出相应建议。也有研究云存储服务条款对用户的影响，如张琳[43]以 Google 公司的在线存储服务 Google Drive 的用户条款所引发的争议为切入点，分析云存储服务提供商有可能会对用户自有的版权产生侵害的表现形式，并结合我国现行著作权方面的法律，建议国家应明确有关网络数字版权的相关条文以适应云存储时代的需求。张建莉[44]介绍了云存储技术在高校信息化建设中的应用分析。汤伟[45]对高校图书馆随书光盘云存储服务模式进行了研究，构建了随书光盘云存储服务模式，并对该模式的重要组成部分以及功能进行了探讨。吴永琢[46]指出了云计算技术在大学生计算机应用大赛中的应用，为云存储产品的应用提出新的研究方向。

4.3 云存储服务安全与实现技术

随着云存储市场的竞争日益激烈，各大云存储服务提供商均推出了自己的云存储服务，并向数据用户承诺安全保障，但是发展现状并不理想。云存储发展过程中反复出现的设备故障、服务时延、数据丢失、认证错误等给云存储服务带来信息危机，推动云存储普及的关键因素之一是可靠性，当服务缺乏必要的可靠性时势必然会阻碍云存储服务的广泛应用。目前云存储技术的发展态势以及取得的成果已经初步得到各个国家主要政府机构的认同，这对云存储服务的推广和应用带来极大的帮助，与此同时，伴随云存储服务推广而产生的各项安全问题同样也得到广泛的关注。在本文研究的38篇英文文献、18篇中文文献中，有20篇英文文献、9篇中文文献是从云存储的安全和技术角度进行研究，说明目前云存储服务的安全和技术方面在国内外都是热门的研究方向。

4.3.1　云存储服务的安全性

国外的文章侧重于研究安全体系的构建来解决现有云存储服务的安全性漏洞，Chen[47]等人认为缺乏保障数据安全是一个致命的缺陷，导致用户强烈的不信任云存储服务能为用户带来方便、跨设备和实际应用，因此提出并实现SecureDropbox系统构建一个安全的体系结构包括密钥生成、密钥管理、加密文件，并同步模块来防止数据泄露风险。也有文章提出一些协议来保护用户隐私，如Jiang[48]提出一种新的方法来构建高效的不经意的关键字搜索（OKS）协议，它允许快速搜索相对较短的密文，同时提供可证明的私密性强的用户和云存储服务供应商，定义一个分隔不经意的关键字搜索（Doks）协议实现不经意的关键字搜索与关键词密文的大小不变，这是显然小于先前批准的协议，该方法显著提高了现有批准协议的隐私和效率。

国内的文章更多的是以综述的形式来研究，首先对云计算和云存储的概念和结构进行介绍，然后对云存储的安全性提出担忧。谢峰[49]认为云存储透过将文件复制并且存在不同的服务器，解决了这个潜在的硬件损坏的难题，而且云存储不单独依赖于某一台服务器、扩容性高，虽然许多云存储厂商提供的云存储服务都支持在数据传输过程中对数据进行加密和对静态数据进行加密，但是用户也会担心自己会过度依赖于某家厂商，如果某家存储服务供应商突然倒闭，缺乏通用的API就可能会引发许多问题。相对于国内的文章来说，国外的文章更加侧重于去解决问题，会对现有的安全性问题提出改进模型，而国内的文章则更加关注事实的陈述，大多是对云存储服务的概念和存在的问题进行介绍，但并没有提出比较有建设性的参考意见。李晖[50]等人对云存储数据安全和隐私保护技术方向的研究进展进行综述，并指出现在云存储服务需要解决的关键问题。

4.3.2　云存储服务实现技术

为了使存储数据稳定在分布式云存储系统很长一段时间，通常采用冗余的想法：复制和擦除代码。Castro 和 Liskov[51]使用状态机复制技术构建一个文件存储系统，该系统可以容忍错误，但这种机制不需要考虑保密的问题和增加存储成本。虽然能将数据长久地存储起来，然而，这种操作方式非常不适合分布式存储服务器在云端独立地处理大量数据。一个简单的解决方案是使用用户密钥来加密该文件，但作为用户处理的关键环节它是有风险的。一旦密钥被丢失或泄露，用户就无法读取数据。同时，依靠用户密钥作为唯一的密钥可能导致管理问题，因为它仅仅由用户保管，一旦密钥被窃取，就会增加数据泄露的风险。实现云存储服务的完整性最直接的方法是下载所有用户的数据，然后检查他们，但这显然会花费大量的带宽和资源。远程数据检查（RDC）是一种非常有效的方法。Kiani[52]提出了一种不需要隐私保护的分布式的云环境分析方案。Ateniese[53]提出了 RDC 协议，使用户不需要云服务器就可以实现数据下载。Gazzoni Filho 和 Barreto[54]提出了一种基于 RSA 杂凑函数的数据完整性协议可以提供远程数据的完整性验证，但是该系统的鲁棒性太弱。Luo[55]等人提出了一种基于 HALS 和 RSA 的由第三方审计数据完整性验证协议的签名，但它并不适合于分布式网络。Gohel 和 Gohil[56]提出了一种利用元数据来在云端检查数据的完整性，这些系统可以为防止云服务提供商修改数据提供远程数据检查。Hao[57]实现了数据的动态和可公开验证性，但不能防止服务器泄露数据上下文，如果数据块被损坏，则无法恢复数据，为了实现外包数据的隐私性和保密性，主要可以采用数据加密技术，数据被用户进行加密，然后用户发送加密的数据存储服务。

在国内对云存储技术的研究中，崔勇[58]等人着眼于移动应用数据共享，探讨了整合产品线的需求、实现方法和发展现状，研究了移动云存储服务主流架构、文件同步协议和优化技术这些关键技术。实验设计了测试床，测试目前主流云服务的优化技术实现情况和移动客户端性能，结果显示，移动云存储服务的优化技术对移动客户端性能产生重大影响。陈兰香[59]研究了云存储服务中可证明数据持有及恢复技术，从而明确在云存储环境下可证明数据持有及恢复技术的研究方向。

5 总 结

随着科技的发展和大数据概念的兴起，计算机和互联网在我们生活中的应用越来越普遍，促进了云计算和云存储技术的不断发展，云存储作为一个新兴的研究和应用领域，由于其快速部署、低成本、灵活调整规模等优势被越来越多的企业应用。但是在云存储应用的过程中，数据安全性、可靠性、数据稳定性等问题依然是许多云存储用户重点关心的问题。目前，云存储服务研究已取得一定的成果，但还处于研究的初始阶段，通过分析得到以下结论。

（1）个人云存储服务的研究较少，但将成为未来一个重要的研究主题。从云存储服务的研究主题中可以看出，当前研究集中在企业的云存储服务行为，对个人云存储服务的使用状况研究并不多，这是因为云存储最初是在企业和政府机构中进行推广和应用的，但随着大量面向个人用户的云存储服务产品出现，如国外的iCloud、Google Doc ，国内的百度云盘、腾讯微云等。目前个人云存储市场及发展状况研究尚有，但不够详细和深入，未跟上时间发展变化；另外，针对用户的研究开始有所涉猎，但主要集中在用户对个人云存储技术的采纳上，对用户使用中的问题、用户使用后的反馈研究较少，且研究偏宏观方面，不够深入细致。随着信息系统网络的不断发展和大数据概念的兴起，云计算也逐渐走入到人们日常生活、工作中，促使我们从一个桌面系统为中心的应用模型开始向以网络为中心的应用模型进行转变，传统的存储方式由于容量小、携带不方便等原因已经不能满足用户的需求，而个人云存储服务可以满足这种变化，个人云应用将用户的信息存放在云端，将会是未来云计算发展的一个重要方向。因此，需要研究个人消费者云存储服务行为，并将这些行为进行分析运用到实际的生产中，如个人云存储、云游戏、云视频等，这将成为未来研究的一个重要主题。

（2）调查方法的多样性和严谨性。目前，云存储服务的研究特别是国内文献的研究大部分都采用问卷调查方法对实证模型进行检验。因此，在研究过程中，需要收集一定的样本数据，样本选取的过程中需要考虑样本是否具备代表性，样本量的大小、统计工具是否适合，内部效度和外部效度是否符合要求等，这些都会对最后的分析产生影响。有些研究由于抽样存在难度，导致样本数量不够大、调查对象不够全面、样本结构存在缺陷、统计数据缺乏普遍性等，这些都是云存储服务中需要完善的重要问题。还有部分文献采用访谈的调查方法，不同样本的选取和访谈内容的设定都会对研究产生很大的影响，使得这种方法很容易存在偏差。因此，我们在获取数据的过程中不应该只拘泥于问卷调查和访谈，而应该寻求调查方法的多样性，如用爬虫软件获取数据等，同时也要保证数据的严谨性和可靠性。此外，还应当尽可能地在不同情境下进行实证检验，尽可能地选择最合适的样本，同时扩大样本量，不断提高研究的普适性，以确保研究结果的科学性。

（3）需要构建符合云存储服务技术特征的实证模型。已有研究表明，传统 IT 采纳行为模型不足以解释云存储服务行为，为了更好地解释云存储行为，许多学者构建了云存储服务行为模型，但大多数模型是对已有行为理论或模型直接进行使用或进行简单修改后使用，再根据具体情境增删或修正某些影响因素的概念和内涵，展开实证研究。较少关注云计算环境下用户需求的变化和云服务的特征，问题针对性不强，模型解释率不高，导致研究结果比较宽泛，对云存储服务实践的指导意义不大。而且依赖于经典的理论模型在一定程度上也存在弊端，那就是容易将来源于不同理论模型的影响因素简单地整合到一个模型中，使得模型的构建和因素的识别过于简单化，或者没有充分挖掘其他新的潜在影响因素。因此，在未来的研究里，应依据云计算技术特征和应用特征，选择合适的理论，从而构建出专门针对云存储服务的实证研究模型，而不是简单地依赖于以往的理论模型。

（4）云存储服务供应商应选择特定群体加强对云存储服务的宣传。个体因素是影响云存储服务的微观因素，包括个人创新精神、技术能力、满意度、人口数据等因素。此外，许多研究者将人口数据作为云存储的调节变量，发现个人特征，如年龄、性别等会对云存储服务产生影响，年轻消费者和高收入消费者更关注云服务的技术属性，包括服务费用、存储能力、稳定性、上传文件大小等。目前云存储服务的使用越来越广泛，用户群体也越来越来多，但是主要的用户群体还是集中在年轻人，特别是学生，云存储服务供应商可以将年轻人作为重点销售群体，有针对性地进行云存储服务宣传，并及时了解年轻用户的使用需求来对云存储产品进行改进，这样将更加有利于云存储产品的广泛使用。

（5）在云存储服务给人们带来方便的同时，必须加强对云存储服务安全隐患的重视。如今人们对云计算与云存储服务的应用越来越多，对其依赖也越来越强，在每一个人的手机或是电脑上几乎都有云服务，云存储服务的发展为互联网的发展提供了动力，同时也改变了我们的上网习惯，方便了我们的工作和学习。可是云计算与云存储也存在着一些问题，我们将许多的个人信息存储在那些网络公司的机器上，这些数据完全由这些公司保管，我们将考虑这些公司的公信力，在我们不知情的情况下会不会将我们的个人信息泄露，这些公司是否有足够的安全保障，保护我们的个人信息。为了解决这些隐患，个人和云存储供应商都必须有所行动。我国电信运营商应加快云计算相关技术的研究和投入，积极试点研究，积极参与行业合作，积极引入已经成熟的云计算技术。为了确保用户数据安全防止第三方盗用，我们可以通过加密的方式来实现。同时还需要解决公司自身的问题，必须加强监督，确保公司设备正常，避免公司自身操作失误，未来的研究中必须在这些隐患上下工夫，这是对云存储服务最基本的要求，只有这样云计算与云存储才能健康发展。

云存储服务研究虽然处于初始阶段，但已经成为研究的热点，取得了一定的研究成果，随着云计算市场的发展，云存储服务作为一个社会现实问题，必将得到深入研究和探索。本文对国内外云存储服务行为研究现状进行分析，希望对我国云计算市场发展和云存储服务行为研究提供参考。

参考文献

[1] 艾媒咨询集团．2014 年中国个人云存储行业及用户行为研究报告［R］．北京：艾媒咨询集团，2014，12.

[2] 张静．中国云计算市场现状及展望［J］．中国公共安全，2012（21）．

[3] "Announcing Amazon Elastic Compute Cloud（AmazonEC2）- beta". Amazon. com. 2006-08-24.

[4] Mell P M，Grance T. The nist definition of cloud computing［J］. Communications of the Acm，2011，53（6）：50-50.

[5] 任宇宁．云计算时代的存储技术——云存储［J］．科技传播，2012（2）：214-215.

[6] 杨雅芬，李广建．电子政务采纳研究述评：基于公民视角［J］．中国图书馆学报，2014，40（1）：73-83.

[7] Buckley P G. An SOR model of the purchase of an item in a store［J］. Advances in Consumer Research，1991，18（1）：491-500.

[8] Warkentin M，Gefen D，Pavlou P，Rose G. Encouraging Citizen Adoption of E-Government by Building Trust［J］. Electronic Markets，2002，12（3）：157-162.

[9] Alshamaila Y，Papagiannidis S，Li F. Cloud computing adoption by SMEs in the north east of England：A multi-perspective framework［J］. Journal of Enterprise Information Management，2013，26（3）：250-275.

[10] Venkatesh V，Morris M G，Davis G B，et al. User acceptance of information technology：Toward a unified view［J］. MIS

Quarterly, 2003: 425-478.

[11] 孟凡静. 个人云计算使用意愿的关键影响因素分析——以个人云存储服务为例 [J]. 河北科技师范学院学报: 社会科学版, 2014, 13 (4): 122-128.

[12] 郭帅兵. 基于感知价值的个人云存储服务使用意愿影响因素研究 [D]. 北京邮电大学, 2014.

[13] Opitz N, Langkau T F, Schmidt N H, et al. Technology acceptance of cloud computing: empirical evidence from German IT departments [C] //System Science (HICSS), 2012 45th Hawaii International Conference on. IEEE, 2012: 1593-1602.

[14] Yang H L, Lin S L. User continuance intention to use cloud storage service [J]. Computers in Human Behavior, 2015 (52): 219-232.

[15] Hung S Y, Chang C M, Yu T J. Determinants of user acceptance of the e-Government services: The case of online tax filing and payment system [J]. Government Information Quarterly, 2006, 23 (1): 97-122.

[16] Suki N M, Ramayah T. User Acceptance of the E-Government Services in Malaysia: Structural Equation Modelling Approach [J]. Interdisciplinary Journal of Information Knowledge & Management, 2010 (5).

[17] Ozkan S, Kanat I E. E-Government adoption model based on theory of planned behavior: Empirical validation [J]. Government Information Quarterly, 2011, 28 (4): 503-513.

[18] Shin D H. User centric cloud service model in public sectors: Policy implications of cloud services [J]. Government Information Quarterly, 2013, 30 (2): 194-203.

[19] Venkatesh V, Morris M G, Davis G B, et al. User acceptance of information technology: Toward a unified view [J]. MIS Quarterly, 2003: 425-478.

[20] Cao Y, Bi X, Wang L. A Study on User Adoption of Cloud

Storage Service in China: A Revised Unified theory of Acceptance and Use of Technology Model [C] //Information Science and Cloud Computing Companion (ISCC-C), 2013 International Conference on. IEEE, 2013: 287-293.

[21] 曹越，毕新华．云存储服务用户采纳影响因素实证研究 [J]. 情报科学，2014 (9): 027.

[22] Cegielski C G, Jonesfarmer L A, Wu Y, et al. Adoption of cloud computing technologies in supply chains: An organizational information processing theory approach [J]. International Journal of Logistics Management, 2012, 23 (2): 184-211.

[23] Lian J W, Yen D C, Wang Y T. An exploratory study to understand the critical factors affecting the decision to adopt cloud computing in Taiwan hospital [J]. International Journal of Information Management, 2013, 34 (1): 28-36.

[24] Ratten V. A US-China comparative study of cloud computing adoption behavior: The role of consumer innovativeness, performance expectations and social influence [J]. Journal of Entrepreneurship in Emerging Economies, 2014, 6 (1): 53-71.

[25] Shin J, Jo M, Lee J, et al. Strategic management of cloud computing services: Focusing on consumer adoption behavior [J]. Engineering Management, IEEE Transactions on, 2014, 61 (3): 419-427.

[26] 孙振曦．个人云存储软件使用行为意向影响因素研究 [D]. 浙江大学，2013.

[27] Alruwaie M, El-Haddadeh R, Weerakkody V. A Framework for Evaluating Citizens' Expectations and Satisfaction toward Continued Intention to Use E-Government Services [C]. Electronic Government. Springer Berlin Heidelberg, 2012: 273-286.

[28] Stamati T, Karantjias A, Martakos D. Survey of citizens' perceptions in the adoption of national governmental portals

[M] / /Shareef M A, Archer N, Dutta S. E-government Service Maturity and Development: Cultural, Organizational and Technological Perspectives. IGI Global, 2012.

[29] Gupta P, Seetharaman A, Raj J R. The usage and adoption of cloud computing by small and medium businesses [J]. International Journal of Information Management, 2013, 33 (5): 861-874.

[30] 刘金芝, 余丹, 朱率率. 一种新的云存储服务模型研究 [J]. 计算机应用研究, 2011, 28 (5).

[31] Bush V. As we may think [J]. ACM SIGPC Notes, 1979, 1 (4): 36-44.

[32] Gracia-Tinedo R, Sanchez Artigas M, Moreno-Martinez A, et al. Actively measuring personal cloud storage [C] //Cloud Computing (CLOUD), 2013 IEEE Sixth International Conference on. IEEE, 2013: 301-308.

[33] Zeithaml V A, Berry L L, Parasuraman A. The behavioral consequences of service quality [J]. The Journal of Marketing, 1996: 31-46.

[34] Drago I, Mellia M, Munafo M M, et al. Inside dropbox: understanding personal cloud storage services [C] // Proceedings of the 2012 ACM conference on Internet measurement conference. ACM, 2012: 481-494.

[35] 贺博, 王欣. 个人云存储市场发展状况分析 [J]. 现代电信科技, 2012 (8): 11-14.

[36] 占南, 谢笑, 王文韬. 基于 ACSI 模型的个人云存储服务质量评价模型研究 [J]. 情报杂志, 2014, 33 (6): 187-194.

[37] 周耀林, 赵跃. 基于个人云存储服务的数字存档策略研究 [J]. 图书馆建设, 2014, 240 (6): 21.

[38] Gonzalez J L, Perez J C, Sosa-Sosa V J, et al. SkyCDS: A resilient content delivery service based on diversified cloud storage [J]. Simulation Modelling Practice and Theory, 2015 (54): 64-85.

[39] Han Y. Cloud Storage for Digital Preservation: Optimal Uses of Amazon S3 and Glacier [J]. Library Hi Tech, 2015, 33 (2).

[40] Ruiz-Alvarez A, Humphrey M. An automated approach to cloud storage service selection [C] //Proceedings of the 2nd International Workshop on Scientific Cloud Computing. ACM, 2011: 39-48.

[41] Selimi M, Freitag F, Pueyo Centelles R, et al. Distributed Storage and Service Discovery for Heterogeneous Community Network Clouds [C] //Utility and Cloud Computing (UCC), 2014 IEEE/ACM 7th International Conference on. IEEE, 2014: 204-212.

[42] 黄丽珺. 云存储服务的国内外比较研究 [J]. 数字技术与应用, 2014 (9): 112-113.

[43] 宋宁, 张志林, 张聪. 基于云存储服务的云编辑功能实现探析——以谷歌云端硬盘 (Google Drive) 与微软云端硬盘 (One Drive) 云存储服务为例 [J]. 中国编辑, 2014 (6): 010.

[44] 张琳, 王一茹. 试析云存储服务提供商对用户自有版权的保护——Google 公司的在线存储服务 Google Drive 引发的思考 [J]. 攀枝花学院学报: 综合版, 2014, 31 (1): 10-13.

[45] 张建莉. 云存储技术在高校信息化建设中的应用分析 [J]. 科技视界, 2012 (28): 216-216.

[46] 汤伟. 高校图书馆随书光盘云存储服务模式研究 [J]. 图书情报工作, 2013 (2).

[47] 吴永琢, 孙授卿. 云计算技术在大学生计算机应用大赛中的应用 [J]. 电子制作, 2015 (9).

[48] Chen M Y, Liu C W, Hwang M S. SecureDropbox: a file encryption system suitable for cloud storage services [C] // Proceedings of the 2013 ACM Cloud and Autonomic Computing Conference. ACM, 2013: 21.

[49] Jiang Z T, Liu L. Secure Cloud Storage Service with an Efficient DOKS Protocol [C] //Services Computing (SCC), 2013 IEEE

International Conference on. IEEE, 2013: 208-215.
[50] 谢峰，刘妹娟. 浅析云存储信息服务的发展现状及隐忧 [J]. 科技信息，2011 (10): 638, 640.
[51] 李晖，孙文海，李凤华，等. 公共云存储服务数据安全及隐私保护技术综述 [J]. 计算机研究与发展，2014, 51 (7): 223.
[52] Kiani S L, Anjum A, Bessis N, et al. Energy conservation in mobile devices and applications: A case for context parsing, processing and distribution in clouds [J]. Mobile Information Systems, 2013, 9 (1): 1-17.
[53] Ateniese G, Burns R, Curtmola R, et al. Provable data possession at untrusted stores [C] //Proceedings of the 14th ACM Conference on Computer and Communications Security. Acm, 2007: 598-609.
[54] Gazzoni Filho D L, Barreto P S L M. Demonstrating data possession and uncheatable data transfer [J]. IACR Cryptology ePrint Archive, 2006: 150.
[55] Luo W, Bai G. Ensuring the data integrity in cloud data storage [C] //Cloud Computing and Intelligence Systems (CCIS), 2011 IEEE International Conference on. IEEE, 2011: 240-243.
[56] Gohel M R, Gohil B N. A new data integrity checking protocol with public verifiability in cloud storage [M] //Trust Management VI. Springer Berlin Heidelberg, 2012: 240-246.
[57] Hao Z, Zhong S, Yu N. A privacy-preserving remote data integrity checking protocol with data dynamics and public verifiability [J]. Knowledge and Data Engineering, IEEE transactions on, 2011, 23 (9): 1432-1437.
[58] 崔勇，赖泽祺，缪葱葱. 移动云存储服务关键技术研究 [J]. 中兴通讯技术，2015 (2).
[59] 陈兰香，许力. 云存储服务中可证明数据持有及恢复技术研究 [J]. 计算机研究与发展，2012 (S1): 19-25.

【作者简介】

邓胜利，男，1979年生，博士，现任武汉大学信息管理学院教授，博士生导师，信息管理科学系副主任。2013年至2014年美国肯特州立大学图书情报学院（Library and Information Sciences, Kent State University）访问学者。入选武汉大学“珞珈青年学者”。现为武汉大学70后学术团队“网络用户信息行为研究”的负责人。曾荣获宝钢奖、韦棣华奖等多项奖励，先后主持和参与国家社科、教育部、国家社科基金重大项目，教育部哲学社会科学研究重大攻关项目，国家自然科学基金项目等各类科研项目20余项，发表国内外核心期刊及以上级别论文70余篇，包括SCI&SSCI源刊论文8篇，权威期刊《中国图书馆学报》《情报学报》论文7篇，10余篇论文被人大复印报刊资料全文转载。

刘瑾，女，在读硕士，研究方向为信息系统与用户行为。

知识组织与知识服务的研究进展*

马费成　赵一鸣
（武汉大学信息资源研究中心）

【摘　要】从知识序化、知识描述、知识整合、知识组织系统四个方面阐述了知识组织和知识服务研究进展。序化是知识组织的根本目的，其方法基础有语言学、逻辑学和知识分类学等，一般通过知识聚类、知识因子序化、知识关联网络化等方法来实现。语义标注和关联数据相关研究成为知识描述的发展重点，其中特别强调数据信息知识的形式化描述和语义互联。知识整合的粒度由文件级、句子级缩小至知识单元级，更加重视语义、概念关系、知识关联。知识组织系统的主要研究包括互操作、可视化展示等，在优化用户检索查询式、提高查询结果质量、增强用户浏览体验、理解用户个性化需求等方面发挥着重要作用。基于本体和关联数据的知识服务主要包括知识融合、用户建模、用户需求与知识服务的语义匹配、对话式检索服务、语义标注等研究内容，基于知识组织系统的知识服务主要包括术语服务、查询扩展与推荐等，同时，近年还涌现出 PoolParty、TaaS 等基于知识组织系统的新兴服务项目。

【关键词】知识组织　知识服务　知识序化　知识描述　知识整合　知识组织系统

---

* 相关研究工作得到国家自然科学基金（71420107026/71403190）的支持。

Research Progress on Knowledge Organization and Knowledge Services

Feicheng Ma Yiming Zhao
(Center for Studies of Information Resources, Wuhan University)

【**Abstract**】This paper reviews the literatures on knowledge organization from four aspects: knowledge ordering, knowledge description, knowledge intergration, and knowledge organization system (KOS). The research progress of knowledge services based on knowledge organization is summrized as well from services based on ontology, linked data, and KOS. The fundamental goal of knowledge organization is knowledge ordering which is generally implemented through knowledge clustering, knowledge factor sequencing and knowledge relatedness networking while the theoretical bases of knowledge ordering are linguistics, logic and knowledge taxonomy etc. In the current digital environment, the granularity of knowledge integration narrows from the file level, sentence level down to knowledge unit level, scholars paying more attention to semantic, conceptual and semantic relations. The main research content of KOS are the interoperability and visual display of it. Knowledge organization systems play a significant role in optimizing the user retrieval query, improving the quality of query results, enhancing the user browsing experience and understanding the user customized needs. Research on knowledge services based on ontology and linked data include knowledge fusion, user modeling, the semantic match between user needs and services, conversational retrieval, semantic annotation, etc. Research on knowledge services based on KOS include terminology services and query expansion and recommendation while a number of services projects such as PoolParty, TaaS emerged in recente years.

【Keywords】 knowledge organization knowledge services knowledge ordering knowledge description knowledge organization system

“知识组织”一词最早由美国著名分类学家布利斯提出，起初就是指对文献的分类、标引、编目、文摘、索引等一系列整序活动。随着时代的发展和技术的进步，知识组织的对象从传统的文献扩展到所有蕴含知识的载体形式，包括文献、数据库和因特网中的信息资源。根据美国知识组织协会的定义，知识组织泛指图书馆、数据库和网络中所有形式的知识的组织。

知识组织的主要目的是序化，主要功能是知识描述与揭示，主要工具是各种知识组织的方法、软件和系统。另外，知识整合是细粒度的知识组织。

本文将对知识序化、知识描述、知识整合、知识组织系统中代表性的研究成果进行综述。在此基础上，探讨基于这些内容的知识服务相关研究进展。

1 知识序化

序化是知识组织的根本目的。知识序化是指根据知识本身的特点、属性和原则，运用各种工具和方法，对知识进行加工、整理、排列、组合，使之有序化、系统化、规律化，从而有利于知识的存储、传播、检索、利用，以满足人们知识需求的活动过程。

知识序化的方法基础有语言学、逻辑学和知识分类学等。知识序化的语言学基础即建立符号系统，有语词、词汇、语法等共同特征，形成一个便于检索的序化信息集合。知识序化本质上是一种思维活动，必须遵循科学的思维方法，只有符合逻辑思维规律，才能保证知识序化的质量。而分类是人们认识事物的一种最为基本的方法，知识序化活动必须建立在人们对知识体系认识的基础上。

目前，知识序化一般通过知识聚类、知识因子序化、知识关联网络化等方式来实现。从符号学的理论来说，各种符号系统所能表达的知识有语法知识、语义知识和语用知识，它们也对应着知识序化的三种基本类型。语法知识序化法，主要包括号码法、物名法、专门代码、引证关系法、时序法、地序法等；语义知识序化法，主要包括分类法和主题法；语用知识序化法，包括权值序化法、逻辑序化法等。同时，知识序化还可以分为外部特征的序化和内容特征的序化，外部特征的序化包括传统分类法与分众分类法；内容特征的序化则要复杂很多，需要涉及文本处理、语义分析、语义挖掘等技术[1]。

基于关联数据的知识序化与控制，是当前的研究热点，即从知识所属领域的实体对象关联关系中提取大量的新知识，并对其进行分析与综合，形成新的知识关联，从而生产出更高层次上的综合的知识产品[2]。其他的知识序化方法还有：Marchand-Maillet 和 Hofreiter[3]研究提出了面向决策过程的多维度知识序化方法，Liu 等学者[4]提出了一个基于领域本体、知识索引和数据资源的三层映射模型来实现对产品数据和知识的序化、组织和管理。

知识序化背后的原理有很多，最典型的是有序性原理。有序性原理是情报学六个基本原理之一，情报的有序性结构既来自于情报创造过程的机理，也来自于知识体系自身的自组织功能[5]。前者是主观知识结构的有序过程，后者是客观知识系统的有序结构。20 世纪 70 年代中期，布鲁克斯曾提出描述情报作用的基本方程式，布鲁克斯的基本方程式不仅适用于主观知识结构，同时也适应于客观知识结构[6]。无论是主观知识结构还是客观知识结构，都是开放系统，它与外界处于不断的知识、情报（还包括物质、能量）交换过程中，可以形成类似于普里高津提出的“耗散结构”，即一个开放系统处于原理平衡态的非线性区时，一旦系统的某个参量的变化达到一定阈值，通过涨落，系统可能发生突变，即非平衡相变，由原来的无序混乱状态转变到一种时间、空间或功能有序的新的状态。

2 知识描述

知识描述的主要研究内容包括编目、元数据、本体等，其中，编目主要针对传统的文献信息资源的知识描述，元数据主要指网络信息资源的描述数据并用于网络信息资源的组织，本体是对领域知识的形式规范描述并用于语义知识组织。语义化描述是知识描述的发展趋势，利用已有的本体知识库对数字信息资源进行语义标注是知识描述的主要实现形式。随着关联数据项目的推进，越来越多的本体知识库向公众开放，为语义标注与描述提供了丰富的语义资源。

2.1 语义标注

语义标注是对数字资源进行语义化描述和揭示的重要方法，是当前国内外知识描述与揭示的研究热点。语义标注主要是利用已经存在的本体中的概念、术语及语义关系揭示和表达数字资源的语义，使用计算机可理解的属性来描述资源。对数字资源进行标注是实现知识描述的具体过程，实现了语义标注，就实现了深层次的知识描述[7]。

语义标注适用于各种数据类型，包括文档[8]、图像[9][10][11][12][13]、音频[14][15]、视频[16][17]、多媒体[18][19]、基因组[20][21]等几乎所有的数字信息资源。

语义标注的方法主要有以下三类：人工标注、自动标注、人工辅助标注[22]。国内外许多大学与研究机构研究和开发了面向网页内容的语义标注工具及语义标注平台。截至目前，语义网官方网站中列出了 17 种语义标注工具[23]：AutoMeta、DBin、GoNTogle、IkeWiki、KiWi、KnowWE、Piggy Bank、PoolParty、QuASAR (Verification tool)、Sapience、Semantic annotator、Semantic MediaWiki、S cont.、SMW +、SOBOLEO、SPARQL-RW、SPARQL2XQuery、Text2Onto。典型的语义标注平台有：GATE、KIM、MnM、SHOE、SMORE、Melita、AeroDAML 等。语义标注中被广泛使用的知识库包括 Google Base、KIM Knowledge Base、CYC、WordNet、DBpedia、GeoNames 等。

美国国家生物医学本体中心（NCBO）建立了用于访问和共享医学本体的门户 BioPortal，提供一种集成在线本体库的语义标注体系，BioPortal 主要依托网络本体资源门户聚集相关领域本体，再以多本体为基础进行语义标注，目前包括生物医学各领域本体 318 个[24]。González 等[25]使用多个不同本体对文本内容进行注释，当这些不同本体出现不一致时，使用 Hierarchical Free Tagging 方法来统一概念。常平梅等[26]利用顶级本体进行知识整合，但其关注的重点在于本体的整合，并没有基于整合知识库的语义标注的应用。米杨等[27]以顶级本体作为本体工程的技术核心，通过顶级本体统控领域本体整合、本体语义标注等手段，利用 Protégé、GATE 等工具整合中文鼻部炎症疾病知识本体和国家基本药物知识本体，实现以整合本体标注电子病历信息资源，并保存为 XML 形式语义标注库，该研究还对顶级本体统控的整合本体语义标注模式进行了实证研究，标注后的资源可在语义检索阶段匹配本体元素，进而实现知识发现等语义应用。

不同类型的数字信息资源其结构特征、内容特征有着很大的区别，面向特定网络资源，研究者们纷纷提出了不同的、有针对性的语义标注方法。早期的研究主要集中在对网络中的文本信息进行标注[28][29][30]，近年来的研究则把重点转向了多样化的网络资源。

在视频的语义标注方面，Ballan 等[16]通过语义概念分类器和本体进行查询式同义词扩展和概念专门化，实现了对视频的标注和检索，该方法首先利用概念分类器对待标注对象进行分类，分类完成后利用本体建立起和其他概念之间的关联，并达到消歧的目的。

在音乐的语义标注方面，Rahman 和 Siddiqi[15]认为在音乐制作人对 MPEG-7 的描述（声学元数据）的基础上构建的轻量级本体能够有效地对音乐进行语义标注，基于此，他们构建出一种能够帮助揭示音乐资源的主客观内容特征的本体——mpeg-7Music 来支持音乐网络资源的语义标注。

在图像的语义标注方面，Yang 等[13]提出一种融合标签相关性挖掘和视觉相似性挖掘的图像标注框架，即首先根据图像的视觉特征构建一个图像模型，然后利用标签分类器对图像进行标注，该标签分类器由结构相似且拥有共同标签的图像集和嵌入到标签预测矩阵的视觉图像集训练而来。

在多媒体语义标注方面，Cataldi 等[19]提出一种基于大规模常识本体的多媒体语义标注方法，该方法以自然语言词汇为接口，融合多种大规模常识本体，通过 Meaning Negotiation 的语义选择机制对多媒体对象进行语义标注，作者还将这一方法应用到叙事型多媒体标注中，并提出了相应的评价方法。

2.2 关联数据

关联数据是深层次知识组织最有效的方式之一，是语义网技术在当前技术环境下的具体实现，被用来在语义网中使用 URI 和 RDF 发布、分享、连接各类数据、信息和知识，强调数据的互相关联、人机理解的语义环境。“关联数据”由 Tim Berners-Lee 于 2006 年 7 月提出，遵循了早期语义网的发展路线，建立了已有信息的语义标注，实现了数据之间的关联，是语义网的一种简化实现。

关联数据已经成为知识组织与整合的重要规范和框架，其用于知识组织的机理是：关联数据将互联网上任一信息内容或其子内容看成一个可采用标准方法规范描述和调用的知识对象，通过创建和发布关于各类知识对象及其与各类其他知识对象之间关系的规范化描述信息，建立基于知识内容的检索以及基于知识关系的分析关联机制，关联数据便可支持在特定信息环境下对不同知识对象的关联发现，通过对信息内容中知识对象、知识关系的集成和互联，实现深层次、细粒度的知识组织。

在图书馆知识组织中，关联数据技术已经被广泛应用。虚拟国际规范文档（VIAF）、国会图书馆主题词表（LCSH）、德国规范文档（GND）、法国国家图书馆的 RAMEAU 主题标目、OCLC 杜威分类法及国际虚拟权威档、匈牙利国家图书馆的目录和叙词表等国际、国家级的书目数据/规范数据开放了关联数据服务。盖蒂艺术和建筑辞典（AAT）、STW 经济学叙词表、社会科学叙词表、GEMET 环境叙词表、Agrovoc 联合国粮农组织叙词表、纽约时报主题标目、科学出版物词表等著名的词表也纷纷被发布成关联数据的形式供用户使用，有学者称这种现象为关联开放词表运动[31]。同时，DC 元数据、应用了 FRBR 的 RDA 词表、BIBO 书目本体、SKOS 知识组织编码模式和 OAFORE 对象重用和交换模型都可作为数据关联的语义工具。

2010 年，W3C 成立了图书馆关联数据孵化器（Library Linked Data Incubator Group），充分挖掘现有图书馆的相关专业知识，如元数据模型、元数据模式、标准和协议等，重新定义需求、编制指南、开发新的标准，鼓励图书馆界将其各类数据和规范档以关联数据的形式发布到互联网上，提高图书馆数据在万维网上的互操作性，使图书馆行业成为万维网上最重要的语义数据提供者，并探索和寻求与其他相关领域的数据和应用进行协同的可能性。

在网络资源的知识组织中，关联数据发挥了更为显著的作用。关联数据本身就是一种大数据[32]，最新数据显示，DataHub 中的 Linked Data 数据集已经多达 2289 个[33]，其中，LOD Cloud Project 就包含数据集 295 个，三元组个数达 316 亿多个，外链数数量达 50 多亿条，涵盖了多媒体、地理、政府、出版、生命科学、用户生成内容等领域[34]。关联数据的数据量越来越大，不得不考虑采用大数据解决方案，刘炜提出使用大数据解决方案来建立关联数据应用，并称之为“大”关联数据，他还把在大数据应用中采用关联技术的应用称为“关联的”大数据应用[35]。

目前被广泛使用的都是少数几个比较成熟的关联数据集，如 DBpedia 和 GeoNames。DBpedia 从 Wikipedia 中抽取结构化的信息，并将其发布成机器可理解的形式化描述，作为世界上最大的多领域本体知识库之一，DBpedia 包含超过 12 亿个 RDF 三元组，数据集中有超过 400 万个实体，包括 83 万 2 千人、63 万 9 千个地名、11 万 6 千张唱片、7 万 8 千部电影、1 万 8 千种电脑游戏、20 万 9 千个组织、22 万 6 千种物种和 20 万 9 千种疾病。DBpedia 数据集中的特征标签、摘要中包括了 119 种不同的语言，链接了 2469 万张图片、2760 万个外部网页、4500 万个 RDF 数据集链接、6700 万个 Wikipedia 概念以及 4120 万个 YAGO2 类别[36]。

在国外的研究中，除了将图书馆的资源发布成关联数据以外，还产生了关联开放生态数据[37]、关联开放政府数据[38]、关联开放企业数据（LED）[39]等面向领域应用的关联开放数据集。比如关联开放生态数据将森林火灾记录、植物昆虫标本、森林动态样区记录、物种名录等连接到统一的数据模型中，建立起明确的数据关联，发布和整合人类与机器可读的关联开放生态数据。

利用关联数据资源进行文本标注[40]、图像标注、视频标注[41]、地理标注[42]也是当前的研究热点。比如 Delia Rusu 等人测试了 WordNet、openCyc、DBpedia 三种跨领域的 LOD 数据集在文本标注中的效果[43]；Zhang 等[40]利用 DBpedia Spotlight 对 Web 服务进行语义标注，提出一种包括 Service Level、Interface Level、Parameter Level、DBpedia Instance 和 DBpedia Ontology 五个层次的 Web 服务语义标注模型，通过实例匹配、本体匹配实现基于 DBpedia 的 Web 服务语义标注；Mendes 等[44]开发了基于 DBpedia 的文档自动标注系统——DBpedia Spotlight，DBpedia Spotlight 利用 DBpedia URIs 来对文档进行语义标注，实现了文本文档的在线语义标注和语义消歧；Sonntag 等[45]利用 LOD 中 DrugBank、Disea-some 和 DBpedia 三个数据集中的信息为医学图像提供注释功能，支持利用扩展信息推断可能的疾病，并根据病症给出相关的药物信息。

3 知识整合

在当前的数字环境下，知识整合的粒度由文件级、句子级缩小至知识单元级，更加重视语义、概念关系，因此，面向内容、知识单元层面的知识整合是当前的研究热点，主要包括知识单元和知识关联两个方面的内容。

3.1 知识单元抽取

目前被广泛讨论的知识单元主要分为两类：文献知识单元和概念知识单元，其他知识单元都是在这些基础上的组合或延伸[46]。以文献单元为基础的研究试图通过定量方法寻找科学活动的内在规律和准规律，并为更有效率地开展科研提供指导，目前以引文分析和主题计量分析为主，但这种研究具有很大的局限性，很难实现对知识内容本身的有效管理。以概念单元为基础的研究，以英国学者Brookes提出的认知地图（cognitive map）[47]及其后续研究为代表，通过对文献内容进行知识分析和组织，找到人们在知识创造过程中相互影响及联系的节点，从而深入地揭示知识的有机结构。知识地图被认为是优化信息资源组织的有效方法，但鉴于现在的一些新兴技术已经可以对知识单元的特性进行标引，目前的难点在于从知识单元内容的描述延伸到对其逻辑关系的揭示，进而考察知识结构的变化。

不难看出，知识单元的抽取和知识单元之间的关联揭示与计算是知识整合中最关键的研究问题。

在知识单元抽取方面，机器学习和自然语言分析两大思路各自得到较大发展，并且在相互融合、相互借鉴中受益。在基于机器学习的知识抽取方面，出现以自适应信息抽取、开放信息抽取为代表的新思路，并且有向自动本体学习方向发展的趋势；在基于自然语言分析的知识抽取方面，基于模式标注、语义标注的方法得到广泛关注和进一步完善，并且有向基于Ontology的信息抽取方向发展的趋势[48]。

命名实体识别和实体关系抽取是两类非常重要的应用。命名实体识别是从文本中自动识别出具有特定意义的实体，主要包括人名、地名、机构名、专有名词等。Rizzo等学者[49]提出了一个命名实体识别和歧义消除框架（NERD），这个框架结合了网上几个常见的命名实体提取器，旨在对命名实体识别工具及网络服务进行评价和比较。Lučanský等[50]提出了一个关键词抽取方法，通过对文档中HTML标签的分析，实现了自动术语识别算法，用于处理纯文本文档。Pérez和Rizzo[51]利用两种不同的自动术语识别方法来从一个包含2600万法律术语的语料库中自动抽取术语。实体关系抽取是发现文本中两个实体之间语义关系的一种活动，通常被看作一个分类问题。Nie等学者[52]提出一个在网络环境下基于语义模式匹配的关系抽取模型，它由频繁模式抽取、基于密度的模式聚类和基于语义相似度的模式匹配组成。Guo等[53]提出了一种在旅游领域基于条件随机域和规则的语义标签实体关系的抽取方法。

3.2 知识单元的关联揭示与计算

在知识单元之间的关联揭示与计算方面，主流的方法是通过相似性计算的方法揭示知识单元之间的关联，经典的相似性计算方法包括内积法、戴斯系数法、夹角余弦法、杰卡德法、重合系数法、距离相似法等，其中，基于距离的相似性计算方法又分为闵氏距离、欧几里得距离、切比雪夫距离等，后期又衍生出基于角度-距离[54][55][56]、基于角度-角度、基于距离-距离[57]等一系列的相似性计算方法。

为了能更快、更准确地计算出相似度，学者们在传统相似度研究算法的基础上，结合具体的问题和情境做了大量的研究。以词汇知识单元的关联计算为例，关联计算的方法大概可分为三类：基于语料库的方法、基于词典的方法、基于维基百科的方法等。

基于语料库的方法是从事先建立的语料库中获取词汇在上下文中与其他词汇的共现关系，这些上下文中的词汇可以反映出词汇本身的含义，进而通过共现词汇来计算词汇的相似度。

基于词典的方法主要根据词典中词汇的上下位关系、同义关系和反义关系进行词汇相似度计算。基于词典的方法进一步可分为三大类：基于路径的方法、基于信息量的方法和基于特征的方法。目前常用的英文语义词典有 Roget's、WordNet 等，中文语义词典有《同义词词林》、《知网》(HowNet)、《中文概念词典》等。以基于 WordNet 的相似性算法为例，Pilehvar 等[54]将词的特征项定义为以词汇为起点在 WordNet 3.0 中进行随机游走产生的多项分布，该方法可以计算从词汇到句子再到文档不同层次的语义相似度。

基于维基百科的相似度计算是以维基百科为背景信息，利用维基百科中的词汇语义解释、关联网络以及上下位关系来计算词汇相似度，显性语义分析法[59]、维基游走法[60]、时间语义分析法[61]是具有代表性的算法，以显性语义分析法（explicit semantic analysis, ESA）为例，通过机器学习建立语义翻译器，将自然语言文本片段或词汇映射到一系列加权的维基百科概念上，即用加权的维基百科概念向量表示文本片段或词，然后计算向量的夹角余弦值得到词汇的相似度。

然而，这些方法都面临着一个共同的难题，就是海量知识单元带来的“维数灾难”。因为海量的知识单元构成了高维的知识空间，在高维的知识空间中，存在严重的“维数灾难”问题，即使用传统的相似性、距离等方法计算出的知识关联也非常相近，难以区分，进而造成了知识单元聚类、分类困难等问题，并直接导致知识整合、知识组织在实施中的困难。

4 知识组织系统

知识组织系统（knowledge organization system，KOS）也称知识组织体系，是用于知识组织的各类规范和方法的统称，是获取、利用知识的重要手段，是对各种人类知识结构进行表达和有效组织阐述的语义工具的统称[62]。

知识组织系统按照语义关系结构的强弱和对自然语言控制程度的不同，分为词汇列表、分类与归类、关系组织[63]。在数字环境下，重视语义、概念关系的关系组织模式成为研究的热点。关系组织模式强调表现概念之间的各种关系，对概念关系的揭示更复杂、更细致，除传统词表中的等同、等级、相关关系外，还可以有整部、蕴含、因果等语义关系，以及一定的规则和推理，主要包括：叙词表（thesauri）、概念地图（concept map）、语义网络（semantic network）、实用分类法（又称本体）等[64][65][66]。

为了给用户提供简洁、统一的工具来发现各种异质的传统信息资源，同时对网络化、互相连接的新型数字信息资源进行很好的内容揭示，知识组织系统向着内容的知识单元化、方法的集成化、主体的多样化、技术的智能化发展[67]，也使得网络知识组织系统（NKOS）成为研究热点。面对这样的需求，上述工具也在不断演进、融合，并且能更好地实现异构异质知识组织系统之间的互操作，如：美国的一体化医学语言系统（UMLS）、英国高级叙词表项目（HILT）、欧盟 Renardus 项目、中国的“国家图书馆知识组织标准规范”，等等。

知识组织系统的主要研究包括知识组织系统的互操作、知识组织系统的可视化展示等内容，在互操作方面，ISO 发布了名为《叙词表及与其他词表的互操作》的 ISO 25964 标准，包括 ISO 25964-1（面向信息检索的叙词表）和 ISO 25964-2（与其他词表的互操作）两部分。ISO 25964-1 包括叙词表的开发和维护，以及叙词表数据交换的格式和协议；ISO 25964-2 包括各种类型词表的介绍以及词表之间的互操作。Christine[68] 探讨了支持 24 种语言的欧盟多语种叙词表（EuroVoc）与其他叙词表的互操作问题，Zeng 和 Žumer[69] 研究了 KOS 注册系统，Manguinhas 和 Borbinha[70] 研究了元数据注册系统之间的集成与互操作；在可视化方面，Lin 等学者[71] 指出词表的概念展示（meaningful concept display，MCD）将成为一个为 KOS 应用服务的开发框架，Buzydlowski 等学者[72] 研究了多个词表的概念展示（meaningful concept display，MCD）与概念可视化，对树形层级结构的界面展示和关联地图的界面展示进行了比较，并探究了一种将二者结合起来的展示方式。

知识组织系统在优化用户检索查询式、提高查询结果质量、增强用户浏览体验、理解用户个性化需求等方面有着重大的作用，其应用有：基于 KOS 的推荐系统[73][74]、基于 KOS 的查询扩展及优化[75]、基于 KOS 的社会化标注、基于 KOS 的文本分析和趋势预测[76] 等等。

为了在语义网框架下简明地表示和使用各类简单概念系统，W3C 于 2005 年发布了简明知识组织系统（SKOS）表述语言标准草案。作为受控词表乃至概念框架表示的推荐标准，SKOS 主要用于表示各种较为简单的网络知识组织系统（NKOS），如叙词表、分类法、主题词表、术语表等其他类型的概念框架。目前已经采纳 SKOS 描述的词表有：欧盟开发的通用多语种环境词表（GEMET）、大英档案词表（UKAT）、联合国粮农组织词表（AGROVOC）等。

国际上有学者倡议将各种词表以 SKOS 语言描述[77]，用关联数据的技术在网上发布，这也代表了当前 KOS 的发展趋势，即在开放关联数据（LOD）环境中创建开放关联词表（LOV，linked open vocabularies），从而促进词表的开放、重用、共享和互操作[31][78]。此外，基于 RDF 的 SKOS Core 词表可以和其他语义 Web 知识组织体系结合起来表达更丰富的内容。

5 基于知识组织的知识服务

知识服务是指根据用户的问题和情境，融入用户解决问题的过程中，能够有效支持知识应用和创新的服务。按用户是否明确，知识服务可以分为面向特定用户和面向非特定用户两个方面；按服务方式，可以分为主动服务和被动服务两种方式。国内外的相关工作，尤其是知识组织视角下的知识服务，可以分为以下几个方面：

5.1 基于本体及关联数据的知识服务

5.1.1 基于本体的用户建模

基于本体的知识服务的一个研究重点是基于本体的用户建模。基于本体的用户建模，一般包括构建用户的基本信息本体、用户兴趣本体和用户需求本体等方面。用户建模是指从有关用户兴趣和交互行为的信息（如浏览内容、浏览行为、背景知识等）中归纳出可计算的用户模型，用户建模的目的是建立面向算法的、具有特定数据结构的、形式化的用户描述。用户建模是个性化知识服务中的重要环节，对用户需求的描述越准确，向用户提供的个性化推荐或搜索结果就越有针对性。在本体的用户建模方面，有学者研究了知识管理系统中基于本体的用户建模体系结构，通过对影响用户建模的因素进行集成，提出通用的基于本体的模拟用户行为的建模框架、组成部分和建模具体过程[79][80]。

在具体的研究中，Calegari 和 Pasi[81]通过对通用本体 YAGO 进行知识抽取来自动定义个人本体，Cena 等人[82]开发了一种基于本体的用户模型，能够处理用户兴趣的传播，可以推断用户兴趣本体的缺失值，还有研究提出通过捕捉用户实时的搜索行为更新用户的兴趣需求，并构建基于上下文用户本体的个性化搜索方法[83]，提出多应用环境下连接数据驱动的用户建模方法，利用同一用户在不同注册应用中的联系，构建一个统一的用户模型[84]。另外，研究者们分别尝试构建了教育、医学、博物馆、军事等各个领域的用户本体[85][86]，以实现更好的个性化知识服务。

5.1.2 用户需求与知识服务的语义匹配

提供针对个性化用户需求的知识服务，需要实现用户需求与知识服务在语义级别上的匹配。解决这一问题的最好途径之一是用机器可理解的形式化知识表示用户的知识需求和可以提供的知识服务，然后通过严格的逻辑推理和演算来评判两者之间的匹配程度，即用户需求与知识服务之间的相似程度。

本体是从语义层面描述用户需求和知识服务的形式化知识，在此基础上的用户需求与知识服务的语义匹配就是本体匹配(ontology matching)，也称本体对齐（ontology alignment)、本体映射（ontology mapping)。国内外许多研究者和学术团队致力于本体匹配技术的研究以及本体匹配系统的构建，并取得了许多成果。根据本体匹配方法的主要特征，可以把本体匹配方法分为三类：基于语言学特征的方法、基于结构特征的方法和基于外部资源的方法。

基于语言学特征的本体匹配方法，本体中有多种关于概念的语言学特征信息，如概念的名称、概念的描述信息等，基于这些语言特征的本体匹配方法有 Jaro-Winkler 方法（the Jaro-Winkler measure)、Levenshtein 距离（the Levenshtein distance）等。基于结构特征的本体匹配方法主要将本体映射为 RDF 图结构，然后转换为带标签的有向图，进而将两个本体之间的匹配问题转化为两个图结构之间的匹配问题。其中比较经典的算法是相似度传播算法(similarity flooding)，相似度传播算法把本体图结构转换成有向图，图中的每条边用三元组表示，它从锚点开始传播，在图结构中建立对偶连接图和相似度繁殖图结构。在相邻的传播路径上，互相改变相似度值，通过迭代过程进行反复传播，最终达到算法的收敛[87]。此外，还有 Cotterell 和 Medina[88] 借鉴相似度传播算法，将相似度传播定义为马尔科夫网中的一个团结构，提出基于马尔科夫网的本体匹配算法。基于外部资源的本体匹配方法是当本体缺乏背景知识时，通过增加外部资源或者本体信息作为补充来帮助计算本体的匹配程度。常用的外部资源包括：字典、词典、知识库、第三方本体

(如医学领域本体、生物学领域本体)以及语义搜索引擎、百科站点等。这类方法直接利用词汇相似度算法，如基于路径的方法、基于信息量的方法、基于特征的方法。

5.1.3 基于本体知识库的对话式检索服务

Google 在 2012 年 5 月发布了知识图谱（knowledge graph），将搜索结果进行知识系统化，任何一个关键词都能获得完整的知识体系，颠覆了人们对搜索引擎的认识。基于 knowledge graph，google search 已经可以实现对话式搜索（conversational search），用户提出问题，搜索引擎可以像对话一样来响应这个查询。比如，向 Google 提问“在上海可以做什么”，系统将会返回上海的知名旅游景点等用户真正想获取的知识。

5.1.4 基于关联数据的知识服务

Nixon 等[89]提出一种基于关联数据的动态视频标注方法——Connected Media Experiences（ConnectME），在对 Linked Media Framework 进行模块改进和调整的基础上，使用关联数据中的 DBpedia 和 Geonames 等知识库对视频进行语义标注，并实现了标注信息与网络中的其他相关信息（其他互联网资源）在语义和内容上的动态连接，还开发了一种灵活的 ConnectME 超视频播放器，实现基于关联数据的视频标注服务。此外，DBpedia Spotlight 等工具还提供标注、消歧的 RESTful 和 SOAP web 服务、基于 SPARQL 的 DBpedia knowledge base 查询服务，支持用户根据不同的需求对系统进行配置[44]。

5.2 基于 KOS 的知识服务

5.2.1 术语服务

术语服务是指对知识组织系统元数据及其内容进行浏览、查询和应用的各种 Web 服务的统称[90]，OCLC 将其解释为涉及各种类型知识组织资源的 Web 服务总称[91]。作为网络环境下对知识组织系统进行存储和应用的重要机制，术语服务是当前知识组织领域学术会议的热门主题。术语服务的功能和作用包括：为图书馆等馆藏资源创建元数据；减少编目工作量；在信息检索系统中对查询词进行扩展或限定，对检索结果进行分类和组织；构建资源和知识的导航工具；为社会化标注（大众分类）提供术语推荐；自动翻译或机器辅助翻译等[92][93]。

国际上有代表性的术语服务项目包括：OCLC 术语服务、英国高级叙词表 HILT 项目、联合国粮农组织多语种叙词表（AGROVOC）网络术语服务、Open Metadata Registry 等。术语服务理论方面的研究包括：Gray 等学者[94]研究了在天文领域中将受控词表与搜索引擎的集成，以实现基于语义概念的术语检索服务，当用户输入一个关键词时，系统可以返回最相关的概念术语；Hienert 等学者[95]提出了一种应用在数字图书馆中的交互式术语推荐服务；Si 等[96]为网络上分布的各种术语资源开发一个通用框架，向图书馆门户网站提供主题的交叉浏览服务，等等。

5.2.2 基于 KOS 的查询扩展与推荐

在查询扩展与推荐方面，KOS 主要通过与搜索引擎、数字图书馆等信息检索系统、后台数据库资源的匹配和集成，帮助用户获取检索词的同义词、相关术语或上下位词，实现查询扩展和推荐。

由于医学领域的受控词表等 KOS 起步较早，发展较为成熟，所以近年来这方面的服务研究大多集中在医学领域。Thesprasith 和 Jaruskulchai[97]使用医学主题词表 MeSH 对联机医学文献分析和检索系统（MEDLINE）中的每个文档进行手工标引，有助于实现检索词扩展和提高检索效率。Martinez 等[98]基于一体化医学语言系统（UMLS）超级叙词表提出了一种自动查询扩展的方法，改善了电子病历的检索效果。白海燕等[99]不仅研究了 UMLS 在扩展检索方面的应用，还分析和归纳了它在语义检索、问答式检索方面的功能设计、实现方法与实际效果，以期为基于集成式知识组织系统的智能检索应用的场景功能设计、技术开发和实现，提供借鉴和参考。

除了医学领域，Hienert 等[100]在社会科学领域的信息门户网站 Sowiport 上进行检索词推荐服务的研究，评价和比较了三种基本的检索词推荐方式：基于用户检索词（根据查询日志和词的使用词频），基于 Sowiport 术语服务中的术语，基于社会科学领域叙词表中的词汇；并提出了一种将叙词表和检索词推荐系统中的词汇相结合的方式，有助于用户检索式的生成和交互式查询扩展的实现。

5.2.3 基于 KOS 的新兴服务项目

除了 OCLC 术语服务、UMLS 术语服务、FAO 术语注册与术语服务系统等传统的术语服务系统，近年涌现出很多创新性的基于 KOS 的服务项目。

PoolParty 是位于奥地利的 Semantic Web 公司开发的一个基于 Web 的叙词表管理工具，它有基本、高级和企业三个版本，其作用分别是：支持基于 SKOS 的叙词表的创建与编辑；将叙词表中的概念在网络上发布为关联数据，同时供用户访问词表内容；实现基于叙词表的各种语义网应用，例如文档标注标签的自动推荐、输入标签时的自动提示、相似文档推荐、语义搜索等[101]。

TaaS（Terminology as a service）项目由欧盟第七框架计划资助，其目的是：即时访问最新的术语、多语言术语的获取与共享、术语资源重用的解决方案。此项目将建立一个可持续发展的云端平台，提供的核心术语服务有：采用最先进的术语提取技术从用户上传的文档中实现单语言术语的自动抽取、译文的自动识别和获取、允许用户自动获取术语的处理工具、术语共享和重用等[102]。

ESCO（European Skills, Competences and Occupations）项目由欧盟委员会于 2010 年启动，它是“欧盟 2020 战略”计划的一部分，旨在为欧盟劳动力市场所需的技能或能力、资格、职业提供一个标准化的多语言的叙词库和分类体系，通过对简历和招聘信息的翻译及编码，促进欧盟就业市场的透明化。ESCO 第一个版本（ESCO v0）已于 2013 年 10 月发布，包含了 4761 个职业，大约 5000 个技能和资格证书，每个概念都有多种语言，总计共达 25 万多个词汇，每个用户都可以通过 ESCO 门户网站免费获取这些信息[103]。

中国国家“十二五”科技支撑计划项目“面向外文科技文献信息的知识组织体系建设与应用示范”于 2011 年 7 月启动，由国家科技图书文献中心牵头组织实施，提出构建以内容建设为核心，加工协作和开放服务平台为依托，以自动处理智能检索和知识服务应用为基础的知识组织体系建设和示范应用。项目的核心是构建科技知识组织体系，从而实现国家科技文献信息战略资源的有效组织、深度揭示和知识关联，提供知识检索服务，推进基于国家科技文献信息战略资源的知识发现、知识挖掘和知识计算应用示范，整体提升我国科技文献信息机构的知识服务能力[104]。

受到国家社科基金项目“中文知识组织系统形式化语义描述标准体系研究”、国家数字图书馆工程“知识组织标准规范”等项目的资助，深圳大学图书馆 NKOS 研究室建成了中文叙词表本体共建共享系统（OTCSS）和分类法共享服务系统（CLSS），两者都提供了面向机器、系统或者应用程序的术语服务和关联数据服务，实现了术语或概念的浏览和查询以及相关网络资源之间的互相关联[105]。

这些新兴的服务项目所具有的共同特征或发展趋势是：第一，采用 RDF、SKOS 等语义化描述语言表示 KOS，采用关联数据等技术在网上发布词表等知识组织工具，并且与其他开放数据集中的资源建立关联关系，使其成为 LOD 的一部分，从而拓宽基于 KOS 的服务渠道和领域；第二，既提供基于 Web 的用户界面，又提供面向机器的 API；第三，提供网络共建服务，即用户广泛参与，允许在线修订，实现动态更新；第四，使得各类 KOS 在规范、统一、开放的基本架构下进行社会化、网络化服务，提升服务的深度和效度。

对比国内外服务项目可以看出，国外多侧重于应用，涉及的领域较广，服务对象的类型众多，已有许多在线服务系统的实例；而国内多数集中在图书情报领域，主要服务于科研，目标群体以科学研究人员为主。

这些项目的应用和实践有利于加强对增长迅速、类型多样、内容复杂、来源不同的各类 KOS 的维护和管理，极大地丰富了 KOS 的内容，使得基于知识组织的服务领域得以进一步延伸。

6 小　结

知识组织在数据、信息、知识的描述、揭示和整合等方面发挥着重要作用。从近年的文献中可以发现，知识组织的研究重点集中在知识序化、知识描述、知识整合、知识组织系统、基于知识组织的知识服务方面。知识组织的研究呈现出语义化、细粒度、关联化、强调互操作性和可视化等特征。

在未来的研究中，知识组织将继续以序化为目的，通过语义标注等方式、通过关联数据等技术进行知识描述和揭示，借助新兴技术提升知识单元抽取及关联计算的效果和效率，依托知识组织系统及相关实践项目，最终实现深层次、个性化知识服务的提供。

参考文献

[1] Hjorland B. User-based and Cognitive Approaches to Knowledge Organization：A Theoretical Analysis of the Research Literature [J]. Knowledge Organization, 2013 (40): 11-27.

[2] Koenig M, Dirnbek J, Stankovski V. Architecture of an open knowledge base for sustainable buildings based on Linked Data technologies [J]. Automation in Construction, 2013 (35): 542-550.

[3] Marchand-Maillet S, Hofreiter B. Multi-dimensional Information Ordering to Support Decision-making Processes [C]. Business Informatics (CBI), 2013 IEEE 15th Conference on IEEE, 2013: 85-92.

[4] Liu J, Li B, Yu X, et al. A Domain Ontology-Based Knowledge Organization Model for Complex Product Design [J]. Advanced Materials Research, 2011 (311): 272-275.

[5] 马费成. 论情报学的基本原理及理论体系构建 [J]. 情报学报, 2007, 26 (1): 3-13.

[6] Brookes B C. Theory of the Bradford law [J]. Journal of Documentation, 1977, 33 (3): 5-13.

[7] 王晓光, 徐雷, 李纲. 敦煌壁画数字图像语义描述方法研究 [J]. 中国图书馆学报, 2014 (1).

[8] Bartsch A, Bunk B, Haddad I, et al. GeneReporter—sequence-

based document retrieval and annotation [J]. Bioinformatics, 2011, 27 (7): 1034-1035.

[9] Mayfield J, Finin T. Information retrieval on the Semantic Web: Integrating inference and retrieval [C]. Proceedings: SIGIR Workshop on the Semantic Web, 2003.

[10] Hu B, Dasmahapatra S, Lewis P, et al. Ontology-based medical image annotation with description logics [C]. Proceedings: 15th IEEE International Conference on. IEEE, 2003: 77-82.

[11] Su J H, Chou C L, Lin C Y, et al. Effective semantic annotation by image-to-concept distribution model [J]. Multimedia, IEEE Transactions on, 2011, 13 (3): 530-538.

[12] Bratasanu D, Nedelcu I, Datcu M. Bridging the semantic gap for satellite image annotation and automatic mapping applications [J]. Selected Topics in Applied Earth Observations and Remote Sensing, IEEE Journal of, 2011, 4 (1): 193-204.

[13] Yang Y, Wu F, NieF, et al. Web and personal image annotation by mining label correlation with relaxed visual graph embedding [J]. Image Processing, IEEE Transactions on, 2012, 21 (3): 1339-1351.

[14] Coviello E, Chan A B, Lanckriet G. Time series models for semantic music annotation [J]. Audio, Speech, and Language Processing, IEEE Transactions on, 2011, 19 (5): 1343-1359.

[15] Rahman F, Siddiqi J. Semantic annotation of digital music [J]. Journal of Computer and System Sciences, 2012, 78 (4): 1219-1231.

[16] Ballan L, Bertini M, Bimbo A D, et al. Video annotation and retrieval using ontologies and rule learning [J]. IEEE MultiMedia, 2010, 17 (4): 80-88.

[17] Khurana K, Chandak M B. Study of Various Video Annotation Techniques [J]. International Journal of Advanced Research in Computer and Communication Engineering, 2013, 2 (1).

[18] Yang S J H, Zhang J, Su A Y S, et al. A collaborative multimedia annotation tool for enhancing knowledge sharing in CSCL [J]. Interactive Learning Environments, 2011, 19 (1): 45-62.

[19] Cataldi M, Damiano R, Lombardo V, et al. Lexical mediation for ontology-based annotation of multimedia [M]. New Trends of Research in Ontologies and Lexical Resources. Springer Berlin Heidelberg, 2013: 113-134.

[20] Tripathi S, Christie K R, Balakrishnan R, et al. Gene Ontology annotation of sequence-specific DNA binding transcription factors: Setting the stage for a large-scale curation effort [J]. Database: the journal of biological databases and curation, 2013.

[21] Blake J A, Chan J, Kishore R, et al. Gene Ontology annotations and resources [J]. Nucleic Acids Research, 2013, 41 (D1): D530-D535.

[22] 程显毅，等. 中文信息抽取原理及应用 [M]. 北京：科学出版社，2010.

[23] Semantic Web. Category: Semantic annotation tool [EB/OL]. [2015-11-10]. http://semanticweb.org/wiki/Category:Semantic_annotation_tool.

[24] Noy N F, Shah N H, Whetzel P L, et al. BioPortal: Ontologies and Integrated Data Resources at the Click of a Mouse [J]. Nucleic Acids Research, 2009, 37 (S2): W170-W173.

[25] González M, Bianchi S, Vercelli G. Semantic Framework for Complex Knowledge Domains [C]. Proceedings: International Semantic Web Conference (Posters & Demos), 2008.

[26] 常平梅，李冠宇，张俊. 基于本体集成的语义标注模型设计 [J]. 计算机工程与设计，2010，31 (5)：1125-1129.

[27] 米杨，曹锦丹. 顶级本体统控的多本体语义标注实证研究 [J]. 现代图书情报技术，2012 (9)：36-41.

[28] Pazienza M, Stellato A. An environment for semi-automatic

annotation of ontological knowledge with linguistic content [C]. Proceedings: The 3rd European Semantic Web Conference. Budva: Montenegro, 2006: 442-456.

[29] Tang J, Hong M, Li J, et al. Tree-structured conditional random fields for Semantic annotation [M]. The Semantic Web-ISWC 2006, Springer Berlin Heidelberg, 2006: 640-653.

[30] Jonquet C, Shah N, Youn C, et al. NCBO annotator: Semantic annotation of biomedical data [C]. Proceedings: International Semantic Web Conference, Poster and Demo session, 2009.

[31] Mendez E, Greenberg J. Linked data for open vocabularies and HIVE's global framework [J]. El profesional de la informacion, 2012, 21 (3): 236-244.

[32] Ermilov I, Demter J, Martin M, et al. LODStats-Large Scale Dataset Analytics for Linked Open Data [C]. Under review in ISWC, 2013.

[33] Ermilov I, Martin M, Lehmann J, et al. Linked Open Data Statistics: Collection and Exploitation [M]. Knowledge Engineering and the Semantic Web. Springer Berlin Heidelberg, 2013: 242-249.

[34] Bizer C, Jentzsch A, Cyganiak R. State of the LOD Cloud [EB/OL]. [2015-11-10]. http://lod-cloud.net/state/.

[35] 刘炜，夏翠娟，张春景．大数据与关联数据：正在到来的数据技术革命 [J]. 现代图书情报技术，2013 (4): 2-9.

[36] Wikipedia. GeoNames [EB/OL]. [2015-11-10]. http://en.wikipedia.org/wiki/GeoNames.

[37] Mai G S, Wang Y H, Hsia Y J, et al. Linked Open Data of Ecology (LODE): A new approach for Ecological Data Sharing [J]. Taiwan J. of Forest Sci, 2011, 26 (4): 417-424.

[38] TWC LOGD. Linking Open Government Data [EB/OL]. [2015-11-10]. http://logd.tw.rpi.edu/.

[39] 3 Round Stones. Linking Enterprise Data [EB/OL]. [2015-11-

10]. http://3roundstones.com/linking-enterprise-data/.
[40] Zhang Z, Chen S, Feng Z. Semantic Annotation for Web Services Based on DBpedia [C]. Proceedings: SOSE. 2013: 280-285.
[41] Nixon L, Bauer M, Bara C. Connected Media Experiences: Interactive video using Linked Data on the Web [C]. Proceedings: Linked Data on the Web (LDOW2013), Rio de Janeiro, Brazil, 2013.
[42] Becker C, Bizer C. DBpedia Mobile: A Location-Enabled Linked Data Browser [J]. LDOW, 2008 (369).
[43] Rusu D, Fortuna B, Mladenic D. Automatically Annotating Text with Linked Open Data [C]. Proceedings: LDOW, 2011.
[44] Mendes P N, Jakob M, García-Silva A, et al. DBpedia spotlight: Shedding light on the web of documents [C]. Proceedings: 7th International Conference on Semantic Systems. ACM, 2011: 1-8.
[45] Sonntag D, Wennerberg P, Zillner S. Applications of an ontology engineering methodology accessing linked data for dialogue-based medical image retrieval [C]. Proceedings: the AAAI Spring Symposium "Linked Data meets Articial Intelligence". 2010: 120-125.
[46] 文庭孝，罗贤春，刘晓英，等. 知识单元研究述评 [J]. 中国图书馆学报，2011，37 (5): 75-86.
[47] Brooks B C. The foundations of information science: Part IV. Information science: the changing paradigm [J]. Journal of Information Science, 1981 (2): 3-12.
[48] Wimalasuriya D C, Dou D. Ontology-based information extraction: An introduction and a survey of current approaches [J]. Journal of Information Science, 2010, 36 (3): 306-323.
[49] Rizzo G, Troncy R. NERD: A framework for unifying named entity recognition and disambiguation extraction tools [C]. Proceedings: the Demonstrations at the 13th Conference of the European Chapter of the Association for Computational

Linguistics, 2012: 73-76.

[50] Lucanský M, Simko M, Bielikova M. Enhancing automatic term recognition algorithms with HTML tags processing [C]. Proceedings: the 12th International Conference on Computer Systems and Technologies. 2011: 173-178.

[51] Perez M J M, Rizzo C R. Automatic access to legal terminology applying two different automatic term recognition methods [J]. Procedia-Social and Behavioral Sciences, 2013 (95): 455-463.

[52] Nie T, Shen D, Kou Y, et al. An Entity Relation Extraction Model Based on Semantic Pattern Matching [C]. Proceedings: Web Information Systems and Applications Conference (WISA), 2011 Eighth. IEEE, 2011: 7-12.

[53] Guo J, Zhao J, Yu Z, et al. Research on semantic label extraction of domain entity relation based on the CRF and rules [J]. Web Technologies and Applications, 2012 (7234): 154-162.

[54] Zhang J, Korfhage R R. A distance and angle similarity measure method [J]. Journal of the American Society for Information Science, 1999, 50 (9): 772-778.

[55] Zhang J, Korfhage R R. DARE: Distance and angle retrieval environment: A tale of the two measures [J]. Journal of the American Society for Information Science, 1999, 50 (9): 779-787.

[56] Zhang J. The characteristic analysis of the DARE visual space [J]. Information Retrieval, 2001, 4 (1): 61-78.

[57] Zhang J, Rasmussen E M. Developing a new similarity measure from two different perspectives [J]. Information Processing & Management, 2001, 37 (2): 279-294.

[58] Pilehvar M T, Jurgens D, Navigli R. Align, disambiguate and walk: A unified approach for measuring semantic similarity [C]. Proceedings: the 51st Annual Meeting of the Association for

Computational Linguistics（ACL 2013），2013.
[59] Gabrilovich E，Markovitch S. Computing Semantic Relatedness Using Wikipedia-based Explicit Semantic Analysis [C]. Proceedings：the 20th International Joint Conference on Artificial Intelligence（IJCAI），2007（7）：1606-1611.
[60] Yeh E，Ramage D，Manning C D，et al. WikiWalk：Random walks on Wikipedia for semantic relatedness [C]. Proceedings：the 2009 Workshop on Graph-based Methods for Natural Language Processing. Association for Computational Linguistics，2009：41-49.
[61] Radinsky K，Agichtein E，Gabrilovich E，et al. A word at a time：Computing word relatedness using temporal semantic analysis [C]. Proceedings：the 20th international conference on World wide web. ACM，2011：337-346.
[62] 曾蕾．网络环境下的知识组织系统——编者的话 [J]. 现代图书情报技术，2004（1）：2-3.
[63] Hill L，Buchel O，Janee G，等．在数字图书馆结构中融入知识组织系统 [J]. 现代图书情报技术，2004（1）：4-8.
[64] 马费成，郝金星．概念地图在知识表示和知识评价中的应用（I）——概念地图的基本内涵 [J]. 中国图书馆学报，2006，32（3）：5-9.
[65] 马费成，郝金星．概念地图在知识表示和知识评价中的应用（II）——概念地图作为知识评价的工具及其研究框架 [J]. 中国图书馆学报．2006，32（4）：22-27.
[66] Lambiotte J G，Dansereau D F，Cross D R，et al. Multirelational semantic maps [J]. Educational Psychology Review，1989，1（4）：331-367.
[67] 胡昌平，张敏．数字信息资源组织的现代发展 [A] //信息资源管理研究进展. 武汉：武汉大学出版社，2010：1-32.
[68] Christine L S. Interoperability and collaborative thesaurus management between EU multilingual thesauri [EB/OL]. NKOS

Workshop at TPDL2013. [2015-11-10]. https: //www. comp. glam. ac. uk/pages/research/hypermedia/nkos/nkos 2013/content/NKOS2013_christine. pdf.

[69] Zeng M L, Žumer M. A metadata application profile for KOS vocabulary registries [EB/OL]. ISKO UK biennial conference, 2013-06-08, London. [2015-11-10]. http: //www. iskouk. org/conf2013/papers/ZengPaper. pdf.

[70] Manguinhas H, Borbinha J. Integrating Knowledge Organization Systems Registries with Metadata Registries [C]. Proceedings: The 9th European NKOS Workshop at the 14th ECDL Conference, Glasgow, Scotland, 2010.

[71] Lin X. Meaningful Concept Displays: The First Step [EB/OL]. NKOS Workshop at TPDL2012. [2013-11-18]. https: //www. comp. glam. ac. uk/pages/research/hypermedia/nkos/nkos 2012/presentations/MCD. NKOS2012. Lin. pdf.

[72] Buzydlowski J, Cassel L, Lin X. Visualization of Candidate Terms for Classification of Papers [EB/OL]. NKOS Workshop at TPDL2013. [2013-11-18]. https: //www. comp. glam. ac. uk/pages/research/hypermedia/nkos/nkos2013/content/NKOS2013_buzydlowski. pdf.

[73] Rizzo Lüke T, Hoek W Van, Schaer P, et al. Creation of Custom KOS-based Recommendation Systems [EB/OL]. NKOS Workshop at TPDL2012. [2013-11-18] https: //www. comp. glam. ac. uk/pages/research/hypermedia/nkos/nkos 2012/presentations/NKOS-2012_lueke. pptx.

[74] Mayr P, Mutschke P, Schaer P, et al. Search Term Recommendation and Non-textual Ranking Evaluated [EB/OL]. NKOS Workshop at ECDL2010. [2013-11-18]. https: //www. comp. glam. ac. uk/pages/research/hypermedia/nkos/nkos 2010/presentations/mayr. pdf.

[75] Mayr P, Lüke T, Schaer P. Demo: Demonstrating a Framework

for KOS-based Recommendations Systems [EB/OL]. NKOS Workshop at TPDL2013. [2013-11-18].

[76] Hlava M. Using KOS As a Basis For Text Analytics and Trend Forecasting [EB/OL]. [2013-11-17]. https://www.comp.glam.ac.uk/pages/research/hypermedia/nkos/nkos2010/presentations/hlava.pdf.

[77] Putkey T, Jose S. Using SKOS to Express Faceted Classification on the Semantic Web [EB/OL]. [2013-11-20]. http://webpages.uidaho.edu/~mbolin/putkey.pdf.

[78] Lara M L G D. Documentary languages and knowledge organization systems in the context of the semantic web [J]. Transinformação. 2013, 25 (2), 145-150.

[79] Sieg A, Mobasher B, Burke R. Web search personalization with ontological user profiles [C]. Proceedings: the sixteenth ACM conference on information and knowledge management, 2007: 525-534.

[80] Challam V, Gauch S, Chandramouli A. Contextual search using ontology-based user profiles [C]. Proceedings: Large Scale Semantic Access to Content (Text, Image, Video, and Sound). Le Centre De Hautes Etudes Internationales D'informatique Documentaire, 2007: 612-617.

[81] Calegari S, Pasi G. Personal ontologies: Generation of user profiles based on the YAGO ontology [J]. Information processing & management, 2012, 49 (3): 640-658.

[82] Cena F, Likavec S, Osborne F. Anisotropic propagation of user interests in ontology-based user models [J]. Information Sciences, 2013 (250): 40-60.

[83] Razmerita L. An ontology-based framework for modeling user behavior—A case study in knowledge management [J]. Systems, Man and Cybernetics, Part A: Systems and Humans, IEEE Transactions on, 2011, 41 (4): 772-783.

[84] Viviani M, Bennani N, Egyed-Zsigmond E. A survey on user

modeling in multi-application environments [C]. Proceedings: Advances in Human-Oriented and Personalized Mechanisms, Technologies and Services (CENTRIC), 2010 Third International Conference on. IEEE, 2010: 111-116.

[85] Pattuelli M C. Modeling a domain ontology for cultural heritage resources: A user-centered approach [J]. Journal of the American Society for Information Science and Technology, 2011, 62 (2): 314-342.

[86] Neumuth T, Kaschek B, Neumuth D, et al. An observation support system with an adaptive ontology-driven user interface for the modeling of complex behaviors during surgical interventions [J]. Behavior Research Methods, 2010, 42 (4): 1049-1058.

[87] Melnik S, Garcia-Molina H, Rahm E. Similarity flooding: A versatile graph matching algorithm and its application to schema matching [C]. Proceedings: Data Engineering, 18th International Conference on. IEEE, 2002: 117-128.

[88] Cotterell M E, Medina T. A Markov Model for Ontology Alignment [J]. ArXiv Preprint ArXiv: 1304. 5566, 2013.

[89] Nixon L, Bauer M, Bara C. Connected Media Experiences [EB/OL]. [2015-11-10]. http: //events. linkeddata. org/ldow2013/slides/ldow2013-slides-10. pdf.

[90] Tudhope D, Koch T, Heery R. Terminology Services and Technology [EB/OL]. [2015-11-10] http: //www. wkoln. ac. uk/terminology/JISC-review2006. html.

[91] OCLC Terminology services [EB/OL]. [2015-11-10]. http: //www. oclc. org/research/activities/termservices. html? urlm = 160256.

[92] Grosjean J, et al. Health multi-terminology portal: A semantic added-value for patient safety [J]. Stud Health Technol Inform, 2011 (166): 129-38.

[93] Dunsire G. Enhancing Information Services Using Machine-to-Machine Terminology Services [J]. Subject Access: Preparing

for the Future, 2011 (42): 111.

[94] Gray A J G, Gray N, Hall C W, et al. Finding the right term: Retrieving and exploring semantic concepts in astronomical vocabularies [J]. Information Processing & Management, 2010, 46 (4): 470-478.

[95] Hienert D, Schaer P, Schaible J, et al. A novel combined term suggestion service for domain-specific digital libraries [M] // Research and Advanced Technology for Digital Libraries. Springer Berlin Heidelberg, 2011: 192-203.

[96] Si L E, O'Brien A, Probets S. Integration of distributed terminology resources to facilitate subject cross-browsing for library portal systems [C]. Proceedings: Emerald Group Publishing Limited, 2010, 62 (4-5): 415-427.

[97] Thesprasith O, Jaruskulchai C. Query Expansion Using Medical Subject Headings Terms in the Biomedical Documents [J]. Intelligent Information and Database Systems, 2014 (8397): 93-102.

[98] Martinez D, Otegi A, Soroa A, et al. Improving search over Electronic Health Records using UMLS-based query expansion through random walks [J]. Journal of biomedical informatics, 2014 (51): 100-106.

[99] 白海燕，王莉，梁冰. UMLS 及其在智能检索中的应用 [J]. 现代图书情报技术，2012 (4): 1-9.

[100] Hienert D, Schaer P, Schaible J, et al. A novel combined term suggestion service for domain-specific digital libraries [C] // Research and Advanced Technology for Digital Libraries. Berlin Heidelberg: Springer, 2011: 192-203.

[101] PoolParty thesaurus manager user guide [EB/OL]. [2015-11-10]. https://grips.semantic-web.at/download/attachments/21890292/PPT-UserGuide.pdf? vers.

[102] TaaS [EB/OL]. [2015-11-10]. http://www.taas-project.eu/.

[103] ESCO [EB/OL]. [2015-11-10]. https://ec.europa.eu/

esco/home.

[104] 孙坦，刘峥．面向外文科技文献信息的知识组织体系建设思路［J］. 图书与情报，2013（1）：2-7.

[105] 深圳大学图书馆 NKOS 研究室［EB/OL］. ［2015-11-10］. http：//nkos. lib. szu. edu. cn.

【作者简介】

马费成，男，武汉大学信息管理学院教授、博士生导师，教育部社会科学委员会委员，国家自然科学基金管理科学部评审组成员，国家社会科学基金图书馆、情报与文献学评审组副组长，中国科技情报学会副理事长，中国信息经济学会副理事长，国际信息系统学会（AIS）中国分会（CNAIS）副主席，并担任多家国内外重要杂志编委。主要研究方向为信息资源管理与规划、信息经济、情报学理论方法。近 30 年来，出版专著和教材 20 余部，在国内外重要期刊上发表论文 200 多篇，承担各级各类科研项目 30 余项，获得各类奖励 30 余项。

赵一鸣，男，博士，武汉大学信息资源研究中心副教授，主要研究方向为知识组织与可视化、文本挖掘。已发表论文 30 余篇，承担、参与各类科研项目 10 余项。